世界文创产业前沿译丛

The Oxford Handbook of Creative Industries

牛津创意产业文萃

坎迪斯·琼斯（Candace Jones）
马克·洛伦岑（Mark Lorenzen） 编
乔纳森·萨帕斯德（Jonathan Sapsed）

夏申 赵咏 译

本书由"上海市促进文化创意产业发展财政扶持资金"资助出版

图书在版编目(CIP)数据

牛津创意产业文萃/(美)坎迪斯·琼斯(Candace Jones),(丹)马克·洛伦岑(Mark Lorenzen),(英)乔纳森·萨帕斯德(Jonathan Sapsed)编;夏申,赵咏译. —上海:上海财经大学出版社,2024.3
(世界文创产业前沿译丛)
书名原文:The Oxford Handbook of Creative Industries
ISBN 978-7-5642-4249-7/F·4249

Ⅰ.①牛… Ⅱ.①坎…②马…③乔…④夏…⑤赵… Ⅲ.①文化产业-产业发展-研究 Ⅳ.①G114

中国国家版本馆CIP数据核字(2023)第185085号

□ 责任编辑 刘 兵
□ 封面设计 张克瑶

牛津创意产业文萃

坎迪斯·琼斯
(Candace Jones)
马克·洛伦岑
(Mark Lorenzen) 编
乔纳森·萨帕斯德
(Jonathan Sapsed)

夏 申 赵 咏 译

上海财经大学出版社出版发行
(上海市中山北一路369号 邮编200083)
网 址:http://www.sufep.com
电子邮箱:webmaster@sufep.com
全国新华书店经销
上海巅辉印刷厂有限公司印刷装订
2024年3月第1版 2024年3月第1次印刷

787mm×1092mm 1/16 22印张(插页:2) 469千字
定价:98.00元

图字:09-2023-1122 号

Candace Jones,Mark Lorenzen,Jonathan Sapsed

Copyright © Oxford University Press 2015.

The Oxford Handbook of Creative Industries,**First Edition** was originally published in English in 2018. This translation is published by arrangement with Oxford University Press. Shanghai University of Finance & Economics Press is solely responsible for this translation from the original work and Oxford University Press shall have no liability for any errors, omissions or inaccuracies or ambiguities in such translation or for any losses caused by reliance thereon.

《牛津创意产业文萃》英文版于2015年出版。本中文翻译版由牛津大学出版社授权出版。上海财经大学出版社全权负责本书的翻译工作,牛津大学出版社对本翻译版中的任何错误、遗漏、歧义或因相关原因而造成的任何损失不负任何责任。

2024年中文版专有出版权属上海财经大学出版社

版权所有　翻版必究

世界文创产业前沿译丛(第二辑)
编辑委员会

编委会主任　黄磊　林谦

编　　委　　夏申　周光起
　　　　　　刘兵　赵咏

策　　划　　刘兵

总　序

中国文化产业的发端,恰好处在世界文化产业初兴与我国改革开放开启的历史节点上,可谓生逢其时。根植于五千年的灿烂文化,我国文化产业迅速完成了它的结晶过程,并在全面走向伟大民族复兴的奋斗进程中,历史性地担负起前沿产业的战略角色。

我国的文化产业研究,从敏锐关注文化产业的初生萌芽,到紧密联系与主动指导文化产业的实践发展,可以说,是从默默无闻中孕育产生的一个新兴学科,它凝聚了来自各种学术背景的第一代拓荒者的情怀和心血、信念和执著,走过青灯黄卷般的学术寂寞与安详,迎来春色一片、欣欣向荣的好局面,以至于有人戏言文化产业已近乎一种风靡全国的时髦"显学"。我们相信,中国文化产业的发展,将是对人类历史贡献至伟的一场实践。我国文化产业的理论探索和建设,也必将负起时代要求,任重而道远。

较之于国际文化产业的全面兴起,我国文化产业的出现并不过于太晚。这种特定的发展特征,既给了我们历史的借鉴,又给了我们赶超的机会。我们策划翻译这套"世界文创产业前沿译丛",欲帮助人们更多汲取世界文化产业的研究成果,为促进我国文化产业的加速发展贡献一份力量。这也是这套译丛的缘起和目的。

这套译丛的规划,注重把握几个方面:一是面向我国文化产业的现实需要,按照行业分类,旨在学以致用,选择实用性强的权威著作;二是选择顺应发展趋势的前沿性研究的最新成果;三是注重选择经典性的基础理论著作。为此,我们搜索了国外上千种相关出版物,选取了百余种备选小书库,拟不断调整充实,分批推出。在翻译要求上,力求在忠实原作基础上,注重通顺易读,尽量摒弃"洋腔洋调"。

一个文明社会的形成必须以无数文明个人的产生与存在为前提。倘若天下尽是熙熙攘攘地为追逐钱财而罔顾其他一切,不仅与马克思所言之"人的全面解放"状态无疑相去极远,更与人性完全相悖。现代社会不仅意味着人们在物资生活层面的丰富,更加要求精神生活层面的提高。今天,文化的发展已经成为众所公认的一个急迫任务,各文化事业单位、相关高等院校和专业则理所应当地属于攻坚克难的先锋。文化的开放是文化发展的前提之一。为此,当下和未来,我们均需大量能够体现世界文化创意产业先进水平和最新进展的教辅与参考资料。围绕着文化创意产业之主题,本丛书将精选全球各主要出版公司的前沿专著和教材,从这里眺望世界,犹如登高望远,愿您有别样的视野和收获。

世界文创产业前沿译丛 编委会

目 录

撰稿人/001

第一篇 导 论

第一章 创意产业:变迁的类型/003
 坎迪斯·琼斯(Candace Jones) 马克·洛伦岑(Mark Lorenzen) 乔纳森·萨帕斯德(Jonathan Sapsed)

第二篇 创 意

第二章 创意思维/023
 詹姆斯·C. 考夫曼(James C. Kaufman) 罗伯特·J. 施特恩伯格(Robert J. Sternberg)

第三章 团队创意:创意产业的过程与结果/032
 露西·L. 吉尔森(Lucy L. Gilson)

第四章 创意与社会网络:核心-边缘视角/045
 吉诺·卡塔尼(Gino Cattani) 西蒙·费里亚尼(Simone Ferriani)
 马里亚希拉·科鲁奇(Mariachiara Colucci)

第五章 创意城市/058
 理查德·弗罗里达(Richard Florida) 夏洛塔·梅兰德(Charlotta Mellander)
 帕特里克·阿德勒(Patrick Adler)

第三篇 创意价值与价值创造

第六章 "符号商品市场":创意产业中经济资本与符号资本的转换/073
 芭芭拉·汤利(Barbara Townley) 伊丽莎白·格利奇(Elizabeth Gulledge)

第七章 交易场所:拍卖与中国艺术品市场的兴起/085
 安娜·M. 登普斯特(Anna M. Dempster)

第八章　创意劳动力市场：才能与不平等/094
　　皮埃尔-米歇尔·门格尔(Pierre-Michel Menger)

第九章　创意产业中的明星/110
　　伊丽莎白·柯里德-哈尔科特(Elizabeth Currid-Halkett)

第十章　创意企业家：高级烹饪师的商业模式/120
　　西尔维娅·斯韦杰诺娃(Silviya Svejenova)　芭芭拉·斯拉维奇(Barbara Slavich)
　　桑多斯·G.阿布德尔加瓦德(Sondos G. AbdelGawad)

第十一章　创意产业的企业家与文化变迁：印度的艺术、时装和现代性/132
　　穆克蒂·凯尔(Mukti Khaire)

第十二章　创意产业的绩效/146
　　阿莱格尔·L.哈迪达(Allègre L. Hadida)

第四篇　组织创意产业

第十三章　创意产业的项目与项目生态/165
　　塔拉·维诺德雷(Tara Vinodrai)　肖恩·凯迪(Sean Keddy)

第十四章　创意产业的项目组织管理/175
　　罗伯特·德菲利皮(Robert DeFillippi)

第十五章　组织活动：创意领域的形成与维持/184
　　埃尔克·舒伯勒(Elke Schüßler)　约尔格·西多(Jörg Sydow)

第十六章　创意产业中的用户创新/193
　　埃莱诺拉·迪·玛丽亚(Eleonora Di Maria)　弗拉迪·菲诺托(Vladi Finotto)
　　弗朗西斯科·鲁拉尼(Francesco Rullani)

第十七章　音乐软件行业中的用户创新：西贝柳斯公司案例/204
　　斯蒂芬·弗劳尔斯(Stephen Flowers)　乔治娜·沃斯(Georgina Voss)

第十八章　创意产业的利基、类型与分类/209
　　N.阿南德(N. Anand)　格雷瓜尔·克罗迪(Grégoire Croidieu)

第五篇　产业组织与创意经济

第十九章　沉没成本与创意产业的动态发展/225
　　格本·巴克(Gerben Bakker)

第二十章　创意产业与更广泛的经济/253
　　斯图尔特·埃宁安(Stuart Cunningham)　杰森·波茨(Jason Potts)

第二十一章　创意产业中的经纪、调解和社会网络/265
　　佩西·C.福斯特(Pacey C. Foster)　理查德·E.奥西奥(Richard E. Ocejo)

第二十二章　时尚数字化：创意产业"去中介化"与全球本地化市场/276
　　保罗·M.赫希(Paul M. Hirsch)　丹尼尔·A.格鲁伯(Daniel A. Gruber)

第六篇　政策与发展

第二十三章　版权、创意产业与公共领域/289
　　菲奥纳·麦克米兰(Fiona Macmillan)

第二十四章　版权及其缺憾/301
　　马丁·克雷奇默(Martin Kretschmer)

第二十五章　创意产业的公共政策/307
　　哈桑·巴克什(Hasan Bakhshi)　斯图亚特·坎宁安(Stuart Cunningham)
　　加·马特奥斯-加西亚(Juan Mateos-Garcia)

第二十六章　创意产业的全球生产网络/320
　　尼尔·M.科(Neil M. Coe)

第二十七章　创意产业与发展：发展中的文化，抑或发展的文化？/330
　　安迪·C.普拉特(Andy C. Pratt)

各章参考文献/338

译后记/339

撰稿人

桑多斯·G.阿布德尔加瓦德(Sondos G. AbdelGawad)，IE商学院创业系助理教授。

帕特里克·阿德勒(Patrick Adler)，博士，研究方向：城市规划，加州大学洛杉矶分校卢斯金公共事务学院。

N.阿南德(N. Anand)，IMD商学院全球领导力教授。

哈桑·巴克什(Hasan Bakhshi)，Nesta创意经济和数据分析执行董事。

格本·巴克(Gerben Bakker)，伦敦政治经济学院经济史系副教授。

吉诺·卡塔尼(Gino Cattani)，纽约大学伦纳德·N.斯特恩商学院管理与组织副教授。

尼尔·M.科(Neil M. Coe)，新加坡国立大学地理系经济地理学教授。

马里亚希拉·科鲁奇(Mariachiara Colucci)，博洛尼亚大学管理学系副教授。

格雷瓜尔·克罗迪(Grégoire Croidieu)，格勒诺布尔管理学院助理教授。

斯图尔特·埃宁安(Stuart Cunningham)，昆士兰科技大学媒体与传播特聘教授。

伊丽莎白·柯里德-哈尔科特(Elizabeth Currid-Halkett)，南加州大学公共政策学院城市规划副教授。

罗伯特·德菲利皮(Robert DeFillippi)，萨福克大学索耶商学院教授。

安娜·M.登普斯特(Anna M. Dempster)，博士，伦敦皇家艺术学院学术项目主任。

埃莱诺拉·迪·玛丽亚(Eleonora Di Maria)，帕多瓦大学经济与商业学系副教授。

西蒙·费里亚尼(Simone Ferriani)，博洛尼亚大学管理学院、伦敦城市大学卡斯商学院创业学教授。

弗拉迪·菲诺托(Vladi Finotto)，威尼斯大学管理系商业战略与创业助理教授。

理查德·弗罗里达(Richard Florida)，多伦多大学罗特曼管理学院马丁繁荣研究所主任。

斯蒂芬·弗劳尔斯(Stephen Flowers)，肯特大学肯特商学院管理学(创新)教授。

佩西·C.福斯特(Pacey C. Foster)，波士顿马萨诸塞大学管理学院副教授。

露西·L.吉尔森(Lucy L. Gilson)，康涅狄格大学教授。

丹尼尔·A.格鲁伯(Daniel A. Gruber)，西北大学梅迪尔新闻、媒体、整合营销传播学院助理教授。

伊丽莎白·格利奇(Elizabeth Gulledge)，贝尔领导力研究所。

阿莱格尔·L.哈迪达(Allégre L. Hadida)，剑桥大学贾奇商学院战略高级讲师，Magdalene学院研究员。

保罗·M.赫希(Paul M. Hirsch)，西北大学凯洛格管理学院战略与组织教授。

坎迪斯·琼斯(Candace Jones)，爱丁堡大学商学院全球创意企业主席。

詹姆斯·C.考夫曼(James C. Kaufman)，康涅狄格大学尼格教育学院教育心理学教授。

肖恩·凯迪(Sean Keddy)，滑铁卢大学规划学院研究助理。

穆克蒂·凯尔(Mukti Khaire)，康奈尔大学康奈尔理工学院实践教授。

马丁·克雷奇默(Martin Kretschmer)，格拉斯哥大学法学院知识产权法教授。

马克·洛伦岑(Mark Lorenzen)，哥本哈根商学院教授。

菲奥纳·麦克米兰(Fiona Macmillan)，伦敦大学伯克贝克分校法学院法学教授。

加·马特奥斯-加西亚(Juan Mateo-Garcia)，Nesta创新图谱研究团队主管。

夏洛塔·梅兰德(Charlotta Mellander)，约克平(Jönköping)大学约克平国际商学院、多伦多大学马丁繁荣研究所经济学教授。

皮埃尔-米歇尔·门格尔(Pierre-Michel Menger)，法兰西学院教授，巴黎高等社会科学研究学院院长。

理查德·E.奥西奥(Richard E. Ocejo)，纽约市立大学约翰·杰伊刑事司法学院和研究生中心社会学系副教授。

杰森·波茨(Jason Potts)，澳洲皇家墨尔本理工大学经济、金融与市场营销学院教授。

安迪·C.普拉特(Andy C. Pratt)，文化经济学教授，伦敦城市大学文化与创意产业中心主任。

弗朗西斯科·鲁拉尼(Francesco Rullani)，罗马LUISS大学(LUISS Guido Carli)商业与管理系创业与创新管理助理教授，哥本哈根商学院创新与组织经济学系客座副教授。

乔纳森·萨帕斯德(Jonathan Sapsed)，纽卡斯尔大学商学院创新与创业教授。

埃尔克·舒伯勒(Elke Schüßler)，德国林茨约翰·开普勒大学工商管理教授、组织科学研究所所长。

芭芭拉·斯拉维奇(Barbara Slavich)，IÉSEG管理学院副教授。

罗伯特·J.施特恩伯格(Robert J. Sternberg)，康奈尔大学人类生态学院人类发展教授。

西尔维娅·斯韦杰诺娃(Silviya Svejenova)，哥本哈根商学院组织系教授。

约尔格·西多(Jörg Sydow)，柏林自由大学工商与经济学院管理学教授。

芭芭拉·汤利(Barbara Townley)，圣安德鲁斯大学管理学院名誉教授。

塔拉·维诺德雷(Tara Vinodrai)，滑铁卢大学地理与环境管理系，环境、企业与发展学院副教授。

乔治娜·沃斯(Georgina Voss)，伦敦大学传播学院批判研究与设计高级讲师。

第一篇

导　论

第一章 创意产业:变迁的类型

坎迪斯·琼斯　马克·洛伦岑　乔纳森·萨帕斯德

导 论

　　世人不乏创意之士,但并非所有行业都欲利用和捕获人类创意的市场价值。创意是经过与现存要素的结合来创造新事物的过程(Boden,1990;Romer,1990;Runco & Pritzerk,1999;Sternberg,1999),它取决于个人和组织从事非例行的、实验性的、不确定性的活动的能力和意愿。个人的创意(Kaufman & Sternberg,2013)、团队内部的创意(Gilson,2013)以及网络内部的创意(Cattani,Ferriani & Colucci,2013)总是绵绵不绝。这样的个人、团队、网络和公司通常会被吸引到为其共存和互动提供最佳环境的地理位置,其结果,某些城市会汇聚更多的人群及其创意(Lorenzen & Andersen,2009;Florida,Mellander & Adler,2013)。创意产业不仅涉及个人、企业和城市,还会影响支持和保护民族文化与经济的国家及其政府的政策(Bakhshi,Cunningham & Mateos-Garcia,2013)。

　　为了创造和捕获价值,创意企业家不断催生新的商业模式(Svejenova,Slavich & Abdel Gawad,2013),转化生成各种形式的资本,如符号资本和经济资本(Townley & Gullege,2013)。他们围绕项目组织生产创意产品、举办演出和提供服务,为成功制作创意产品而加强自身学习,改进日常工作(DeFillippi,2013)。然而,创意产业充满了悖论和管理上的挑战,可能会破坏价值的创造和捕获(DeFillippi,Gernot & Jones,2007)。对个人而言,从创意产品中获取价值的愿望促使人们争当明星(Curger-Haskett,2013),但对大多数人才却造成了劳动力市场的不平等(Menger,2013);对公司而言,引起了沉没成本(Bakker,2013);对法律和国际协定而言,催生了版权制度(Kretchmer,2013;MacMillan,2013)。创意产业界都在努力界定和评估艺术、商业、管理绩效与社会效益(Hadida,2013)。

　　价值的创造和追求改变了文化景观,推动了经济发展。当创意工作者运用符号代码与符号元素的结构和关系,对创意产品注入新的想法和意义时,文化景观便为之一变(Barthes,1977,1990)。回溯20世纪40年代的比波普爵士乐(Bebop),60年代的迷你裙,20世纪的现代主义建筑风潮,无不改变了创意产品的生产和消费方式,也极大地改变了文化意义。爵士乐不再只是伴舞的音乐,而是被认真听取和对待,迷你裙标志着60年代的新自由,现代主义建筑物炫耀着自身的技术含量和庞大身躯,隐含着挑战教堂至高地位的意味。这些符号价值被人们认可，并转化为经济价值。作为经济发展的引擎，创意产业提供的产品、营收和新商业模式均有令人瞩目的增长（DCMS，2007，2014；欧盟委员会，2001；HM 财政部，2005；OECD，2006；UNESCO，2006），这又取决于各国的特定国情（Christopherson，2004，2008；Hesmondhalgh & Pratt，2005；Ye，2008；*Economist*，2013a）。虽然创意产业的界定各有不同，但很明显，它会在范围更广的经济中产生溢出效应（Cunningham & Potts，2013）。符号的变化和材料的使用相结合，反映并驱动着有形和无形的文化变迁和经济价值增长。由此可见，创意产业是发展的文化，对一国的社会和经济生活的发展和变化起着重要的作用（Pratt，2013）。

诚然，所有的创意产业都会发生变化，但变化的程度不尽相同，从清风涟漪到"疾风骤雨般的创造性破坏"（Schumpeter，1942）。理解创意产业变迁的性质，对发挥其发展和转型的潜力至关重要。在此，我们将为这种理解提供了一个理论框架。首先，我们聚焦于创意产品，以此来界定创意产业（Hirsch，2000）。所谓"产品"，是指创意产业提供的实物产品、表演、服务和交付给客户的物什（"产品"这个术语表示所有这一切）。我们为创意产品可能发生的变化确立了两个关键维度：符号代码和物质基础。其次，我们分析了驱动变迁的四大因素，即需求、技术、公共政策和全球化。最后，我们来研究创意产业变迁的四种主要类型：守成、思变、变革和重构，这是符号代码和物质基础变迁的特定组合。本章将举例说明这些不同的变迁类型如何表征特定的创意产品和创意产业，并对商业模式、产业组织以及最终的文化转型和经济增长产生的不同影响。

以创意产品界定创意产业

许多学者都在讨论创意产业的确切范畴，是否应包括美术、文化遗产和信息技术，语言能否从文化产业转变到创意产业，围绕这些问题一直都有重大分歧（Garnham，2005；Galloway & Dunlop，2007）。我们认为，艺术研究（Frey，2000；Ginsburgh & Throsby，2006）和文化产业（Horkheimer & Adorno，1944；Hirsch，2000；Throsby，2001；Hesmondhalgh，2013）可以视为创意产业的子集，因为它们仰赖于创意，并从这种创意中获得价值。最著名的创意产业分类清单是联合国教科文组织（1986）、英国文化、传媒和体育部（2001，2013 更新，2014）、世界知识产权组织（2003）、美国艺术家协会（2005）、KEA 欧洲事务公司（2007）和联合国贸发会议（2008）提出的，但创意产业分类的基本维度从这些清单来看仍无法确定（见本章尾附录）。我们的目标是提出简单而又全面的维度，用于创意产品和创意产业的识别，帮助学者和政策制定者做出亟须的分类。

衡量创意产业的实际规模是学术界争议的焦点（Howkins，2001，Throsby，2010）。大多数学者聚焦于创意产品，这使学者和决策者能够追踪创意的过程（Hirsch，1972）。

创意产品既是艺术家萌生新意和经验而创造的产品,同时也是同行、评论家和消费者得以体验的产品。总之,唯有产品才能将艺术家与受众联结起来,我们探讨创意产业时必须专注于创意产品。

创意产品:符号代码与物质基础

我们强调创意产品的两个关键维度,即符号代码和物质基础,以此支撑艺术世界并订立规制(Becker,1982;Friedland & Alford,1991)。符号编码和材料性质塑造了人们的审美体验,使我们能够对创意产品进行分类并创造利基市场。运用这两个维度可以刻画并抓住各种创意产品,这一点很重要。

第一个维度是符号代码,创意产品的象征性符号是第一位的,通过这样的符号编码,艺术家们赋予其创作的意义并形成受众解读的方式(Barthes,1977,1990;Caves,2001;Granham,2005;Hirsch,1972,2000;Lampel,Lant & Shamsie,2000)。符号元素之间的模式构成了一种符号代码,亦即音乐和文学艺术世界中视觉艺术或类型的风格,这些模式是对创意产品进行分类的基础(DiMaggio,1987;Lena & Peterson,2008)。符号代码的稳定性和变动性不尽相同,有些创意产品经过改进已形成惯例,如古典音乐,而在其他创意产品中,符号历经动态变化,如时装。一旦改变符号编码方式,某些产品就会产生高度的不确定性,并冒着风险胜出(Caves,2000)。艺术家们往往凭借业已建立的社区、拥趸或利基市场,创立自己的流派或风格来缓解这种不确定性(Hsu,Hannan & Koçak,2009)。如果艺术家或企业试图嫁接或转向别的流派,可能会吸引更多的受众,但也可能混淆不同的受众,从而降低其创意产品的完整性(Hsu,2005)。艺术家或创作者需要以一种流派为依托,选择其他艺术类别中可用的概念和约束进行尝试和验证。分析符号代码及其模式的变化程度,便是我们对创意产品进行分类的核心工作。

第二个维度是物质基础,它不仅是赋予创意产品形式的材料,还包括使生产和消费创意产品成为可能的技术和社会-技术系统(Douglas & Isherwood,1979;Bijker,Hughes & Pinch,1984;Pinch,2008;Miller,2010)。创意产品的物质基础多种多样,从舞蹈和歌手的身材,到熔化玻璃和油画颜料之类的介质,从乐器或画笔等工具,到电脑、合成器、照相机和音响系统等技术手段,以及越来越重要的数字格式。创意产品的物质基础还包含独特的专利和知识生态系统,以及各行各业的供应商、艺术家和消费者。创意产品在材质上的进步,不仅提升了现有材料的质量;替代材料的颠覆性创新,更是将电影、音乐和出版物从模拟材料、印刷纸张一举转换为数字化软拷贝,极大地改变了产品面貌、商业模式和行业结构。创意产业的物质基础发生激进创新时,必将造成严重的破坏,那些基于原有物质体系的供应商和分销商日渐落伍,而新的企业、组织形式和产业结构将取而代之(Schumpeter,1942)。创意产品的物质基础是成本结构的核心,是专利权承载的知识,是替代材料的竞争动力(Anderson & Tushman,1990;

Barney,1991),是抗衡网络的垂直整合之类的组织结构(Jones,Hesterly & Borgatti,1997;Djelic & Ainamo,1999)。由此可见,物质基础的变化重塑了创意产业的原动力。

符号代码和物质基础相结合,引发了受众的审美反应,进而影响人们采购创意产品的选择及其价值评估(Charters,2006;Hagveldt & Patrick,2008;Hoyer & Stokburger-Sauer,2012)。这些判断颇具争议性,隐含着竞争的需求,比如屏蔽"佳作"抑或开门接纳(Granham,2005)。以象征符号和物质基础来区分创意产业的创意产品,有助于开掘不同的市场利基,这些利基随着它们对常规的遵从和保护程度而发生变化(Anand & Croidieu,2013)。通过了解符号编码和物质基础,我们可以更精准地对创意产品进行分类,从而更好地识别适当的商业模式、供应商网络和产业结构。通过了解符号代码和物质基础的变化,我们也可以理解创意产业不同变迁的类型。不过,在这之前,我们还需要考察驱动变迁的不同因素。

创意产品和创意产业：四大驱动因素

创意产品和创意产业的变迁,通常有四大驱动力,即需求、技术、政策和全球化。

需求

当消费者拥有购买力、市场扩大和产销增加时,外部需求对创意产业的变迁产生了拉动作用(de Vany,2004;Lampel,Lant & Shamsie,2000)。外部需求或受众期望会制约或推动符号的变化。如果受众和评论家对某种电影类型予以褒奖,需求约束就会松动(Hsu,2006;Hsu,Hannan & Kocak,2009)。创意音乐产品"为了吸引更多的听众,常常故意将其鲜明风格隐藏起来"(Lena & Peterson,2008:699)。相反,高级时装和高级美食的受众喜爱创意产品带来的新鲜感(Aspers & Godart,2013;Svejenova,Mazza & Planellas,2007),从而推动时尚流行(Simmel,1957)。当艺术家寻求新颖的表达方式时会产生内在的需求,他们是创意产业边缘地带的"特立独行者"(Becker,1982),音乐(Lena & Peterson,2008)和绘画(Crane,1987)领域其实不乏这类探索者。他们对符号所做的变更能否成功,取决于连接边缘和核心地带的经纪人,经纪人网络会将新的表达形式转化为时尚界的主流(Cattani,Ferriani & Colucci,2013;Sapsed,Grantham & DeFillippi,2007)。这种内生需求是预测产业长期变化的基础(Martindale,1990)。服装和面料的新奇时尚可能会瞬间爆发,但通常需要提前两个销售季节进行规划。当外生需求和内生需求结合在一起时,产业结构将应运生变。例如,印象派艺术品经销商的崛起,在热衷新画风的新消费者与尝试改变现有符号表现形式的画家之间搭起了一座桥梁(White & White,1965/1997)。消费者和生产者之间的兴趣对接,对依赖于不断反馈和设计的行业甚为关键,在那些技术飞速发展的创意产业中更是备受关注(di Maria,Finotto & Ruliani,2013;Flowers & Voss,2013)。

技术

技术改变了创意产品的物质基础,也改变了生产和消费过程。这种技术变革由创意产业的内部动力或更广泛的经济趋势所驱动。内部的技术变化出现在摩天大楼拔地而起的建筑中,其开发需要新的材料(如钢铁、钢筋混凝土)和知识(如静力学),地球人在城市生活的方式和经验由此而发生改变(Jones, Maoret, Massa & Svejenova, 2012)。内部的技术变化也可能来自用户创新,用户是分散的,但又聚集于特定的社区,企业可以瞄准这些社区投入,通过降低成本和增加技术产品价值来共同创造新产品(di Maria, Finotto & Ruliani, 2013;Flowers & Voss, 2013)。半导体和计算机科学等相邻领域的发展也在驱动创意产品的技术变革,新技术将创意内容存储在芯片上,并通过电子信号传遍全球网络,从而绕开了控制该行业的经纪商。创意产业涉及广泛的生产网络(Coe, 2013),网络节点的替代或改变势将破坏生产关系和生产网络。当技术变革使数字软拷贝迅速取代模拟硬拷贝时,熊彼特所说的旧产业倾覆与新企业和生态系统的兴起随处可见(Schumpeter, 1942)。物质基础的新变化极大地拓展了音乐和电影行业的进入路径,它以新的方式连接生产者和消费者,改变了产业的经济形态和结构特征(Hirsch & Gruber, 2013)。譬如,电影越来越多地由网飞(Netflix)而不是电影工作室来制作和分销,音乐则通过苹果公司的iTunes而不是唱片公司来发行。通过改变成本结构、可获得性、可重复性和可扩展性,技术变革颠覆了行业结构和商业模式。反之亦然。当一个行业的物质基础和知识不容易被替代时,它会创造一种保护既有产品免受市场压力的独特形式,以维系其竞争优势(Barney, 1991)。在这种情况下,技术更有可能支持和扩展当前的企业、规制和策略(Christensen, 1997)。

公共政策

以版权法和公共补贴为例,公共政策会随着时间的推移而变化并推动相应领域的变革。国际版权体系旨在评估创意产品,允许创收,并以不同方式影响创意产业的各个领域,却也使个人创意悄然地边缘化(MacMillan, 2013)。它还影响创意生产的模式,如嘻哈音乐的样品被人录制,根据判例法,当属侵权行为(Kretschmer, 2013)。创意生产和消费中的数字化早已蔚然成风,使现行版权制度难以落实执行,但产业界和政府利益与共,联手维系版权体系(Blanc & Huault, 2014;Dobusch & Schuessler, 2014;Mangematin, Sapsed & Schuessler, 2014)。古典音乐、芭蕾和歌剧等创意产品一向依赖于会员资格、地位等既定惯例,但公共政策会影响它们的变化速度,符号代码保存和改进的过程尤其值得关注。在传统上,许多西方经济体一直为小规模市场的创意产业提供公共支持,创意产业也大多依靠政府补贴来维持生存,政府的扶持基于市场失灵的理由和文创产品即"精品"的理念。然而,如今的政策目标已从传统目标(出口、就业增长等)转向知识交流和创意产业对社会经济的溢出效应(Bakhshi, Cunningham & Mateos-Garcia,2013;Cunningham & Potts,2013)。体制改革对创意产业诸领域的影响存在着差异,但大方向是促进机构合作和网络联系。

全球化

全球化意味着贸易和投资的自由化,它驱使资金、人员、产品、技术和思想的跨国转移(国际货币基金组织,2000)。全球化为创意产业创造了新的市场机遇,同时,也激化了竞争。例如,过去30年来印度前往西方国家的移民为印度文化创造了出口市场,使同一时期印度的文化贸易政策发生了变化,其符号代码逐渐融汇了现代西方和传统印度的主要元素,为争取国际话语权和对现代印度艺术的需求铺平了道路(Khaire & Wadwani,2010),也为宝莱坞(Bollywood)的电影输出打开了大门(Lorenzen & Mudambi,2013)。印度创意产业的全球曝光和出口收入刺激了新兴的体制性基础设施和生态系统的创建,使时装和电影学院、时装表演和电影节、评论家和评审系统以及多厅影院和厂家直销店像雨后春笋般地萌发出来。与此同时,贸易壁垒的减少和跨国投资的机会也导致了印度创意产业的重组,如现代时装公司取代了印度传统服装的裁缝(Khaire,2013a),宝莱坞电影的生产和分销实行了公司化(Lorenzen & Taübe,2008)。

接下来,我们将依据符号代码和物质基础的变化之间的关系,来分析创意产品和创意产业的变迁类型。

创意产业的变迁类型

我们认为,创意产品的象征符号和物质基础这两个维度,分别受到不同的变化速度和变化过程的影响,从艺术家和企业保守符号代码和物质基础的缓慢变化,到艺术家和企业思索符号代码和/或变换物质基础的快速变化。图1展示了创意产业的四种变迁类型,我们分别称其为:守成(符号代码和物质基础均缓慢变化)、思变(符号代码快速变化,但物质基础缓慢变化)、变革(物质基础快速变化,但符号代码缓慢变化),以及重构(符号代码和物质基础均快速变化)。当然,这四种变迁类型是连续性而不是离散性的,它们之间并存着符号或物质基础的延续和变迁。图2和图3提供了这些变迁类型如何应用于创意产品和创意产业原型的例子,这些例子表明,即使在同一行业内,在主流产品和利基产品之间,或在不同的历史时点,不同类型的变迁也会发生。我们还注意到,促使变化的驱动因素往往与一种变迁类型相关联:国家政策对应于守成,需求与全球化对应于思变,技术对应于变革,全球化与技术对应于重构。在接下来的四节,我们将探讨不同的驱动因素和变迁类型,详细阐明这些变化。

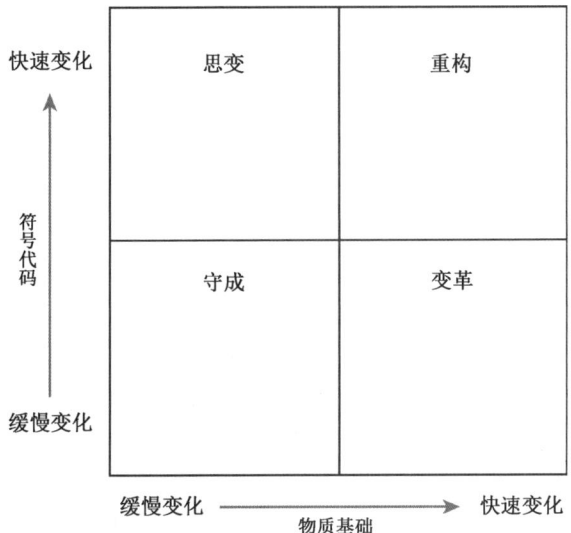

图 1　创意产业的变迁类型

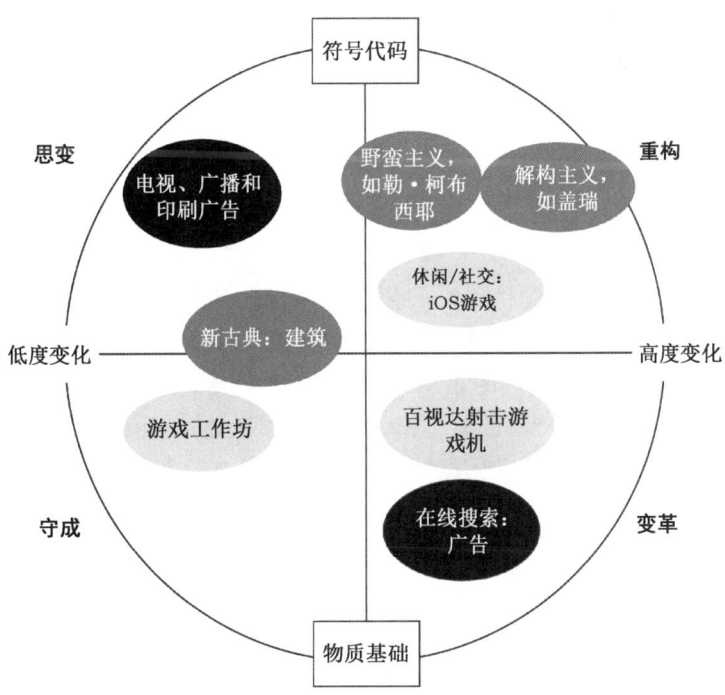

图 2　广告、建筑和电子游戏的变迁类型

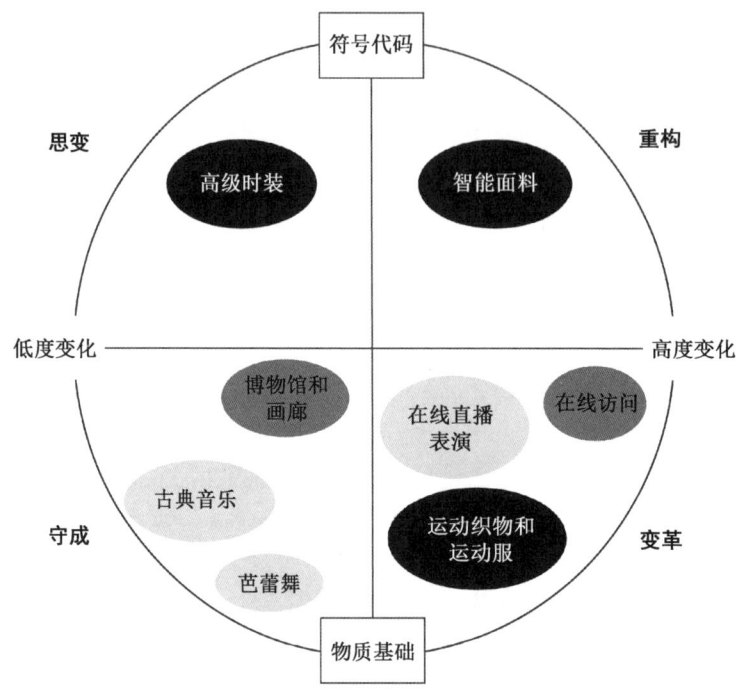

图 3 时装和纺织品、博物馆和表演艺术的变迁类型

守成：符号代码和物质基础缓慢变化

图 1、图 2 和图 3 中的左下象限是最保守、最稳妥的变迁类型,笔者谓之守成。这一变迁类型的特征是,既有基于审美习惯的符号代码,又有传统意义上的物质基础。试图保守符号代码和物质基础的组织机构,如古典音乐、芭蕾舞、歌剧等表演艺术团体,收集、保存或容纳创意产品的博物馆、画廊、古董艺术品经销商、拍卖行、收藏家和文化遗产公园,都会更多地仰仗国家政策的扶持。在关于创意产业的六个定义中,联合国教科文组织、美国艺术家协会、KEA 和联合国贸发会议这四个机构的定义都含有文化遗产。全球化意味最浓的创意产业便是艺术和古董市场,它已向中东和中国扩展,形成了新的消费者、机构和行规(Dempster,2013)。专营机构展示和收藏的创意作品琳琅满目,良莠混杂,标志性画家和时尚艺术展的预告并列挂在博物馆入口,音乐厅或歌剧院的节目单印着知名作曲家的曲目,间或掺杂了流行音乐。这种混杂的数量和掺和的性质成为艺术界争议的焦点,关于这种做法指向金钱而非艺术的指责不绝于耳(Glynn & Lounsbury,2005)。

守成式变迁的典型组织机构如上所列,不过,其他创意产业也可以在保留创意产品及其生产技术的过程中形成自身的利基专长,不仅保持原有的审美习惯,还能提升现存物质基础的质量和扩展相关的知识。例如,工匠和手工艺人专门从事使用传统符号和材质的工作,沿袭中世纪技巧的音乐艺术家或遵循历史风格的建筑师专注于传统技术的学习和传承。1914年,Cram和Goodhue坚持用传统的石材和建筑方法建造了圣托马斯教堂,而未采用本可节约时间和成本的现代建筑材料和施工方法(Jones & Massa,2013)。也许正因为如此,与其他创意产业相比,数字技术的应用是补充而不是破坏或取代别的行业,其物质基础的变化一直不大。比如,数字字幕能使更多的人理解歌剧,这既不改变美学惯例,也未改变传统的表演器材(如道具、服装和舞台)。

为了探索守成式变迁类型,不妨考察一下位于图3左下象限的博物馆。人们至今仍在辨析博物馆的用途,无非是具有教育意义、保存文化瑰宝,或提供思想素材(DiMaggio,1982)。博物馆仍在蓬勃发展,全球参观博物馆的人数已经从20年前的23 000人次翻了一番,达到了55 000人次。重量级的博物馆专注于当代艺术,如伦敦的泰特现代美术馆、巴黎的蓬皮杜中心和纽约的现代艺术博物馆(*Economist*,2013−12−21:3,7)。博物馆复苏的原因有四:首先,博物馆大都位于人口和经济增长的城市(麦肯锡报告,2012年4月和2012年6月)。城市是创意中心,创意产业从业人员众多,推动着创新型经济的增长(Florida,2002;Florida Mellander and Adler,2013),受过良好教育的富有人士成为博物馆的主要客源。其次,一个城市或国家试图通过建设标志性的新博物馆带动旅游业发展,引发城市更新。弗兰克·盖瑞(Frank Gehry)为西班牙毕尔巴鄂设计的古根海姆博物馆就曾引发一波跟风潮,即所谓的"毕尔巴鄂效应"。第三,西方国家的博物馆扩大了服务范围和便利性。比如,大英博物馆为睡着了的儿童提供托管服务,与数字技术专家合作,扩大观众的参与感和互动性。最后,无论是发达国家还是新兴经济体,博物馆成为政府展示其文化的手段,标志性的新建筑物就是强有力的硬件设施和符号象征。2009年,中国将文化产业升级为战略性产业,并通过兴建博物馆来体现这一战略,但往往缺乏明确的目的和适当的艺术品来充实博物馆(*Economist*,2013−12−21)。

倚重文化遗产的创意产业组织机构,其商业模式和收入能力在相当大的程度上取决于国家支持、赞助人和付费参观者。当前许多国家、州省和城市面临严峻的经济挑战,博物馆不得不设法吸引访客来创收。虽然博物馆仍注重传统的符号代码,维持创意表演和产品的物质基础,但最成功的博物馆已经开始进行商业模式的创新。比如,推行展览众包实验,利用信息技术在大型显示屏上吸引参观者,在网络上展示珍贵文物的三维模型,提供远程体验并将博物馆的入口扩展到门墙之外(这种物质性的变化将延续到下一种变迁类型)。博物馆正在迅速地扩张品牌,卢浮宫在兰斯与阿布扎比开设了卫星博物馆,并计划在这些地方轮流展出藏品。有评论家指出,一个文化遗产的守护者不应采取这种激进的经营策略(*New York Times*,2007−09−01)。这也从另一方面说明,即使没有激烈触动符号代码和物质基础,守成也不是静态的,守成依旧是创意产业变迁的一个源头。博物馆或文化遗产所在地吸引游客的能力是其健康营运和收入的关键指标,游客是会识别并认可这种能力的。随着发展中世界日渐富裕,那些借助技术手段提供独特体验并通过与其他博物馆合作来提供特殊展品的博物馆,对游客的魅力无疑会增强,这对创造城市和文化的繁荣是至关重要的。

思变:符号代码快速变化与物质基础缓慢变化

在图1、图2和图3中,左上象限代表了符号代码快速变化的思变类型(Barthes,1977,1990),但同时又保持表达创意产品的材料形式。代表这一变迁类型的创意产品有高级时装/时尚、高级美食、葡萄酒、戏剧、广告和美术。改变符号代码的过程是这种思变类型的核心。创意的基石是新奇,对新奇性的追求则是符号变换的动力,由此造成了现有符号元素的新组合和再组合。全新的组合屡见不鲜,这是科学(Simonton,2004)、技术(Arthur,2009)、艺术(Sapsed & Tschang,2014)和创新(Schumpeter,1942)最核心的创意过程,尽管如此,最密集发生的却是再组合。再组合以符号的转换为标志,对实物产品(如葡萄酒)而言,这可能会引发关于标签适用性的争议(Anand & Croidieu,2013)。在实物产品不变的情况下,再组合其实也可另辟蹊径:或制作新颖配料和菜单,或打出新时尚季节和新广告,或新调制葡萄汁和改变葡萄酒标签。面对符号代码的动态变化,订单往往取决于用来体现创意产品的既定材料,诸如缝制秋季时装的面料质地和颜色,创造高级料理口味与菜单的配料及其组合,随着时间的推移,制衣和烹饪所需的知识都已有所改变,但这些布料和食材的变化确实不大。而随着符号代码的快速变化,每个人如何进行审美表达,这个挑战倒是真实的,并不是虚幻的(Jones,Anand & Alvarez,2005;Peterson,1997)。

音乐和高级时装堪称思变的典型例子,全球化为这两个领域提供了追寻新奇事物的大量机会,符号的混合融汇可以说俯拾皆是。电子音乐艺术家利用采样和合成声音技术创作了许多数字流派变体,将既有节奏与新的形式重新组合。例如,Dubstep将英国的车库音乐与牙买加的雷鬼音乐和丛林元素结合起来,创造出一种南伦敦的地下风格,最终被主流艺术家Britney Spears、Rihanna和Snoop Dogg采用,成为新音乐风格的典范(Lena & Peterson,2008)。在时装行业,老款式时常卷土重来,但也会以新名字凸显其新颖性(Godart & Galunic,2014)。每年的时装季节都会提供大量的商机和稳定的订单,符号元素频繁地进行组合和重组,如新的设计图案、裤子、背心、裙子和上衣的新组合(Barthes,1990)。符号元素的模块化让这种重组变得容易,驱使时装行业进入创意产业的核心地带,而不仅仅是裁缝手艺而已(Djelic & Ainamo,1999)。时装秀通过集体狂欢将整个行业组织起来,吸引了全世界的设计师、评论家和公司参与,引领新趋势并创造新机遇(Schüβler & Sydow,2013)。全球化也在推动时装界符号代码的嬗变,促进了印度文化的变革,人们开始运用传统的图案和布料来表达个人的身份和品味。私人定制服装的裁缝师不再那么吃香,他们的细分市场因时装设计师的崛起而大为减少(Khaire,2013a,2013b)。一度抵制数字技术的时装行业如今有了数字时装周,公司利用脸书、推特和博客网站来定位和补充品牌形象,分析推文,重发推文,发现和利用新的时装趋势(Sedghi,2013)。虽然评论家们还在评估创意产业和创意产品的质量,但时装界更愿倾听发自推特的顾客意见,这种反馈更加即时,更加民主化。时装公司纷纷模仿此类做法,甚至将之扩展到公司的成衣业务,去探寻精英阶层喜好的新式符号组合,进而创造时装潮流的新周期(Crane,1990;Godart & Galunic,2014;Simmel,1957)。

创意产业经营模式的变迁通常以企业家为中心。企业家的身份和激情推动着产品的创造,他们常以自己的名字命名产品,如早期的 Coco Chanel、Liz Claibourne 和 Ferran Adrià。创业者仰仗一小部分顾客来支持新的创意产品。这些新产品往往是小批量生产,或在有限的季节生产,且仅为少数精英客户定制,价格自然格外昂贵。这些企业制定了独特而又互补的商业模式:限制进入和多元化。进入受限让生产者乐于从事创造性的探索工作。譬如,Adrià 在 E-bulli 只提供半年时间的高级料理服务,另外半年用于尝试和创造新的菜肴(Svejenova,Mazza & Planellas,2007)。时装行业也有按销售季节提供产品的惯例,举凡春秋两季的时装产品,生命周期就这么长,同时辅以裙子、夹克和女衬衫等产品(Siggelkow,2001,2002)。多元化策略鼓励创意人员打造特色品牌:厨师担纲电视烹饪节目,编印食谱(Svejenova,Slavich & AbdelGawad,2013),设计师为时装屋创建香水、配饰和化妆品等品牌。这些商业模式不乏共同之处,但各有高招,取决于公司创建的历史和制度遗产。各国高级时装企业的组织形式就各有特点,如法国的"伞形持股"公司、意大利的"柔性嵌入式网络"和美国的"虚拟组织"(Djelic & Ainamo,1999:622)。

变革:符号代码缓慢变化与物质基础快速变化

图1、图2和图3的右下象限凸显了创意产品的物质基础发生的快速变化,谓之变革类型。技术创新往往会破坏现有的行业(Tushman & Anderson,1990;Christensen,1997),一旦建立了新技术,旧技术就会过时并消亡,但旧的符号代码仍可重新导入并用作经典设计。例如,物质基础从模拟技术转向数字技术极大地改变了电影、音乐和出版的格局,数字格式不仅可经由电信轻松地复制和分发,还为掌握数字系统和信息技术的公司赋予了特权,信息通信技术公司成了艺术家和消费者之间的新媒介。像苹果公司 i-Tunes 这样的下载服务目前主宰了音乐 CD 的销售。谷歌公司提供音乐(Google Play)、视频(You Tube)和书籍(Google Books)的访问权限。Spotify 可以分享音乐。网飞(Netflix)不仅分发而且制作内容优先的节目,现在还制作电影,供出租、订阅和一次性(而不是每周)观看(Taylor,2013)。

综合娱乐公司(出版、电影和音乐集团)是这种变迁类型的样板。大众市场如何及为何会在符号编码上缓慢变化,而在物质基础上快速变化?让我们揭开种种内幕,看清变局的真相。首先,受众的期望值仍未超脱老的作品分类和风格的影响(Hsu,2005;Hsu,Hannan & Ocak,2009)。于是,娱乐公司一再复制过去成功的作品,抱住大片专营权不放(Christopherson,2008),以冲抵收入降低的风险。殊不知,这会造成巨大的沉没成本(Bakker,2013)。乡村音乐和西方音乐的新颖组合一直不受重视,直到跟踪研究揭示这是一个可行的收入来源(Anand & Watson,2004)。其次,娱乐公司用小预算的低质作品来填补媒体的胃口,迫使更多的外围供应商更快速、更廉价地干活,以达到控制成本的目的(Christopherson,2008)。具有讽刺意味的是,由于产品交付降低了质量和多样性,反倒驱使消费者寻觅其他娱乐来源。这种做法还加剧了创意工作者的分化和不平等,少数艺术家变成明星,获得了大部分的工作和报酬(Currid-Hackett,2013;Menger,2013)。第三,全球化的综合优势在大众市场遭遇挑战,符号代码的国际传播并不顺畅。目前,美国、中国和印度是世界上最大的电影市场,他们的电影行业已经建立了如此独特的符号代码,以至于外国电影公司很难渗透这些市场(Lorenzen,2009)。再者,符号代码是基于文化的,这意味着"太多的电影对外国观众来说是太陌生和太熟悉了"(*Economist*,2013-12-21:107)。最后,各国政府制定的政策的差异妨碍市场的有效开发。中国电影行业实行审查制度,限制外国电影进入的数量。为了解决这些难题,好莱坞电影制片人尝试过共同出资或合作拍摄中国电影,力图在新兴市场站稳脚跟,但对中国和西方的电影制片人来说,文化和政策差异仍是国际合作制作电影的重大挑战。为了应对这一挑战,宝莱坞收购了美国的电影制作和发行公司(Lorenzen & Mudambi,2013),以此为"跳板"进入美国市场,他们套用的正是20世纪40—50年代美国电影进入欧洲的路数(Balio,1985)。

信息和通信技术公司不仅是电影、音乐和出版界的新竞争对手,他们还提供电子游戏等"数字原生态"的创意产品,并按照公认的电影类型(如动作片、战争片和科幻片)进行内容开发。近三十年来,青少年和中年男性成了电子游戏的"铁杆粉丝"。这些玩家非常重视创新,这些创新与物质基础即游戏机的功能、速度和运行视频和动画的能力密切相关(Sapsed,Grantham & DeFillippi,2007)。每一代新游戏机都将运行更复杂的巨型游戏,这意味着开发商必须面对更大的项目规模和沉没成本(Bakker,2013),这一细分市场的产业集中度也将水涨船高。动画片亦然。从前在小型工作室里画卡通的团队,如今已扩展到数百名艺术家和开发人员,每个人都在《阿凡达》或《复仇者联盟》这样的大片中使用计算机生成图像软件(CGI)绘制一个小片段。实现理想效果的工作过程被称为"数字拼装",需要协调数字资产、工具、资源和分散在各地的创意工作者(Rüling & Duymedjian,2014)。从传统动画绘制到数字工具和格式,物质基础的巨变对动漫企业的组织形态产生了深远的影响。

与电影、出版和音乐等娱乐行业相仿,新媒体和科技公司都乐于在纽约、洛杉矶、旧金山和伦敦这样的大城市或毗邻地区安营扎寨。大城市拥有强大的高教机构、基础设施和生活方式,足以吸引创意产业的从业人员(Florida et. al. ,2013),大城市还有专业供应商和自由职业者的生态系统,这正是基于项目的产品开发所需要的(DeFillippi,2013;Lorenzen & Frederiksen,2005;Vinodrai & Keddy,2013)。

显然,电影、音乐和出版界的传统商业模式已不再适用。首先,传统的收入来源不再产生从前那么高的收入水平。受众可以从网上盗版和分享内容,或从科技公司那里获取内容。专家报告显示,电影很少盈利,英国电影只有7%赚钱(*Economist*,2013-

12—21:105)。唱片行业的收入下降了 100 亿美元(Spotify,2014)。媒体公司声称要起诉盗版和分享行为(如 Napster),这些做法会削弱个体创造力和文化多样性,现行法律已将文化之果商品化和工具化了(MacMillan,2013)。其次,艺术家可以利用数字革命绕过大型传媒公司经纪人,直接向消费者分发自己的原创音乐,增加音乐的多样性(Foster & Ocejo,2013;Hirsch & Gruber,2013)。数字音乐仍需要进行营销和推广,现在的市场并不缺数字中间商来取代传统经纪人。第三,新媒体企业的商业模式转向广告收入和收取会员费。网飞(Netflix)和 Spotify 主要从会员费中获得收益,而不是靠出售或出租创意产品。普通人平均每年在音乐上花费 55 美元,而 Spotify 的高级会员年均花费 120 美元(Spotify,2014)。尽管新媒体公司收集大数据的做法日益引起人们对隐私的关注,但网上活动产生的海量数据引发在线广告业务的高增长却是不争的事实,且大有取代电视、广播和印刷媒体之势。广告不再依赖符号的奇思妙想和组合变幻,而是融合了大数据分析和搜索引擎优化(Sapsed et,al.,2013)。

重构:符号代码与物质基础快速变化

图 1、图 2 和图 3 的右上象限表示符号代码和物质基础均有快节奏变化的变迁类型,谓之**重构**。这里的创意产业异常活跃,其艺术和材料特性紧密结合,既要表达新的符号代码,又要驱动新的材料创新,两者双向互动,使整个产品和产业涅槃重生般地得到再造。其代表性的产品和行业有:运用新材料构造新建筑风格的摩天大楼,与电子产品相结合的"智能面料",采用莱卡弹性纤维制作的紧身运动服。在设计和消费品领域,塑料的引入改变了座椅的样式,更新了家具的风格。随着材料基础的变化,相关的符号代码也发生了变化。著名的包豪斯学院(Bauhaus School)率先为高端消费者设计塑料家具,同时也为学校等公共机构设计可负担的"堆叠式"塑料座椅,并将这种文化意义上的二元性存续至今。然而,在许多情况下,符号代码和物质基础均有变化的重构活动可能更容易发生,因为许多创新仅仅取决于一小部分人的实验。例如,在建筑行业,需要做的工作就是说服客户,与工程师合作,让监理放心,而无须取悦于大众市场。在客户群及其收入水平不同的条件下,其实不必过多考虑受众的期望,换言之,无须像电影、音乐和出版界那样,为满足广大受众的形形色色诉求而将些许创新稀释殆尽。对建筑业而言,最终的"受众"实际上就是房屋的住户,这些住户并不见得赞同创意设计的美学价值和象征意义。守旧性容易滑向复古主义,导向新古典主义和模仿都铎王朝之类的建筑风格,将现代建筑结构隐藏在传统幕墙的背后,因而更接近于守成这种变迁类型。

由于符号代码和物质基础之间存在着密切的互动关系,建筑业在其创意产品中很好地体现了这种重构的过程。譬如,为了创造一种金属外壳扭曲的新"解构主义"风格的建筑物,弗兰克·盖瑞(Frank Gehry)四处寻找新的设计方法,终于从飞机设计采用的新数字技术和新材料结构中捕捉到"创新灵感",引入了相应的设计工具(Boland,Lyytinen &

Yoo,2007)。新材料的应用创造出了有悖于现存代码的新符号:弗兰克·劳埃德·赖特(Frank Lloyd Wright)用钢筋混凝土制成了联合教堂(Unity Temple),平坦的屋顶没有尖顶,也没有窗户(Jones & Massa,2013)。勒·柯布西耶(Le Corbusier)将大型建筑放置在底层架空的支柱上,犹如踩高跷,而不是坐落在坚实的地面上(Jones,Maoret,Massa & Svejenova,2012)。当然,这需要一种新材料——钢筋混凝土来承受高层建筑的重量。建筑师在材料和风格上的创新向政府的监管政策提出了挑战,新法规应运而生。赖特的约翰逊蜡像馆(Johnson Wax)采用直径 9 英寸的钢筋混凝土支柱,而要承受 12 吨重的屋顶,官方规定支柱直径必须达到 30 英寸(Anonymous,1937)。"公然违章"的赖特毅然推倒柱子,用丝网代替普通钢筋重新制作立柱,还用 60 吨的重量进行了承重测试,立柱屹立不倒,终于获得建筑许可证,约翰逊蜡像馆由此成为新的建筑风格和建筑材料的标志与典范。不过,符号规则和材料基础的变化往往需要历经漫长的数十年时间才能被充分理解和吸收,现存的建筑才能旧貌换新颜。现代主义建筑的兴起已近 70 年,人们至今仍在努力改进现有的体制性基础设施,不断地与工程师、行业协会、院校和专业期刊加强合作(Jones,Maoret,Massa & Svejenova,2012)。

建筑业与相关设计公司的业务起伏不定,其收入水平取决于客户关系和客源多样化。建筑公司经常利用业务网络,与其他专业公司建立互补的伙伴关系,瞄准业内某些稳定增长的领域持续发力,致力于修建公立学校、商用楼寓、养老院或医保诊所等。实行客源多元化的好处是可以彼此帮衬补偿,这使专业化的精品公司更有可能在经济不景气时涌现(Blau,1984)。建筑公司和设计公司都未对各自的工程或景观设计技能采取内部化的做法,而是携手推行联合管理的方式,其结果,双方的协作兼具稳定性和灵活性,更能适应不确定的外部环境(Jones,Hesterly & Borgatti,1997;Jones & Lichtenstein,2008),基于项目的组织方式和项目生态也有利于这种适应性和灵动性的发挥(DeFillippi,2013;Vinodrai & Keddy,2013)。

问题探讨

熊彼特一向以传统的工业制造业为主要的考察对象,对其变迁的缘由进行理论解读,最典型的就是创新研究和产业动力学研究,他的侧重点放在产品和行业的物质基础维度之上。相比之下,我们还包含了符号代码的维度,这种理论框架更适合理解和诠释创意产业的变迁。在创意产业中,商业模式和产业组织的混乱乃至崩坏不仅来自技术变革,还来自符号代码的变化。为了有别于熊彼特提出的"创造性破坏"的概念,笔者将涵盖符号代码和物质基础双重变化的变迁类型称为"重构"。

我们的理论框架有两点需要防止误判的重要说明:

其一,我们没有追踪历史转变和动态变化。例如,未深究主角和配角之间的关系,两者如何交叉互动地创建新的符号代码。先锋派运动时常渗透到创意产业的外围,并有可能混合或整合到现存的符号编码中,进而孕育出新的流派或风格,重振油画(Crane,1987;Sgourev,2013)或音乐(Lena & Peterson,2008)之类的行业。

其二,政策、需求、技术和全球化等驱动变迁的因素本身也是动态变化的,因此,创意产品和创意行业将随着时间的推移不时地更换变迁类型。在图2和图3中,我们已举例说明了这一点。电影业以思变为特征,在符号代码(如故事片类型)的发展过程中,其早先的关注点从技术转向了内容(Jones,2001)。从1920年到1948年,它再次求变,重拾声音和色彩作为新技术,开发出好莱坞音乐剧或黑白色拍摄的黑暗电影。在这个时期,还发生了从小型工作室到少数控制生产、发行和放映的垂直整合公司的产业重组(Balio,1985)。当外生需求下降时,政府出台了新政策,如1948年颁布的反垄断法,全球化也出现逆袭,贸易保护主义从20世纪50年代起逐渐抬头,这一切迫使电影行业重组生产和分销网络。目前,电影又踏入了变革的阶段,因为技术创新正在颠覆全行业的商业模式和产业组织。

在创意产业迅疾增长的带动下,西方经济体、亚洲和南美洲在过去数十年里陆续出台了一系列各有侧重的公共政策,但都指向促进这类产业的经济发展(Bakhshi & Mateos-Garcia,2013)。创意产生文化和经济价值,孕育社会经济发展的潜力。无论怎么分类和衡量,创意产业都是面向未来的高增长行业,并在某些国家和地区经济中构成相当大的增值比例(英国文化、传媒和体育部,2014)。不可否认,许多业已建立的创意产业中心都存在着优势锁定效应,电影业龙头老大好莱坞(Storper,1989)就是最明显的例子。作为后起之秀,宝莱坞的规模不断扩大,欲与好莱坞一争高下(Lorenzen & Mudambi,2013)。全球其他地方也有了当地的电影制作集群(Lorenzen,2009;Coe,2013),处于外围的发展中国家和新兴经济体拥有创意方面的优势(Cattani,Ferriani & Colucci,2013),而现存的电影中心创意渐枯,亟须吸收新的想法。与生物技术、信息通信技术之类的高附加值产业相比,创意产业的进入壁垒相对较低。那些财务和资本要求较低的创意产业,不失为新的个人、企业和经济体进军全球市场的一条廉价而诱人的路径。

不过,对创意产业的讨论仍需采取审慎的态度。请切记,许多创意产业都有文化转型的能力,但不一定会成为经济增长的引擎。鉴于文化生产的高度创意及其需求性质,交响乐和博物馆这些代表守成类型的创意产业不太有可扩展性,尽管它们也取得了一些显赫业绩,但仍无法保证吸引大量的听众或观众,其中绝大多数将继续仰赖公共补贴来维持生存。许多创意产业趋于成熟乃至饱和,极易受世界经济波动的影响,有些行业已经下滑,并在寻求新的商业模式,以适当方式奖励创意工作和互补业务方面陷入混乱状态。此外,许多创意产业以现存的所有权结构、市场营销力量和分销基础设施为由,拒不撤除重大的市场进入壁垒。数字革命对创意产业的影响是一柄双刃剑:传统的内容提供商仍在遵从旧规则,而那些拥抱互联网的沟通力、营销力和组合力的行业和公司却一路高歌。越来越多的证据表明,创意产业和信息技术产业的原动力实际上有着本质的联系(英国文化、传媒和体育部,2013;Sapsed et,al. 2013)。我们认为,通过公共政策来激发这种潜力的关键,就在于理解不同行业之间如何变化。创意产业形式多样,涵盖多种产品。并非所有国家和地区都可以输出工业制成品,同样地,并非所有国家和地区的政府都可以制定通用的创意产业政策并使之生效。如果能了解创意产业变迁类型的细微差别,准确把握本土的文化优势,那么,维系文化尊严的繁荣机遇将会像永不枯竭的活泉,眷顾和滋润人们。

结 语

以往的讨论和分类形成的创意产业清单是混淆的,甚至是冲突的。在本章中,我们提出了一个新的理论框架,突出了创意产品的两个关键维度——符号代码和物质基础,以此来对创意产品进行分类,进而阐明创意产业的变迁类型。我们不赞成对所有的创意产业进行笼统的分析,因为其符号代码和物质基础的差异会提供明显不同的变迁动力。例如,电影、音乐和出版十分相似:它们专注于大众市场,从大片产品中赚钱,让经纪人发现和筛选人才,人们通过协同工作融入娱乐集团。数字革命的兴起也以类似的方式改变着这些产业的物质基础。相反,时装、高级美食和建筑具有截然不同的原动力和物质基础。我们的理论框架捕获并比较这些差异,为每种变迁类型确定主要的驱动因素。通过分析和归纳创意产业四种不同的变迁类型,一方面,我们试图证明从符号和物质维度来分析变迁的价值,另一方面,说明创意并不总是以同样的速率和方式来变化的。我们需要深入了解创意产品何时以及如何在符号和材质层面发生变化,以便从诸如此类的变迁中创新获利。

附录   **最常见的创意产业定义**

联合国教科文组织 (1986)	世界知识产权组织 (2003)	美国艺术家协会 (2005)	KEA 欧洲事务公司 (2007)	联合国贸易和发展会议 (2008)	英国文化、传媒和体育部 (2013)
社会文化活动					
环境和自然					
体育和游戏					
文化遗产		博物馆和收藏	文化遗产	文化遗产	
印刷品和文学	新闻和文献	出版	书籍和新闻	出版和印刷媒体	出版
音乐和表演艺术	音乐、戏剧、歌剧	表演艺术	表演艺术	表演艺术	表演艺术和娱乐
			音乐		唱片和音乐出版
视觉艺术 (含艺术和手工艺)	视觉和图形艺术	视觉艺术/摄影	视觉艺术	视觉艺术	
摄影	摄影				摄影
电影	电影和视频	电影	电影和视频	视听媒体	电影、视频和电视节目

续表

联合国教科文组织（1986）	世界知识产权组织（2003）	美国艺术家协会（2005）	KEA欧洲事务公司（2007）	联合国贸易和发展会议（2008）	英国文化、传媒和体育部（2013）
广播和电视	广播和电视广告服务	广播和电视	电视和广播广告	功能性创作：设计，软件，数字内容和游戏等新媒体，建筑和广告等创意服务，数字服务和娱乐服务	编程和广播广告
					公关和沟通
					翻译和口译
		设计	设计		专业设计
			建筑		建筑
			视频游戏		软件发布
	软件和数据库				电脑编程
					计算机咨询
	版权集体管理协会	艺术学校和服务			文化教育

注：上述术语是各种来源中最早使用的术语。世界知识产权组织（2003）基于版权的定义是范围最窄的，不包括那些基于事件、教育和文化遗产的行业。而联合国教科文组织（1986）的定义则非常宽泛，包括文化遗产、环境/自然和社会文化活动（如社团和社区工作）。然而，联合国教科文组织的定义和美国艺术家协会提出的定义（2005）都没有纳入英国文化、传媒和体育部（2013）与联合国贸易和发展会议（2008）定义中所包含的新兴行业，如信息技术、软件和专业设计服务。后两者的定义还包括文化遗产、传统艺术和手工艺。两者比联合国教科文组织（1986）的定义更具操作性，因为它们侧重于产业活动，而忽略了社会文化活动。

第二篇

创 意

第二章　创意思维

詹姆斯·C.考夫曼　罗伯特·J.施特恩伯格

本书涉及创意产业提供的各种创意产品和创意服务：从社交网站到新奇 T 恤，从文艺复兴博览会到快餐店玩偶，从主卧室的改建设计图到大型音乐节，可谓花样翻新，层出不穷。归根究底，所有的创意产业都有同一出处，即创意人士的头脑。

每一个富有创意的传奇思想家，从亚里士多德到爱因斯坦，都在思索创意的涵义。如何衡量、运用和孕育创意，已有长达 60 余年的深入研究和争论。创意研究已自成体系，吸引了来自心理学、神经心理学、教育学、历史学、社会学、经济学、工程学和其他学科的众多学者。

本章将梳理人的创意从何而来的研究成果与不同观点。我们首先探讨创意过程本身，即一个人萌发创意时的认知过程。其次，分析创意人士的类型。先研究创意和人格的关系，厘清创意人才的类型，再探讨知识、智力和专长在人们表达创意方面发挥的作用。再次，讨论创意个体提供的各种创意贡献。最后得出结论。

界定创意

要了解创意，第一步就是界定创意。绝大多数关于创意的定义，含有三大构成要素(J. Kaufman & Sternberg, 2007)。首先，创意必须代表不同的、新颖的或创新的东西。其次，创意必须具有高质量。最后，创意须适用于完成当前的任务或重新界定这项任务。因此，创意是新奇的、优质的和相关的。

尽管对创意定义有一个相对的共识，但关于创意过程的理论模型却有很多。

创意过程

Wallas(1926)提出了一种创意过程的早期理论，即创意认知过程的五阶段模型：第一是准备阶段，你开始着手解决问题。第二是孵化阶段，你可以干其他事情，而你的头脑却在考虑这个问题。第三是临界阶段(有时会跳过该阶段)，你意识到即将有所突破。第四是心明阶段，你具备了洞察力。第五是验证阶段，你可以测试、开发和运用自己的设想。

Geneplore 模型是近期开发的创意过程理论(Finke, Ward & Smith, 1992)。Finke 等人提出了两阶段论，即生成和探索。第一个阶段是生成，一个产生"新意"的时段,此刻会萌发许多不同的想法。在这个阶段,人们会预构某种发明设想,或某个可能解决问题的心理表征。例如,Elias Howe 在发明缝纫机时,一直纠结于缝纫针如何设计的问题。一天,Howe 做了一个奇怪的梦,在梦中,他被一群向他扔长矛的野人追逐。最后,野人扔向他的长矛都投进了一个圆圈。Howe 突然意识到,在缝纫针的顶端应添加一个圆圈(或"针眼"),这就是他所需要的解决方案(Hartman,2000)。一支顶端带有圆圈的长矛,即 Howe 顿悟之前的图像,就成了发明预构的一个经典例子。发明预构不必像 Howe 的故事那样具有戏剧性或突然性。实际上,根据 Geneplore 模型,发明预构的生成只是创意过程的一部分。思考者仍要在最终目标的引导下探索各种不同的发明构想,在创意产生之前,可能会有若干这样的构想周期。

第二阶段是探索,即评估各种可能的选择,并选择最好的一个(或几个)。如同相信世界发轫于创世说还是进化说那样,我们需要做的就是考察各种说法的依据,然后做出自己的选择。

Geneplore 模型本来是专注于创意过程,但大部分运用该模型测试的对象却是创意产品。在测试中,人也是物品的一部分(就像是一个圆圈或一个立方体),然后要求他们将这些部件组合在一起,产生一个实用的物品或装置,再对其进行创意性(和实用性)的评价(Finke,1990;Finke & Slayton,1988)。有趣的是,如果限定哪些部件必须组合而不是自行选择部件时,人们却创造出了更多的创意物品。

其他理论也都聚焦于创意过程的认知部分。Michael Mumford 及其同事们(Blair & Mumford,2007;Mumford,Mobley Uhlman,Reiter-Palmon & Doares,1991;Mumford,Longergan & Scott,2002)通过争论建立了一个八因素模型,侧重于问题构建、信息编码、类别选择、类别组合和重组、概念生成、概念评估、实施计划和解决方案监控。

Basadur、Runco 和 Vega(2000)提出了一个发现问题、处理问题和解决问题的简化模型。Mednick(1962)认为,将不同的元素联系起来形成新组合时,创意就会出现。他假设,创意人士比起非创意人士,更能在截然不同的概念和设想之间建立有意义的、有利用价值的关联,并基于这个理念开发了远距联想测试(Mednick,1968)。

在过去二十年中,许多创意过程研究都进行了计算机模拟。研究人员试图运用与人工智能研究相同的各种原理,对计算机进行编程,使其具备与人类思考方式相似的能力(Boden,1999)。问题在于,难道我们真的可以研究人工创意吗?

乍一看,计算机模型似乎堪当此任。BACON 是第一批这样开发的计算机程序之一,它利用一套规则和启发法来重新发现开普勒的行星运动第三定律(Langley,Simon,Bradshaw & Zytgow,1987)。其他编程还有人格主导的虚构故事(Turner,1994)和即兴演奏的爵士音乐(Johnson-Laird,1988,1991)。然而,这些程序与人的创意功能不可同日而语,因为这些问题皆以结构化的形式赋予计算机,而在现实生活中,许多创意的首要任务便是发现问题的本质(Runco,1499)。

创意人士

理论

创意理论大多以创意人士为中心。例如,创意投资理论(Sternberg & Lubart, 1995a,1995b)认为,创意思想家犹如低买高卖的聪明投资者,投资者在金融世界这么做,而创意人士在创意世界也这么做。创意人士萌发创意时如同低估的股票(低市盈率股票),这种股票和创意大都被公众拒之门外。当创意思想出现时,公众往往视之为离奇的、无用的,甚至是愚蠢的,立即加以剔除。提请他们关注的人常被怀疑,甚至遭到蔑视和嘲笑,但创意人士最终说服了别人,高价出售了创意,并继续提出下一个不受欢迎的创意。

创意思想既新颖又有价值,却又经常被拒,因为创意创新者占有优势并傲视群雄。群众不会恶意或故意拒绝创意,他们没有意识到,而且往往是不想意识到,创意提出者代表了一种先进而有效的思维方式。社会普遍认为,反对现状是恼人的和冒犯的,以此作为忽略创新思维的充分理由。

创意屡屡遭拒,至少在初始阶段(Sternberg & Luba,1995a)。对古典艺术作品的早期评论往往是负面的。Alfre Hitchcock 的悬疑电影《迷魂记》、Verdi 的歌剧《弄臣》和 Herman Melville 的长篇小说《白鲸记》,当初均遭嘲讽,差评如潮。一些最杰出的科学论文在发表之前曾被不止一家科技期刊所拒。譬如,著名生物心理学家 John Garcia 刚提出一种经典调理的学习方法可在学习实验中单独使用时,立刻就招致指责(Garcia & Koelling,1966)。

从投资的角度来看,创意人士总是低价买进、高价卖出。他先是提出一个独特的设想,试图说服其他人相信这个想法有价值。通过说服其他人认可这个想法,增加了可感知的投资价值,他再将这个想法高价让渡给别人,去酝酿和提出另一个创意想法。谁都希望其他人喜欢自己的想法,但刚提出来便立马获得满堂喝彩的想法并不见得就是特别有创意的想法。Sternberg 和 Lubart(1995a,1995b)认为,创意有六个重要变量,包括智力、知识、人格、环境、动机和思维方式。

另一种以人为中心的创意理论是 Amabilès(1982,1996)的组合模型。她认为,创意的产生需要三个变量:与专业领域相关的技能、与创意相关的能力以及完成任务的动机。一是与专业领域相关的技能,包括知识、技术和专长,比如,你需要了解电磁学和热力学,才能成为一个有创见的天体物理学家;二是与创意相关的能力,即与创意相关的个人因素——人格,包括容忍不精确性、明智的冒险行为和对新体验的开放态度;三是完成当前任务的动力,一个人也许不乏与专业领域相关的技能,也不缺与创意相关的能力,但由于动力不足,压根儿就没有展露过一丝创意。

人格

上述投资理论和组合理论,均将人格作为考察创意的一个因素。这毫不奇怪,已有数百项研究致力于探讨人格与创意之间的关系。许多研究结果显示,这两者之间有直接而又一致的关系,但也还有问题存在。在各种与创意有关的人格理论中,Eysenck(1993)的 P-E-N 理论(精神病性、神经质性和外向性)较为典型,Eysenck 认为精神与创意有关。Barron(1969)及其人格评估研究所的同事们也研究了创意与人格之间的关系,比如说,创意与冒险之间的关系。

近年来,人格五因素模型(Goldberg,1992;McCrae & Costa,1997)成了大多数实证研究的焦点。该理论提出的五个人格特质因素分别是神经质、外向性、经验开放性(或称开放性)、尽责性和友好性(McCrae & Costa,1997)。这些名称传达了它们的意义:神经质测量个体的情绪稳定性(或不稳定性);外向性表明某人的外向程度和善于交际;对体验的开放性表达某人对新奇事物的智慧和感受;尽责性表示一个人认真守纪、规则导向及其团队精神;友好性意味着宽容、信任和无私(Kyllonen,Waltens & Kaufman,2005;Lowe,Edmundson & Widiger,2009)。

无论采用发散性思维测试(King,McKee-Walker & Broyles,1996;McCrae,1987)、相关评估技术(Woldfradt & Pretz,2001),还是自我报告测试(Griffin & McDermott,1998;Soldz & Vaillant,1999),创意均与人们对体验的开放性有关,这一发现几乎涵盖了各个领域。Feist(1998)对人格和创意的关系进行了综合研究,发现创造力较高的科学家比创造力较低的科学家更乐于接受体验,艺术家与非艺术家相比亦是如此。创意人格测试相当依赖于对体验抱持的开放性态度,开放性与创意的高度相关性已被确证(Goldberg et. al. ,2006),且可用作度量创意的替代指标(Baer & Oldham,2006;Powers & Kaufman,2004)。

然而,五因素模型中的另外四个因素与创意的相关性并不彰显,尤其是专业领域与创意的关系。特定专业领域在创意中的作用最有争议,尽管这两者终将殊途同归(Baer & Kaufman,2005;Plucker & Beghetto,2004)。问题的实质在于,是否存在像智力因素 g 那样的创意因素 c,后者能否横跨各个领域,使一个人具有跨越不同领域的创造力。

关于人格的认知-社会理论提供了另一种创意相干性的观点(Shoda,Mischel & Wright,1994;Smith,Shoda,Cumming & Smoll,2009)。根据这种理论,一个人的行为将随情况的不同而发生变化,这些行为变化在同样情况下会保持一致。比如,一个学生在多个课堂里始终保持好学态度,而在多场篮球比赛中始终不能奋力拼搏。如果创意和人格都与特定领域有关,那么人格大概会与创意有关,一旦跨越不同的领域,两者便毫不相干。

实际上,创意与开放性之外的人格因素的相互关系常常出现差异。创意艺术家大都不怎么恪尽职守,这一发现跟创意测评结果(Woldfradt & Pretz,2001)和名人传记描述(Walker,Koestner & Hum,1995)大体是一致的。在艺术创意测评中得分较高的学生也不太认真(Furnham,Zhang & Chamorro-Premuzic,2006)。Feist(1998)发现,虽然科学家比非科学家更认真,但创造力较强的科学家并不一定比创造力较差的科学家更加认真。

外向性与基于专业领域的创意测评时而有关(Batey,Chamorro-Premuzic & Furnham,2009;Furnham,Crump,Batey & Chamorr Premuzic,2009;Schuldberg,2005),时而无关(Matthews,1986,McCrae,1987)。对艺术家和作家所做的特定领域的创意测评,找到了一些内向性与创意相关的证据(Mohan & Tiwana,1987;Roy,1996)。Feist(1998)认为,科学家们与非科学家相比,有更多的内向性,但创造力较强的科学家比创造力较逊的科学家更倾向于外向型。他还发现,富有创意的科学家比起创意稍逊的科学家,显得亲和力不足。据Burch、Pavelis、Hemsley和Corr(2006)考察,艺术家的亲和力也不如非艺术家。

即使是对体验的开放性,也可能跟所在的专业领域不无相关。Perrine和Brodersen(2005)采用多种方法,对体验的开放性及其构成因素、兴趣以及艺术与科学创意进行考察。开放性的六个构成因素中,除了价值因素,有五个因素与艺术创意有关,尤以美学为甚,而思想和价值观是唯一与科学创意相关的因素。George和Zhou(2001)研究了对体验的开放性、尽责性这两种人格因素与创意行为之间的潜在互动关系。他们发现,主管人员的反馈及其下达任务的性质对开放性和尽职性激发员工的创意很有影响。当员工收到主管的积极反馈和接受开放式任务时,那些对体验抱持较高开放性的员工产生了更多的创意结果。反之,当员工的工作受到严密监控,或收到主管不准确的反馈时,那些高度认真负责的人产生的创意效果并不理想。尽责性通常与积极工作(如按时上班或在截止日期前完成项目)相关,出现上述负面效果确实极不寻常。

在五大因素中,亲和力与创意的相关性最弱。Feists(1998)指出,颇有创意科学家比创意逊色的科学家不太令人亲近,艺术家比非艺术家更不近人情,Burch等(2006)学者也发现了这一点。亲和力也与创意效果和发散思维能力测试得分呈负相关(King et al.,1996;Batey et al.,2009)。Silvia、Kaufman、Reiter-Palmon和Wigert(2011)研究了Ashton和Lees(2007,2008)所声称的构成亲和力的两个因素,一个因素仍叫"亲和力",但特指宽恕、温柔、灵活和耐心,另一个因素是诚实谦虚,意指真诚、公平、不贪婪和谦虚。Silvia等(2011)发现,创意(基于自我报告和行为量表测试)与诚实谦卑之间存在显著的负相关。根据Aston和Lee(2007)定义的亲和力,与创意也无显著的关系。

有关情绪稳定性和创意之间关系的频繁辩论,突然间转向了探讨精神疾病和创意之间关系,赞成或反对这样做法的大有人在(J.Kaufman,2014)。关于躁郁症或精神分裂症的研究似乎有点过了头,因为其综合症状显然重于神经质(或缺乏情绪稳定性),但研究轻躁狂症和焦虑症的文献似乎显示其与创意极为相关。Furnham、Batey、Anand和Manfield(2008)以及Lloyd-Evans、Batey和Furnham(2006)都曾指出,轻躁狂症是一种与双相抑郁症有关的障碍（情绪高涨期短于抑郁期），但不一定会变成"精神疾病"。轻躁狂症患者可能更具创造力，而极端躁郁症患者的创造力可能较差（Richards & Kinney，1990）。

有些研究者侧重探讨焦虑与创意的关系。Rubinstein（2008）发现，焦虑症和抑郁症患者比精神分裂症患者更具创造性。研究羞怯的学者发现，社会焦虑减少与创造力提高互有关联（Cheek & Stahl，1986；Kemple，David & Wang，1996）。但 Silvia 和 Kimbrel（2010）认为，焦虑和抑郁与创意的联系较弱，也不相一致。

上述人格和创意关系的研究文献，可以说是强力联系（对体验的开放性）、冲突结果（外向性）和领域差异（尽职性）的混合物。尽管专长、知识与创意之间的关系也有相互矛盾的研究结果，但总体研究方向是趋于一致的。

专长、知识和智力

在任何领域获得高水准的专业成就乃至超群卓越，都需要大量的知识积累和持久的付诸实践。平均而言，在一个特定领域获取专业知识的过程大约需要十年左右的时间，方能深入该领域并做出实质性贡献（Bloom，1985；Ericsson，Roring & Nandagopal，2007；Hayes，1989）。"十年磨一剑"。这十年花费在学习该领域的技术技能，发现所有书本中无法教授的实际问题，并且认真践行干好本职工作。这十年不是像一个学徒工那样学会裁剪缝纫，而是要积极参与实验和生成新想法（Gardner，1993）。

在创意和其他特技领域，专业技能的获取与杰出人格的养成如出一辙。当然，也会有一些差异。卓越超群的创意领域意味着一路上都要攻坚克难，砥砺前行，尤其是像国际象棋、体育或音乐演奏之类的竞技领域，至少需要十年时间的磨炼。那些锐意求新求变的领域和不太关注技术完美的领域，可能需要比十年更长的时间才能崭露头角（Simonton，2001）。无论何人何时踏入何种领域，这个十年成才的规律都是大致适用的。例如，莫扎特在1761年5岁时开始作曲，直到1773年，他的第一部重量级作品《喜悦欢腾》才首次登台演奏。

创意人士从青涩到卓越，自有一套成才的规律。在 Subotnik（2000，2004）看来，专业技能的提升是一种持续发展的过程。即使您达到一定的专业水准，别忘了强中更有强中手。Subotnik 将那些手握天才作品、立于山巅之人称之为精英人才。莫扎特的早期作品声望鹊起后，仍在不断追求进步，他的大部分交响乐和歌剧皆成于青少年之后的时代。Gardner（1993）认为，一个创作者需要再花上十年的时间去创作他的第二部伟大的艺术作品。这是否意味着，还有使创作者从优秀作者蜕变为文化巨匠的另一个"十年规则"？S. B. Kaufman 和 Kaufman（2007）提供了验证这条规则的证据。他们研究了215位现代小说家，发现这些作家从第一本小说面市到最佳小说出版，平均用了10.6年。前一个十年，创作者从落笔写作要花十年工夫成名，后一个十年，他真正的不朽作品方能问世。

如何发展更高级的专长？Subotnik 和 Jarvin（2005）采访了处于职业生涯不同阶

段的80位音乐专业的顶尖学生。若要从胜任本职变成行家里手,须高度重视技巧的娴熟程度。而要从专家进阶到精英阶层,则需要注入新的元素,如创意、魅力和经验智慧。

有的学者认为,知识太多有碍于创意,因为它会导致脑袋僵化(Frensch & Sternberg,1989;Schooler & Melcher,1995)。这就是解决问题时会邂逅的"爱因斯坦效应"。一个人尚未找到新的(或更好的)解决方案时常会发生这种情况,因为一个已知的、现成的解决方案就摆在你的案前,容易先入为主,造成创意呆滞。但Bilalić、McLeod和Gobet(2008)对"爱因斯坦效应"表示质疑,他们调研国际象棋大师时发现,尽管是高手对弈,棋风飘逸,若其拥有更高水平的专业知识,大师们的棋路还会更加灵动凌厉。至于这一结论在多大程度上适用于其他领域和不同水平的专家,尚有待于进一步的研究。

对某一主题或类别的了解(非专业知识),可能会降低原创性。Ward(1994)曾要求学生想象一下其他星球上的动物,几乎每个学生都按照地球上现有动物的特征(如有眼有腿)来描绘外星生物,即使要求学生大胆想象与地球生物极不相同的外星生物及其食物或工具亦是如此(Ward & Sifonis,1997)。为此,Ward和他的同事们(Ward,1995;Ward,Dodds,Saunders & Sifonis,2000)提出了一个"最小阻力路径"模型,该模型认为,人们总是习惯于穿新鞋走老路,沿袭给定领域的标准来设想该领域的新面貌。如何摆脱这种"最小阻力"的陷阱呢?那就是非常明确地告诫和激励你更加洒脱抽象地思考这项任务(Ward,Patterson & Sifonis,2004)。

智力与创意之间的关系,有别于知识与创意之间的关系,它并不太在意两者互动的方向。大多数研究文献认为,一般性智力水平有助于创意,即使不太多,反之亦然。不过,许多智力理论家将创意贬谪到极普通的地位。拿CHC模型来说,这是Cattell-Horn的流体与晶体智力理论(Horn & Cattell,1966;Horn & Noll,1997)与Carroll(1993)的三层认知能力理论的结合,创意在该模型中仅仅是构成信息长期储存和检索能力的若干因素之一(J. Kaufman,Kaufman & Lichtenberger,2011;McGrew,2009)。Luria(1966,1993)的神经心理学模型,与CHC理论同为智商测试的基础,该模型也仅将创意作为策划能力的一种而已(Naglieri & Kaufman,2001)。Sternberg的成功智能理论(1985,1997,1999b,Sternberg et al.,2008)却是一个引人注目的例外,他将创意能力、分析能力和践行能力视为成功三要素。Sternberg(1997)进一步指出,过度褒奖学生的分析能力,或强化其相关技能(如死记硬背功夫),实际上会导致创意性智力的缺失或不足。

在创意理论中,智力是当仁不让的主角(Kozbelt,Beghetto & Runco,2010),学术界争议仅限于确定这两者关系的范围和强度。正如Plucker和Renzulli(1999)总结的那样,不是要揭示智力和创意之间有没有关系,而是要研究它们之间如何互动。大多数研究发现,创意与智力的心理测量指标(特别是言语类测量指标)呈现出显著的相关性,但这种关系不是特别强烈(Barron & Harrington,1981;Kim,2005;Wallach &

Kogan,1965)。Silvia(2008a,2008b)对此不敢苟同,他认为对创意和智力的关系有所低估,因为观察者受限于智力测试打分时可看到的分数。

在传统的个人智力测验中,创意与智商的相关性在一定范围内是有效的。早期的"阈值理论"就认为,创意和智力正相关,智商的临界值约为 120。如果测试者的智商更高,那么,其创意与智商的关系就不明显了(Barron,1963;Fuchs-Beauchamp,Karnes & Johnson,1993;Getzels & Jackson,1962;Richards,1976)。但近来阈值理论受到了抨击。Runco 和 Albert(1986)发现,创意与智商这两者之间的关系性质取决于测试方法和测试对象。Preckel、Holling 和 Wiese(2006)采用发散性思维测试来测量人体智力和创意量度,发现创意在所有的智力水平上都具有适度的相关性。Wai、Lubinski 和 Benbow(2005)在一项对 13 岁天才儿童(约占 1%)的长期追踪研究中发现,即便在这样一个精英组别中,赛达考试(SAT)分数的差异也能预示 20 年后的创造性成就。Kim(2005)在对 21 项研究进行综合分析时发现,阈值理论几乎不成立,仅在能力测量、创意测量与发散性思维之间发现了较小的正相关关系。

个体的创意贡献类型

试问,创意思维能够做出什么样的创意贡献?推进模式表明,在特定时间和特定领域努力工作的人可以做出八种不同类型的创意贡献(Sternberg,1999a;Sternberg & Kaufman,2012;Sternberg,Kaufman & Pretz,2002),"推动"该领域的进步。这八类创意贡献有程度上的差别,其衡量尺度更接近于名义贡献而非实际排序。从创意类型来看,没有固定的先验方式可用来评估创意的深浅大小,某些类型的创意贡献会比其他类型更新颖。同时,创意也涉及创意工作者的工作质量,而创意类型无法对工作质量进行预测。

这八种不同的创意类型是如何应对所在领域的通行范式并做出创意贡献的呢?

创意类型:接受当前范例并试图拓展它的创造力

1. 复制。这一创意贡献旨在证实所处领域的定位正确。推进力集中在该领域发挥作用,无须移作他用。其表现形式为静态运动,犹如一个正在转动但留在原地的轮子。

2. 重新界定。这一创意贡献旨在为所处领域重新定位,更换看待该领域现状的视角。推进力导致了圆周运动,创意工作好像回归原位,但已具备了不同的视野。

3. 前向增量。这一创意贡献试图将所在领域朝着正在走的方向继续向前推进,推进力导致了前进运动。

4. 超越前向增量。这一创意贡献试图将所在领域加速向前推进,超越原先所处的领域。推进力导致向前运动的速度超过了预期的前进速度。

创意类型:拒绝现存范式并取而代之

5. 重新定向。这一创意贡献旨在改换所处领域的前进方向。推进力用于截然不同的新方向,与当下走的路分道扬镳。

6. 重构/再定向。这一创意贡献旨在将所处领域带回原位(旧地重建),然后从该点重新出发,但不再走老路,而是朝着新的方向进发。推进力先是导致后退,重新定向后出发。

7. 再出发。这一创意贡献试图将所在领域转移到一个从未到达的新起点,然后从这一点再出发。在推进力的作用下,从新的点起跑,朝着一个新的方向,开辟一条新的道路。

创意类型:整合当前通行的各种范式

8. 整合。这一创意贡献旨在整合各种不同的创意贡献。

对上述八种创意类型有着不同的定性,而每种创意类型还有数量上的差异。譬如,前向增量可以是一小步,也可以是一大跨越。再出发可以是重新启动一个子领域的研究工作(如 Leon Festinger 的认知失调理论),也可以是勇于探索一个从未涉足的崭新领域(如爱因斯坦的相对论研究)。因此,我们在理论上要将创意贡献从定性和定量方面区分开来。

结 语

在本章中,我们探讨了何谓创意,谁是创意人士,他们做出了哪些类型的创意贡献。我们梳理了几种不同的创意理论的发展脉络,也检视了相关理论的实证数据和创意领域的一些经验概括。

的确,创意领域比其他领域更具挑战性。首先,人们只能相对地界定创意,此处是新奇思想,放在别处或许俗不可耐。其次,难以衡量创意,尽管有不少广泛使用的智力测验,但却没有创意测试,也缺乏权威的、广为认可的创意指数。最后,也许是这个领域太难捉摸,它从来就不是一个非常普及的领域。创意冷对众生,鹤立鸡群,创意研究也是如此。

令人欣慰的是,20 世纪中叶以来创意领域取得了长足的进步。1950 年,美国心理学家 J. P. Guilford(1950)发表演讲,敦促心理学家研究创意,一时间蔚成风气。当代心理学家对 Guilford 理论的重视不复以往,但对其呼唤已久的创意研究的关注度正与日俱增。

第三章　团队创意:创意产业的过程与结果

露西·L.吉尔森

导　论

　　无论规模大小、产业类型,全球基于团队构建的组织正日益增多(Cohen & Bailey,1997;Ilgen,1999;Mathieu,Maynard,Rapp & Gilson,2008;MieGrath,1997)。大量研究文献表明,一个团队能更好、更快地产生新颖想法,适应不断变化的客户和市场条件,运用多学科的思路或解决方案(Uhl-Bien & Graen,1998)来解决复杂问题(Tesluk,Farr & Klein,1997;Tagger,2002)。与"独行侠"相比,团队作战更能胜任创意工作(Paulus,Larey & Ortega,1995)。在团队中工作,能够接触多种人脉和外部资源,吸取成员以往的经验和不同的视角,提高利用各种信息的能力,能够更好地界定问题,做出决策,达成创造性的解决方案(Hargadon,2002;Perry-Smith,2006)。过去20年里,学术界侧重探索了不同的团队构成、工作流程、应急管控的方法及效果(Mathieu & Gilson,2012)。然而,人们对团队创意知之甚少(George,2007),对"天然环境"中的团队创意就更不知所云了(Kurtzberg & Amabile,2001:292;Gilson,Lim Litchfield & Gilson,2015;Reiter-Palmon,Wigert & Vreede,2012)。

　　George(2007:439)认为:"创意是一种重要的手段,组织及其成员可以凭借创意在当今不断变化的环境中为其多个利益攸关者创造有意义的、持久的价值"。团队创意的价值是在创意思想或过程转化为新工艺或新产品时实现的,个人、团体、组织或社会将为之而受惠(West & Farr,1990;Yuan & Woodman,2010)。团队在工作中展示创意时,会提出新颖、适用的想法和建议,为深度开发、实行创新打好基础(Amabile,1996)。开发创意的团队以及后续实施的组织应调整定位,抓住机遇,适应市场的变化,只有这样,才能最终成长起来并具备竞争力。

　　许多以往和当前的创意研究,都是以个人的创意工作为前提进行的(详见Kaufman和Sternberg撰写的第二章"创意思维")。一个大型的工作团队,也总是试图找出其中某些成员"天赋"的创意特质或属性(Sternberg,1999),以便将创意的桂冠戴在画风突变的画家、旋律奇异的作曲家头上,或慷慨地赐予开发出新界面、让玩家沉迷于电竞新世界的设计师。凸显个人价值的结果,使研究者更乐于去发现"创意"人士有别于他人的人格特征(Gough,1979)和认知方式(Jabri,1991;Kirton,1976,1991)。然而，这样的研究得出的结论却是相互矛盾、难以断定的，反而使诸如场景（Woodman, Sawyer & Griffin,1993）、社交网络（Ferrani,Cattani & Colucci; Perry-Smith & Shalley,2003）、社区联系（Rullani,de Maria & Finotto）乃至劳动力市场（Menger）之类的变量纷纷纳入创意研究的方程式。Csikszentmihalyi（1999:314）就曾明确指出："创意不是单个个体的产物，而是社会系统对个体作品做出的评判。"Becker（1982）对电影制片中临时组织的研究，DeFillippi等（2007）对文化经济中创意的研究，以及Simonton（2004）对电影故事片创作集群的研究，都证明了一点：创意并非纯粹的个人主义建构，创意本质上也可以是集体性的，亟需多个个体作为一个团队并肩工作，因而更可能是一种来自团队成员的多元化贡献的结晶。

在本章中，笔者将探讨团队创意，团队特征对创意过程的催化或约束作用，创意成果的开发以及最终的实施或创新。具体来说，我将回顾和梳理学术界关于团队背景的研究（Edmondson,1999）、团队主管与同事关系的研究（Oldham & Cummings,1996; Tierney & Farmer,2002），以及工作环境的研究（Scott & Bruce,1994; Shalley, Gilson & Blum,2009; Zhou & George,2001），这些方方面面均会影响创意。虽然大多数学者并未以创意产业为研究对象，但其论述的大部分内容及案例都很有参考价值或借鉴意义。需要说明一点，我并不否认有些人比其他人更富有创意（Kaufman & Sternberg），许多创意人才本身就在创意产业里工作。然而，即使在最具创意的创意产业里，"创意精英分子"也要与他人合作，经常加入某个团队，成为其中的一员。虽然在创意产业的某些子产业中，个人独立工作属于常态（如画家、作曲家），但在电影、竞技体育、软件、生物科技、广告、高级时装或美食等行业，大部分工作仍是由团队进行的。

冠以创意的行业林林总总，其开发产品和采用工艺的创意各不相同。创意产业的界定又很宽泛，涵盖着不同的规模、结构、员工技能水平、任务依存性、复杂性、或产出类别或性质的一系列行业。因此，本章预设的前提是，在所有这些行业或组织中，在其产生创意的过程中，至少有那么一个阶段，是由团队或个人组成的小组在一起从事创意工作的（Amabile,1988）。

根据Amabile的组合创意理论与Reiter-Palmon及其同事们的理论（2008），创意工作可划分为两个阶段：创意构思和问题解决。在每个阶段中，团队经常利用成员构成的多样性（Baer, Oldham Jacobsohn & Hollingshead,2008）、人格和认知方式（Tagger,2002）、社交网络联系（Perry-Smith & Shalley,2003）以及功能异质性（Woodman et. al.,1993）来开展工作。为了更好地理解团队在创意产业中的作用和重要性，本章的写作结构作了如下安排：首先，界定团队创意和创意序列的概念。其次，探讨团队创意和创新的重要区别，这两者经常交替使用，但许多团队不同的投入和流程会影响它们之间的关系。再次，检视团队创意的过程和结果之间的区别。最后，考察创意过程中的各个阶段，归纳团队创意方面的研究成果。通过本章的分析，进一步明确当前实践和未来研究方向的意义。

团队创意

创意被定义为创造了新颖而又实用的产品、工艺和服务（Amabile,1988）。首先，创意想法必须独特新奇，在目前的团队或组织中具有可得性。其次，创意思想必须具有价值，对团队或组织具有可用性。创意讲求新颖性和实用性相结合，因此，这个概念从来就不是静态的，而是由社会的、文化的或历史的先例界定的（Perry-Smith & Shalley,2003）。在创意产业中，原创性的发明或某种新事物的诞生必须获得该领域的认可和采纳（Boden,1990;Florida,2002;Sternberg,1999），这股旷日持久的压力驱使人们不断寻求现存事物与独特事物相结合的路径（Hargadon & Bechky,2006），反复试验新的解决方案，甚或打破已知领域，冒险进入未知世界。

团队创意属于一种集体现象，成员们在行为上、认知上和情感上尝试新事物，采取新颖的工作方式，开发新奇而又适用的产品、工艺或程序（Gilson & Shalley,2004）。团队的创意往往源自某个成员的想法或建议，然后由团队进行开发、阐明和实施。许多团队或组织都有一位核心创意人（如一位画家、作曲家或电影导演），他的动念是引燃团队项目开发的星星之火。比如，苹果公司的许多产品发轫于斯蒂芬·沃兹尼亚克（Stephen Wozniak）、伯勒尔·史密斯（Burrell Smith）或者乔尼·伊夫（Jony Ive）等个人的创意想法，而后由个人组建的团队进行开发和运作的（Isaacson,2011）。

创意也可以集体产生。弦乐四重奏或爵士三重奏是乐团中的一个小团队，他们萌发新念头，通过小集体来开发和完善，尔后提交大集体，由整个乐团进一步发展这个新想法，推动创意进程。皮克斯（Pixar）动画工作室堪称团队创意的典范，该工作室鼓励小团体的创意，让他们改进想法，给予反馈，协助他们与工作室内外人士沟通（Catmull,2008）。此外，工作合同的性质（Caves,2000）或核心创意者的作用（Morley & Silver,1977）也会影响团队的创意。譬如，在弦乐四重奏中，第二小提琴手对创意的提出和筛选、矛盾冲突的处理以及四重奏的最终成功发挥了关键作用（Murnigham & Conlon,1991）。

严格来讲，团队创意的定义是混沌、模糊的，缺乏单一的适合任何场景的界定。从研究的角度来看，倒是引发了许多有趣的问题：一个想法由个人萌发还是集体产生，对结果来说会有何不同？由个人还是团队来改进创意想法、寻求建议和反馈，谁会更好地推进这一过程？换言之，个人单独寻求更多的潜在解决方案会不会比团队做得更好？对"头脑风暴"的研究文献发现，个人其实是可以产生更多想法和更高水平思路的，但他在一个小组里提出个人见解时，会更加享受这个创意过程（Mullen,Johnson & Salas,1991;Paulus & Brown,2003），这是否也适用于团队创意过程中的其他阶段？如果考虑到组织中团队存在的普遍性，团队成员接触、沟通和协作的频繁性，以及团队创意的重要性，如果了解研究人员和从业人员需要更好地相互理解和接触，那么，略嫌"混沌"的创意定义反倒有助于将团队创意作为一个未被充分研究的处女地来开拓。

要回答上述问题,首先需要考虑团队追求何种创意类型,在创意序列中处于什么地位。

创意序列

大多数工作都需要某种形式的创意(Shalley,Gilson & Blum,2000),但这种创意可以从微小的渐进式改良,工作方式的变化,直到激进的颠覆性创新,引入全新的工艺或产品(Gilson & Madjar,2001;Mumford & Gustafson,1988)。例如,Norman Rockwell 的绘画和插图,其创意属于"渐进"式,画作的主题几乎是一脉相承(即美国生活的方方面面)。与此形成鲜明对照的是,毕加索(Pablo Picasso)的创作不仅形式多样,创意也更为激进,从大型战争场景的黑白壁画(Guernica)、人物肖像(Igor Stavinsky, Geryrud Stein),一直到大型雕塑。Sternberg 就讲过,"不能以单一变量来捕获创意的本质"(Sternberg,1999:84)。Unsworth(2001)进一步指出,不同的工作进程和起因可能会促进或阻碍更多的激进式创意,而其他人只能对渐进式改进和改良产生一定的影响。对具体的组织或行业来说,渐进创意与激进创意会显现很大的差异。

另一种研究创意序列的观点是,创意可以是小创意(Simonton,2000),着重解决日常生活中的问题,如重新规整厨房,或寻求新的处理方案(Craft,2001),也可以是大创意,如制定生产方案,或开发会影响整个社会和文化的产品。凭借高水平的创意思维,大创意将跻身于最杰出乃至最伟大的创意概念之列(Simonton,1994)。在宏观层面或组织层面上,创意重要性上的差别还可以显示在利用—探索战略的序列中:当一家公司的战略关注渐进改良、工艺管理、效率提升以及满足当前客户需求时,对创意就会加以利用。相反,探索战略关注的是那些摆脱既有技术和客户的新机会,试图实行根本性的改变(Benher & Tushman,2003)。值得注意的是,无论是渐进创意还是激进创意,小创意还是大创意,利用创意还是探索创意,它们都可以成为提升绩效的关键驱动因素,对组织的成功具有同样的重要性(Benner & Tushman,2003;Gilson,2008; Uotila,Maula,Keil & Zahra,2009)。

十分有趣的是,激进和渐进、探索和利用这几类术语可以互换使用,用来描述创意和创新的各个方面。这说明,创意和创新不尽相同,却也有不少相似之处。因此,对这两个相当完善的理论和实证研究进行分割似有不妥,也很少有人试图在概念上或经验上将两者联结起来,Somech 和 Drach-Zahavy(2013)的研究是个例外。在深入研究团队创意的架构之前,首先要将创意与创新区分开来。

团队创意与创新

虽然有人认为,创意和创新是不同的(Mumtord & Gustafson,1988;Sawyer,

2006),但这两个术语经常交替使用(Eisenbeiss,van Knippenberg & Boerner,2008)。从最常见的创意定义(Amabile,1988:125)来看:"创意是组织创新最关键的因素,但它本身并不足以堪当此任。"换句话说,创新超越了创意,是创意的"有意识的导入和应用"(West & Farr,1990:9)。在创新的大多数定义中,创意均已纳入创新架构,其定位是创新的第一阶段或子过程(Anderson,De Dreu & Nijstad,2004;Hulsheger,Anderson & Salgado,2009;West & Farr,1990)。Axtell 等(2000:266)在构建创新架构时,将创新划分为两个不同的阶段:第一阶段是"创新'意识'或建议阶段;第二阶段是实施阶段"。

  对创意产业的工作团队来说,分清创意和创新尤为重要。否则,有些投入和过程反而会妨碍创意,即使产生了新颖适用的想法或建议,也可能会在实施者手中受挫夭折。在实际工作中,当重点放在创意上时,过分重视实施可能会扼杀新颖性。例如,当目标是创意时,最紧要的是将那些脑洞大开者(Campbell,1960)、智力型玩家(Csikszentmihalyi,1997)、思绪飘逸者(Osborn,1957)、甘冒风险者吸收进团队。反之,当一个团队专注于实施或创新时,成员需要确立"效率导向"的观点(Yuan & Woodman,2010:324),实行理性决策,仔细评估新颖性的恰当性和实用性,尽量减少愚蠢的决策(Litchfield,2008),避免在预期结果难料、盈利前景不明和需求变化未知的情况下对昂贵的项目进行盲目投资(Damanpour,1991;Van de Ven,Angle & Poole,1989)。Nemiro(2002)的研究发现,当团队实际开展工作时,创意和创新之间的清晰界限会变得模糊起来。这时,团队成员的沟通往往偏向于技术如何协同配套,创意产生会跟开发、评估、改进和实施诸项工作搅和在一起。最初以为实际工作的开展会有助于团队创意,减少成员的紧张焦虑感,但偏重实施的结果有碍于创意过程的早期阶段,反倒更有利于创新。

  就团队而言,创意和创新的驱动作用有何不同,考察其与心理安全的关系便可知晓。心理安全属于一种应急状态(Marks,Mathieu & Zacarro,2001),团队成员只有彼此感到不受威胁时,才能坦然应对风险,公开交流信息,勇于尝试新事物(Edmondson,1999)。团队的心理安全水平越高,环境氛围越宽松,成员越乐于采用新的创造性的工作方式(Edmondson,1999;West,1990)。团队层面的研究发现,心理安全与团队创意(Gilson & Shalley,2004)及创新行为(Scott & Bruce,1994)呈现正相关,而与创新本身无关(Axtell et al.,2000;Hulsheger et al.,2009)。对此有一种解释:参与创意工作会引起"选边站"的问题,即是否要分享或持有那些共鸣的或争议的意见。另外,由于创意常被他人视为"反常""偏激"之举(Moscovici,1976),在这种感觉不太安全的环境中,团队成员可能会因为害怕报复或负面归因而不愿表达自己的创意想法(Diehl & Stroebe,1987)。如果团队成员相处融洽,大家比较乐意探讨非常规的想法或工作方法,有人甚至会提出某些不切实际的"疯狂"建议,以开启思路或摆脱僵局。另外,在创新、实施和采纳的阶段到来之前,许多想法已遭淘汰出局,或被重新设计,甚或经过适用性方面的评审和筛选,因此,从心理安全和承担风险的角度来看,环境不利因素的潜在后果也不那么严重了。而一旦进入实施阶段,团队成员再提出任何全新的或相反的建议不仅有悖于直觉,甚至会挫败实施计划。这时候,团队成员不应再随意提出建议,拦截一个略带瑕疵的工艺或产品,那种允许胡思乱想和挑战现状的日子已不再复返。

创意产业中的工作团队应当重视上述发现。创意人士和艺术家往往被视为古怪之人,其特点是敏感、自信、内向和直觉(Gough,1979;Guilford,1959;MacKinnon,1962,1975),实在称不上团队的"优秀"成员。Baer 及其同事(Baer,Oldham,Jacobsohn & Hollingshead,2008)专门研究了团队创意所需的人格构成以及自信心的调节作用。他们认为,创意产业公司既要开掘个人的创意潜力,又要发挥整个团队的创意潜能,不断地平衡这两个方面的需求。像皮克斯动画工作室那样,鼓励表达观点,弘扬发散思维,强化自信心,狂妄之言只是挥洒激情而不是轻狂过激,营造这样一种环境才是至关重要的。尽管管理层想要营造这种有利于创意(构思的产生和课题的选择)的心理安全环境,但对负责实施创新项目的团队来说可能不太必要。实际上,实施团队更希望那些创意太多的人离队,因为这些人持续迸发和输入的创意可能不是助力,反而成了创新过程的阻力。

同样,最富创意的团队组合不一定是最适合实施的团队组合。Baer 及其同事(2008)发现,团队成员构成的多样性与最初的创意任务呈现负相关,也无关乎后来的实施任务。这是不是因为后期阶段的主要任务是执行而非创意呢?Lewis(Lewis,2000;Lewis,Welsh,Dehler & Green,2002)认为可以调和这一对看似冲突的需求。以弦乐四重奏为例,第一小提琴手通常是最负声望的小提琴手,其他人均服膺他的意图,他做出决定时采用的是民主方式,因为所有成员在理论上都是平等的(Murnigham & Conlon,1991)。诸如此类的替代关系似乎取决于创意和创新的区别,因为它们涉及新颖性与高效率之间存在的固有矛盾。围绕这对矛盾,团队内外力量都在争夺时间、资源、人才和资金,此即 Caves(2000)所称的艺术与商业的角逐。总之,上述讨论表明激发创意与促进创新之间存在着冲突,未来的研究应该更深入地探讨创意与创新之间的矛盾关系,以及如何在团队层面上实现两者的最佳协同。另外,将前几节讨论的内容链接于此也饶有趣味,例如,以渐进式创意为主时,创意和创新的冲突程度会不会小一些?当个人而不是团队产生的创意想法在付诸实施时究竟会发生什么?团队或个人遇到艺术与商业相抵牾时,谁的处理会更淡定从容些?

尽管有关团队创意的研究文献屈指可数,但值得注意的是,针对团队创新的大量研究已经涉及团队的构成、流程和其他因素(如来自电信、媒体和科技产业的跨界创新人员)(Somech & Drach-Zahavy,2013)。这已超出了本章研究的范围,但有些发现仍值得一提。首先,合作目标清晰、经常自我反思的团队对团队创意会产生积极的影响(Tjosvold,Tang & West,2004)。Edmondson(1996)在对医院护理人员的研究中也有同样的发现,成员公开检讨错误并寻求避免犯错的新方法的团队,与那些成员隐瞒犯错信息的团队在创新方面存在着显著差异。其次,关于团队创新的研究发现,团队的构成和规模(Jackson,1996;West & Anderson,1996)、某些流程(West & Anderson，1996)和环境氛围(Scott & Bruce，1994)都会对创新产生影响。最后，West 和 Anderson(1996)对医院 TMT(即来自电信、媒体和科技界的跨界创新)的研究发现，大型团队更注重激进式创新，但团队的规模并不影响创新的整体水平。引进创新项目的数量可以预测，但创新的质量则取决于项目的任务导向。

展望未来，为了更好地了解上述发现与创意和创新的联系，我们还需要进行更深入的研究。团队创意和创新的预测因素，也是一个需要进一步检视的重要领域。所有行业对团队创意和创新的矛盾几乎都存在悖论，但也需要考虑这两者在产品创意和工艺创意方面是否存在差异。

到目前为止，我们集中讨论了创意序列和创意与创新之间的区别。本章其余部分将讨论团队创意过程中的团队创意成果，然后探索创意过程中的各个阶段，具体来说，要进一步研究创意产业中的工作团队如何共同努力，实行最佳合作，在创意过程的每一步都能推进而不是阻碍创意的开发。

团队创意的结果

创意可归结为创意过程和创意结果这两个概念。有趣的是，无论从个人还是团体层面上来研究，作为过程或结果的创意概念大都被视为因变量(Gilson，2008)。这意味着，我们比较容易理解那些预测创意的因素(个人层面比团队层面更具有预测性)，而对参与创意过程的影响以及创意结果与其他结果(如绩效、效率和满意度)的关系知之甚少。George(2007)和 Gilson(2008)注意到，创意会提高绩效和促进创新几乎已成为人们普遍的共识，但也有相当多的研究剑指创意的黑暗面。特别是，那些更有创意的人也有更大的欺骗倾向，甚至会为自己的不诚实行为辩解，这一点令人困惑不已(Gino & Ariely，2011)。参与创意行为的理论认为，这将增加团队的紧张和冲突，降低满意度，导致无效率，进而对创新和绩效产生决定性的影响(Janssen，Van de Vlirt & West，2004)。

从创意的结果来看，评价指标包括想法产生的数量(Goncalo & Staw，2006)、创意的广度、等级或典型样板(Shalley，Zhou，Oldham，2004)。创意结果的评估，依赖于评估人根据专业知识或网络有利地位来判断某人某事是否具有创造性(Burt，2004；Perry-Smith & Shalley，2003)。大多数个人层面的创意研究都把创意看成一种结果，这种结果最好由专家(Amabile，1996)、主管或研究报告(Tierney，Farmer & Graen，1999)等来客观评定。但也有人对自我报告的准确性存疑，因为创意结果有风险，违反规范，违背现状，而主管和同事并不总是能看到这一切(Janssen，2000；Shalley，Gilson & Blum，2009)。令人惊讶的是，Axtell 和同事们(2000)发现，主管和自我报告之间是高度相关的。一些研究发现，自我报告的创意与"现实生活"中采取的措施有关联(如 Furnham，1999；Furnham，Batey，Anand，& Manfield，2008；Furnham，Zhang & Chamorro-Premuzic，2006；Park，Lee & Hahn，2002)。Silvia、Wigert、Reiter-Palmon 和

Kaufman(2011)也评估了自我报告中的创意有效性,认为此类报告比研究者以前想象的要好得多。

Goncalo 和 Staw(2006)从个人主义与集体主义价值观的角度对团队创意结果进行了比较研究,他们测量了想法产生的数量(流畅性)、质量(灵活性——Guilford,1956;Larey & Paulus,1999)、总体创意想法,以及团队选择的创意想法是否最具创造性或实用性(应用性)。研究结果表明,在抱持个人主义价值观而不是集体主义价值观的团队中,受命的创意人士能够产生更多的创意、更独特的想法、更灵动的预案、更能从众多想法中挑选一个最具创意的想法。同样地,也有研究发现,自我取向而非亲社会取向的团队在完成创意任务时产生了更多的原创想法(Beersma & De Dreus,2005)。这里面的基本原理是,抱持自我取向的个人会经常与其他团队成员比较创意成果的多寡,逼迫自己创造更多的想法,而不管这会对其他人造成什么后果。

对于创意产业中的团队来说,这些调研结果发出了一个明确信号:虽说"合作是团队成功之钥",但在某些条件下,个人主义也会有利于创意的产生。更重要的是,这些研究提出一个警示,任何团队都要明确地锁定一个特定目标——创意抑或实用。在个人层面上,早就发现被赋予创意目标的个人受其他压力和完成期限的约束较少,也更能将注意力集中在给定的任务上(Shalley,1991,1995)。对团队而言,以创意为目标无疑是有益的,但随之而来的问题是:谁来设定团队的创意目标?是由团队自行确定创意目标,还是由外部来设定一个更大(或更小)的目标?大凡创意产业都有一个创意目标,团队在参与渐进式创意或激进式创意时会有什么不同的结果?

在许多组织中,以目标为导向来孕育创意成果已成为一种通行的工作方式,个人和团队都以"臭鼬工厂"为重点来开发创意(Christensen,1997)。研究中心或孵化器则属于半自主性单位,有自己的预算、管理者、员工和目标,他们采用目标驱动的工作流程,产生出来的创意结果也是与众不同的。一般来说,公司总部制定的目标往往与盈利能力或股东回报挂钩,因而与创新、制造新产品或提供新服务密切相关,以此来实现扩大财务业绩、提升客户满意度和高效交付货品或服务的组织目标。按创意序列来讲,总部倾向于采用渐进式创意的探索战略,以此实现组织支持的目标。而在卫星机构、孵化器或"臭鼬工厂"之类的组织中,为了实现组织的目标,他们通常采用激进式创意的探索战略,更鼓励创意和冒险精神,勇于尝试可行或不可行的事情,放手让员工大胆、自由地参与创意过程(下文还将详细讨论),而不为预算、生产时间表或任何底线所束缚。

创意产业亦是如此。譬如,伦敦时装店不断地制作高级时装系列,为时装表演舞台开发和测试新的外观和款式(此即激进创意的结果),与此同时,保持成衣产品系列不失"大众魅力"(此即渐进创意的结果),通过高街出售所赚取的利润又拿来支撑更新奇的创意之作(Chevalier & Mazzalovo,2008)。我们之前讨论过的创意与创新的矛盾关系和紧张现象,也表现为设计师追求创意服装成为新闻头条而不是为收银机创收。创意产业的团队合作格外重要。如果没有 Sergio Galcotti 和 Pierre Berge 的加盟,乔治·阿玛尼(Georgio Armani)和圣罗兰(Yves Saint Laurent)这样的时尚品牌又岂能取得如此巨大的成功(Chevalier & Mazzalovo,2008)。

在高科技产业和电子游戏行业,研发活动经常被安置在远离公司总部的地方。因为企业管理层担心,一旦新品开发、游戏情节或角色改动的消息走漏,现行产品将陷于滞销,而买家会持币等待新产品面市。在美国硅谷或英国布莱顿等地,创业公司云集,创意工作者经常通过集群合作的形式来开发新产品和新工艺,一个产品或整个企业往往寄希望于被某家大牌公司兼并或收购。然而,许多热衷于创意工作的企业家和创新者很快发现,前来并购的大牌公司与自己的目标明显不同,许多坚守初心的人因此告辞,另与他人重组团队,寻求开发下一个新事物,换言之,继续参与创意过程,孕育新的创意结果。

人们时常以为,团队构成是获得创意结果的一个重要条件(Egan,2005;Jackson,1996)。但关于团队多样性的研究不以为然,因为这可能是一柄双刃剑。"多样性更可能产生一种不利于团队绩效的消极影响。一个群体仅仅拥有多样性,并不能保证该群体能做出更好的决策或更有效地发挥作用……多样性令人喜忧参半,它需要认真和持续地加以关注,才能成为一股积极的力量"(Williams & O'Reilly,1998:120)。

多样性团队产生的创意结果常常不如预期,其部分原因是成员只想安安稳稳地寻求共识(Stasser,1999),也会经常遇到信息分享问题(Ancona & Caldwell,1992)。另外一个原因是,不同的思路和不同的视角不一定会激发创意,反而可能造成任务和情感方面的冲突,有损团队正确决策的能力(Jehn,1995)。无论真实的还是情绪上的冲突,都可能导致思维的狭隘和僵化(Carnevale & Probst,1998)。先前的研究表明,人际关系冲突会使团队成员的兴趣和满意度下降(Jehn,1995),并对团队的创意协同效应产生负面影响(Kurtzberg & Mueller,2005)。关系冲突还会加剧团队成员之间的紧张对立和不满情绪,减少彼此共享信息的机会,引发对他人观点的批评意见(Jehn,1995),从而降低认知灵活性并最终扼杀创意成果(De Dreu & Weingart,2003)。

团队创意的过程

团队创意的产生过程包括:引起联想和发现问题的观点分享,建设性解决问题方案的提出,以及尝试用新方法完成任务的参与创意行为(De Dreu & West,2001;Gilson & Shalley,2004;Taggar,2002;Torrance,1988)。根据信息和决策理论,团队的观点和成员的背景越具有多样性,越有利于创意的产生。例如,每个团队成员将会面对更多的不同想法和解决问题的方案,这种多样性自然是有益的(Hoffman & Maier,1961;Jacksen,May & Whitney,1995;Nemeth,1986;West & Anderson,1996)。在多样化团队里工作能激发各种出人意料的替代方案(Cox,Lobel & McLead,1991;McLeod & Lobel,1992)。Jackson(1996)的研究表明,对创意决策而言,团队在人员构成和工作方法上都需要多元化。多样性会激发对创意过程至关重要的发散性思维,允许团队成员从多个视角开掘创意和搜索解决方案（Mumford & Gustafson,1988）。尽管如此,当团队成员不愿意关注不同的想法、意见和建议时,多样性也会对创意过程产生不利的影响（Byrne,1971;Tajfel & Turner,1986）,这些人只愿意考虑其他人的相近意见,或可能达成共识的意见（Janis,1982）。因此,团队亟须营造前述的心理安全环境,也可以制定一些鼓励成员发声、鼓励发表不同意见和参与创意过程的规范。

上述讨论似乎表明,推动创意过程的并不是多样性,而是团队成员彼此之间沟通交流、分享信息、处理冲突和共同协作的能力。这并不奇怪,针对多样性的调研结果向来歧见迭出,很难下定论。例如,Hoffman及其同事发现,多样性团队（有不同性别的成员）解决问题的创意水平较高,这归因于思想交锋的增加,反过来又会刺激团队去寻求不同的答案（Hoffman,1959;Hoffman,Harburg & Maier,1962;Hoffman & Maier,1961）。然而,在一项关于态度和能力异质性的研究中,Triandis、Hall 和 Ewen（1965）发现多样性导致较低的人际吸引力和创意水平。

Cronin 和 Weingart（2007）将不同信息无法整合的问题称之为"代表性缺口"。有人认为,多样性团队更需要点燃创意的思想火花,若成员无法交流和整合多样化的信息,终将会限制团队的创造力。然而,对学习多学科产品开发课程的工商管理研究生的一项研究发现,"代表性缺口"反而会增加团队的创造力,因为缺口的存在恰好激发了辩论和批判性思维,而不会导致交流的不足乃至挫折（Weingart,Todorova & Crontn,2010）。

更精确地说,创意过程可以分解为创意构思和问题解决这两个阶段（Amabile,1996;Reiter-Palmon et al.,2008）。从个人层面看,不同的阶段需要不同的认知过程。从团队层面看,创意构思阶段所需的投入、流程和应急状态,也不同于筛选最佳创意和提出解决方案的问题解决阶段。

创意构思

团队的组建经常被用来构思创意。大多数关注团队创意的文献都基于"头脑风暴"研究（Osborne,1957;Paulus,2008）,但有一项研究结果颠覆了人们的直觉:团队受到严格限制且甚少互动,在这种情况下,成员反而最能参与创意的生成（Jackson & Poole,2003;Paulus & Yang,2000）。"头脑风暴"的研究者发现,为了让团队在更广泛的课题上产生更丰富的创意（即灵活性）,就要让成员有时独立地工作,有时不独立地工作（Paulus & Yang,2000）。当团队在实验环境中工作时,目标是产生大量的或广泛的想法,让成员独立工作是无可厚非的。但是,当团队在组织环境（尤其是创意产业）中工作时,必须集中力量,要么防止跑题,要么花费大量时间来探索某一个或某一组想法。

在创意产生的过程中,团队内部经常会发生矛盾。对创意者来说,如果其他成员都循规蹈矩、安分守己,就会对其形成一种无形的压力。早期的研究将合规性视为创意的障碍（Campbell,1965）,而新近的研究发现,在某些情况下,合规的压力有助于团队的创造力。Goncalo 和 Duguid(2011)在测量大学生产生创意数量的实验中发现,当合规压力很低时,极富创造力的人产生了更多的创意。而当合规压力很高时,创意人士较少的团队产生了更多的创意。这些研究结果表明,对某些团队来说,遵守规则的压力实际上可能有利于创造力,但对极富创意的个人来说,强调合规性有可能造成负面影响。这给人们一个重要的启示:当"最有"创意之士不可得或不可用时,一切都不会丢失,社会规范和影响力将会助力弥补缺失。

另一个影响团队创意过程和特定创意产生的因素是,团队成员并不总是固定不变。Choi 和 Thompson(2005)的研究发现,成员变更较多的团队会产生更多的想法,思维方法也愈加灵活。Hirst(2009)发现了成员变更与团队成员任期的相互作用,成员变更为新团队带来了益处,因为它促进了公开讨论,但不适用于那些较长时间在一起工作的人们。倘若使团队在一起工作一段时间之后也能通过成员变更来产生新的创意想法,那么,团队就需要建立强调合作与协作的既定规范和目标(Mitchell, Boyle & Nicholas, 2009)。

近来,学术界开始考虑运用技术手段来促进创意构思,并希望借此消除团队内部面对面交流时常常阻碍创意想法生成的因素。实际上,运用技术手段可以让成员们在同一时间开展多角对话,引入多种想法(Dennis & Williams, 2003; Gallupe, Denhis, Cooper, Valacich, Bastianutti & Nunamaker, 1992)。研究结果表明,技术对大型团队(De Rosa, Smith & Hantula, 2007)和仰赖发散思维才能完成的任务(Kerr & Murthy, 2004)都是有利的。但要真正理解技术的作用,还需要做更多的研究。例如,技术是否能够既利用多种视角和多样性的好处,又抑制个人参与团队创意过程中可能产生的弊端(Paulus & Brown, 2003)?对刚开始在一起工作的新团队来说,技术如何促使创意想法的产生?而随着时间的推移,使用技术激发创意的好处是否会渐趋减少?对拥有极富创意的个体的团队来说,技术究竟会帮助还是阻碍人们想法的整合?

问题解决

解决问题是团队确定发展思路的过程,并通过这一过程收集、分享和评估信息,推进和完善问题的解决方案。研究表明,在创造性解决问题的过程中,员工经常寻求团队其他成员的帮助(Hargadon & Bechky, 2006),寻求想出新颖、实用的好点子的助力(Mueller & Kamdar, 2011)。因此,在创意过程的这一特定阶段,其他人的存在是可取的,但不是出于初衷。Hargadon 和 Bechky(2006)的研究详细介绍了如何寻求帮助、提供帮助和反思重构,如何将过去与现状联系起来,让解决问题的过程变得切实可行。团队需要清楚地了解哪些成员知道曾经发生过的事情(交互记忆),同时,还要分享任务和团队如何互动的心智模式。在团队研究的文献中,交互记忆和共享心智模式的概念已开始备受关注,但至今尚未充分融入团队创意的研究之中。

在创造性解决问题时,领导的作用也十分关键。领导者在创意过程的这个阶段是不可或缺的,他要切实帮助团队收集到足够多的信息,并确保团队内外的沟通交流安然无虞(Catmull,2008;Tierney,2008)。例如,在皮克斯,团队领导亲自参加创意想法的评估会议,要求不让幻灯演示"卡壳",让演讲者的思路不受任何扰动。领导层还要扮演一个关键的跨界角色,为团队成员连结其他网络牵线搭桥(Perry-Smith,2006),提供协助解决问题的信息来源。不过,领导的作用也是一个棘手问题,因为创意与创作自主性是正相关的(Oldham & Cummings,1996)。以电影行业为例,人们发现"每当编剧和其他剧组成员之间的工作关系紧绷时,这部电影便会一波三折,不能正常拍摄"(Simonton,2004:1507)。

在创意过程的这一阶段,无须顾虑创意数量的减少。研究发现,此时的组织可以非常有效地促进和改进其他人的创意想法(Osborne,1957),团队择优选择的范围也会因此而扩大(Larey & Paulus,1999),而那些挑选出来的创意想法更合适,也更有可能得到实施的机会(Laughlin & Hollinshead,1995)。但这样做是需要足够时间的。关于团队研究的文献认为,团队决策需要花费更长的时间(Mathieu et al.,2008),创意决策也概莫能外。实际上,每个参与创意过程的人都愿意付出更多的时间来琢磨第二个想法,或重拾先前的想法和解决方案,对此,应当给予鼓励和支持。

团队创意过程和结果

我们将创意过程和创意结果看作是团队创意的两大主要支柱,但迄今为止大多数调研工作都是在缺乏高度创意的环境中进行的。Gilson 和 Shalley 在 2004 年的一项研究中发现,那些较多参与创意过程的团队也已意识到,他们的工作需要更高水平的创造力,组织应该让成员有更多的机会参与高层决策,享有共同目标,拥有适度任期,相互依存地工作,在工作内外彼此交往。可惜的是,身为调研对象的这些团队并不在创意产业里工作。

在对技术服务型团队的研究中,Gilson 及其同事(2005)指出,虽然这类团队的实际工作表现与团队创意正相关,但与标准化工作流程的相互作用更明显,工作流程的标准化会削弱创意过程的影响。换句话说,受工作标准过度约束的团队无法获得创意的好处。然而,以不太合乎规范的方式运作且鼓励和支持创意的团队却有最高水平的工作表现。另外,当团队既有创意过程和创意氛围、又实行高度标准化的工作流程时,获得了最高水平的客户满意度。也就是说,具有高度创意且实行高水平的工作标准化的团队(即问题解决流程化,工作过程文档化)获得了最高的客户满意度评级。

以上发现证实了参与创意过程的重要性,但作为调研对象的上述行业本质上并无高度创意,因此,当创意产业中的团队从事更激进的探索或构思更宏大的创意时,还需要更多地研究如何付诸实践。我们需要进一步研究团队创意过程、标准化流程、实际工作表现和客户满意度之间的相互作用。如果团队参与更多的创意工作,是否会存在这么一个时间点,上升的曲线会突然出现拐点,长时间处于创意过程的团队会影响其实际的工作表现?那些长期聚焦于创意过程的创意产业或许会出现这种情形,但归根结底,这是一个实证问题。

需要注意的是,James 及其同事(1999)提出了一个理论模型,专门分析创意过程如何导致偷盗行为,如何削弱和破坏团队与组织的目标。他们认为,许多本应促进参与创意过程的团队规范(即集体思维和合作)可能会使团队变得过于凝聚呆板,终将通过创意过程使组织及其客户的利益受损。进一步说,创意过程各有其不同的前因,未来需要继续研究这些前因如何引致负面的结果。

结 语

今天,各种组织都采用了团队工作的方式,大量的研究聚焦于团队的构成,即成员个人特征及其集体性质(Mathieu et al.,2008;Stewart,2006)。尽管各种理论模型都在宣扬团队创意的好处(Paulus,2000,2008),但只有少数实证研究(其结论分歧且不确定)考察了团队构成和创意过程对创意产生的影响(Mathieu et al.,2008)。可以说,创意是一种同构(Chen,Mathieu & Bliese,2004)、同源(Chen,Bliese & Mathieu,2005)的多层结构(Drazin,Glynn & Kazanjian,1999),从各个层面分析得到的预测和结果都有其各自的内涵与意义(Cilson,2008)。

为了加深我们对团队创意的理解,尤其是置身于创意产业这样的环境中,首要的工作便是拆解那些经常互换使用和相互对应的术语。因此,本章的目的就是厘清创意序列,创意与创新的区别,以及创意过程与最终的创意成果这两个不同的阶段。笔者希望通过对有关团队创意课题的讨论所做的一番梳理,使团队创意的应用和研究更上一层楼。

第四章 创意与社会网络:核心-边缘视角

吉诺·卡塔尼 西蒙·费里亚尼 马里亚希拉·科鲁奇

背 景

创意引起了学者们极大的研究兴趣,但近年来却成了大众传媒和商业杂志中备受争议的热门话题。个人创意给组织机构带来了种种好处,诸如新产品、有效决策、卓越领导力、更高的绩效以及组织问题的创新解决方案。哪怕只有一个创意,也是非常重要的(Elsbach & Kramer,2003)。鉴于创新在当代知识经济中的重要性,激发、滋养和保持创意遂成为组织追求并保持竞争优势的关键条件。长期以来,创意研究存在着"浪漫主义"和竞争观点的两极分化,前者认为创意成就主要是由处于知识领域边缘的富有想象力和独特天赋的个体引发的,而后者强调个体栖身其中的社会环境确定了其在创意过程中可得的信息和机会的范围。

从社会的视角来看待创意,并不是轻视个人性格和才能的关键作用,而是强调如何在交互环境中激发与引导他们的性情和才能,借助这种互动来了解常规做法,重新整合思想,培养技能才干。Collins(1998)指出,艺术和科学界的几位著名知识分子经常楔入其他科学家、学者和艺术家组成的联系网络,后者不仅分享他们的想法,而且还参与竞争和合作。相比之下,那些较少嵌入联系网络的人,尽管个人不乏才华,却也显得萎靡不振。Collins 的观点启迪了许多研究组织问题的学者,他们开始从社会视角来理解创意的网络基础。"研究创意的社会心理学家必须将创意个体置于人际关系网络之中"(Simonton,1984:1273)。由于社会网络提供了一种结构,通过这种结构,个体可以捕获新颖的信息来解决创意问题,一些研究者甚至提出,创意就"在你的社会网络中"(Brass,1995:94)。

遵循这一传统的学者开展了活跃的研究(Burt,2004;Uzzi & Spiro,2005;Perry-Smith,2006;Ferriani & Cattani,2008),不断加深人们对产生新思想的社会网络机制的理解。然而,这些研究工作很少提及新的和未被接受的想法如何获得承认并具有合法性的过程,这不能不说是一个重大缺陷。这是因为,艺术家、发明家或科学家的创意很少一开始就能得到社会承认,甚至被视为另类或异端,直到社会体系尤其是他们所在领域的其他人士出面认可并支持他们的工作(Adarves-Yorno,Postmes & Haslam,2007)。举例来说,画家拉斐尔(Raphael)在教皇尤利乌斯二世的宫廷里创作壁画,一时间如日中天，随后便几经跌宕（Csikszentmihalyi，1996）。作曲家巴赫（Johann Sebastian Bach）黯然失色逾百年，直到19世纪才被门德尔松（Felix Mendelssohn）重新发现和开掘。最近的一个例子是1983年诺贝尔生理学或医学奖得主麦克林托克（Barbara McClintock），她对"跳动基因"进行了开创性的研究。由于这一研究成果有悖于生物学公认的标准和规范，最初被顶级生物学杂志拒绝发表（Williams & Yang，1999）。直到后来许多其他生物学家的基因研究陆续证实她所揭示的真理，才被重新评为高度创新的成果。这些故事凸显了综合核实过程的重要性，这一过程为新奇事物正名，在狐疑不定的社区圈子确立其合法性。正如Simonton（1999：5）所指出的那样："'未被承认的天才'不过是自相矛盾的遁词。"

本章将采用社会结构的视角来考察创意个体，这项工作犹如在理解创意新颖性与社会大环境中的公众认知之间架设了一座桥梁，毕竟，创意人士及其受众都身处这个社会环境之中。我们将创意的社会网络研究与社会学研究方法结合起来，分析创意个体在社会领域中所处的结构地位，这一地位如何和为何不仅影响其从事创意工作的能力，而且还影响其是否符合或偏离该领域的规范和标准，进而影响社会受众的接受度。

基于Cattani和Ferriani（2008）对社会网络的核心-边缘序列中个体地位的经典论述，我们认为，那些位于社会体系边缘地带的创意个体比位于该体系核心地带的创意人士更有可能产生不同的想法，因为他们不受该领域的规范和标准的约束。同时，我们也认为，正因为他们身处边缘或外围地带，同样的创意之作向顾客交付的能力受到限制，其创意的新颖性得到认可的机会十分匮乏。与此相反，随着创意个体不断地向核心舞台进发，更多地嵌入该领域的社会结构，他们便逐渐摒弃自己的奇思异想，而对该领域的制度化规则的依附性却日益强化乃至得到回报。正如Jones（1997：929）及其同事所述：他们"越是牢固地嵌入（如频繁联系，经常互动），就越深入地分享该领域的价值观、条件和角色"。结构性的深度嵌入使得任何偏离体制规则的意图更难隐藏，也更可能受到惩罚（Granovetter，1985）。接近或靠拢核心意味着更容易进入受众关注的空间，于是，创意个体不得不进行权衡取舍，究竟是从事更多的容易获得合法地位的传统性工作，还是从事不那么容易合法化的创造性工作。

根据McLaughlin（1998，2000，2001）提出的最优边缘性概念，笔者研究了处理上述紧张关系的应对之策。我们按照"最优网络结构策略"对所有可能采取的策略进行排序，以便在特定领域中确立某种独特的社会地位，既维持一定的嵌入体制的水平（Collins，1998），又不堕于智力尽失的壕堑。通过寻找"最优网络结构策略"，创意者个体可以解除该领域既有规范的压力，从中挖掘出一块社会空间，同时又能保持对新鲜事物的接触，增加产生新颖性创意的可能性，而不减向受众展示创意的机会。我们分析了该策略的主要特征和未来进一步研究的方向，在本章末尾还简要探讨了组织设计方案对创意和市场社会结构的含义。

网络、创意与合法性

前些年,有兴趣从社会视角考察创意的社会学家和组织学者开始关注创意生成的条件。基于 Coleman(1988)和 Granovetter(1973)的开创性思想,越来越多的理论研究(Perry-Smith & Shalley,2003;Schilling,2005)和实证研究(Burt,2004;Uzzi & Spiro,2005;Perry-Smith,2006;Cattani & Ferriani,2008)聚焦于创意的结构和关系,探讨哪些社会网络结构最有可能促使新颖想法的产生。创意生成的前提条件是,个体需要重新组合自己的想法、信息、知识或观点,大多数创意还要通过与其他创意人士的社交互动来触发,至于个体最终能否产出创意成果,其风险程度须通过检视其社会网络的模式和属性来推断。因此,近年来的研究都集中在创意和社会网络特征的关系上,这些特征包括中心地位(Perry-Smith,2006)、经纪人(Burt,2004)、凝聚力(Obstfeld,2005)、联系强度(Perry-Smith & Shalley,2003;Baer,1997)或"小世界"的程度(Uzzi & Spiro,2005)。

社会网络对新奇想法的重组和冗余信息的过滤作用已是定论,但公认的创意定义表明,创意不仅仅具有新颖性和实用性的内在属性(我们也很欣赏这一点)。我们不妨重温一下 Stein(1953:131)最早提出并被广泛运用至今的创意定义:创意是指"创造出一件新颖作品的过程,这件作品在某个时点被一群人认为是可用的、适用的或令人满意的"。这个定义隐含着两个关键维度:(1)新颖性的产生,谓之生成维度;(2)新颖性被承认(或接受),谓之合法性维度。

区分这两个维度很有好处,对创意作为一个社会过程的特征可以进行更精确的理论描述,避免出现仅仅关注成功的想法及其产生方式的偏向(Fleming, Santiago & Chen,2007)。反观大众,他们在评判某人是否属于创意人士时,与其说是独立考察这个人的实际成就或特殊贡献,还不如说是附随于社会共识(Kasof,1995)。在 Martindale(1995)对文学艺术风格变化的研究中,可以找到这种双重性的一个例证。以诗为例,他认为其他的诗人同行和少数挑选出来的评论家才是最重要的读者,这些人对某个诗人作品的创意程度的评价可谓一言九鼎,举足轻重。他们的评价有两个着眼点:首先,诗句必须新颖出奇,而不仅仅是重复过去说过的话。其次,诗作必须符合风格标准,这种标准界定了创意在特定时间和特定领域可被受众接受的形式和内容。因此,对创意的全面研究既要考虑有利于新颖性产生的条件,还要考虑受众辨识并赏识这种新颖性的过程。

创意的社会结构

社会心理学家 Csikszentmihalyi 是倡导研究新奇事物原创人与受众之间相互作用的最有影响力的学者之一(1988,1990,1996,1999)。他运用创意概念对个体原创的作品进行主观评价,建立了一套创意系统观。他认为,创意行为的发轫只有通过检视以下三个子系统之间的相互关系才能完全理解:其一,个人,即谁是某领域的变异之源;其二,领域,即有权决定某件创意之作该不该属于该领域的受众(如同行、评论家或用户);其三,规范,即符合专业知识领域(如物理学、生物学、经济学、社会学和美学界)公认的标准和规则。个人在触发变革方面固然很重要,但有资格筛选创意之作的却是那些把持领域和教化受众的守门人(Ford,1996)。"创意是一种经由原创和受众的互动而得以构建的现象……创意绝非单个人的产物,而是社会体系评判个人创作的产物"(Csikszentmihalyi,1998:41)。该理论的主旨是,创意来源于个体行为和有利的社会环境之间的相互作用,社会环境决定了创意行为的认可度和合法性。创意概念的社会化特性表明社会判断和加持的存在,必须充分考虑到创意的这一成因(Csikszentmihalyi,1994)。

当代社会学家的表述与上述创意系统观一脉相承。他们也认为,合法化是一个集体过程,这意味着社会客体(如创意工作)和予以主观评判的社会受众的存在(Hirsch,1972;Crane,1976;Becker,1982;Zuckerman,1999;Zelditch,2001)。Johnson 及其同事(2006:57)指出,合法性取决于"社会受众的隐性存在,即那些拥有一整套信仰、规范和价值的人们,因此,客体的合法性是一种集体建构的问题"。新的社会客体被社会受众广泛接受的过程一直是社会学中一个长期存在的课题。合法性不仅是"社会学中最古老的问题之一"(Zelditch,2001:4),如今对它的研究已在社会科学学科的各个方面发展起来。作为社会现实的集体建构,合法性具有两个认知维度:一是根据该领域内现有评估标准的维度,将社会客体视为有效;一是按照规范标准或社会惯例的维度,将社会客体视为正确(Johnson et al.,2006)。对那些公然挑战既有信念、规范和价值观的创意工作,第二个维度在能否接受的问题上具有决定权,任何逾越规矩、离经叛道的企图都有可能被视为"错误",因而会以合法性打折或受拒的形式引致惩戒。

由此可见,创意与评价标准之间的关系并不简单。一方面,为了更容易被人理解,创意工作需要保持在规范化的范围内,例如,文艺复兴时期的艺术家创意必须在相当程度上符合古罗马的美学标准。另一方面,对新奇事物的追求又要标新立异,非同凡响,祈求"同一"规范的安全性只会导致趋同性。例如,牛顿的经典力学极具开创性,与他那个时代的科学假设截然不同(Adarves-Yorno et al.,2007)。这些事实表明,将"新颖性"作为创意的一个关键成分只不过抓住了创意序列的一个方面。实际上,为创意产生而付出的努力可以是不按常理的激进变化,也可以是微风细雨般的渐进变化,并非所有的创意想法都要与现有标准大相径庭(Houtz et al.,2003)。① 正如 Audia 和 Goncalo(2007:1)所指出的那样:"即使一个主意沿袭了现有解决方案的思路,它也可能是既新颖又实用,且富有创意的"。这种观点与创意是一个连续性序列的概念是一

---

① 例如,Sternberg(2006)根据渐进—发散序列提出了八种类型的创意贡献,这些创意类型又可以归纳为三大类:接受当前范式并试图加以扩展的创意类型;整合当前范式的创意类型;拒绝当前范式并尝试重新制定的创意类型。Unsworth(2001)确立了四种创意类型:响应性、预期性、贡献性和主动性。

致的,"观察者可以依据一种大家均可接受的共识,说某些产品比其他产品具有更高水平或更低水平的创意"(Amabile,1996:34)。

一个人的创意何时以及如何从现行规范中渐长或偏离的问题,受到他对所在领域的社会结构的嵌入性的强烈影响。社会结构在某个领域如何设立有关创意的规范和标准,乃是社会心理学最古老、最重要的课题之一(Festinger,Schachter & Back,1948;Homans,1958;Merton,1959)。创意者在社会结构中的嵌入性越大,他的思想观点越正统,行为举止越规矩,社会结构对规范形成的重要性也就越大。这个课题被反复讨论,直至形成体制性规则(Granovetter,1985)。我们特别要提到嵌入社会结构的程度,因为深深嵌入社会体系的个体更愿意遵守而不是背离所在领域的规范和标准,进而复制当下社会认可和接受的想法或风格。

Moody 和 White(2003)运用这一观点分析了政治行为。他们发现,尽管每个人都有结成不同社团的更大自由,但这些个体的行为却愈加相似。实际上,更高水平的沟通使得彼此存储的知识同质化,随着交流共同信息的增多,超越传统观念的激情和欲望反而减少了(Lazer & Friedman,2007)。深度的结构性嵌入也使得任何违背现有范式的意图和行为更难隐藏,因而更有可能被制裁(Granovetter,1985)。相比之下,那些嵌入程度不那么深、受同化压力不那么大的人可以更自由地探寻不同的观点(White,1993)。

核心-边缘型社会结构中的创意

Catani 和 Ferriani(2008)阐述了创意者的地位与其所处领域的社会结构的核心-边缘序列之间的交互作用。核心-边缘型社会结构的特征是,有一个由核心参与者组成的紧密型子群体,加上一群与核心松散联系的边缘参与者(Borgatti & Everett,1999)。这种结构特征一目了然,在社会结构(Shils,1975)、迷信(Lofland & Stark,1965)、国际贸易(Smith & White,1992)、好莱坞电影制作(Cattani & Ferriani,2008)等领域随处可见。核心参与者深深植根于社会体系,更乐于分享各自的想法和喜好。他们通常是社区的关键成员,彼此过从甚密,许多人还在不断地编织和维护人脉关系网络。相比之下,边缘参与者更接近这张网络的边界,不像核心参与者那样有很高的社会可见度或参与度。处于这种地位的人们,却对新思想、原创性灵感和刺激发散思维的体验有着更多更深的接触,这种情形在人类活动的各个领域均有印证。正如Collins(1998:532)所述:"一些最伟大的哲学家与多个社交圈子交往,但他们都不是其正式成员。在这样的网络位置上,人们可以看到斯宾诺莎(Spinnoza)、莱布尼兹(Leibniz)、洛克(Locke)、贝勒(Bayle),还有自由科学家牛顿(Newton)和惠更斯

(Heygens)。"①

站在社会领域的外围地带，边缘参与者得以避开现有体制规则的同化影响，即便萌生非传统的想法，也无不合老规旧制的焦虑感。而那些立于社会领域核心地带的个体，鲜有能刺激其思维的新鲜感，也难以摆脱既有规范的制衡。遵从规范既久，他们越来越不愿意摒弃既有的想法和知识去探索新的领域(Schilling,2005)，继续坚持"王者的风姿"只会使其内心仅存的创意冲动销蚀殆尽(Faulkner & Anderson,1987)。随着核心参与者在领域网络结构中长期浸染，遂变得"固执己见，守缺抱残，或者，难以摆脱关系网络，产生新的想法"(Perry-Smith & Shalley,2003:100)。

在艺术界和科学界，这样的生动例子可以信手拈来。譬如，物理学家迈克尔·波兰尼(Michael Polanyi,1963:10)曾讲过他发明一个理论的最初心路历程："如果我当时更熟悉物理学发展的主要脉络，那我就永远也不会发明我的理论，更别说去千方百计验证它。再说，我对反对我的强大理论对手有点掉以轻心，这才使我的想法未被扼杀在萌芽状态。"意大利抽象派画家乔治·莫兰迪(Giorgio Morandi)与之遥相呼应："我们那一代的意大利艺术家大都害怕太'现代'或太'国际'，而不那么'民族'或'帝国'，我倒是平安无事，或许是因为我不需要别人认可。在意大利艺术界的'大检察官'眼中，我不过是博洛尼亚美术学院的一个省级教授。"②

然而，边缘参与者与核心参与者不同，他们的创意努力经常得不到社会的关注和支持。与边缘地带相比，核心地带凝聚力强，更容易博得人们的青睐和支持(Knoke,Pappi,Broadbent & Tsujinala,1996)。核心参与者的创作在密集的集群网络中能更快地被识别和接受，从而更容易合法化，而边缘参与者的创作就缺乏获得合法性所需的可见性和认可度。从这个意义上来说，一个边缘化的参与者就相当于"被判处必须滞后许久才进得了错综复杂的核心地带"(Collins,2004:436)。虽然边缘参与者更有可能偏离传统的思维方式，探索尚未开发的领域，寻得更多不同的结果和想法，但其创意努力受到业内关注并达成共识的能力十分有限。相反，即使核心参与者打破传统观念或艺术风格的能力不足(这些观念或风格曾占据主导地位，甚或带来既得利益，抵御了可能威胁其核心成员地位的不同观点)，但他们却更容易获得继续工作所需的符号和物质资源(Crane,1976)。③

只要社会领域奖励按体制规范行事的参与者，惩戒偏离规范的参与者，核心参与者就没有动力去做离经叛道的不同工作，更不会挑战已拥有的地位与对符号和物质资

---

① 同样地，Schiling 指出(2005,p. 133)："……人们通常认为，边缘知识分子(那些涉足多个知识领域但不属于核心成员的人)更有可能引入突破性创意，而不是某个领域中的成熟专家。"

② 引自"Art View:Giorgio Morandi: A Quality of Private Mediation" by Hilton Kramer, *The New York Times*, December 6,1981.

③ 在各个领域都可以观察到相似的模式。例如，即使"对艺术史匆匆一瞥，就会发现有这样一些时期，那些牢固树立的清规戒律遭到了边缘艺术家的挑战，而这些艺术家的观念有时竟然逆袭成功，变成了主导性规则。在法国，人们都会想起那些拒绝19世纪油画界信条的印象主义者，挑战20世纪50年代现代艺术'建制派'及近来'流行艺术'运动的抽象表现主义者"(Crane 1972:134)。

源的控制力。但从长期来看,体制的规范总会发生变化,对参与者创意的评判标准也会有所修正,所谓的核心地位不可能天长地久,永恒不变。这种变化可能来源于该社会领域中当事人有组织的努力,以便利用现有规则的内在矛盾或相近领域的范式冲突(Clemens & Cook,1999)。法国美食的诞生就是一个典型例子:20 世纪 70 年代初,法国美食开始从外围地带向中心舞台进军,凸显了古典美食传统的可变性,"古典美食标准与新式美食标准之间出现了紧张关系,并逐渐波及文学、戏剧和电影等相似领域,这些领域也陆续更新了标准"(Rao,Monin & Durand,2003:9)。对古典美食范式的质疑,对厨师烹饪创新的鼓励,促使美食界重新界定了美食创意的规则。体制规范的变化也可能是外部冲击造成的,为激进改革者创造了批判正统的机会并提供了新的标准。例如,Collins(1987:49)认为,产生法国革命的那些政治事件,为德国唯心主义哲学的发育提供了必要的知识和机会:"……这些政治和军事因素威胁着德国北部的威权政府,迫使其放弃了强加给人们的宗教正统观念,允许各种关于宗教主题的新哲学陈述公布于世。"

另外一个原因是,长期在核心地带坚守可能会适得其反,因为核心参与者嵌入领域越久,越有可能出现创意干涸的风险(Perry-Smith & Shalley,2003)。他们很少接触新的、多样化的想法和观点,老是按照主导性的体制规范办事,随着时间的推移只会产生更多的同质化作品而不是异质化的新品。诚如 Collins(1998:380)所述,"当外部因素强制推行某种定于一尊的正统规范时,创意就会随之灰飞烟灭"。关于组织嵌入性研究者的观点与这个看法相似,他们描述了过度嵌入性的种种表现以及对创新的威胁(Uzzi,1996)。

核心-边缘创意的交互调节

至此,我们已经讲述了社会学的创意概念,这一概念的两个组成部分即新颖性的产生及其合法性是同一枚硬币的两面。具体而言,我们将发散性创意想法的产生及其合法化之间的紧张关系,视为沿着社会领域的网络结构的核心-边缘序列所经历的一段路程。在这一节,我们将提出一种最优网络结构策略:这种策略允许创意者个体跨越核心和边缘这两个极端,而不至于深嵌其中的任何一端,通过建构或调节某种交互关系,在两者之间实现一定的平衡。这是一种机敏权变的策略,旨在确保个人既能接触到来自边缘地带的新鲜思想和独到见解,同时又能保持新颖的创意解决方案被持续利用的合法性。这种策略思想是建立在社会科学家的早期工作以及客观事实依据的基础之上的。我们提出的理论观点及具体诠释都是原创的,但如何权衡取舍这种交互关系还需接受现实世界的检验。将这种策略思想运用到组织设计领域,产生了一些重要的管理方面的见解,我们将对这些见解及其一般性的理论含义进行更深入的探讨。

最优网络结构策略

在其基本形式中,最优网络结构策略体现了 McLaughlin(1998,2000,2001)提出的最优边际性的社会学概念。所谓的最佳边际性,描述了这样一种独特的社会地位:在嵌入智力领域的同时,在社会学意义上与正统的知识领域保持一定的距离,通过这两者的结合来促进创意的产生(McLaughlin,2001:272)。我们举两个例子来说明这一点:一个是科学领域的例子,另一个是艺术领域的例子。第一个例子是艾瑞克·弗洛姆(Eric Fromm)。McLaughlin(2001)深入分析了弗洛姆对精神分析社会学所做的革命性贡献,解释他如何挪移地界,抵达了社会空间的最佳边缘地带。弗洛姆在职业生涯开始时,是法兰克福批判理论学派的核心成员。他20世纪30年代初流亡美国,在白色研究所从事理论研究工作,成为美国修正主义心理分析运动的中心人物。1950年,弗洛姆决定搬到墨西哥,他在那里找到了空间和物质、文化资源来发展自己的想法,同时保留了一些在美国做的阶段性学术工作和临床研究。弗洛姆的主要理论贡献是对弗洛伊德"性欲论"的批判和修正,后者代表了精神分析领域的正统理论体系。为了对主流学派发起挑战,他决定迁往墨西哥,让自己"远离美国精神分析学的敌意"(McLaughlin,2001:276),但仍与美国的一些研究机构保持着联系。

通过身处精神分析领域的边缘并保持与其核心的联系,弗洛姆能够向该领域引入想法和创新,否则,他的新思想很快就会被弗洛伊德的正统学术思想扫进垃圾堆。这种最佳边际社会地位"允许他把新思想带进弗洛伊德研究的大本营,同时他又不为主流弗洛伊德研究所的体制所束缚"(McLaughlin,2000:246)。此时,只有"像弗洛姆这样处于最优边缘的思想家才会试图将新思维引入精神分析,因为这样做在弗洛伊德学术网络内部几乎是名誉上的自杀"(McLaughlin,2000:245)。

第二个例子是电影导演库布里克(Snley Kubrick)。他的影片《斯巴达克斯》(1960)和《洛丽塔》(1962)大获成功,但他断然拒绝了好莱坞电影的拍摄标准(他称之为"审批的电影,疯狂的电影"),于1962年迁移到英国。虽然《斯巴达克斯》票房火爆,但它并非库布里克执导的风格。他不得不顺应好莱坞商业片的范式,觉得自己担任《斯巴达克斯》的导演就像是一只"被雇佣的手"(Phillips,2001:81),所有的最终决定均由执行制片人柯克·道格拉斯(Kirk Douglas)拍板,且听命于环球影业公司(Univesal Studios)的指挥棒。在好莱坞缺乏创作自由而深感沮丧的库布里克,在英国创建了自己的独立制片公司,但他仍与好莱坞主要影业公司之一的华纳兄弟影业(Warner Bros Pictures)保持着联系,后者继续发行他拍摄的电影。正如Ciment(2003:36)描述的那样:"库布里克制作了他后来的电影,诸如《奇爱博士》(Strangelove,1964)、《2001太空漫游》(A Space Odyssey,2001,1968)、《发条橙》(A Clockwork Orange,1972)、《巴里·林登》(Barry Lyndon,1975)和《闪灵》(The Shining,1980),这五部影片都深深镌刻着一个男人的烙印,他为自己打造了一个追求职业生涯高峰的私人空间。在20世纪60、70年代,库布里克享有绝对的安全感,这是一种来之不易的特立独行的产物。"电影史学家和评论家(Ciment,2003;Phillips,2001)都很赞同库布里克的做法,认为他的电影创意得益于他与好莱坞切割的决定,而与华纳兄弟影业维持分销协议又意味着他的艺术见解仍可传达给全球观众。

最优网络结构策略基于横跨两个社会世界的实质性联系，这种联系允许核心参与者越界接触边缘，从边缘地带的合作伙伴的新观点中获益，也允许边缘参与者借助核心地带合作方的社会影响力获得合法性，否则，缺乏必要的地位和合法性将无法吸引社会对自己创作的注意力。因此，双方都有相向而行与共同合作的原动力：核心参与者可以重燃其追求新奇创意成果的热情之火，边缘参与者也可以借此得到核心伙伴的认可和支持。实行这一策略的基本原理是，位于核心-边缘序列两极的参与者，可以营造一个互联互通的小环境，完善乃至重塑彼此的结构性特征。

讨 论

对文献的贡献

近年来，社会学和社会心理学提出了不少社会导向的观点（Kasof，1995；Simonton，1999），为一系列研究创意驱动因素的组织理论铺平了道路（Amabile，1982，1996；Woodman，Sawyer & Griffin，1993；Perry-Smith & Shalley，2003；Perry-Smith，2006）。在我们的分析框架中，追求新颖性和合法性表现为社会体系中核心与边缘之间的持续紧张关系。位于社会体系边缘的参与者不受领域规则的束缚，可以自由探索不同寻常的想法，试行别出心裁的解决方案，但他们很难吸引社会的注意力，严重缺乏个人创作合法化所需的符号和物质资源。相比之下，核心参与者可以有效地编织人际网络，围绕自己的创作建立圈内人士的共识，但他们与领域规范的同化倾向甚高，致使创作出来的作品乏善可陈。为了应对和处理这种紧张关系，我们提出了实行网络优化策略的基本要点，即允许核心参与者滋养新鲜创意，抵御趋同性的无形压力，这种压力向来以地位和合法性马首是瞻。

目前学术界有两大针锋相对的阵营：一方是研究边缘创意个体的浪漫主义心理学（Barron & Harrington，1981；Martindale，1989），另一方是主张社会网络有利于知识生产的竞争社会学和组织学（Collins，1987，1998）。本章提供了化解这场争论的新视角。网络结构最优化策略结合了网络中的嵌入性及其赋予的影响力和可见性，又与智力停滞不前的领域核心保持绝缘状态，"在核心地带只会僵化，而不会激发创意"（McLaughlin，2001：272）。这种若即若离、通晓权变的关系是个体获得最佳结构定位的重要手段，这与主张二分法的隔离/中心机制形成了鲜明对比。来自第三方的牵线搭桥也很重要，这使策略性社会定位能发挥实际作用，帮助个人寻求外部合法性。总而言之，保持与核心的联系，决不脱离边缘，这是一种获取新知识的方法，但又避免新知识与特定世界的绑定（Hargadon，2005）。

最优网络结构策略及其固有的新颖性与合法性的张力，令人联想起 Obstfeld（2005）关于如何行动的问题。Obstfeld 指出，当网络结构出现漏洞时，必须就采取何种调节措施进行权衡取舍：如果留下漏洞，保留创意空间，可以为新思想的产生创造机会,但会造成各行其是的问题;如果扎紧网络,协调创新行动,又会为新思想的产生制造障碍,导致创新成色的不足。Obstfeld试图引入第三方经纪人(即三方策略)来处理这种紧张关系,而我们建议,通过在核心-边缘序列的两极之间选择性地创建互联互通的方式来进退取舍。核心-外围序列是最优网络结构策略的基石,Burt(2004)在其经纪人策略中也运用了这一观点,特别是,他有一个很关键的直觉,认为创意很可能会出现在社会世界的空隙中。不过,除了这一点,他依然强调社会结构在塑造合法性方面的作用。正如Cattani和Ferriani(2008:839)所指出的那样:"与网络结构漏洞这种自我中心主义的方法相比,核心-边缘方法更适合捕捉此过程的二元性。"

Rogers(1983)提出的"最佳异构程度"概念与之异曲同工,他强调,为了促进个人之间的知识交流和创新扩散,文化、结构和个人之间必须具有互补性。核心与边缘参与者结成的合作关系犹如一片沃土,它不仅促进思想的生产,而且促使个人的创意成果被外部世界认知、支持和传播。社会学家和网络理论家一直认为,这种关系意味着合作方之间进行了合法性的转换(Faulkner,1983),精英分子的认知皆取决于这种合作关系的模式(Blau,1964;Merton,1973)。例如,Latour(1987)指出,科研工作的专业评估受到了科学家团体加持的影响,尤其是在高度不确定性的研究领域,对重大科研项目的贡献度一向多有歧义。在企业层面,Powell(1996,1998)对生物科技产业做的大量研究表明,网络结构策略可以引领大型药物创新公司强力嵌入该领域,向小型边缘研发公司提供资源和支持,借以获得最新的科研成果。与此相仿,Podolny(1993)提出了加强地位的关系策略,在合作方地位存在外溢效应的前提下,地位较低的参与者可以通过与地位较高的参与者进行合作来获得合法性。其实,最优结构策略的基本逻辑非常独特:某些事业有成的创意工作者,其个人地位并不低,无须借助与掌控合法性之人的联系来增强知名度和合法性,相反,他们原本就是核心参与者,只想摆脱深度嵌入特定领域而产生的趋同性,保持创意工作的能力。

社会结构对创意产生及其合法性的综合影响,促使学者更深入地了解规范和标准对个人创意努力的指引作用,探讨渐进创意和发散创意的文献正在日益增多(Kirton,1976;Audia & Goncalo,2007)。以往那些广为人知的创意观点,总是过分强调个体的独特人格特征或精神活动过程对渐进创意和发散创意的作用(Houtz et al.,2003),但我们的理论框架表明,发散创意和渐进创意之间的区别是情境性和社会性的决定因素(Kirton,1987)。由于人们总是在人际关系网络中学习规范、标准并汲取力量的(Becker,1982),因此,参与者在该领域的嵌入性便影响了这些规范和标准渗透其创意工作的程度,致使他们的发散思维更多些或更少些。

社会结构的分析方法还揭示了发生重大变动所需的条件,这些条件在现有领域或多或少地存在。那些常在领域边缘从事创意工作的人们,绝大多数尚未充分顺附现有规范或标准,仍须为其创意工作得到支持和认可而奋斗不已。譬如,在艺术领域,小牛(Mavericks)的情况便是如此。与工作中恪守传统观点的核心人士不同,小牛并不像他们那样顺从领域规范,只与之保持松散的联系,也没有实际参与其活动,而且总是

"提出艺术界按照惯例会拒绝接受的创新"(Becker,1982:233)。每当他们试图引入一个重大变动(如前卫的新风格或新学派)时,为了获得成功,他们要么屈从那个领域的共识,要么去找一种"迫使"该领域认知其成就的路数。[①] 实行最优化的结构策略,能使核心参与者保持与领域核心的密切联系,并参与它的活动,从而避免小牛那样被边缘化的命运,无法进一步开发自己的创意想法。

对管理的启示

在广度上,创意取决于该领域的接受性、个人成果的内在新颖性和实用性,因此,组织中负责识别和评估个人创意工作的选择系统应更加机敏干练。比如,许多创新公司都投入大量资源寻求聪明的工程师,培训他们的技能,增强其"有创意"的思维能力。但这仍然只是一种局部策略,除非看门人(在此情况下是管理层)随时准备着辨识那些值得认可的新奇想法。在这方面,我们的模型对组织设计人员提供了重要的见解。

首先,对期待孕育创意而不失其可见度的创意人士来说,我们模型的管理含义是相当明晰的。最优网络结构策略表明了选择居中位置的好处,在知识领域的社会结构中,居中定位能与核心和边缘两端链接,这使从事创意工作的专业人员能够在组织环境中四处游弋,左右逢源,既保持对原创思想的接触,又不失合法化来源,这对达到创意努力可识别、可实施的目标来说是不可或缺的。

其次,管理者在组织设计上应支持和鼓励边缘参与者融入核心的行为。边缘地带是发散思维生成之处,也是无形风险潜伏之地,实际上,边缘参与者的探索能否被开发与原创的新颖程度无关,因为"创意"的标签取决于给予支持和赋予合法性的守门人(Hargadon,2005)。组织通常认为,不同的观点本身就会对现状构成威胁,因此,当公司亟须加快试验和变革以应对外界快速变化时,首当其冲的便是确定合适的守门人(Kanter,1988)。在这种情况下,组织设计最好是建构多元化的委员会,使之对改革试验抱持更加开放的态度,也不大可能保护反对变革的既得利益者。其实,这一设计与问责制思路如出一辙:个人对外部评估者负责,评估者本人的观点未知,因而更有可能从不同的角度探讨问题,寻求高质量的解决方案(Tetlock,1992;Lerner & Tetlock,1999)。

未来研究的方向

从核心-边缘视角对创意展开研究,首次揭示了渗入领域和逃离领域之间持续存在的紧张关系。但我们还需要进一步研究缓解和处理这种紧张关系的边界条件,根据参与者脱离领域核心的意愿来构建不同版本的最优网络。一个"激进"版的最优结构策略是,当核心参与者决心脱离该领域的规范性约束时,他可以向边缘地带转移,只与

[①] Becker(1982:309)在谈论艺术世界变化时指出:"创新开始并继续纳入艺术愿景或观念的变化。但创新者的成功取决于其拥趸动员他人予以支持的程度。观念和愿景很重要,但成功和业绩必须依赖于组织,而不是其内在价值。"当然,这种见解不限于艺术世界,也可以延伸到一般的知识领域。

领域核心保持少数几个选定的联系。相反，一个"保守"版的最优结构策略是他可以保持一个接近核心的位置，同时与选定的边缘玩家建立并维持合作关系。虽然这两种策略的目标相同，但会带来完全不同的社会惩罚后果。较之保守策略，选择激进策略的核心参与者需要面对更大的合法性被削弱的风险。分析这种区别还将揭示出其他的因素，这些因素决定了人们遵从领域规范的模式会在多大程度上有效地构建创意的表现形式。

不可否认，我们的核心-边缘分析框架尚未考虑同一个角色嵌入多个网络的可能性。同一个参与者，有可能身处一个网络世界的外围，同时又是另一个网络世界的中心。事实上，这样一个参与者可以从一个世界的符号和物质资源中受益，用以支持其在另一个世界中的创意努力。弗洛姆在弗洛伊德学派的思想体系内部所做的变革和贡献清楚地说明了这一点。他"对正统的精神分析是一种威胁，因为他不是一个边缘化的知识分子，而是有足够的替代资源来维持自己的生存和发展他的想法"（McLaughlin，2001：281）。当弗洛姆搬迁到墨西哥后，他就成了拉丁美洲知识精英圈子的核心参与者，获得了新的物质和符号资源，这有助于他在北美的心理分析领域引入创新，尽管他在那里已经不再是一个中心角色。这些情况蕴含着未来进一步研究的价值。

另一个未来的研究方向是增加动态分析，重新思考创意者及其思想为取得合法性而奋战的体制环境。在现实中，人们将体制环境看成是周期性的演化过程：在其发展的早期阶段，创意成果可能会出现差异，因为规范和标准尚未完全共享，也未作严格界定。随着时间的推移，规范和标准逐步确立，核心成员的工作愈加循规蹈矩，且名利双收。但是，随着渐进式创意工作日趋规范化和合法化，核心成员终将面临创意枯竭的风险，最后只能寄希望于核心与边缘之间的严格界限会随着既有体制环境的演进而发生变化。增加动态分析的另一条路径是考察受众层面的变化。譬如，创意人士可以将其新颖的想法传递给不同的受众，从而形成一个多棱面的合法化过程。我们需要进一步研究多个受众识别、验证创意想法并使之合法化的机制，以及这些评估由当事人嵌入其中的社会结构决定的程度（Cattani，Ferriani & Lanza，2010）。这种研究有助于弄清社会分层的决定因素，这些因素通常关注的是参与者彼此争夺被认可的机会，而不是授予认可的责任（Zuckerman，1999）。

创意过程中的这个"政治化"方面也要求对权力和地位的影响进行更深入的调研。学术界早就认识到，创意是由周围的社会领域衍生出来的内容和意义。虽然创意工作是以新的方式对现有的思想、物质资源和实践经验进行重新组合，但最终还得由社会领域决定哪些作品才是具有创意的。这些判断远非客观：一方面，它们反映了该领域相关受众与个人创意努力的融合程度；另一方面，个人在该领域的地位也会影响评估意见。例如，地位较高的个人（在该领域的社会网络中占据非常重要位置的个人，或因以往成就而在社会网络中取得突出地位的个人）可以利用其影响力来获得相关领域守门人对己方工作的好评和支持（包括符号和物质资源的支持）。事实上，个人的地位可以影响受众对其工作的评价,高地位人士的关系网络使质量一般的成果得到了更多的回报(Allison & Long,1990;Merton,1968)。个人地位并不能保证其创意成果的接受度,但它确实提高了个人工作从一开始就被洗耳恭听和认真对待的概率。因此,这一代人参与创意工作的条件将以复杂的方式与那些影响其认可的人相互作用。个人的社会结构在吸引受众关注其工作方面起到了什么作用?个人地位如何影响受众的评价?高地位人士是否更能为其作品套上创意的光环?低地位的个人欲获得相同结果又需要怎样的条件?我们认为,这些课题及相关问题值得更深入地探讨。

结 语

创意不会在真空中发生,也不能无中生有。在其萌发的过程中,每一刻都需要重新安排和组合预先存在的思想物质材料、实践经验和个人影响力。然而,一件作品、一桩工作究竟是否具有创意,最终还得由社会判别和裁定。要理解创意,仅仅关注发明新产品、新运动或突破性创意的个人是不够的。例如,毕加索和爱因斯坦之所以能脱颖而出,傲视群雄,岂能离得开他们的同仁做出的贡献?正是这些同事,帮他们联络了那些激发其思考的知识和社会网络,以及首先认知、随即传播其艺术作品或创意工作的社会机制。诚如 Csikszentmihalyi(1996:7)所述:"宣称爱因斯坦发明了相对论,就像是说它是点燃熊熊大火的火花。火花是必需的,但没有空气和火药就没有火焰。"即使有些创意过程似乎源于孤独个体的运作,但若近距离仔细观察,其创意努力还是经常发生在人脉关系和社会支持的网络之中的(Collins,1998)。

在这一章中,我们提出了一个理论框架,以一种新的视角重新检视了遵从还是偏离合法性之间的紧张关系。我们的主要观点是,创意的核心-边缘观对当代文学具有相当大的价值,因为它确立了新奇创意产生及其合法化的模型,这种合法性嵌入了影响创意者及其接受度的社会交往结构中。我们相信,这种观点可以充实、夯实创意研究的理论基础,并为有兴趣研究创意、合法性和社会结构的交互作用的学者们开拓原创机会。

第五章　创意城市

理查德·弗罗里达　夏洛塔·梅兰德　帕特里克·阿德勒

想象一下穿越时光隧道的旅行吧,你驾驶着 H. G. 威尔斯(H. G. Wells)科幻小说中描述的"时间机器"来到了 20 世纪中叶:一方面,商用飞机旅行!电视!青霉素!你看到的所有东西都显得那么稀奇古怪;而另一方面,什么也没有改变,包括躲在壁橱里的同性恋者、忙碌在厨房里的女人、吉姆·克劳式的种族歧视、令人窒息的官僚主义以及高度组织化时代强制执行的一致性。

一个时间旅行者从 20 世纪 50 年代返回到当今时代,个中的体验当有云泥之别。他很快就会意识到,创意和自我表达是每个人的符号价值,而不仅仅是学生、波希米亚人和说唱歌手的专利。作为多族裔大融合的美国,即使出现一个穆斯林名字的总统也不稀奇,这种多样性是真实存在的。乔布斯和脸书的扎克伯格(Mark Zuckerberg)之类的企业家都是文化英雄,这些新生代资本家并不执掌烟囱帝国,而是主宰思想。真正蓬勃发展的城市,不仅有伦敦、纽约、米兰和上海等国际化的超级大都市,也有知识产业密集、居民颇具创意的大中型城市,如得克萨斯州的奥斯汀、加州的圣何塞和科罗拉多州的博尔德。创意不仅仅是一种精神因素或心理特征,它其实是一种重要的,甚或最重要的经济商品。

十多年前,"创意产业""创意经济"和"创意阶级"还未成为人们熟悉的流行语,创意或创意人士(相对于工业或高科技)可以推动经济增长和发展的看法被认为是错误的,甚至是荒谬不堪的异端话题。令人惊讶的是,这个曾经充满争议的理念现在变成了一个真理。十多年前的那些新人新事,诸如女性首席执行官、公开的同性恋名人、底气十足的书呆子亿万富翁、知识产权(相对于制成品)的崛起,如今成了聪慧的创造者和最有价值的产品。新生事物层出不穷,在人们不经意之间悄然植入现实的土壤,而我们几乎都没有注意到这一切是多么新鲜。

少数学者和思想家较早预见了创意的兴起及其引发的结构性变化。21 世纪初,一系列研究记录了"创意产业"崛起的轨迹,该产业的发展跨越了数字媒体、创意内容以及艺术和文化领域。John Howkins(2002)界定了范围更广的"创意经济",展现了这些行业为国民经济和全球经济做出的巨大贡献。2002 年,我们其中的一人确立了"创意阶层"或"创意阶级"(Creative Class)的概念,"创意阶层"涵盖了科学和技术,管理、商务和专业工种,艺术、文化、媒体和娱乐等一系列职业,这些行业雇用了大约 1/3 的劳动力,约占工资和薪酬总额的一半,在大城市和大都市中更是如此(Florida, 2002)。

创意与其他大多数经济资源不同，后者是有限的，而创意之多，潜力之大，可谓用之不竭、取之不尽。事实上，每个人都不乏创意，人类的创意产品——思想及其形式不仅不会磨损，反而会在应用和提炼中越来越有价值。目前某些行业和职业或多或少也在运用创意，但我们未来的经济增长必将仰赖于每个人创意才能的充分发挥和利用。创意也是一个很好的社会平衡器，它不能在代际传承，也不能在传统意义上占有。我们无法知道下一个创意天才是谁，也不晓得他们来自何处。

而创意一直是城市形影不离的挚友。《吉尔伽美什史诗》也许是已知的最古老的文学作品，结尾之处便是对乌鲁克（Uruk）古城墙的描述。柏拉图的《理想国》则是雅典早期城市文化和知识之花结出的硕果。但丁、彼特拉克、薄伽丘、布鲁内莱斯基、达·芬奇和米开朗基罗都出生于佛罗伦萨市区或附近。伟大的思想家、艺术家和企业家汇集在盛行对话和促进文化的地方茁壮成长，他们彼此吸引，相互反哺，创造出新想法和新商务，促进经济增长和文化繁荣。

人口聚集逐渐变得稠密，更少孤立的群体会使人类的崛起成为可能。长期以来，考古学家和人类学家一直关注着大约4万年前欧洲发生的艺术和物质创造之花，从洞穴绘画、图腾雕像和珠宝配饰，到我们的祖先开始主动改造大自然而使用的各种复杂工具。一些科学家将这种飞跃归因于认知和记忆上的进化，但新近的研究将社区而非基因置于这个进化转折点的中心。社区越大越密集，思想的发酵就越强烈。

在本章中，我们首先将回顾和梳理早期的研究文献，探讨近来关于创意产业、创意城市和创意阶层的热门话题。其次，将讨论创意城市带来的创新和人力资本，以及这些因素对建设创意城市的影响。再次，将讨论创意阶层分析方法和经济发展的3T因素，即技术、人才和包容性。然后，我们转向最近关于创意阶层和创意城市的大辩论，特别关注社会经济和区域不平等的问题。最后，对一些关键问题进行总结，尤其是从创意城市和创意阶层研究中演绎出来的结构性变革问题。

迈向创意城市

创意，历来是城市的特色。Jane Jacobs 在她的著作《美国大城市的死亡与生存》（1961）和《城市经济》（1969）中指明了这一点。1985年，瑞典地理学家 Ake Andersson 明确地提出了"创意环境"结构的概念，意指那些具有最佳能力来开发原创艺术、技术和科学的城市。1998年，城市规划学者 Peter Hall 的《文明城市》检视了城市在整个人类历史中推动创新的方式。2000年，Charles Landry 出版了《创意城市：城市创新者工具包》。同年8月，《商业周刊》针对新兴的创意经济带来的挑战和机遇，提出了"基于思想而非物质资本"的二元问题（Coy，2000）。2001年，John Howkins 的畅销书《创意经济》旋即问世。当新世纪来临时，一个创意城市作为创意经济核心的新范式开始显现、汇流，遂行于天下。

2000年，佛罗里达（Richard Florida）出版了《创意阶层的崛起》一书，他的关注点与那个年代的大多数都市主义者不同。他对资本主义演变的学术研究深受马克思和熊彼特著作的影响。Peter Drucker 和 Daniel Bell 关于后工业经济的理论，Michel Aglietta、Robert Boyer、Bob Jessop 和其他研究所谓的资本主义监管理论的欧洲马克思主义者，也都对他的思想产生了明显的影响。20 世纪 80、90 年代，他对美国硅谷和其他高科技地区进行了研究，他相信资本主义正在进入一个新时代，Alfred Chandler 和 Oliver Williamson 等人描述的垂直一体化的旧式工业公司已经黯然失色。

Jacobs 的《城市经济》提出了一个重要观点，即地方正在取代公司成为经济的基本组织单位。Robert Sternberg 关于创意心理学的研究，Teresa Amabile 对工作场所内在动机的研究，以及历史学家 Dean Keith Simonton 对艺术、技术和企业家创意之间互动关系的研究，使 Florida 认识到，创意不仅仅是一个人的属性，而且是一种基本的经济驱动力，更是一条不可或缺的根本性的经济原则，正如劳动和工人阶级之于马克思。

创意阶层理论不外乎两大要点：(1)创意，不仅是它所包含的技术创新，日益成为经济生活的主要驱动力；(2)城市(人类创意多棱面的产物)一身而二任，既是吸引创意人士汇聚的磁铁石，又是强力刺激创意产生的磁控管。

集群与集聚经济效应

近来关于创意城市和创意阶层的论文大都反映了集群和集聚经济效应的早期研究。那些彼此不合作甚至互相竞争的公司在地理上形成的集群，长期以来被视为区域经济增长的重要贡献者。Alfred Marshall(1890)是第一个描述这种现象的人，他的观点在当代 Michael Porter(1994)和 Gabi Dei Ottati(1994)的著述中引起了回响。集群通过集聚定位至少形成了以下四种经济体：第一种经济体为大规模专业化分工的分包商聚集地提供了通道；第二种经济体通过扎堆儿实行了更有效的沟通，提供了思想传播和吸纳的更多机会；第三种经济体是可供分享的、各种专业技能俱有的劳动力市场；第四种经济体涉及人们长时间在同一处工作所产生的"信任氛围"，这种氛围是无法交易和不可衡量的(Dei Ottati,1994)。

20 世纪 80、90 年代有不少研究表明，上述四种经济体均存在外溢效应，尤其是最后一种"信任氛围"效应，在意大利艾米利亚－罗马涅大区和德国巴登－符腾堡州(Piore & Sabel,1984；Bellandi,1989；Goodman,1989；Cooke & Morgan,1990；Sforzi,1989)都有客观存在的证据。硅谷和洛杉矶是北美产业集群的原型，这些地区主要由大量小生产者的平权关系所支配。然而，集群并不仅仅适用于小公司，还有大公司占主导地位的层级式产业集群(Markusen,1996)，这进一步凸显了产业集群的重要性。

在新城市经济学(NUE)的旗帜下，研究工作仍以集聚经济和区位选择等传统概念来诠释交通运输成本(Alonso,1960,1964；Fujita,1985,1988；Krugman,1992)。新城市经济学根据 J. H. von Thünen(1966/1826)、Walter Christaller(1933)和 August

Lösch(1940)的传统分析方法,为研究城市空间结构提供了微观基础(Alonso,1960, 1964;Muth,1961,1969;Mills,1967)。基于 von Thünen 的理论模型,区域结构被设想为一大块平地,具有单一的、明确的商业中心区,在各个辐射方向上的运输成本是相同的,城市的结构取决于收入、偏好、住房、通勤条件以及城市/非城市土地的使用比例和定价。由此可以计算出最佳人口水平或住房密度,它是通往商业中心区的距离的函数。这种分析方法非常抽象,它意味着所有区域的大小都具有最优数值,且为单中心,即只有一个城市核心。

相比之下,构建创意城市的倡导更能反映从福特主义到后福特主义的转变。去工业化的脚步加速,资本从中西部"铁锈带"大工厂加紧撤离,促使学者们为资本积累另寻出路,尝试建立新经济及其监管体系。产业集群与产业组织被视为新型资本主义的特征(Piore & Sabel,1984;Storper,1994)。由于"铁锈带"的产品标准化程度较低,缺乏专业化的机器设备,在这种情况下,技术可塑性能使工人掌握多种产品生产的专业知识(Storper,1994),持续推动公司的学习热潮。

创新与增长

让我们重新回到马克思和熊彼特的著作,他们指出,技术是经济增长的关键驱动力。索洛的古典剩余模型(Solow,1956)考察了技术在经济增长中的作用,认为技术变革是第二次世界大战后生产力增长的重要因素之一,也是一个可以实现经济回报的领域。

区域经济学家深感兴趣的是,如何在区域层面发起技术创新的进程,大学是创新引擎的观点得到了普遍的认可。根据"创新线性模型",创新经由区域性渠道,从大学科研发展到了商业技术(Smith,1990)。Adam Jaffe(1989)由此断言,大学研究能使企业研发更具效率。Anselin、Vargas 和 Acs(1997)发现,大学的研究往往能吸引企业的研发实验室。

尽管如此,研究工业区的文献表明,重点仍然在于企业,因为大学的影响是以新公司形成和商业性专利许可等变量来衡量的。研究者精心区分混杂在一起的工业和体制性数据,尽量剔除职业组合、基础设施或建筑等区域因素的影响,但要解释为什么某些知名大学(如斯坦福大学、麻省理工学院和哈佛大学)而不是其他因素带动了区域增长,仍有漫漫长路。然而,许多研究检验了企业特征对技术商业化的影响(Anselin et al.,1997;Cohen & Levanthal,1990)。实际上,还有众多的其他因素有助于提升一个地区的经济品质,从良好气候、文化资产到有趣的多元化社区,这一切都能吸引和留住创意人才,使创意产业取得成功,可惜都被忽视了。

人力资本

人力资本也一直被视为经济增长和发展的主要因素。亚当·斯密(Adam Smith)

将其称为特殊的生产要素。Robert Barro(1991)等经济学家研究了教育或人力资本对经济增长的作用,像 Edward Glaeser 这样的城市经济学家也已确认其在城市和都市扩展中的作用。

Gary Becker(1964)和 Jacob Mincer(1974)指出,工资水平随人力资本水平而变化。Romer(1986,1987,1990)认为,发明的速率具有当地的特征,即取决于知识型劳动力的存在和既有的知识库存。Lucas(1988)表明,知识不仅可以提高个人的生产力,还可以提高其同事的生产力。知识型工作者集群对当地经济具有积极的外部效应,这一洞见为 Jacobs 长期持有的论点"城市不仅能够带来新的创新,而且还能创造'新工作'"(Jacobs,1969)提供了有力的支持。

区域经济学研究开始将教育成就与经济绩效挂钩,Barro(1991)是始作俑者。基于他的研究,Glaeser 及其同事(1994,1998;Glaeser et al.,1995,2001;Berry & Glaeser,2005)证实了当地收入增长与教育程度提升之间呈现正相关关系。Glaeser 研究了阳光地带城市及其高雅城市中心的经济增长,他发现人力资本的地理偏好与企业的区位偏好是不同的。Vijay Mathur(1999)也将人力资本作为一个新焦点,纳入区域发展的研究文献。

为什么人力资本聚集在某些地方而不是其他地方,当地利便性基础设施的存在显然是一个重要原因。Jennifer Roback(1982)运用气候、住房质量和犯罪等因素来解释美国城市的工资差异,其他研究则强调文化设施(咖啡馆、艺术机构)的存在和经济增长之间的关系(Glaeser et al.,2001;Lloyd,2002;Lloyd & Clark,2001)。

创意阶层理论

最重要的是,我们首次提出并充实了创意阶层理论,该理论将"企业(或技术)中心论"与"人才(或人力资本)中心论"融为一体,突出了以地方为中心的组织原则。像早期的人力资本研究那样,创意阶层理论强调知识配置的地理位置对区域经济增长的作用,撤销了劳动者只是"去工作场所"的假设。像最有用的"企业中心"增长文献那样,创意阶层理论关注的是经济增长的基本机制,消除了个人偏好因素,也扬弃了基于便利性基础设施的经济增长理论(Glaeser et al.,2001;Clark et al.,2002)最为看重的代际倾向。

《创意阶层的崛起》一书将经济增长的关键决定因素从教育转移到了人力资本,尤其对人才备加重视。马克思一直认为,人们所做的工作才是真正重要的。沿袭他的这一思路,该书的作者佛罗里达侧重研究了工人在生产中的角色转换如何重塑社会并影响区域发展的方式。

与文凭和学位相比,职业是更好的技能衡量标准:首先,它涵盖了从事知识性或创造性工作但没有获得大学学位的人(许多企业家领军人物没有大学学位,大名鼎鼎者首推乔布斯和比尔·盖茨)。其次,可以进行更细致、更精准的分析,因为区域经济的职业构成及在职人数很容易计算。

在现有的文献中,劳动被视为企业选址过程中的一种重要投入,但不是一个对城市增长也能做出贡献的独立生产要素。技术工人有可能成为集聚经济的源泉,后工业化条件下的高价值投入要素,大学和公司之间的结缔组织。创意阶层理论始终将工人放在第一位。

如前所述,创意阶层由跨越科学、技术、艺术、文化和娱乐诸行业的员工以及知识型的专业人员构成。这支劳动大军在20世纪约占发达经济体总劳动力的5%~10%,21世纪初已经增长到1/3或更多。

对硅谷和128号公路的研究(Saxenian,1996)表明,技术是促使这两个高产出地区发展的原动力。创意阶层理论特别关注职业的作用,而不是将产业作为理解经济变化和区域发展的钥匙。借鉴罗伯特·索罗(Robert Solow,1956)、罗伯特·卢卡斯(Robert Lucas,1988)和保罗·罗默(Paul Romer,1986,1987,1990)探讨技术创新与经济增长这两者关系的成果,创意阶层理论特别强调了高科技工作者的作用。Robert Barro(1991)、Edward Glaeser(1994,1998)和其他人也强调了熟练技工对城市和国家增长的作用。

"经济发展的3T模型"

《创意阶层的崛起》提出了关于城市增长的"经济发展3T模型":在后工业化时代,成功的区域经济需要培育这样一种生态系统,该系统融合了高素质的人才,高集中度、低进入壁垒的技术性产业,高异质性(或包容性)的社会(人才、技术和包容性这三个英文单词均以T打头,故称3T。——译者注)。虽然有的创意阶层理论家(见Storper & Scott,2009)批评人力资本的分析方法过于简单化,但我们所讲的3T的第一个T是指人才(Talent),它已包含在后工业化时代的假设里,教育对增长产生明显的影响是确凿无疑的。

按照创意阶层模型,地方而不是企业才是经济发展的最重要的经济单位。增长不仅仅发生在能够降低企业成本、经营环境良好的地方,也发生在允许个人"发挥效能而不仅仅是收入最大化的地方"(Clark et al.,2002:496)。3T模型将理论研究扩展到了国家层面(Inglehart,1977,2003,2005;Dei Ottati,1994),确立了社会开放性与经济增长之间的关系,同时,也下沉到区域和城市层面进行研究。3T理论假设,依赖熟练劳动力的企业不得不从别处挖掘人力资本,如果这些企业栖身之地的税收水平很高,那么,他们获取高技能劳动力的成本就会加大,这种交易将是低效率的。而熟练劳动力靠工资收入为生,他们在选择去何地就业时必须考虑是否能够得到工作岗位的问题。我们构建3T理论时考虑到了上述三个T变量,无论选址或择地,每个T变量都是必要的但不是充分的条件。总而言之,经济增长只会发生在所有这三个T变量均有较高水平的地区。

在 3T 模型中，地方是最重要的经济单位，人才是其最重要的角色。人才是第一个 T 变量，它是衡量特定时间内一个地区高技能工作者的标准。3T 模型测量技能的方式有两种：一看教育基础，二看职业模式。职业技能的衡量标准是从事"非常规职业"人员的比例，特指那些需要提出创造性的问题解决方案或创造新形式的人们。创意阶层的职业与以下职业类型相关：计算机和编程、建筑、工程、社会科学、教育和图书馆、艺术和娱乐、体育、媒体、管理人员、财务、法律、医疗保健和高端销售。与先前的人力资本研究相同，教育性技能是以获得学士学位或更高学历来衡量的。与其他的人力资本增长模型一样，3T 模型假设，高技能工作者的生产率更高，其工资和收入高于一般员工，从而有助于改善他们居住地区的收入和工资的总体水准。

第二个 T 变量与技术活动有关，可以用技术指数来衡量。技术指数有两个：一是区域高科技产出占该国高科技产出的百分比；二是区域高科技产出占该地区产出的百分比。这两个比重反映了该区域高技术含量产业的活跃程度。

第三个 T 变量是包容性或宽容度。这个 T 变量可以说是创意阶层理论最重要的贡献，因为经济学家长期以来忽视社会－文化和非市场的增长因素，往往无视地方上人才存量和技术积累。从实证文献中可以清楚地看出，人才和技术要素的流动性很高，因而更适合流动。包容性强调了实现这种流动性的关键因素，即对人力资本的开放性，或者更广义地说，对所有人的开放性。

熟练劳动力具有高迁徙倾向，其流向取决于多种因素。虽然许多因素尚未得到很好的解释，但有一点可以断定，高壁垒进入之地必然会将外来的熟练劳动力拒之门外，而熟练劳动力也不太愿意搬迁到这些地方。开放性需要包容和宽容，这无须借助于问卷调查或态度测试之类，只要观察区位偏好便可。3T 模型运用三个指数来测量包容性，每个指数特指某些一向遭受歧视和排挤的群体：马赛克指数测算的是一个地区中他国出生的居民在人口总数中的比例；波希米亚指数测算的是风格特异、反叛陈规的艺术家在艺术家群体中所占的比例；同性恋指数测算的是同居的同性伴侣在人口总数中的比例。一个需要注意的问题是：那些少数族裔和移民比例很高却又实行高度隔离的地方，别指望像拥有更多一体化社区的地区那样从异质性中获取相同的好处，这些区域的包容性尚需更加细致、精准地进行测算。

地方的中心作用

创意阶层理论将"地方"置于区域发展的中心地位，融合了"聚焦公司"和"以人为本"的都市成长理论。

在创意阶层模型中，地方已经开始承担工业公司曾经扮演过的角色。工业企业曾是福特时代的社会和经济的组织单位，构筑经济生活的核心，为人们安置工作岗位。如今迈入创意时代，地方将取代企业，变成社会和经济的组织单位。简言之，在创意经济中，只有城市才能解决就业问题。

人力资本,已不再仅仅是生产过程中的一种投入,一种企业可以利用的资源,或同一产业集群中同类企业可以共享的资源。技能密集型企业必须找到能获取熟练劳动力的地方,而不仅仅是成本最低或集聚经济效应存在的地方。企业不必将熟练劳动力当作永久性的存量,而应视之为流量,其波幅和速率将会随着一个地方的质量变化而变化。

随着后工业化经济的到来,公司不得不考虑到熟练劳动力丰富的地方去安营扎寨。在工业化时代的早期,运输网络(运河、海洋和河流)的自然属性和水力发电方式使生产者和生产活动必须靠近这些来源。电力生产技术的进步,使运输、电力和通信不再受地理位置的制约,但先前搞工业化的沉没成本依然很高。一旦在一个地方建立了大型工厂便很难移动,而且较之劳动力更不易流动。宾夕法尼亚州的赫尔希(Hershey)是一个大型工厂云集之城,堪称这种企业导向体系的缩影。在这里,工人的消费偏好不仅顺附于企业的微观经济需求,后者甚至可以控制工人的住房和消费。19世纪晚期城市边缘郊区的工业发展(Walker & Lewis,2001),则是工业企业掌控产业工人命运的另一个例子。

今天,后工业化社会的高技能员工择地居住的自主权大得多了,因为后工业化的生产方式相对自由。与装配工厂相比,办公室、工作室和实验室容易重新安置。通信技术的进步使公司可以维持多个地点的生产活动,并将曾经集于一地的指挥和操控功能分开。由于熟练劳动力是铸就竞争优势和企业差异化的源泉,公司竞相争抢熟练劳动力以获得竞争优势。这样做的部分原因是公司所落户的城市更符合高人力资本个体的生活方式偏好,并反映其价值观。

早先的技术生成理论视地方为经济创新的容身之处,而3T模型认为创新取决于一系列与地方相关的力量。整个地区的人才水平(不仅仅是当地的大学或企业)是新企业形成和知识生成的重要决定因素。就重要性而言,该地区对人才的开放性与当地的工业生产和技术创新是等量齐观的。

为什么相似的大学对区域的技术开发会产生不同的影响?基于地方的创新观可予以解释。匹兹堡、罗切斯特和波士顿大学的研发能力都很强,却有着不同的商业化率及地区平均收入。3T模型的解释是:波士顿地区在每个测量指标上都获得了高分,这表明该区域环境更有利于吸收当地大学创造的新知识并予以商业化,这一点的重要性不亚于大学自身的存在。

值得注意的是,并非所有的城市都是创意城市。创意城市就像虚拟的培养皿,其中偶然会发生导致创新的组合和重组。仅有高人力资本个体的存在并不足以促进地区增长,其他条件也必须具备。相对于一般的城市和地方,只有特殊的城市和地方才能在激活创意产业方面发挥至关重要的作用。

与其他的人力资本模型相比,公司的地理位置在创意阶层模型中扮演着更重要的角色。人才和技术这两个T变量均基于工业数据,这表明,一个不以高技术活动为中心的地方是实现不了高水平的经济增长的。包容性也是3T模型的重点,这也是一个植根于地方的基本特征,它远远超越了人力资本理论一味关注的生活方式、品味和便利设施。据艺术家和文化创意工作者的区位偏好的考察报告,外籍人口数量和男女同性恋者数据比仅仅与便利设施和生活方式相关的数据更加系统和公允。Terry Nichols Clark 及其合作者所确定的体验性便利设施,虽然也考虑到了特定的审美感受(Clark et al. ,2002;Florida,2002a),但它在所有熟练劳动力中并不是一致的(Markusen & Schrock,2006),而且会随着时间的推移发生变化。同样,Glaeser(1994,1998)所确定的气候、教育和安全设施以及某些生活方式方面的需求,对熟练劳动力的区位偏好也有特殊的影响,不过,他在很大程度上忽视了年轻人、单身人士和无子女者等群体。

3T 模型对人力资本的定义有别于人力资本理论。自 Becker(1964)、Mincer(1974)和 Romer(1986)以来,教育成就一直是人力资本的代名词。3T 模型认为,知识并非提高生产力的唯一认知资源,创意、智慧和直觉也是生产力增长的独立而又重要的来源(Smith et al. ,1984),且与常规教育无关。这就拓宽了高水平社会技能的范畴。

创意阶层理论以职业(以及教育)这样的术语来界定人力资本,因为职业捕获了直接用于经济活动的技能。如果资源被当地经济吸收和利用,那就只能用技术人员的大量供给来解释经济增长的缘由。

职业测量的对象还包括一部分在学校之外获得技能的劳动力。某些技能是在工作实践中获得的,没有正式的资质证书。创业工作的革命性和破坏性往往与大学教科书的标准观点不相容,这不是一个微不足道的区别。最近对瑞典的研究表明,尽管 90% 的学位持有者都在从事创意工作,但只有 25% 的创意阶层人士拥有学位(Mellander,2009)。

关于创意阶层的大辩论

佛罗里达《创意阶层的崛起》的出版,犹如一石激起千层浪。正如 Thomas Kuhn(1962)早就说过的那样,科学通过挑战和辩论取得进步。关于这本书的争论也会推动该领域的重要发展。

职业吸纳人才的能力可以更好地解释经济增长,如果 3T 模型的这个观点能够成立,那就对人力资本理论的传统定义构成了挑战。经济学家关于教育和培训的定义可以追溯到 Becker(1964)和 Mincer(1974)。这一传统的坚定捍卫者——Glaeser(2005)、Stephen Rausch 和 Cynthia Negrey(2006)认为,教育与区域增长的关系更紧密,远胜于该区域内超级创意核心的多寡或波西米亚的就职人数。Ron Boschma 和 Michael Fritisch(2009)对德国所做的区域研究发现,这两种措施其实都有效,但得出结论认为教育成就更为重要。还有一些研究指向了其他的方向。例如,Gerard Marlet 和 Clemens Van Woerkens(2004)针对创意阶层的高教育程度所提炼的数学公式,可用于解释荷兰的就业增长。Charlotta Mellander 和 Richard Florida 在瑞典进行的一项研究(2009)发现,基于职业的创意阶层测量在计算工资水平方面优于传统的人力资本测量。

人力资本理论抑或创意阶层理论,哪个更能说明区域增长？这不是一个学术问题;每个答案意味着一种完全不同的经济发展方式。如果人力资本与经济增长的关系更密切,那么政策制定者应该专注于扩大大学,改善大学与当地劳动力市场之间的联系。如果创意阶层的比例与经济增长的关系更密切,那就要谨言慎行那些基于生活方式的泛泛之举。

最新的实证研究表明,答案取决于您如何界定区域增长。Florida、Mellander 和 Stolarick(2008)的一项研究发现,传统的人力资本的衡量标准与工资水平紧紧挂钩,而创意阶层的衡量标准与收入水平密切相关,这说明教育与创意阶层比例会以不同的方式影响经济产出。如果说工资水平反映了一个地区的整体生产力,那么,收入水平反映了该地区的整体财富。由于提高生产率、工资和财富都是重要的政策目标,这两项举措在分析区域经济增长中将长期占有一席之地。

有些人批评创意阶层的概念过于宽泛以至于无法制定政策。Ann Markusen(2006)认为,创意阶层理论的分析框架将具有不同的生活方式、流动倾向、政治观点和便利设施偏好的人们一股脑儿放在一起,很难运用同一套政策来覆盖这个创意阶层。例如,与其他创意阶层成员相比,艺术家(Mankusen & Schrock,2006)相对更具移动性、社交自由度和对价格水平的敏感度。Asheim & Hansen(2009)声称,不同类型的创意工作者,其位置偏好受到当地工业发展所需且占主导地位的知识基础的影响。那些具备综合性知识基础的员工偏爱更完善的工商环境,而具有分析能力和符号性知识基础的员工往往更关心一个地方的"人气环境"。

根据美国劳工部 O * NET 数据库(美国劳工部的一个数据库,该数据库为每个职业分配了各种技能等级),David McGranahan 和 Timothy Wojan(2007)从创意阶层(类别)中删除了与教育和健康相关的职业。这是实证研究的一大进步。但值得注意的是,基于 O * NET 数据更新后的创意阶层(类别)定义,与原来的定义相当接近,并未改变原先研究的主要结论。Gabe 及其同事(2007)发现,创意阶层(类别)的工资回报只能在都市化城镇冒尖,而数学和技术技能的回报在都市和非都市地区都很重要。

另一场辩论也值得关注,它涉及影响人力资本流向与经济增长的条件。无论人力资本是按照教育程度还是职业岗位来界定,均假设它会流向最适合它的地方。在《创意阶层的崛起》一书问世之前,关于哪些条件有利于人力资本集聚很少有共识。虽然许多研究有所暗示,人力资本与便利设施、产业集群和大学共存共荣,但尚不清楚这些因素如何充分融合,为人力资本提供通道。

"包容性"的引入,为经济增长的多变量回归分析平添了一个新条件,其重要性取决于特定的独立的自变量和因变量。Rausch 和 Negry(2006)发现,宽容度(特别是文化熔炉指数)与城市总产值的关系比创意阶层比例更密切。Clark(2003)发现,只有大都市地区具备较高的宽容度。Glaeser(2005)发现,同性恋指数与美国大都市的增长呈负相关,波希米亚指数几乎与此无关。Florida等(2008)认为,包容性与人力资本集中度和地区绩效(收入和工资)之间存在着广泛的联系。包容性不仅经由人力资本流动来促进区域增长,而且还通过多种方式独立地发挥作用。首先,在包容性区域,人们互动程度较高,积极的外溢效应明显。波希米亚员工在各行业和雇主之间的流动性很高,这使他们成为知识和最佳实践经验的有效传播者(Markusen & Schrock,2006;Gertler & Vinodrai,2004;Currid,2007)。其次,包容性区域倡导开放性,鼓励自我表达,这与国家层面研究中有利于经济增长的价值观是一致的(Berggren & Elinder,2010;Inglehart,2003,2005)。

Alessandra Haggian和Philip McCann(2009)发现,人力资本流动一旦受到控制,大学的存在并不能解释经济增长。这表明,大学的首要经济功能是将人力资本吸引到一个地区去,并不是间接或直接地产生技术活动。

两极分化与经济不平等

另一个激烈争论的重要问题是新兴的创意阶层与不平等的关系。3T模型不失为一种解释区域经济增长的颇具影响力的替代方法,通过引入一种新的社会经济差异变量,也可用于研究如何解决发达资本主义社会中日趋严峻的两极分化问题。

《创意阶层的崛起》指出,社会经济不平等越来越具有危险性,并将阶层作为现代生活的基本社会和经济单元。后来出版的《创意阶层的迁徙》(2005)更是直指不平等的问题,该书制定了都市层面的工资不平等指数,得出的结论是高水平的不平等不仅存在于都市之间,而且存在于都市内部。凡是具有高水平创意阶层的都市,同时也具有高水平的不平等。笔者随后的研究指出,全球城市体系在地理分布上正在加剧这种不平等。《世界是尖锐的》(2005)采用了Freidman构建的良性全球化概念,《世界是平坦的》(2005)则通过卫星图像来描绘全球经济资产和活动的空间集中。《你属哪座城?》(Florida,2009)将巨型城市地区作为分析的空间单元,随着超级城市地区的兴起,这些地区与其他地理单位之间的不平等正在不断加剧。

Donegan等(2008)研究了一个地区的创意阶层比例与该地区工资两极分化之间的关系。尽管他们认为工会化和最低工资等"传统"体制因素是缓解不平等的重要机制,但创意阶层存在的作用大于所有其他变量。创意阶层与普通阶层之间的收入差距拉大,暗示其工作内容可能是社会两极分化的主要机制。这与经济学家所讲的"技能偏向的技术变革"有点相似,也就是说,不平等的加剧是技能、知识和人力资本的不同回报的结果。但新近研究表明,虽然技能在相当大程度上可以解释工资不平等的变化,但对更多形式的收入不平等的解释力极为有限。Florida和Mellander(2012)发现,工资不平等只能解释全部收入不平等的15%,而且创意阶层和人力资本因素的解释力也很有限。实际上,收入不平等与限制工会、种族歧视和贫困程度等因素的相关性较高,而与技能、人力资本或创意阶层等因素的相关性较低。

随后的研究通过分析技能的工资和收入回报,进一步阐明了这一点(Florida & Martin,2009;Scott,2009;Feser,2003)。最近基于技能的北美职业分析发现,随着工作岗位所要求的分析能力和社交能力的提高,薪酬水平也在快速上升(Florida et al.,2012)。当这些能力从 25 个百分点提高到 75 个百分点时,收入的增幅从 24 000 美元到 32 000 美元不等。而随着工作岗位对体力机能要求的提高,收入反而减少了。不同职业的员工不仅会得到不同的回报,而且其拥有的技能价值也会发生变化。区域间收入差距的扩大是社会两极分化的另一个表现,最近的研究(Feser,2003;Scott,2009)已将地区收入与大都市地带认知技能的集中度联系起来。

关于创意阶层的评论还将高收入工作者的消费习惯与所居住地区的高水平的收入不平等联系起来。有人认为,创意工作者高度依赖于低工资收入的服务性工作人员,他们没有时间来亲自打理日常琐事(McCann,2007;Peck,2005;Scott,2006)。据说,伴随着财富和资本涌入城市,服务性工作人员的生计必然会因原居住地方的中产阶层化和被迫移居他乡而愈加艰难(Atkinson & Easthope,2009;Scott,2006;Peck,2005)。

早期的创意阶层研究认为,缓解不平等问题和劳动力市场分化的关键是增加日常性服务工作的内容(Florida,2009;Florida & Martin,2009;Florida,2005)。服务阶层的人数最多,仅美国就有 6 000 多万员工,该阶层约占所有发达国家劳动力总数的 45%。但最新研究表明,提高服务性工作人员在认知和社交方面的技能(即通常与创意阶层工作相关的技能)有助于增加其实际工资水平。案例研究表明,最佳实践服务公司一直在将一线员工的创意能力整合到商业模式中,提高低收入服务性工作的生产率(Ton,2014)。Florida 认为,随着服务工作者为企业贡献更多的价值,他们的薪酬也应得到相应的提高(2010;Florida & Martin,2009)。毫无疑问,未来的研究将检验这些努力是否可以缓解后工业化经济的社会"分化"问题(Scott,2006)。

结 语

创意阶层理论的核心观点是经济增长本质上是由人而不是企业驱动的。由此可以推断,城市应将更多的资源投入便利设施和建筑物上,以吸引和留住创意人才,而不是提供税收补贴和优惠待遇,以吸引某些企业前来入驻。城市亟需创意人才,但有些自相矛盾的是,城市为吸引创意人才也是绞尽脑汁,千方百计,采取了专门的措施和货币化之类的手段,而这一切正是典型的人类创意。

关于创意阶层和创意城市的争论是富有成果和价值的。我们的批评者正是我们最好的老师,促使我们更加深入地思考有关的假设、结构和研究工作。创意自有其不竭的原动力,我们也在不断加深和拓宽着自己的理解。毋庸讳言,我们的研究进展缓慢,步幅不大。尽管我们的社会里信息技术正在爆炸式增长,我们的领域中各种经济模型关于创意和地方的新想法层出不穷,而我们少有的进展偶尔发生在一个突然的踉跄中。我们相信,构建一个宽容的、有弹性的、能适合所有新因素的理论框架将是几代人的工作。

请记住,我们争论的问题不仅涉及经济和城市发展的关键问题,更是直指人类生存条件的核心问题。今天,也许是历史上第一次,我们有机会来协调经济和人类的发展。创意经济的基本逻辑已经融入并驱动着这种协调行动,它的进一步发展依赖于其利用更多的人才和创意的能力。

第三篇

创意价值与价值创造

第六章 "符号商品市场":创意产业中经济资本与符号资本的转换

芭芭拉·汤利　伊丽莎白·格利奇

创意产业生产的产品"通常以美学或表达而非实用为目的"(Hirsch,1972:641—2),但这些商品都必须有符号价值。无论是伤感的抒情歌曲,还是过瘾的电脑游戏,符号价值表现为"对'好的'或'对的'事物的追寻"(Karpik,2010:3),这就引发了如何评估价值"独特性"的争论。人们能否接纳创意产业的产品,取决于符号和经济两大法则。若要获得好评,它们必须具有符号意义;若要切实可行,它们必须体现经济性质。质言之,符号商品必须兼而有之,并在这两端间取得平衡。然而,创意生产的实现与经济交换中的实现是割裂的,这使符号文化与其市场价值的关系成为一个颇有争议的领域(Throsby,2001)。"创意产业"这一名词本身就有点令人不安,人们担忧创意生产的商品化和市场化会根本改变文化产品、文化生产以及文化劳动者,文化作为一种公共产品和创造文明力量的共识将受到挑战(Hesmondhalgh & Pratt,2005;Jeffcutt et al.,2000)。围绕创意产业展开的大辩论中,随处可见审美与高效的对垒,创意与商业的抗衡,"为艺术而艺术"情结与商务运作急迫性的争锋(Townley et al.,2009)。这两种价值形式之间究竟是什么关系:美学还是金钱,符号还是经济?本章将探讨创意产业领域中这两者的相互关系,并以布迪厄(Bourdieu)关于文化资本和经济资本的研究为线索,诠释它们之间密不可分的联系。

布迪厄与符号领域

布迪厄(Bourdieu,1987:201)提出了一个貌似简单的问题:"是什么使人们能将艺术作品和普通事物区分开来?"

> 究竟是什么使艺术作品成为艺术作品,而不是平凡之物或简单器皿?是什么让艺术家成为艺术家,而不是工匠或周末画家?是什么使便盆或酒架作为艺术精品在博物馆陈列?……终极原则在哪里,它能引入差异、分离和决裂来显示神圣的存在?
>
> (Bourdieu,1987:204)

一种答案是对象物的内在价值,以及人工制品给个体带来的愉悦和享受。另一种答案则是机构的作用:"艺术对象……是一个人工制品,其基础乃是艺术世界,即一个赋予其审美评估候选者地位的社会殿堂"(Bourdieu,1987:201;Becker,1982)。一个艺术机构，"历史发明的产物"（Bourdieu，1987：120），它将美学产品神圣化，使人们的享受取决于其拥有"必要的鉴赏力和对艺术规则的理解力"（Brubaker，1985：41）。"文化或符号产品与物质产品的不同之处就在于，人们只能通过理解其意义来消费它们。……艺术作品被认为是一种符号性的商品……只有那些有鉴赏力的人才能予以理解或解码"（Bourdieu，1984：7）。这种鉴赏力取决于特定艺术作品的性质，更是通过长期的浸淫、对艺术语言的熟悉以及自主的艺术实践来实现的。"一个人只有具备审美眼光，才有资格说某一件艺术品是艺术品"（Bourdieu，1987：203）。因此，符号的鉴赏或审美不是一种客观、公平的行为，社会条件严重影响审美体验，"只有那些已经拥有评价手段的人方能对艺术作品进行品鉴"（Bourdieu，1984：23）。美学价值并不存在于对象物之中，而是恰恰相反，但在（精英）网络中，这种归因使之成为神圣之物。这个过程非常具有社会性，"虽然看起来像是一场颇具客观品质的游戏"（Foster，1986：107）。

布迪厄（1997：46）在对经济理论的批判中写道："通过将交换的范围压缩到商业交换，后者在客观和主观上追求利润最大化，即经济上的自利，这意味着其他形式的交换都是非经济的，即经济上的无私"，"为艺术而艺术"的情结成了"文化"评估的特征。布迪厄否定了生产实践和创意工作奉献赖以发生的社会条件，否认创意与"经济"（使文化产品的生产和消费成为可能的社会关系结构）密切相关。他宣称艺术世界是文化活动的自主领域，试图发展"一个彻底颠覆的经济世界"（Bourdieu，1993），对以往经济领域的扩张很不以为然。

布迪厄（1997：242）针对经济理论的上述缺陷指出，"除非引入所有的资本形式，而不是只有经济理论认可的一种资本形式，否则，不足以诠释整个社会的结构和功能"（Bourdieu，1997：47）。布迪厄认为，个人拥有不同的资本（资产、利益或投资），以增强其在科学、政治、学术或艺术领域中的地位。资本分为三种表现形式，即经济资本、文化资本和社会资本（Bourdieu，1997）。人们熟悉的经济资本是指货币收入、财务资源和资产，以产权的形式制度化，可以立即、直接兑换成货币。文化资本有三种存在状态：一是嵌入状态，即通过家庭和同龄人的社会化过程而获得的"习性"积淀，并在习性和品味的"养成"上"自我工作"；二是客观状态，即有价值的、文化性的物质对象，其"教育性……仅仅是存在的过程"（Bourdieu，1997：56）；三是制度状态，文化资本的形成要求具备教育（资质）和知识（Bourdieu，1997：47）。一个人的"文化才能"取决于其文化资本，"解码那些被编码之物的能力……实为艺术可能性的大千世界中的一部分"（Bourdieu，1993：22）。社会资本是一种实际的和潜在的资源，它存在于"相互熟识或认可的人脉，或多或少带有制度化关系的持久性网络"之中（Bourdieu，1997：49）。一个特定代理人拥有的社会资本数量，反映了"他可以有效动员的联系网络的规模，以及通过他所联系的每一个人所间接拥有的经济资本、文化资本或符号资本的总量"（Bourdieu，1997：49）。

在布迪厄（1997：46）看来，文化资本和社会资本都是处于客观状态和嵌入状态的资本形态,因为这两者的基础均为劳动时间的一般等价物,亦即资本是累积劳动。从投资策略来讲,文化资本和社会资本的形成都需要时间来积累,无论是"个体的或集体的,有意识的或无意识的",其目的在于建立存在、行为或知识的形式,或者"在短期或长期内可再现为直接有用的社会关系",这种社会关系具有产生利润的潜在能力,并以相同或扩展的形式进行自我复制与持续表现(Bourdieu,1997:52)。换句话说,它们的作用类似于经济资本。其他形式的资本都是"经济资本的转换形式和变相形式,永远不可能完全还原为原先定义的样式""经济资本是它们发挥影响力的根源,而且,只有当经济资本(尤其是它们的拥有者)刻意掩饰这一点时才会发挥其最特殊的影响力"(Bourdieu,1997:47)。这些资本的结构颇为相似,不同形式的资本的利益和投资也都有类似的经济逻辑。虽然一种形式的资本可以轻易地转化成另一种形式的资本,但它们并不会自动实行这种转换。文化资本和社会资本只有在一定的条件下才能转换为经济资本,但它们仍然保持着完全不同的独立形式。这就好比权力和能量的相互关系,资本或权力的形式是潜在的可互换的权力形式,但它们之间并不能简单地相互还原。

根据特定领域运用的性质,不同种类的资本具有不同的相对价值:资本"对于某一特定场域"是有效的(Bourdieu,1995:73)。特定场域内的行动取决于参与者对该场域主要的社会、经济和文化因素的理解。若要在该场域进行有效的运作,就必须积累适当的资本,掌握有效驾驭这种资本的能力(掌握该场域的习惯)。但场域本身也处于不断变化的过程中,资本配置将随之发生变化。

到目前为止,尚未提及的一种资本形式是符号资本(Bourdieu,1979)。从本质上讲,符号资本是特定场域的资本,它符合该场域的价值规范,也是受人尊重的形式,反映该领域为人知晓和认可的声望。"一旦符号资本被认为合规合法,不同的资本类型就会采取这一形式"(Bourdieu,1987:4)。所有的资本都具有潜在的符号意义。在艺术领域,符号资本常常与文化资本结伴而行,因而符号性的文化资本有能力界定文化艺术的价值、标准和风格,并将之合法化(Anheier et al.,1995),它决定特定场域里"什么是重要的"或"什么是利害攸关的"。

从以上视角来看,符号资本和经济资本是截然不同的,虽然它们(在一定的条件下和一定的程度上)是可互换的权力形式,但各自遵循不同的积累逻辑和运作规律(Brubaker,1985:39)。符号资本在场域内部被判断,受到该场域参与者利益的影响。经济资本引入了一个外来原则,其标准是在该场域之外被确定的。通过分析,布迪厄证明了"传统上被排除在经济分析之外的商品……也可以挪用过来构成资本"(Liénard,Servais & Bailey,1979:216)。但问题在于,这些不同的资本如何在一个场域内进行实际运作,特别是不同形式的资本如何从一种形式转换成另一种形式(参见Allègre Hadida 的"创意产业的绩效")。

转换资本

布迪厄试图在一般经济实践中"掌握所有形式的资本和利润",以便理解"不同形式的资本(或权力)如何相互转换"(Bourdieu,1997:47)。特别是,他的兴趣在于"驱使不同形式的资本向符号资本嬗变的'变形'法则"(Di Maggio,1979:82),以及资本变体的方法,即物质的经济资本将其自身表现为无形的文化资本或社会资本,反之亦然(Bourdieu,1997:46)。笔者在这里使用"转换"一词而不是布迪厄的术语"可转换性",这是因为,"转换"表示根据场域的参数进行调整和更改,而他使用的"可转换性"一词意味着具有等价性的可兑换性。

在创意产业中,经济资本和文化资本的联系很复杂,犹如千丝万缕,纠缠交织。正如布迪厄所指出的那样,经济资本与符号资本经常呈现逆相关关系,经济价值并不一定意味着文化价值,而且往往是相反的。文化意义并不一定能确保经济回报,经济上的成功甚或会有意识地反对象征性符号的成功。分清创意努力和大规模生产创意产品的商品化过程的财务回报,对"追求利润"的文化生产而言无异于一种诅咒。针对大规模受众的工业化生产需求不仅会贬低创作过程,而且贬低了消费者群体的文化需求(Horkheimer & Adorno,1997)。这些情况极有可能发生,但问题在于价值与交易之间错综复杂的关系。在货币经济中,流通和交易通常会带来附加价值。但在特定的文化形式上,一件文化产品不断增加流通次数反而会使其符号价值贬损,甚至贬低到该物品的货币价值也连带受损的程度。

经济资本和符号资本存在着矛盾,这种矛盾在社会经济中,在历史和地理上经常发生,冲突的频率端赖于所考察的特定创意产业。在利基市场中,符号资本是一种保障经济资本的手段。例如,Peterson(2005)考察了"真实性"在乡村音乐制作中发挥的符号资本作用,演奏家将其作为增强乡村音乐吸引力的措施。Ryan(2007)研究了普拉达公司(Prada)与前卫艺术家和建筑师的合作关系,发现该公司运用文化产品蕴含的文化资本为其时尚品牌商品生产符号资本。尽管不同资本的相互作用极为复杂,但业内领先的建筑师依旧认为建筑应与市场经济接触,为建筑贡献建筑艺术,并通过"出售"建筑物来维护艺术的完整性(符号资本)。

地理位置是文化资本与经济资本积累的重要因素,它的影响及其与经济资本的相互关系从创意产业生态学的分析中可见一斑。专业院校和培训机构的建立,学徒和实习计划的制定,支撑着组织内部和组织之间的地理定位和复杂的社交网络。Grenfell 和 Hardy(2003)对英国年轻艺术家的研究可以佐证社会资本的这种相关性:达明·赫斯特(Damien Hirst)与美术领域的领先机构保持着联系,诸如 Goldsmiths(伦敦的主要艺术学院)、大量展示艺术作品的 Saatchi 画廊以及泰特现代美术馆(Tate),与其他艺术博览会、画廊主和筹款人也有联系。Levine(1972)阐述了芝加哥和纽约艺术市场的相对地位,它们与评论家、博物馆和收藏家的不同接触,以及对各自支持的艺术市场的影响。

　　Bystryn(1978)对20世纪40—50年代纽约美术界的抽象派和印象派进行了研究,阐明了艺术画廊在调节创新过程中所起的两个作用:一是刺激艺术发明,在艺术社区内部对创作中的作品提供审美方面的反馈;二是促销艺术作品,专注于向潜在的展览商和收藏家推销艺术家的作品。"第一个作用是为艺术家提供符号性奖励,第二个作用则是给予艺术家可观的货币奖励……对画廊主也要有所区分,既有自诩为主流文化体制的代表,也有自视为经营者的商人"(Bystryn,1978:393)。这两者都在一个错综复杂的社会环境中发挥作用,相当于一种隐含的劳动分工,前者为后者提供过滤和筛选的作用,其符号性关系也反映在不同水平的金钱奖励上。随着符号资本和经济资本的累积,它们各自的作用均在增强,且共同支撑着艺术市场。

　　艺术资本和经济资本的调控方式视特定的行业而有所不同。有时,这两者在同一组织内被不同的人员所操控,比如,广告行业中的"创意人"和财会人员,歌剧院和芭蕾剧场里的艺术总监和执行董事。有时,它们通过不同的组织来运作,比如,艺术家由画廊主代表,艺术画廊分隔出前室和后室,在空间上划分业务界线(Velthuis,2005)。在时装产业,这两者在"时装周"期间分别建立两个帐帷区来运行:贸易展的展厅和时装秀的剧场。正如Entwistle和Rocamora(2006:739)所示,"艺术与商业之间的区隔被转化为空间规划",这两大区隔由买家和记者的穿梭游走来沟通。然而,这种调控方式取决于一个人拥有的社会资本和文化资本,只有某些人才能获得时装演出或演出后派对的门票。

　　我们一直在谈论经济资本和"符号"资本,好像这些都是易于识别的资本类型,其实不然。Christoperson(1974)对摄影行业的研究表明,符号资本乃是一种模糊性财产,它试图将自己变成"艺术"形式,但缺乏制约其提供和分销的经济权力。同样,Baumann(2001)对电影评论的研究分析了某些电影分支演变成艺术形式的路径。电视片的发展、中学教育的扩展、导演中心制的生产、电影学校的建立及其与大学的联系,这一切使电影从一种娱乐形式蜕变为一种艺术形式,电影评论的作用随之不断增强,电影评论的课程相继得以开发。这些研究还强调了文化中介"嫁接"文化产品的重要作用。例如,"艺术市场"通过评论家、艺术史学家、博物馆馆长、教授、收藏家、经销商、拍卖师和专家的文化情结而存在(Karpik,2010:134)。评论家在艺术鉴赏中的指导作用影响了对文化生产的评估(Bielby et al.,2005)。为潜在的消费者预选产品是通过"跨界人"(音乐公司的艺人与制作部、文学代理人、画廊主、时尚买家、有影响力的杂志编辑等)来过滤的,这些"跨界人"对相关领域的文艺知识无所不知却又表述不清(Hirsch,1972),他们作为买家和代理人来充当生产和消费之间的中介(对这些角色的考察,请参阅本书第二十一章"创意产业中的经纪、调解和社交网络")。

　　同样,创意产业中的经济资本的基础也不太容易识别。英国文化、传媒和体育部界定创意产业用的是集合名词,即"那些以个人的创意、技能和天赋为源泉,形成知识产权并加以利用,为创造就业和财富带来潜力的活动"(DCMS,2001)。在美国,创意产业的定义是"版权产业",尽管创意产品与其他信息产品有许多相似之处,但只有当"知识资本"或创意内容转化为一种知识产权的形式,并受到知识产权保护时,创意才真正形成经济资本。版权保护和知识产权保护(IPR)都是创意产业商业模式的重要组成部分:知识资本呈现为一种财产形式,尔后可以得到保护和交易。由此可见,版权是一种垄断性租金。然而,在一个自由进入的网络时代,很难确保对知识产权的尊重和认可(当然,需要区分作者的权利和所有者的权利)。版权收费组织作为负责处理侵权行为的机构,但市场分销的复杂性使它提供的版权收费服务变得困难重重。说服消费者为创意作品付费,引发了各式各样的反应,从自愿支付到强制执行版权法。有人认为,对基于互联网的创意和生产体系来说,套用私有的、排他性的实物财产模式并不合适,故应强调基于网络访问的服务或次级市场(Anderson,2006)。但是,应用程序(Apps)的在线体验和移动手机上网的影响,显示了知识产权货币化开发策略的现实可能性。

所有这些例子均指向"符号生产的特殊环境"(Peterson,1979)。创意产业是两个不同社会世界即商业和文化的交集,"对那些合规的或正常的行为,每个世界都有自己的约定或惯例"(Velthuis,2005:24)。在创意产业中,经济资本与符号资本的"可转换性"和互换性尚未被一致认可,也经常成为人们激辩的焦点,但这就是理解该产业当下运作的关键所在。何者适合作为辨识"艺术品"的参数,如何在普通商品与文化商品之间保持相对平衡,这些课题永远都会存在争议(Velthuis,2005:79)。然而,当"价值"由领域外部来评判,并置于经济主导的大语境之下,随之而来的难题便是创意产业中的个人或集体都将被要求展示其"价值"之所在(Throsby,2001)。

创意产业对整个国民经济贡献良多,经常在国家层面上被列入政治议程。个人和社会径由教育和文化发展增进了福祉;创意产业重塑了文化认同与社区认同,在社会包容项目中发挥了积极作用;创意产业振兴了旅游业和经济复兴,创造了就业和经济价值(Throsby,2001)。据 Towse(2003)估算,大多数发达国家的创意产业占 GDP 的份额为 5%,有些产业部门(如美国电影、英国音乐)的出口值高于均值。不过,创意产业的经济"价值"估算起来困难重重。就业统计就遇到了标准工业编码的分类难题,如果"单纯"统计创意产业的创意工作者,势必会忽略其他经济部门中的创意员工,特别是设计师的数量。问题还在于是否只统计创意内容的创作者,要不要包括一般的生产和分销人员。目前创意产业的 GDP 份额、市场规模、附加价值和营业额均存在着算法问题。由于各国产业分类标准的不同,难以进行国际比较分析。

2008 年,经合组织(OECD)的创意经济报告专门制定了"创意产业活动"的测算方法,确定了就业、工作时间、贸易和增值、版权和知识产权等测量指标。就业指标是最常用的,但不含营业额很小的微型企业或自雇人员。工作时间长度指标用于项目企业时会出现问题,设计这个指标旨在捕捉非经济活动,通常用来识别活动参与者,而忽视非正式的活动参与者,只关注票房收入而不是出席人数。贸易指标测算也有问题,由于贸易的"非物质化",对数字化的知识产权贸易很难进行监测和衡量。如报告所述:

"创意经济的贸易活动相对来说是看不见的"(2008:86)。公共投资的测算受制于公共和非公共机构标准化报告框架的缺失。经合组织最终选择的测量指标是国家创意产业商品和服务的交易价值,涉及艺术、文化遗产、媒体、创意设计、建筑以及广告、公关等创意性的商业服务(OECD,2008)。

如果文化产品不是为市场生产或不经过市场活动时,价值测算的问题就更多了。对这些文化产品的估值必须依靠转换机制,即通过指标和语言使文化创意产品具有可计算的"价值"。正如Callon等(2007)指出的那样,大量的材料和话语相结合将有助于市场建设。目前已开发出许多测算文化价值的定量方法:包括使用价值(实际使用、期权价值、自我使用、他人使用、遗赠价值),非使用价值(存在价值),基于成果的价值,附随价值,选择建模,享乐定价,旅游成本,主观幸福感,质量调整寿命年,非经济的估值方式和多标准分析法(O'Brien,2010)。价值衡量包括以用户的消费价值(门票销售等)计量的经济影响,还包括非用户的消费价值:意愿支付金额的估计值、遗赠价值(为继承人保留财产的意愿)、享乐价值(具有文化设施的地区的财产增值),以及与文化资产相关的产出、收入和工作机会(Seaman,2003)。经济影响模型(EIM)计算的是短期产生的支出,通常计算该地点和地区的净直接支出和经过乘数调整的间接支出;附随价值调查模型(CVM)评估的是与期权、存在感、声望和遗产利益相关的非市场性的消费利益(Seaman,2003;Frey,2000)。这些算法用于计算文化资产的综合影响,包括消费影响、长期增长影响和短期支出影响。

"通用矩阵"的构建旨在一统市场(Karpik,2010),自然引起了异议。由于市场力量逼迫以价格计价(Klamer,2003),这意味着产品的符号价值同时被贬低。价格与价值的这种"不可通约性转化为一般等价物",促使"计算的扩大化",不断驱动市场增长,这种情形实在是令人担忧不已。

出版界的经济资本与符号资本

也许,运用实际例子更能说清经济价值与符号价值之间的复杂关系。图书出版滋养了文化和商业这两类公司(Coser et al.,1985;Thornton,2004)。就商业而言,一本书可以通过销售为出版商直接创造经济资本,还可以通过附属权利、国外销售、电影改编权以及游戏、玩具等形式的衍生产品间接创造经济资本。然而,图书也造就了文化资本。书籍的创作是在出版社而不是在印刷厂,它们具有超出纸张价格和印刷费用的价值。"书籍是不同的。"[1]对书籍的双重解读成了出版业谋取市场利益的一种编辑逻

---

[1] 这份参考资料来自1962年限制性贸易惯例法院关于"网络图书协议"的调查。该协议是出版商就最低售书价格达成的协议,协议规定,凡是低于最低书价的图书一律不得出售。挑战者认为,这是一个出版商的集体协议,具有卡特尔式的垄断性,致使图书交易中反复出现"书籍是不同的"、出版属于特殊活动之类的话语。但法院认为,"网络图书协议"的主旨还是为了公共利益,因为出版商发行的图书具有教育意义和文化价值(Allan & Curwen,1991)。

辑,结果造成了整个出版界二元对立的紧张关系。两者孰轻孰重,取决于其相对权重:将图书出版视为专业工作还是经营业务;凸显已出版书目的声誉还是看重销售和市场地位;注重开发作者/编辑网络和塑造品牌还是强调开发市场和分销渠道(Coser et al.,1985;Thornton,2002)。在创意产业中,商务和文化领域分别以两类不同的人员——管理者和编辑人员为代表。

Thornton(2002)研究了美国大学出版社的历史变迁,其他地方或多或少也能目睹这些变化,包括近 30 多年来经济资本与文化资本之间的掣肘制衡。她既未借用他人的术语,也未使用布迪厄的分析框架,而是独创了编辑逻辑和市场逻辑这两个名词,用以分析经济资本与文化资本之间的紧张关系,这种紧张关系已延及出版社的方方面面,包括组织身份、合法性和权力结构的来源、使命表述、组织战略开发、治理结构和投资。编辑逻辑强调文化资本的重要性,以小型私营出版社为代表,视图书出版为一项专业性工作;强调已出版图书的声望和受人尊重的编辑能力,强化品牌开发和发展新作者群;强调已出版书籍的学术地位,致力于在该领域建立声誉。但后来发生了从"专业出版社"向"经营出版社"的转变,市场逻辑占了上风,出版社开始注重自身的市场地位和利润率的提升,热衷于建立新的市场渠道,通过兼并收购来扩大规模,这一切日益成为出版行业发展的特征。

Thornton 提供的是一个历史概述,Weber(2000)对美国与法国的编辑和出版商进行了比较研究,侧重说明了符号资本与经济资本的相对权重如何影响出版界的组织格局,又如何受到广义文化价值的影响。美国和法国都围绕经济资本和文化资本这双极构建了"符号边界",出版商以此来区分"有价值"之书和"无价值"之书,确定目标消费者是专业同行还是一般读者,及其各自的自我认同和价值观。区分不同出版商的主要依据是"文学性""学术性"或"商业性"。偏重商业性的出版商更多强调的是受众、当前售书行情、畅销书、附属权、竞争出价、营销专家和销售预测,而侧重文学性的出版商更多关注的是知识分子作品、细分的受众、已出版图书、已有书评、获奖成果和文化守门人的角色(Weber,2000:130)。然而,不同国家的出版商存在着重大的跨文化差异。例如,美国出版商主要根据经济效益原则来设定图书分类;务求与市场目标保持一致,畅销书单列销售,相信受众和书商会受新流派和新分类的影响而更新品味。但在法国,国家的"文化遗产"政策向文学和知识遗产倾斜,注重保护电影、音乐或书籍中的本土文化和创意内容,辅以"单一价格"和低销售税,使之有别于其他商品。在美国,售书结果与指派"好书"、营销策略采纳和销售人员导购密切相关,而在法国,书籍出版皆由文学大师驱动,且以作者及其流派的文学声望为订购依据,读者固守传统和品味,信奉"流行则无味"(Weber,2000:133)。Weber(2000:128)认为:"诉诸市场是美式文化价值定义中的一个普遍认可的突出元素……人们认为市场建立了意义与价值的符号秩序",这一点与法国大不相同。但 Weber(2000)也指出,法国的商业性出版社开始招聘"知识分子"编辑来提升符号资本,而文学性出版社正在延揽具有经商才能的人来促进销售。

符号资本与经济资本的相对权重和制衡关系不仅影响了出版社的组织结构、策略和设计问题，还会影响日常工作和出书决策。出版商遇到了一个创意产业特有的"无人知晓"的问题，无论该问题加剧抑或改善两种资本之间的紧张关系（Caves，2000）。正如一位出版商所述："我无法准确预测哪些书会成为下一个十年的标准读物，更不用说哪些书将成为下半世纪的经典，我在某种程度上是一个赌徒，赌的是哪些书会长久走红热销"（Gulledge，2010：55）。在设计新旧书目时，出版商首先会力推他们知道会赚钱的书籍，以便出版更多财务上"铤而走险"的图书。经济上的当务之急从未完全被忽视。精明的出版商既要考虑出书确实"有价值"，同时又能估算出销售量。如某出版商所言："大家都以为一本好书就是有人来买。其实，一本好书就是卖出去的书正好等于你的印刷量"（Gulledge，2010：57）。

出版社决策层在经济和文化互相制衡上达成了集体共识，并据此评估、分类、选择和判断自己的行动，界定其合法性和可行性。作为资本代表的出版商固然有相当大的自主决策权，但他们也在产业层面进行采购，而符号资本的作用恰恰在这里显现出来。当代出版业实为全球性产业，通过国际版权买卖、组建跨国集团和寻求更大市场正日趋全球化。但是，关注全球化并不意味着国家不再重要。作为文化生产的载体，出版界在展示和保护国家的文化身份方面具有举足轻重的作用。如 Coser 等（1985：7）所述，图书出版的这种双重性质决定了"在商业的要求和限制与国家符号文化卫士应尽的责任和义务之间谨慎地保持平衡"。本土出版行业在选择出书和售书时，为保护和强化国家文化身份发挥了潜在的作用，但这种作用在来自经济领域的某些压力下备受掣肘。对立足于本国的出版商而言，出版文化认同和国家认同的图书提供了一种重要的符号资本来源，这种出版领域的"特种"资源随即被用作为身份和地位而奋斗的资本。

保护"苏格兰出版"就是一个相当有趣的资本较量的例子。"苏格兰出版"曾经书写过辉煌的历史，一些当地出版商以此来定位自己的目标和市场地位。19 世纪初，苏格兰启蒙运动的前驱者大卫·休谟（David Hume）、亚当·斯密（Adam Smith）和詹姆斯·博斯韦尔（James Boswell）的巨著在伦敦问世，彪炳青史的《大英百科全书》也在伦敦出版，但爱丁堡毅然决然地向伦敦出版高地发起了挑战。借助于翻版重印和发行教育图书积累起来的金融资本，苏格兰出版界开始大力挖掘新作者，最终将自己成功地变成经久不衰的品牌。苏格兰领先的出版商阿奇博尔德·康斯特布尔（Archibald Constable）首先打破行业常规，大规模印刷沃尔特·斯科特爵士（Sir Walter Scott）的小说，领风气之先。作为最早开设美国办事处的英国出版商，尼尔森（Nelson）对海外市场进行投资布局；钱伯斯（Chambers）引领着英国的大众文学市场；默里（Murray）出版了达尔文的《物种起源》；总部位于格拉斯哥的出版社布莱克伍德（Blawoodck）出版了著名作家乔治·艾略特（George Eliot）、约瑟夫·康拉德（Joseph Conrad）和福雷斯特（E. M. Forester）等人的作品（Finkelstein & McCleery，2007）。星移斗转，到了 20 世纪末，著名的苏格兰家族经营的独立出版社却被国际集团所取代，所有的苏格兰出版商均遭兼并、收购或停业。不仅出版社的所有权发生了变化,而且独立书店减少,零售业集中购书增加,致使一位出版商发出哀叹:"这是一个文化的种族清洗过程。"(Gulledge,2010:83)

当前有关苏格兰权力下放的争议再次引起了人们对苏格兰文化的兴趣,随之而来的是苏格兰本土出版公司的复兴(相对于总部位于伦敦的公司),独立出版社纷纷创立,面向大众市场发行"以苏格兰作者为主和富有地方特色"的小说和非小说(苏格兰出版商协会,2004)。这些出版社在发掘、培养苏格兰本地新作者方面卓有成效,陆续出版了 Ian Rankin、Alexander McCall Smith、Louise Walsh 和 Irvine Welsh 的作品,这些作家描写了当今苏格兰工人阶级的生活状况,开创了以方言口音为标记的新文学风格,用一位出版商的话来说,其笔锋所指都是"伦敦知名出版商不敢触及的东西"(Gelledge,2010:80)。从文学评论和奖项来看,"苏格兰写作"已成为一种"写作范畴",在广阔的出版领域中承载着符号资本。

随着人们越来越关注"苏格兰写作",当地独立的出版商对发扬光大"苏格兰写作"的作用与日俱增,苏格兰出版商协会(SPA)正式成立了。苏格兰艺术委员会(SAC)奖项是以出版商赞助的形式设立的,明确地支持"苏格兰出版"。"苏格兰写作"尚可辨识,因为它是"苏格兰作者或有苏格兰血统或生活在苏格兰的作者写作的书籍,或者,任何涉及苏格兰生活或苏格兰问题、事件或情景的图书"(Saltire Society Scottish Literary Awards),而"苏格兰出版"则另当别论。何谓"苏格兰出版"?来自苏格兰的出版物?出版物的内容与苏格兰有关?位于苏格兰的出版社出版的任何书?抑或位于英格兰的出版商出版的任何有关苏格兰内容的书?"苏格兰出版"还将继续面对诸如图书出版地点、作者出生地点、图书内容和主题、苏格兰出版商协会和苏格兰艺术委员会奖项支持"苏格兰出版"的目的和意图之类的问题(Gulledge,2010)。

也许,那些"只有一个人的出版社"愿意自我定位为"苏格兰写作"或"苏格兰图书",但这些微型的利基出版商鲜少涉足更宽泛的出版领域,而位于苏格兰的大中型出版商不太可能这么做,因为其隶属于更大的企业集团,或者将目标瞄准更广阔的国际市场。某些出版商虽然打着"苏格兰出版"的旗号,但这并不是他们唯一的关注点,而是一种避免过于商业化而招致"污名"的经营策略。在外界看来,强调"苏格兰出版"只重视了创意作品,但忽略了营销和销售。仅仅聚焦"苏格兰作品"的结果是:图书在伦敦被边缘化,作者被归入"苏格兰人",读者出于"猎奇心",出版社被贬为虚荣的"老卫士"出版商。

与其他形式的资本一样,符号资本总是与权力如影相随。符号权力是"命名的实权"(Bourdieu,1997:14),"先前只是隐约地存在,现已创造出某些事物,存在于客体化的、公开的、正式的状态之中"(1997:14)。但符号权力的神圣化不是无条件的,它必须建立在拥有符号资本的基础上,其功效取决于所提出的愿景在当下实现的程度。"符号权力是运用言语来创造事物的力量。只有当这是真的,那才是名副其实的,会用描述来创造事物的……符号权力是一种神化或启迪的力量,是神化或揭示业已存在的事物的力量"(Bourdieu,1997:22—23)。尽管"苏格兰出版"拥有重要的符号价值,但它的构成及其符号资本的形式仍嫌模糊。作为组织机构,苏格兰出版商协会(SPA)和苏格兰艺术委员会(SAC)都缺乏足够的符号资本在更广阔的出版领域中扮演实力型玩家,"苏格兰出版"的符号权力虽不乏拥趸共鸣,但却无法确保市场,尚无力挑战或抗衡经济资本。换言之,"苏格兰出版"的符号资本本身并不足以保证经济上的成功。作为民族和文化身份的象征和代表,本土出版在更大的政治问题上的重要作用自然不容抹杀。不过,如一位出版商所述:"问题恰恰在于,在一个充满冲突的全球化时代,你如何保护一个小国的独特身份。"(Gulledge,2010:99)

如前所述:"出版领域的结构是由经济资本和符号资本的不同分布所形成的。"(Thompson,2010:9)但是,这两种资本的相对平衡目前遭到了数字化潮流的严峻挑战,数字化极大地影响了出版行业的价值链、操作系统、内容管理和工作流程、销售和营销以及内容交付。亚马逊公司引入了数字阅读平台,尤其是 Kindle 电子书店,其电子书的销售量已超过纸质图书。于是,有些人将图书产品与阅读过程混为一谈,公然宣称"书籍的死亡",贬低图书的美学和物质形式及其作为社会客体的作用。数字化还影响了读者参与方式、数字采样、访问便利性、更新能力、可移植性以及内容的多媒体形式。与其他创意产业的变迁相同,出版商也非常关注版权保护和盗版问题、大型分销商的降价售书,以及非内容提供者日益扩大的内容商品化,因为大幅打折的电子书影响了纸质书的售价。如果电子书的打折价在消费者心目中形成价格定势,就像在线音乐曲目被苹果公司的分销策略定价为 99 美分,那将对资本平衡产生重大影响。虽然数字化使出版商得以进入原先无法赢得读者的"长尾"图书市场(Anderson,2006),"但知识产权的大幅贬值不太可能使图书的内容质量随着时间的推移而全面提高"(Thompson,2010:368)。

结 论

问题在于创意和文化产品如何得到肯定与评估,以及由谁和为何来评价(Klamer,2003)。出版行业一再出现的金钱与文化的对立,反映了所有创意领域中符号有效性和经济可行性之间的紧张关系。文化资本和经济资本的界线清晰,营垒分明,但大多数出版商宁可站在两极中间的"灰色地带",试图在营运过程中保持某种平衡。创意商品的市场销售颇为独特,且有相当的难度:一是固有的不可知性(市场的反应只有在完成消费或承诺支付沉没成本之后才是可知的);二是无限的多样性(作为多维度产品,其品质是不可分割的,因而难以复制)(Caves,2000)。因此,出版商的决策只能根据自己的判断做出,而判断取决于该领域的知识架构或行动逻辑。Karpik(2010)确立了组织市场运作所需要的知识架构:网络(个人、协会、从业者网络、致力于知识流通的专业人士)(即社会资本);名称(与产品相关的名称,如品牌、证书)、评论、指南和排名(即文化资本);节点(用以沟通买家和产品的渠道)(即社会资本)。所有这些架构或机制旨在获得必要的市场知识,用以调节产品和客户,按照域内的行动逻辑构建可接受的运作模式。

正如 Karpik(2010)指出的那样,上述案例的问题不在于"文化"与"经济"之间的对立,而是"独特性"与"商品化"之间的对立。Karpik(2010:6)认为,创意产业是"商品化与独特性之间长期斗争"的一个缩影。作为一般等价物(一家的轿车等同于另一家的轿车),商品可以在市场上流通;而作为不可通约的异质化商品(莫扎特不能被贝多芬替代),独特性的流通虽然也在交换范围之内,却须遵循自己的特殊逻辑(Karpik,2010:4)。它并未游离于市场"内部"与"外部"之间,而是在"独特性商品的市场之中"具有创意产业特殊功能的商品(Karpik,2010)。

大多数市场如同文化星座,涉及"各种各样的符号,这些符号在彼此交换商品的人们之间转移着丰富的意义"(Velthuis,2005:3)。经济的交换始终带有社会和文化的烙印,这种意义的交换屡屡出现在情境环境转换、特定社会关系以及经济行动者积极构建的框架中。因此,对 Velthuis(2005)来说,就商业流通而言更有意义。他对艺术市场进行研究得到的结论是:"所谓质量或艺术价值与价格的根本分离最终是站不住脚的。"分离之说实出于一种误解,经济价值和文化价值"未社会化"的概念,创意产业中"……价格和价值之间的关系,远比人文学科的主流见解复杂得多,也不为新古典经济学所认可"(Velthuis,2005:178)。我们必须认识到,所有市场都深嵌于制度或行动领域内,而这些经济协调制度又与美学价值、社会价值和经济价值(或资本)相结合,在市场中纠缠交织而形成独特性。只有详细考察行业和组织围绕价值问题展开的谈判与较量,追踪本国各个省份采用的不同的经济资本和文化资本的转换方式,才能充分了解创意产业的符号商品市场。

第七章　交易场所：拍卖与中国艺术品市场的兴起

安娜·M.登普斯特

2010年11月11日，星期四。随着中国清代花瓶在英国班布里奇(Bainbridges)拍卖行以4 300万英镑的天价出售，国际艺术品世界瞬间刮起了一股狂风。拍卖师的落槌价是原先标价80万至120万英镑的40倍，创下了迄今为止中国艺术品拍卖价的最高世界纪录。1978年前，中国个人拥有艺术品还极为罕见，而到了2011年，中国已经建立了世界上最大的艺术品市场之一，其最核心的交易场所就是古老的拍卖行。

班布里奇拍出的这款花瓶造型精妙、工艺考究，该花瓶高40厘米，瓶身外壁在蓝色和黄色背景上分别绘有鲤鱼和花卉图案。这款800号拍卖品附有3页精心打印的简介，开篇写道："一只罕见华丽的洋彩套瓶，双层瓶胆，外胆呈镂空网格，瓶底印有'大清乾隆'的蓝色字样。"

媒体跟踪采访了拍卖行业顶级出版物《古董交易公报》的编辑Ivan Macquisten，证实了这款花瓶是"18世纪中晚期专门为乾隆皇帝制作的……中国当时正处于鼎盛时期……这是为他的皇宫制作的伟大艺术作品之一"。位于巴斯的东亚艺术博物馆馆长Michael Lee评述了该花瓶的技术特长，"双层瓶胆结构十分罕见，工艺难度极高"(Grice,2010)。

此次拍卖会的举办非常出人意料：班布里奇位于伦敦郊区的West Ruislip，是一家很不起眼的拍卖行，该行由彼得·班布里奇(Peter Bainbridge)和简·班布里奇(Jane Bainbridge)于30年前创立，专门从事遗嘱认证工作，涉及遗赠物品的估价、处置、销售和交付。该行网站宣称："所有遗赠物件的处理一视同仁，无论是简陋之物还是珍贵物品。"[①]该拍卖行大约每隔五周举行一次拍卖，通常在周四开拍，涵盖各种商品，时间长达9小时之久。这家乡间拍卖行名不见经传，远离伦敦主要的拍卖行，既不像苏富比(Sotheby)魅力四射，也比不了佳士得(christie)的国际艺术品拍卖，后者有全球大牌艺术家的少量超级拍品，时常举办高调宣扬的拍卖会，被许多人视为艺术品世界的亮丽风景线。回溯班布里奇的业绩，其先前拍品的最高价是10万英镑，即2008年拍出的明代珐琅瓷器。"顶级的汽车拍卖会一桩生意获得2 600万英镑就很开心了，"彼得·班布里奇以拍卖老爷车为例说道，"而我们一件拍品就拿下4 300万英镑，世界上没人能轻易找到机会再达到这个数字。"对此，他不胜感叹(Grice,2010)。

[①] http://www.bainbridgesauctions.co.uk/.

根据班布里奇目录背面印的条款和条件,拍卖行可以从每一件拍品中获得买方溢价的20%和17.5%的卖方佣金,这意味着拍卖行将从这笔交易中净赚1 600万英镑,而买家将支付5 160万英镑(Reyburn,2011)。

这次拍卖活动以"阁楼藏金"的故事吸引了大众和商界媒体的目光。这个清代花瓶是在伦敦西北郊区的 Pinner 被安东尼·约翰逊(Anthony Johnson)和他的86岁的母亲吉恩·约翰逊(Gene Johnson)发现的,当时他们正在打扫吉恩已故的妹妹帕特里夏·纽曼(Patricia Newman)的住宅,纽曼于2010年去世。安东尼·约翰逊偶然看到了当地拍卖行印发的广告传单,于是便将花瓶和一些红木家具托付给了班布里奇。9月22日晚,在每月拍卖会常见的那些家居用品和小玩意中,这个花瓶引起了咨询估价师阮·格罗斯基(Luan Grocholski)的注意,他当时正与班布里奇一道工作。在一次采访中,格罗斯基描述了这个花瓶如何发出"一束奇特的光线",引得他久久地驻足凝视。他要求班布里奇从下一次拍卖会目录中删除花瓶项目,以便做进一步的调查(Knight,2011)。

一件文物的出处和年表对确定其真伪性及文化意义至关重要,并将直接影响到它的市场价值。在这个案例中,该花瓶的出处含糊不清。就像许多这类文物的命运一样,这个花瓶当初是在1860年左右离开中国的,可能是在第二次鸦片战争期间从颐和园掠走的。据说,这个花瓶是这个家族在20世纪30年代得到的,但它如何来到 Pinner 的家中依旧成谜。拍卖师在他的博客上发布消息时写道:"如果花瓶自己能言说,它真的是一件旷世杰作。"

随着国际艺术品和古董市场上优质仿制品的滥觞,鉴别真伪变得愈加关键。尤其是中国艺术品市场在20世纪中叶兴起,中国瓷器的价格处于历史高位,全球赝品交易日趋复杂化。这不仅威胁到整个市场,而且使交易风险陡增,特别是购买中国陶瓷的重大风险(Pomfret,2008)。格罗斯基在接受采访时坦承,对文物的鉴定必须极端负责(Knight,2011)。他花费了数周时间,对伦敦维多利亚和阿伯特博物馆以及大英博物馆的档案资料进行认真研究,终于相信这款花瓶是1736—1795年乾隆时期的真品。

在确认花瓶的真实性之后,彼得·班布里奇做出了大胆的决定,在《古董交易公报》上刊登了整版广告,这份领先的行业出版物列有全国乃至全球即将举行的拍卖会信息。11月8日,星期一,伦敦亚洲艺术周前夕,这款花瓶在梅菲尔区多佛街的展厅预展。仅一个下午,从中午到下午6点,中国艺术品界的顶尖专家、经销商、代理商和买家纷至沓来,无不啧啧称奇。对这家小型拍卖行来说,这无疑是一种巨大的支持。这件古董及随后的销售几乎完全取决于艺术品世界(包括专家)的认可。至此,花瓶已通过验证。到预展结束时,拍品底价定在80万至120万英镑,似乎并不高。"这就像一辆出租车的计价器,"格罗斯基说,"这个价格会一直升,升,升!"(Knight,2011)

如何解释这个非凡的案例呢?为了更好地了解这次销售的原动力,需要进行多层次的分析。本文将讨论社会—经济的变化,包括国家和国际层面的宏观趋势以及微观和个人层面的潜在动机,并以经济、社会和文化诸因素的相互作用来诠释为什么像清代花瓶这样的文物能以如此优惠的价格托付给一家乡间拍卖行。

在所有的创意产业中,"艺术品和古董"市场最为引人瞩目,无论是交易价值还是数量,以往20年都有飞跃般的增长(英国文化、媒体和体育部,1998)。其实,这个市场并不是同质的,它涵盖了史前到当代的各个时期,包括各种风格和艺术运动,以及不同介质和大小的多类文物。根据行业估算,"艺术品和古董"市场的规模从1980年到2011年翻了一番多,从1991年的最低点到2007年的最高点增长了575%。到2011年,全球的交易价值达到了461亿欧元(McAndrew,2011)。面对严峻的经济衰退,这一市场的大部分依旧很有韧劲。20世纪90年代发生经济衰退时,艺术品交易曾花了将近十年时间才得以恢复,而在2008年金融危机引发的全球经济衰退中,许多市场仅用了几年工夫便从2009年开始的经济紧缩中强力反弹。由于传统金融资产(债券和股票)的回报率下降,投资者的注意力已转向更具活力和绩效良好的艺术品市场。在回报可期且与其他投资类别相关性较低的条件下,艺术品投资的吸引力正在与日俱增,投资者可借机调整投资组合,分散风险,提高回报率(Mei & Moses,2002)。

艺术品市场增长的一大关键因素是全球经济的发展趋势:收入不平等加剧,高净值和超高净值收入的人口不断增长,其中许多新消费者来自新兴的经济体,他们有力地推动了奢侈品的消费,包括艺术品和古董。Goetzmann、Renneboog 和 Spaenjers(2010)对以往两个世纪的艺术品市场进行了研究,发现超高收入人士与艺术品价格之间存在着长期的相关关系,也发现了收入不平等加剧导致艺术品价格上涨的证据。据2012年胡润百富榜(即中国富豪榜)的统计,中国有189位亿万美元富翁,约为英国的6倍。胡润百富榜的创始人和编制者鲁珀特·胡润(Rupert Hoogewerf)表示:"中国现在可能拥有世界上最多的亿万富翁"(《英国独立报》,2011-01-30)。纵观西方世界,艺术与金钱、文化和商业之间传统上充满了紧张关系(Caves,2000;Dempster,2009),而在中国,艺术与金钱之间的关系并不那么令人生厌。

艺术品和古董交易现已成为一个规模巨大的、日益全球化的商业,该市场传统上由欧美跨大西洋市场主导,到了21世纪,伦敦和纽约的双寡头垄断格局受到新兴经济体(俄罗斯、阿联酋、印度、巴西和中国)的挑战。尽管欧美国家的政府和私营企业都在力推文化创意产业,但从购买力和愿为文物支付的价格记录来看,新一代消费者主要来自新兴市场。班布里奇出售的乾隆花瓶只是近年来一连串创纪录的价格之一。

自1978年中国改革政策出台以来,该国的经济增长推动了艺术品市场的崛起。在过去30年中,中国经济增长以美元计算几乎翻了20倍。实际GDP增长率平均每年增长10%,这意味着GDP每七八年翻一番。这种经济发展的社会和文化涵义,可与19世纪工业革命期间欧洲经历的社会-经济变化媲美(Keane,2009)。在艺术品领域,中国从2000年起开放。20世纪80、90年代,中国的艺术品出口一直遥遥领先于进口,而自2005年起,中国收藏家在国际艺术品世界开始崭露头角,异军突起。

2011年,艺术品世界的头条新闻是,中国以30%的市场占有率,首次超越美国(29%)和英国(22%),成为世界上最大的艺术品和古董市场(McAndrew,2011)。仅拍卖市场的规模就从 2002 年的 80 万美元扩展到 2010 年的 1.674 亿美元(ArtTactic, 2000)。2010 年,中国艺术品拍卖市场的销售总额增加了 177%,2011 年又上升了 64%(见图 7.1)。从 2004 年开始,由于供需双方爆发,亚洲的拍卖总额增加了 1 000%以上。中国高于 100 万美元拍卖价的画作超过 700 幅,而美国是 426 幅,英国是 377 幅(ArtPrice,2012)。截至 2011 年,十大最畅销艺术家中有六位是中国画家,张大千(1899—1983)和齐白石(1864—1957)名列前茅,随后是闻名遐迩的安迪·沃霍尔(Andy Wahol,1928—1987)和毕加索(Pablo Picasso,1881—1973)(ArtPrice, 2012)。业内主要玩家认为,2011 年中国艺术品市场跃居世界第一是该市场蓬勃发展的一大标志,这一看法是根据 ArtTactic 的"信心指数法"得出的,该方法以业内专家权威人士为调查对象,用来预测未来的市场趋势。

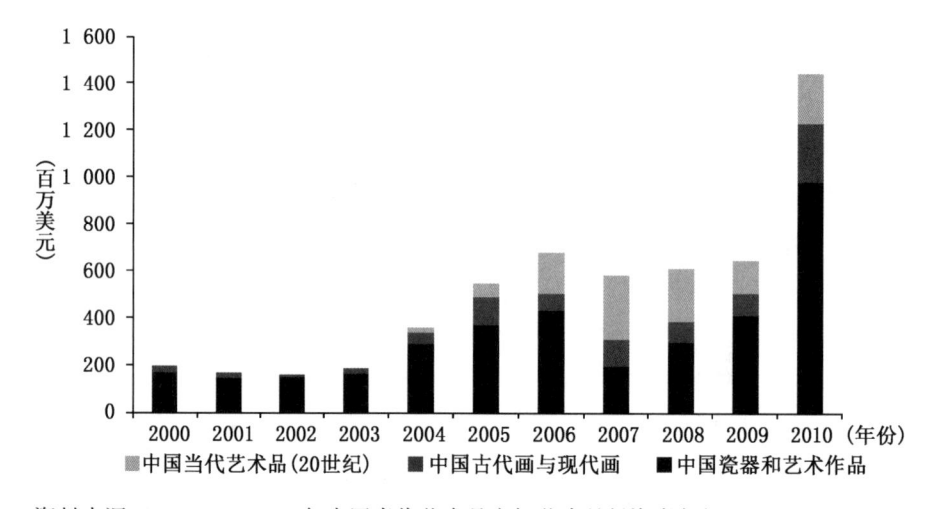

资料来源:Art Tactic,2011 年中国当代艺术品市场艺术品投资者年报。
图 7.1　2000—2010 年中国所有类别拍卖品的销售额

随着新兴艺术品市场中心中专门从事中国艺术品销售人士的出现,中国以及中国的香港、澳门和台湾举行的拍卖会明显增加,这些拍卖活动旨在满足当地的需求。这些地方已成为新兴艺术品市场消费者的全球交易场所。自从当地拍卖行开始提供绘画和雕塑的专业销售服务,中国消费者产生了收集艺术品和古董的浓厚兴趣,这是一种新近出现的现象(也可追溯到 20 世纪 90 年代中期)。世界知名拍卖行佳士得和苏富比为此采取的战略对策是迅速扩大其区域性经营业务,但其长期形成的双寡头垄断格局仍然受到了本土生长的拍卖行中国嘉德(China Guardian)和保利国际(Poly International)的有力挑战,保利国际在 2011 年已跃升全球拍卖销量第三大的拍卖行。尽管竞争加剧,苏富比和佳士得的香港拍卖行 2009 年至 2010 年的销售额增长了 300%,但中国的拍卖行的发展势头更为迅猛,销售额从 2009 年的 3.97 亿美元上升至 2010 年的 22 亿美元(ArtTactic,2011)。班布里奇拍出乾隆花瓶的案例表明,苏富比和佳士得无论在区域销售业绩或最佳拍品纪录上已不再保持其惯常的双寡头垄断局面。

微观经济学理论认为,即使考虑到创意和文化商品的特殊性质,在供给有限的条件下,随着需求的增加,价格也会上涨(Heilbrun & Gray,2001)。艺术品市场中出现的超高售价,源自新消费者阶层及不断增长的高净值资产人口的需求增加,以及高质量艺术作品的供给保持不变甚或减少。世界上最受尊崇的中国艺术品经销商之一的 Giuseppe Eskenazi 这样描述来自中国的新买家,"在某种程度上,我们找不到足够的艺术品来满足这样的市场"(Knight,2011)。而许多艺术品市场的供不应求状况又被赝品鱼目混珠般的交易所恶化,反过来,增加了认证和专家验证过程的重要性。这对大部分艺术品市场业建立起来的信任度提出了挑战,并在实践过程中引入了对透明度的新要求(Dempster,2013)。

区域政策推动了当地和国际市场的发展,促使人们对艺术品的认识和态度发生根本的转变。自 2005 年以来,中国政府一直在积极投资建设"文化基础设施",力推创意产业的发展,将国家建设成为全球领先的文化中心。到 2009 年,中国有 3 020 家博物馆,每年新增约 100 家博物馆,其中包括 328 家私人博物馆。国际艺术品世界观察到,对商业性开发的开放和公共部门的推进,促使中国建设了必要的文化基础设施,以确保中国市场的可持续性和稳健性(ArtTactic,2011)。2012 年初,中国政府开始启动"文化体制改革"[①],制定了中国创意产业发展规划,阐明了经济增长与"文化繁荣"之间的持续互动关系。在供应侧,该政策支持地方和国家的中小型文化企业,以及博物馆和画廊等主要文化机构。在需求侧,该政策鼓励创意性消费,扩展文化商品流通渠道,保护消费者免受假货和赝品的祸害。重要的是,该规划提出了当局将利用"社会资本"来协助建设创意和文化产业[②],公开承认了需要在国家文化认同和国际竞争性创意产业之间创建协同效应。为了将依赖制造业和廉价劳动力的经济转换到基于创意、创新和智力资本的新经济形态,该政策雄心勃勃地提出了从"中国制造"向"中国创造"的转变(Keane,2009)。

因此可以说,中国作为一个文化大国,而不仅仅是经济强国,正跻身于艺术品世界。进入新世纪,中国艺术家不仅屡创拍品价格新纪录,而且历史文物和创意精品重新得到了全球文化专家权威和顶尖艺术史学家的评估。中国出生的艺术家也越来越多地为人权、知识产权和自由表达等话题做出了哲学的、智力的贡献。

传统上,艺术品和古董交易多系专业收藏家所为,其特点是鉴赏力高,情趣专注,抱有"为艺术而艺术"的动机。收藏家倾向于长期性购买和保管,并不轻易出售。这类交易通常由老牌的专业经销商"守门人"把关和斡旋,在一种抵制文物商品化的文化中闭门进行,忌讳公然的商业化,流行现货价交易(Velthuis,2005)。20 世纪 90 年代开始,新一代消费者出现了,这些人往往缺乏专门的知识和经验,比较年轻,文化和地理

---

① http://english.cntv.cn/program/newshour/20120310/111757.shtml.
② http://news.xinhuanet.com/english/china/2012-02/15/c_122707449.htm.

分布多样化,拥有可观的财富和可支配收入。他们对时尚变化更加敏感,对全球品牌和名人崇拜趋之若鹜。有证据表明,从18世纪30年代开始,中国陶瓷有了新的美学元素,为宫廷制作的精品瓷器色彩更加明亮,设计也更为大胆(Wen & Watt, 1996)。在这方面,班布里奇拍卖的乾隆花瓶堪称典范,它将繁复的装饰与皇家用器巧妙挂钩,透过外胆镂空处隐约可见内胆,这正是乾隆花瓶格外吸引新一代消费群体的缘由。

市场中介机构,尤其是拍卖行,无论其规模大小,均能适应且蒙惠于这种变迁,并为买卖双方提供相对民主、快捷和透明的购买流程。一方面,经销商或画廊主在社会和文化背景下严加验证以增强其文化资本,仔细确定潜在的采购对象和销售对象,以提高拍品的价值。领先的经销商会将其最好的作品列入"等候名单",尝试将其变成私人的重量级收藏品或博物馆的公共收藏品。另一方面,拍卖师在理论上并不区分客户的社会地位、知识或品味,拍卖时只给出价最高的人。他们对所有的潜在买家一视同仁,至于谁该拥有、为何拥有哪件拍品,一概不会私下幕后议定。从这个意义上说,拍卖的过程是比较民主的,它为那些缺乏收藏艺术品所需的文化或社会资本的消费者提供了一个市场切入点。因此,过去数十年的艺术品世界,以新的消费精英的出现为其特征,受到新涌现的财富和市场力量的驱动,同时仍须依托于以往艺术品收藏家和行家里手进行交易的场所。

拍卖行业的另一个关键转变是,新一代消费者不仅因美学因素而倾倒,而且为艺术品和古董投资机会所吸引。在微观层面,艺术品市场的多个部门与金融投资之间呈现低相关和负相关的关系,作为一种分散风险的资产类别,人们对艺术品的投资兴趣日趋高涨(Mei & Moses, 2002; Deloitte & ArtTactic, 2011)。在全球金融市场中,股票和债券等传统资产形式表现不佳,经常出现不可预期的波动性,从而导致另类投资的兴起,投资于贵金属、优质葡萄酒、稀有邮票、艺术品和古董以及其他收藏品正变得越来越有吸引力(Satchell, 2009; McAndrew, 2010)。特别是中国人,他们欣然接受了将艺术品当作投资对象的概念,"中国收藏家对金钱与艺术挂钩并不羞怯,艺术品市场被普遍认为是商业场所。艺术品能否作为一种资产类别曾在西方艺术品市场上激辩了十多年,中国收藏家对此不置一词,超然而去"(McAndrew, 2011:121)。拍卖行无须假手经销商运作,而是提供相对流动性和价格透明度。由于拍卖行在过去25年中的崛起,以及拍卖会作为重要文物买卖场所的接受度越来越高,因此,拍卖行和经销商也将拍卖会作为购买和出售各种类型和价值的文物的首选场所。

新兴经济体新一代消费者的高价购买行为被有些人贬为"奖杯购买"。"奖杯艺术品"的概念是含混的,有缺陷的。伦敦经销商马丁·萨默斯(Martin Summers)将奖杯艺术品简单地描述为"可识别因素"(Maneker, 2011)。他认为,在公共场所(如拍卖会)收购高价文物的行为关乎加强个人声望和社会地位的欲望,即所谓的"炫耀性消费"。炫耀性消费本身是一种浪费,但它使拥有可自由支配收入的个体有别于那些缺乏财务自由的人(Veblen, 1994 [1899])。购买这类文物的经济和社会权力是购买者地位和成功的象征。因此,购买并展示"奖杯艺术品"的消费行为释出影响于他人,传达了一种区分社会中个体与群体的信号。

然而,关于新一代消费者仅仅需要炫耀财富的假设,可能会掩盖其背后隐藏的更为复杂的社会—经济动因,亦即他们与政治权力、文化愿景和身份认同的千丝万缕般的联系。新一代消费者对来自本国的文物表现出明显的偏好,这无疑是艺术品市场发展和繁荣的主因之一,但人们也在猜测和分析许多其他的原因。

有证据表明,在历史大动荡之后,许多文物受到损毁或流入国外,新一代消费者由衷希望这些文物能回归祖国,这便是中国公民和机构大规模回购艺术品和古董的重要动因。这些艺术品和文化遗产代表着国人与历史的重要联系,有助于重建和丰富国家与个人的文化身份。在欧美国家,文物归还必须遵循一个冗长的法律框架,具有高度不确定性,且充满了道德争议。因此,在具备必需的经济资源的前提下,更简单、更快捷和更直接地获取文物的方法就是公开的市场回购,这正是过去十年来中国等"新兴"经济体的机构和个人收归文物的特征。

具有巨大价值和文化意义的文物回归,是一种表达民族自豪感的方式。正如一位艺术品世界的观察家所评论的那样,"中国人不明白印象派绘画为何比清朝皇家艺术品更具价值,难道这个纺锤形的花瓶是在以特殊的方式延续着鸦片战争吗?"(Grice, 2010)。公众展示的爱国主义情怀被视为有价值的文化存量,捐赠者与作为经济和社会资源"守门人"的政府机构一起拥有之。向博物馆等公共机构捐赠购自国际艺术品市场的高价值文物,自然是值得赞许的良好行为,但它背后也隐含着一种换取优惠待遇的赠礼文化。许多案例表明,经济资本被用来购买艺术品和支持社会资本,反过来,这样做会为捐赠者创造未来的(经济和其他)机遇。

艺术品和古董的收购还具有强化个性的作用。经销商 Giuseppe Eskenazi 在接受采访时强调,这个案例不仅仅是"简单的文物回归……中国人希望被他们早就熟悉的艺术品而不是英国银器和法国家具所环伺。中国人曾在博物馆和书本中见识过这些艺术品,令其不禁回想起父母和祖父母的老宅旧居"(Millner, 2010)。香港亿万富翁的女儿,当代中国艺术画廊创办人林明珠(Pearl Lam)认为,通过古代文物来学习和获取知识,这本质上是一种"文化增强",应成为中国第一代富豪的重要使命(Knight, 2011)。许多中国收藏家在"文化大革命"扫"四旧"中失去了原先拥有的艺术品和文化遗产,大举回购和遣返以前被禁的文物代表了所有权文化的根本转变,它关系到自由的表达,对个人和国家身份重新诠释的机会,以及对文化和符号丰富性的追寻。文化增强是更紧密接触和更深入理解艺术品和文化商品所产生的重要结果。

总之,文物和艺术品的收购、所有权与展示,无论在国家层面还是个人层面,都构成了一种复杂的信号形式。特别是,艺术品的购买和销售可以理解为权力发出的信号,无论是收购时需要大量动用的经济资本,还是更为关键的辨识艺术品所需的社会和文化资本,而这反过来又能展示新一代消费者群体的抱负、目标和成就。

2010年11月11日晚间,班布里奇拍卖行熙熙攘攘,人头攒动,挤满了来自本地、伦敦和世界各地的经销商和代理商。数不清的出价电话打了进来。乾隆花瓶开盘价是80万英镑,随后便以20万英镑的加价幅度迅速跳升。竞价到2 000万英镑时,还有七位投标人。到4 000万英镑时,掌声和欢呼声响起,这时仅剩下两位投标人,其中一位是在前排就座的年轻的中国男子。当出价达到4 300万英镑时,又一位竞标人退出了。在戏剧性的最后一轮,拍卖师彼得·班布里奇信心十足地宣布:"女士们和先生们……一个新的世界纪录今晚将在这里诞生。"……他慢慢地数到三,在最后一刻用力敲下了小木槌,房间里顿时爆发出"售出,售出"的呼喊和热烈的掌声。这个乾隆花瓶拍卖的故事就此载入英国的每一家全国性大报,成为未来数年里艺术品世界的热门话题。

然而,在班布里奇拍卖之后,这个故事还远未结束,乾隆花瓶的命运比拍卖本身更具戏剧性。尽管艺术品行业的专家权威人士在伦敦预展期间对这只花瓶普遍予以认可,但美国著名经销商詹姆斯·拉利(James Lally)在接受财经媒体CNBC采访时却表示"非常怀疑……有些人找不到能证实那件物品的令人信服的东西",这给其真实性蒙上了一层阴影(Moore,2011)。鉴于国际艺术品市场上假货赝品泛滥成灾,加之无法解释乾隆花瓶如何得到并带进英国,即使对出处和真实性的丝毫怀疑也可能极大地影响其价值。

此外,由于该花瓶是由一位外国代理商代购的,关于买方真实身份和动机的猜测在艺术品世界满天飞。尽管提供者或拍卖行从未公开予以证实,他们之间签有保密条款,一直拒绝透露买家名字,但行业刊物和一般媒体都有一个共识,即买家是来自中国的超级富豪。虽然中国新一代消费者明显受到个人品味和新发现的经济机会的驱动,但越来越多的证据表明,对具有历史价值的文物进行收购的举动也出于对文化遗产回归故里的渴望,而这与政府推行的政策毫无二致。

通常假手于代理商行事的中国买家,既有个人,也有国企。例如,中国保利集团有限公司是一家国有企业集团,其业务涉及一系列创意产业包括古董和文化遗产,它的一项重要使命就是"拯救和保护遗落在国外的中国文物"。[①] 而个人买家包括富有的收藏家和商界人士,他们被称为咄咄逼人的投标人,购得文物后旋即便捐赠给中国政府。

坊间一直有传言称,乾隆花瓶在出售了数周、数月甚至数年之后仍未支付(Sawer & Duffin,2012),这给市场带来了不确定性,动摇了艺术品市场的信心。中国消费者俨然已是最强大的买方,而亚洲文物市场又是全球增长势头最强劲的区域。如果新一代消费者拒绝遵守游戏规则,即经典的英式竞价阶梯拍卖法,那么,市场信任度与整个系统的活力将受到损毁。随着"假投标"和不付款案例的出现,拍卖行在合同安排上制定了相应的对策,引入了严格的支付条件和大规模存款要求,以保护他们自己及其客户。新的条款和条件既要保障拍卖流程的运作,又不能拦阻新的潜在竞标者加入,故需在两者之间谨慎保持平衡(Reyburn,2011)。陆续有报道称,乾隆花瓶仍静置于存

[①] http://en.polypm.com.cn/english/bwge.php.

储之处,买家、卖家和拍卖行也一直在进行谈判,在拍卖举行之后的几年里,各方均未公布任何有关和解的细节。

直到 2013 年 1 月 15 日,乾隆花瓶再次爆出新闻:花瓶终于售出了,但不是由班布里奇而是由英国知名拍卖行宝龙(Bonhams)出售的。新闻和营销总监 Julian Roup 发出的一封电子邮件只有一句话:"宝龙很高兴地确认,花瓶已在私人财产出让契约中以未公开的金额出售"(Reyburn,2013)。这笔交易的细节依旧含糊不清,有报道称,该花瓶出售给了另一位来自亚洲的买家,"售价尚未公开,约在 2 000 万英镑至 2 500 万英镑之间",并已出口交付(Reyburn,2013)。涉事各方都从这笔交易中获得收益,并在某种程度上得到了补偿,包括受益最多的花瓶提供者,也包括最初接受委托的班布里奇拍卖行和最终与私人商谈出售的宝龙拍卖行。虽然报价不到原购买者欠款的一半,相关的流言猜测也不少,但这只花瓶最终还是以一些经销商认为"合适"的价格成交了。更重要的是,未付款的问题得到了解决。这个案子终于结案了,整个艺术品行业似乎为此松了一口气。

也许,这个特殊案例的每个棱面永远都是个谜,例如,一个地方性拍卖行如何得到如此高价值的文物,最初的买家究竟有何初衷,为什么他们不为中标付款,以及最终的和解又是如何达成的,但这个案例的确提出了一系列需要深入探讨的重要而又复杂的问题。班布里奇拍卖乾隆花瓶的故事一波三折,跌宕起伏,明确提示了艺术品世界的利益和陷阱。随着艺术品和古董市场的快速增长和全球化发展,这个案例凸显了文化冲突和各方参与者对拍卖过程的不同解读。在不太长的时间里,来自中国等新兴市场的新消费者就与西欧和北美的老收藏家转换了交易场所,拍卖行成了向经销商和画廊长期盘踞的传统的公共与私人交易场所的挑战者。一个关注鉴赏力和专业知识的艺术品"世界"不得不与一个日益增长的注重商业性活动的艺术品"市场"互动和共存,有证据表明,源自高度本地化的"茅舍"般的拍卖行正在演变成一个全球性"行业"。企业组织和有关机构将被迫适应这种变迁,既有的规范和行为准则正受到挑战和转变。本案例为这种新型艺术品和古董交易提供了一个透视点,一种洞察力,其特征是经济、社会和文化诸因素之间复杂的、动态的相互作用。

第八章　创意劳动力市场：才能与不平等

皮埃尔-米歇尔·门格尔

　　大凡创意劳动力市场和组织，其理论基础都颇为相似：创意被视为一种普通商品，无论它源自个体拥有的知识，还是企业边干边学所产生和分享的创意，也无论它体现为企业内部的专业职称，抑或工作思路和生活哲理的创意分享。然而，创意劳动力经由工作达致自我实现的理论假定与社会现实大相径庭，人们经常看到，那些创意性职业中存在着极不平等的成功机会。在艺术和科学这些最为核心的创意世界里，在创意产业不断扩展的过程中，存在着一个经常被忽视的关键问题：创意工作系统是建立在高度个性化的绩效评定和才能的配对选择之上的，该系统在多个维度上加深了不平等。

　　具有讽刺意味的是，大多数创意工作者历来倡导可持续发展的平均主义，但以素质、声誉和市场价值对其分级排名早已蔚然成风，且已成为推动创意世界发展的强大引擎。通过赢家通吃的竞技机制和无止境的相对比较，海淘并签约最佳作品，各种时尚轮番上演，各路巨星大浪淘沙，既为平步青云、昙花一现的名人新星庆功喝彩，也为文明发展的长河创建了先贤祠和声名远播的艺术学院。

　　一方面，创意是所有经济活动必备的创造力的一部分，经济运行需要不断更新知识、工艺和技术，以确保创新和竞争力。另一方面，创意是一种备受青睐的稀缺要素，创意人士的收益和声望回报远高于一般技能的劳动力分配之所得。然而，我们很难说清创意的主要决定因素，常以"才能"概念代之，凡有价值创造之处，"才能"一词遂成为流行语。公司聘用年轻的管理人员和专业人士时，会根据其潜在才能进行排名，最优秀的10%或20%的人被置于快车道，那里的学习曲线更陡峭，有更多的机会来展示自己的创意和创新力。但问题在于，"才能"究竟是什么？"才能"尚且难以界定，现实中又何来如此巨大的收益差异？

　　本文旨在探索如何理解艺术和科学领域渴求的才能，要素才能可以在多大程度上解释声誉和收入的巨大而又离奇的差异。笔者认为，对创意工作来说，初始教育对职业成就的解释力远不及任何其他产业。

　　关于"才能"的定义，标准答案向来是按照"礼物"与"名称"来表述的：才能是能力的展现，如果这种能力在艺术家的生命早期就表露出来，那就如同中了遗传基因的"彩票"。这种天赋能力在有利的养育家庭和社会环境中得以历练与开发。在此假定下，我们只需弄清优异人才的独特品性，观察其作品引起的反响，进而确定支持还是忽视这位天才的创意活动,挫败或感化其同辈人。所谓的人才传记,充其量是其在有利或不利环境下的历险记。但若"才能"只是能力而不是技能的代名词,是成功所需的一切其他因素的源头,那么,按决定论者的因果逻辑关系,岂不是无须再做任何解释了吗?

从需求方面来看,受众如何发现和评估人才及其产品?根据人才论或天才论,由于个体能力上的禀赋差异,人才对艺术和科学做出的物质与符号(声誉、认知)"奉献"有别于他人。反之亦然。即使在不完全知情或文化程度不等的条件下,科学领域中的同行社区和艺术领域中的不同受众群体也会做出总体的价值判断,或迟或早地识别出这个或那个艺术创作的价值,从而为判断和感知这种价值差异提供一个广泛的基础。

倘若事情的确循沿这种方式发展,分析艺术家收入不平等的原因时应能捕捉到能力这个决定因素的强大影响力,因为每个人先天禀赋的能力是不平等的。正如我将要说明的那样,收入方程式无法严谨地证明这一点。因此,我们不得不另辟蹊径,寻找关于这些不平等现象的另类解释。

如果能力有确切定义或易于观察的话,那么,能否成功胜出便毫无悬念。然而,正是这种不确定性激发着创意工作者,驱动着艺术大千世界中的竞争和创新。各个艺术领域之所以在不断的比较中得以演化,盖出于发明和原创的泉源不可能被完全确定。正如我将要说明的那样,比较和竞赛不仅仅是对创作者及其作品进行排名,而且会扩大个体间或大或小的差异,因而从起跑线开始就无法进行校准。

教育与创意工作收益

收益分析通常分为两种非排他性的方法:一种方法是分析个人在初始教育中的投资,后续的知识获取,以及用于其工作的认知、身体、社会和心理资源,这种分析方法的系统发展便是"人力资本"的经济理论(Becker,1975;Mincer,1974;Rosen 1986a,1987)。另一种方法是关于"工作分类"的社会学理论,我将在下一节讨论。虽然这两种分析框架之间可能存在联系,但它们仍有很大的差异。

根据人力资本模型,教育投资的数量和质量在很大程度上决定了个人收益的前景,而最理想的职位通常需要高水平的技能。然而,这类投资只能解释收益差异的三分之一,而无法解释职业内部日趋严重的不平等现象,即人力资本极为相似的人们为何却有迥然不同的命运。即使将所在行业、区域位置及公司规模等因素引入模型,仍无法完全解释这些不平等的现象。

各种调查数据(Alper & Wassall,2006;Menger,2011)表明,艺术家人数的增长快于总体劳动力的增长,他们受教育的年龄小于一般工人,受教育的程度高于平均水平,自我就业率很高。一些调查结果显示,鉴于他们的受教育程度和社会地位,艺术家的收入低于其所在职业类别的平均收入。即使对上述几个因素进行调控,收入差距仍然很大。

从收益函数的拟合度来看,教育对艺术家收入的影响并不高,而且比一般劳动力还要小(Frey & Pommerehne,1989)。为什么呢？

关于这个问题,存在两种可能的解释。

其一,艺术界的异质性。并非所有的艺术学科都需要相同程度的初始专业教育。不可否认,学科之间的差异并非固定不变,教育的性质和内容都会随着时间的推移而发生变化。即便是同一门艺术学科也会分化,古典音乐和流行音乐就有云泥之别。

其二,艺术家的收入构成。按照标准的收入因素分析,无法很好地解释艺术教育投资所产生的收益。实际上,教育与收入之间存在着两种因果关系:教育与获得有酬工作的可能性之间的关系,以及工作完成类型和收入水平之间的关系。第一种关系与那种传统劳动力市场上教育程度和就业前景之间的关系完全不同,传统劳动力只需要找一份工作,便能与某个雇主保持稳定而又持久的关系,而大多数创意艺术家的工作环境特点是,他们要经常与几个不同的雇主进行了大量的、短暂的交易。

其实,建构职业生涯是一个随机过程:在任何特定的时点,获得工作的概率首先取决于艺术家先前创造的绩效或作品的价值,而不是任何艺术学院所颁发的学位。

艺术家的工作不仅是不连贯的,而且其从事的职业有些是艺术类工作,有些则不是。许多国际调研资料表明,在从事多种职业的工作者名单中,艺术家名列前茅。然而,用于估算收入方程式的就业调查数据并没有区分不同工作类别的收入,即创意工作的收入、与艺术相关工作的收入以及非艺术性工作的收入。

从多种工作岗位来看,艺术家的教育投资对非艺术性工作和与艺术相关工作(如艺术教学)的收入似有较大影响,而对原创性工作的收入来说,由于人才的角色定位不确定和其他的天赋能力因素,效果却相当弱。实际上,艺术家的在职经历对其随后收入来源的影响要大得多(Throsby,1996)。因此,只有对收入进行分类,才能真正找到个人之间收入不平等的主要根源。艺术家的收入水平和倾斜分布是他们承担职业风险的总体货币表达。对艺术家从事多种工作带来的收入进行细分,可以发现专业性工作与第二份工作的收入差距明显收窄,诚如 Freidson(1990)所言,艺术家们是"为热爱艺术而劳动"。

工作分类与人才报酬

收入来源和从事多种工作的努力,其结果一目了然。所有国家层面的调查都毫无例外地表明,艺术家的收入不平等、随着时间推移的收入变化以及失业率和就业不足率都高于同一统计类别中几乎所有的其他职业。根据 Neil Alper 和 Greg Wassall(2006)的计算,在以往 60 年中,美国艺术家的职业收入不平等愈加扩大,其速度快于"专业、技术和管理工作者"。在 123 个高阶职业类别中,有 15 个职业的内部收入差异程度最高,而 11 个艺术职业中就有 9 个位于其中。在这 9 个职业中,演员和音乐家的收入差异程度又是最大的。

艺术职业的收入分配一般遵循帕累托曲线:在特定的艺术领域,10%的专业人士占据了年度总收入的一半,20%的专业人士将80%的收入纳入囊中。总而言之,在艺术领域,有更多的人在支付了与艺术相关的开支之后没有任何收益,或者比任何其他职业都少。而在另一端,收入分配呈现为细长的尖峰,表示那里的艺术家拥有天文数字般的高收入。一般来说,在收入方程式中,人力资本要素的收入分配是一条钟形曲线,给定人口中的个体对称地围绕平均值分布,大多数个体处于分布的中心,但在这里,我们看到的却是一条非常不对称的曲线。从结构上来看,艺术领域的收入分配与收入方程式中技能和资质要素的收入分配截然不同。我们不禁要问,就艺术劳动力市场的机理而言,这种收入差异以及由此产生的极端不平等现象的原因何在?

让我们来仔细考察一下多种工作组合,每种工作属于不同的职业类别。根据"工作分类理论"(Stinchcombe,1986;Jacobs,1981;Baron & Kreps,1999),每个职位和专业的工作者都被赋予某些特征和能力要求,其社会和经济价值根据稀缺程度和团队合作的性质来评估。稀缺程度反映了技能和绩效的垂直分级排名,技能和绩效关系到工作的质量,工作质量则依据其社会声望和经济可取性进行分类:一个非常杰出的人才会备受尊崇,如果市场价值存在,有足够数量的受众愿意为此支付和追捧,则可利用可观的利润进行分类。一个才华横溢的创意工作者可能会对其所在组织的成功做出极大的贡献,这种贡献将远远超出他和队友之间的素质差异的比例。正是在这些专业性工作中,吸引并奖励富有才华人士的竞争异常激烈,也正是在这里,收入的高度集中形成了赢者通吃或赢家吃大头的局面(Frank & Cook,1995)。这些专业性工作的类别涵盖了科学研究、大学教学、娱乐产业(拥有广大受众的电影、广播和电视、音乐会、演出和表演)与体育产业。

根据Baron和Kreps重新设计的Stinchcombe的"工作分类理论",上述工作被称为"明星工作"。在此,还要添加另一个重要的维度,即绩效的好坏也会影响给定的活动。在"明星工作"中,即使是糟糕的绩效也不会对组织或公司造成太大的伤害,而良好的绩效却可以赢得巨大的收益。在这些职业中,获取优异绩效的可能性极低,大多数绩效处于均值水平。公司雇用均值水平的专业人员的成本,低于该公司一旦发现某个特别优秀的人才所能带来的利润,因此,公司倾向于采用招聘许多不同人才的政策或合同关系,以便发掘到那颗熠熠生辉的"真正的钻石"。

人才价值的横向维度值得重视,因为他的才能乃是一种"倍增型"的生产要素,这些人才本身就可以成为公司集团赢得成功或声誉的有力杠杆。譬如,一个聘请世界著名研究人员的科学实验室将受益于无限的发展机会,而不仅仅是提供该团队所有优秀研究人员个人贡献的总和。

在第二类与专业相关的工作中,即使是非常优秀的个人的贡献,也无法为组织或团队带来任何额外的声誉或利润。这种"守护人工作"所需的技能属于"增补型"的生产要素,在从事该项工作的个体中分布甚是均匀。

在第三类非专业性的"步兵工作"中,个人绩效的变化所能产生的影响十分有限,个体的差异程度也很小。组织的成功取决于所有个人绩效的聚合。"步兵"雇员的招聘基于简单的工资谈判，任何接受拟议工资的人都会被雇用。

现在，让我们重温一下典型艺术家的多种工作组合，根据功效分析，艺术家从事的工作可以划分为以下两种或三种类型：

- "明星工作"：创意艺术家（小说家、画家、作曲家、独奏表演者）；
- "守护人工作"或"步兵工作"：增补性的艺术或智力工作（与绘画或作曲相关的教学工作，与写作相关的记者工作等）；
- "步兵工作"：非艺术类工作。

人才差异的相对比较与动态扩大

明星工作（即主要的创意工作），是那些能够成功获得当前最高酬报（货币收益，非货币收益，如尊重和社会认可）的工作，也是出版商、画廊主、唱片和电影公司等文化企业如饥似渴地寻找稀有"钻石"级人才的工作。

试问，如何才能发现和挖掘人才？笔者认为，过度生产人才，在市场上运用类似竞赛过程的方法选择艺术家和项目，正是对人才搜寻和测试问题的理性回应。

如果一切事物都可使用绝对的方法，依照一把尺子及一套明确的标准进行评估，那就很容易评估艺术家及其作品，感知其素质差异。艺术教育课程中的选择过程，就采用了一些简单的测试和竞技来筛选淘汰大批的考生。然而，根据Rosen（1987）人力资本理论关于能力的观点，这种方法仅适用于职业生涯的最初阶段：人们按照自己与最佳职业适配的能力，将人力资本投向回报最高的职业活动。由于教育和职业选择密切相关，选择效应决定了总体上的能力偏差是比较小的。但是，倘若能力只是多维度、多因素中的一个组成部分，那么评估就会采取另一种方式。如前所述，一种创意活动的基本属性是产品的无限差异和原创性驱动的竞争，这跟在限定时间内的体育竞赛结果或问题解决方案截然不同。质言之，美学的原创性和艺术的价值只能用相对的方法来衡量。

如何运用相对的方法来衡量和奖励艺术价值呢？唯有竞赛。也就是说，让艺术家为特定的音乐奖、拍卖品最高价、豪华演员阵容、文学艺术奖，金曲排行榜和评论家好评展开竞争，在不断比较的基础上评定个人的位次排名、薪酬等级和职场晋阶。艺术家不得不倾力拿出有别于他人的特色作品，反过来，这又使基于原创性的竞争永无止境地开展下去。与此同时，评论家、艺术界专业人士和市场中介机构（生产商、雇主、组织者和代理商）与消费者都在不断地对作品进行比较和排名。对艺术作品进行鉴赏和评估，重在比较艺术家个人明确或含蓄地赋予艺术作品的意义和价值的能力。具体来说，相对比较的做法有三个特征：其一，最初阶段只是以原创性准则筛选作品，然后通过一连串的竞赛和比较，最后由艺术界专业人士和受众按喜好和投资进行等级排序。其二，所谓的"才能"，就是通过这些比较的过程显现艺术家个体的质量梯度，而无须参考任何外部权威的意见。其三，确定"才能"的难度就在于不得随意评判作品的艺术价值,而是要考察纯粹的质量差别。

这三个特征对应并反映在文化企业家的经营活动中,为此,他们采取的经营策略围绕着两个目标运作:消除不确定性和减少不确定性。

成功的秘诀鲜为人知。由于每项创作和创新的市场前景具有不确定性,迫使每家公司数倍扩大对艺术家下的赌注,反过来,这又造成了文化产业企业家总量供给的过剩。

对文化产业企业家来说,他们的管理方法就是尽快识别那些"高潜力"的艺术家,将其过度曝光,撬动所有杠杆,引发大众跟风模仿。动态性的自我强化可以有效地实现这一目标,将艺术家的成功效应转变为目标消费者趋之若鹜的风潮。他们将寻求"开发"享有早期成功的艺术家的方法,就像开展科学发明或技术创新研究一样。在度过最初阶段利用原创性竞争找出赢家的不确定性之后,他们现在开始致力于将他或她的即时价值转化为持久价值,尽量降低这位前途看好的艺术家未来获得成功机会的不确定性,将其变成一种可以继续放心投资的资产。

激烈竞争的竞赛活动将形成何种职业模式呢?按照 James Rosenbaum 的模式[1],竞赛机制要求:(1)过硬的个体间差异,此乃赢家胜出的基石;(2)不完全的个人能力信息,只有经过多轮竞技,方可获取较完整的信息,举行一次竞赛无法准确无误地测量能力;(3)个人以往取得的重要成绩会影响其当前的晋级机会(与 Rosenbaum 例子中的推销员挨家挨户地行销不同,推销员先前的成功率并不等于他的下一个客户就会成功);(4)解读以往成绩信息的有效或高效系统。这些假设条件是根据两个简单的观察结果设定的:很难或不可能确认和直接测量个人资源(即能力、付出的努力和获得的技能)的性质和确切数量;只能通过位次排名来评定结果或成绩的价值。

Rosenbaum 的假设与笔者所做的分析一一对应。例如,如果我们假设艺术家的才能和生产力确实存在差异,那么这些差异的特征是什么?答案不仅适用于分析艺术的成功,同样也适用于科学、体育、政治和商业。

个人的特定素质(如智力、体格和心理素质)是可以检测的,这种检测既有必要,检测手段也是现成的。比如说,将竞争第一关设定为通过初级的学术测试和高一级的入学考试,谁能快速取得学业成功,谁就能进入好学校,接触到优质师资和优秀同学,形成所谓的"累积性优势"(详见下文)。至于个人的其他素质,则可透过人物传记或有关

---

[1] 见 Rosenbaum(1979,1984)。他的研究主要集中在组织的职业管理,展示了组织如何在竞技和淘汰机制中重视利用才能和潜力的流动性,像才能和潜力这类非客观的生产要素,其差异只有通过相对比较的竞赛机制才能发现。请参阅 Rosen(1986b)关于淘汰赛中的奖励和激励的模型。

文本一窥究竟：如他或她的工作量、坚韧性、①想象力的丰富性、"发散思维"能力、创意发明数量，以及个人集中注意力于某些活动的能力，这些活动极大地激发了他或她的兴趣，成为其个人奋斗的内在动机。对集工作价值与游戏玩乐于一身的近乎强迫症的行为，这种动机却是一个理想的杠杆。② 上述素质要求的高低多寡根据活动领域的性质而有所不同。参与者在特定活动领域所具备的实质性优势，赋予其在该领域争取胜出的一种手段，从而能在竞争性选择过程中更上一层楼。但从这一点开始，继续循沿成功的因素进行演绎推理就会脱离实际，因为超过一定的阈值之后，某人的某项素质的强度再大，如智力水平比他人更高，也不会再增加这个人在竞赛活动中的进阶机会。真正需要的是诸种素质和技能的组合，但对此没有可供计算的理想公式，以实现这些素质和技能的最优组合或最佳比例。③ 我们怀疑这些素质的偏斜分布及其难以理解的组合可能会导致成功机会的严重不平等，但又不可能先验地估计这种分布，这也就是人们只能进行相对比较的原因。

在这种情况下，艺术家的职业生涯可视为一个随机的过程：年轻艺术家对自己的创作质量并无十分的把握，他们将参展、发行、表演或开音乐会当作一系列的送评和测试。如果业内同行、评论家及参考组成员的初步评估有利于己，就选择追求这一职业。若在职业生涯第一阶段失利，他们则将不得不面对"累积性劣势"的影响，其能否继续留在职业生涯中，克服首次登场亮相的负面效应，依赖于可用作管理职业风险的资源（工作多元化，就业不充分时能得到就业保险，能获得知名度、创业精神和公共补贴的多样化活动领域），此外，还要看他或她将自己参与艺术活动获得的非货币性满足感的价值，与其从事更有可能获得成功的其他活动的价值进行比较的结果。

如果我们考察给定时点的声誉级别，它似乎透过一连串的比较和竞争显示出了艺术家们素质上的明显差异。但正如 Rosenbaum(1989)指出的那样，比较和排名不仅表明素质分布的不均衡，也未必会在此基础上选择个人。这些竞争会将参赛选手们的职业生涯引入歧路，尽管他们的能力可能是相似的甚或是相同的。事实上，收入和声誉历来集中于极少数的个体，这意味着成功率的差异程度与天赋才能或"人才"的缺口严重地不成比例。赢得竞争或竞赛所发出的信号在声誉积累的过程中起着杠杆般的撬动和放大作用。但是，这种声誉的不断强化是否意味着胜出者的内在素质也在同步

---

① Huber(2001)认为，才能（表现为年度的科研生产力）和坚韧（表现为个人科研产出期的时间长度）是决定一个人能否从事科研工作的重要标准，也是假设这两种品质在科学家和学者群体中长期高度倾斜分布的决定性标准，这种分布导致了帕累托不平等的出现。Lamont 及其同事对社会科学研究项目拨款申请过程中的同行评审工作进行了研究。同行评审时都很重视原创性标准，但这个标准符合 Merton 的理念吗？Lamont 等人认为，在评估和确定特定资助项目的原创性的工作中，涉及心理、道德、文化考虑等多重因素。参阅 Guetzkow、Lamont 和 Mallard(2004)以及 Lamont、Fournier、Guetzkow、Mallard 和 Bernier(2006)。

② 参见 Sternberg(1999)和 Csiksze Mihalyi(1991)主编的论文集。

③ 在美国，我们可以找到大量有关科学研究和领导力的文献，还有关于创意、才能和极有天赋的人才的畅销书。与法国人相比，美国人对不平等的宽容度更高，他们非常看重精英个体的丰功伟绩，将特殊才能视为成功不确定性的例证。他们还建立一个成功诸因素列表，以此为标准来选择才能、开发创意和寻找好运征兆。Gladwell(2008)关于成功"构成因素"的分析堪称这方面的典型，他还为此写了一本关于成功的畅销书。

地"增高"和"成长"呢？或者，与竞争对手相比，一位成名艺术家的声誉是否会对其素质的感知起到扭曲夸大的作用呢？

明星工作

Sherwin Rosen(1981)研究了艺术、体育和自由职业领域的超级巨星现象，这些部门通常都有他称之为"明星工作"的职位，其特点是这些人都持有稀缺的可感知的才能。Rosen 的模型有两个假设：一是才能的差异程度；二是对这种才能差异的需求敏感度。因此，他的解释接近于笔者在导论中提及的对才能本质的理解，即才能是一个外生因素。但与 Rosen 不同的是，我认为艺术家的薪酬差异与艺术家的才能差异极不相称。Rosen 最初的区别十分简单：

> 有些任务是如此常规，并受到现有做法的限制，几乎任何有能力的人都能取得相同的结果。其他的任务则有更多的困难，更多的不确定性，不过，这也为变通的行动方案和决策提供了更多的可能性。这类任务为优秀人才施展身手提供了偌大的空间，使他们能攻坚克难，脱颖而出，留下自己的足印。医术高超的医师在常规病例上用时较少，与水平一般的医生相比，他们在处理疑难杂症上花费的时间更多。
>
> （Rosen，1983：455）

在后一种类型的职业中，商品和服务有高度差异性，专业知识和原创性受到高度重视，消费者偏好的指向就取决于这种可感知的质量差异。在商品和服务价格给定的条件下，如果一个消费者选择一个在其看来本事更大的专业人士，那么他会得到更高的效用。如果一位外科医生救死扶伤的本领比别人强 10%，尽管他的收费比同事高 10% 以上，登门求医者仍会络绎不绝，结果，其总收入与他跟其他医生的医术差距相比高度不相称。可见，才华横溢的专业人士可以为病患提供高价和优质的服务，只要他们找得到既能满足旺盛需求又不牺牲服务质量的方式。在 Rosen 模型中，业务的质量差异相当于一种内在价值，可以不带偏差地被人感知。

在艺术商品化的氛围中，收入集中于专业精英的机制自然也会被消费者对质量差异的感知所激活，这种感知驱使需求向才华出众的艺术家集中。

图书、CD、电影和视频等商品的复制，使艺术家和制作公司可以同时服务于更大的市场。备受尊崇的艺术家正在大量运用"联合消费"技术。商品复制，视听传播，以及源于数字化和各种规模交易网络的井喷般的创新手段，让数字化的内容可以即时交换，使这些领域的艺术家可以为一个囊括整个星球的市场提供服务。

> 明星的受众非常之多，这种规模巨大的个人市场，几乎完全由媒体合作方来运作。实际上，这些市场代表了一种技术，它允许一个人以很少的代价克隆自己。更确切地说，随着市场规模的扩大，成本不会成比例地增加……

一旦作者向发行商交出手稿，便可无限期地以很小的费用进行复制。电视或广播节目几乎无成本地以相同的方式传达给了任何一个接收者。无论是1 000人还是100万人出席音乐会或买书，演奏家或作者付出的努力近乎是相同的。[1]

某些商品无法复制，绘画、服务或表演（如音乐演奏或戏剧表演）只能在现场进行。然而，当代信息系统的发展和艺术家的流动性将这些艺术家的潜在市场扩展到了全球范围：对高端艺术和演奏大师级古典音乐和抒情音乐的需求，全都集中在了少数艺术家身上，为他们的声誉提升和职业生涯提供了非凡的杠杆作用。

Rosen模型的第二个要点是才能对受众的吸引力。与外科医生提供的服务不同，艺术家及其创作的艺术作品的质量代表的是一种主观效用，而质量差异必然会产生更大的主观效用，广大受众乐于寻找和接受的正是这样的优质服务。若无质量差异指引消费者偏好的假设，我们将无法理解艺术家们为何要彼此竞争。就像优秀的外科医生比别的医生拯救了更多的生命那样（但戏剧性效果更小），优秀的艺术家比稍逊一筹的艺术家更令人满意，即便消费者未受任何的外部影响亦是如此。普通的音乐会、展览会或中等质量的电影不可能像高雅的音乐会、宏大的展览会或优秀的电影那样令受众感到满意。卓越的品质足以引发需求集中，因此，名人的桂冠和巨大的财富总是汇聚到最具才华的艺术家身上。

然而，一位艺术家的才华究竟需要"大于"其他艺术家多少才会捕获受众的需求呢？Rosen指出："有趣的是，一流与二流古典音乐演奏家的收入差距十分明显，倘若蒙上眼睛聆听的话，只有极少一部分听众可以听出他们之间的细微差别。"[2]Rosen的理论模式超越了"市场越大，才能的回报越多"的说法，将人才收益的提升归因于媒体和通信技术的进步、专业人士和消费者空间流动性的增加以及文化产品贸易和精英职业生涯的全球化。他还试图解释，专业人士之间才能的微小差异如何将不成比例的需求过度集中于那些被认为才能或多或少超过他人的艺术家，为他们赢得声誉和工作机会，并极大地增强其在今后漫长岁月里的竞争优势。

如果我们判断艺术家的才能差异是外生的，而且是造成收入差距的决定性因素，那么，假设艺术家才能的价值取决于其需求强度便是合乎逻辑的。消费者对艺术家的素质差异很敏感，他们如何会感知这种差异甚至是极小的差异呢？直接的体验；接受专业评论家的评价；在社交圈交流非正式的评估（口碑相传）；传染式模仿；信息和文化产业的营销宣传；所有这一切或某种组合（取决于商品和受众）；某些信号的组合（Menger，2014，第四章是关于此问题的详细讨论）。

也许，有可能建立一种递进的消费行为。在梯级的一端，消费者缺乏直接的艺

---

[1] Rosen模型已被应用于各种活动领域，Gabaix和Landier（2008）对美国企业首席执行官（CEO）薪酬的研究便是其中颇有创意的一例：尽管CEO可以按才能来排名，但雇用排名第250位的CEO而不是第一名的CEO，公司的价值仅下降0.016%，而后者的薪酬却是前者的5倍。这个研究解释了公司寻求聘请CEO的需求强度。

[2] Rosen(1983:453)。

价值来源的信息,只能在信息不足的情况下接受他人选择的引导;在梯级的另一端,睿智的消费者投资获取艺术生产的知识(特定的艺术家、时期和流派等),与其他文化人士进行对话。处于这两端中间的个体消费者,其行为极其多样化,而且是动态变化的。

消费者偏好位于一个三角形力场:他们既可以从极其多样化的艺术供给中获益,又能通过观察他人行为和与他人交谈获取的信息删减这种多样性,与此同时,将个人的体验转化为构建未来选择空间的投资。

请注意,在 Rosen 模型中,他的整个分析将动力源放在需求侧,也就是说,与艺术家的素质差异相比,大幅超过素质差异获得成功的原因正是消费者的需求行为方式,而与需求水平的提升无关。如果我们看不到消费者的学习行为,搜寻信息,互相交谈,竞相模仿,也就无法理解需求的变化。但是,从供给侧来看,我们又是如何描述艺术家行为的呢?显然,我们不能简单地假设人才已通过竞争性的测试和考查,并获得了广阔的市场,也不能将艺术家的才能理解为与生俱来,得天独厚,只需表达才华便可获得成功。艺术家在其竞争性的职业生涯中究竟学到了什么,使他们能够影响艺术活动的发展进程?什么样的机制为艺术家的行为动力学提供了令人信服的解释?

累积优势及其机制

累积优势理论认为,社会不平等起源于机会近乎平等的情境,它是随后各自职业发展轨迹的差异不断扩大的产物。其主要论点如下:一个人,一个团体,一个公司,其特征与竞争对手的特征非常接近,均在谋取一种超越自我的最小优势。这种优势包括特定的能力、某种投资机会、某种发明好运,或单纯的市场进入机会。这种优势起初只会使他们变得稍微好一些,但这种情形会有所改善,他们的优势会逐渐累积到某一个水平,使利益分配(收入、利润、声望和市场权力)产生相当大的不平等。

这一社会学模型被称为"马太效应"(Merton 1968,1988)。Merton 首先假设,以影响力、货币收入与非货币奖励、高阶地位、声望和社会认可来衡量,科学家职业生涯的成功机会存在相当大的不平等,而这种不平等主要是由同行同事内在素质最初的微不足道的差异所致。但 Merton 的假设并未将所有可能参与科研的人都考虑在内,也没有将其放在科学领域(或艺术领域,或任何重视个人创意的领域)同一条起跑线上,他侧重比较的是那些拥有同等的教育程度、技能水平、经济和社会资源的人们的职业轨迹。

这种描述运作系统和参与者行为的方式,可以解释两位科学家之间的差距如何随着时间的推移而逐渐扩大的缘由。如果一位科研人员在其职业生涯的早期做出了高质量的研究成果,那么,他就会引起科学界的注意,他将更容易获得科研资源和出版机会,他的学术成果也将被更频繁地引用。总之,他的科研工作将会产生一种光环效应,这种效应是由其最倚重的学术成果所赢得的声誉带来的(Cole & Cole,1973:220—221)。他将获得双重的优势:其一,在特定的研究项目中,具有较高学术地位的研究人员获得好处的机会更大。譬如,他能获取额外的科研资源,组建一个更具竞争力的研究团队,在争取最佳学术地位的竞争中握有更强的市场权力。他即便做了一个水准不高于同仁平均水平的研究项目亦然。一位不太知名的同事即使写出一篇颇具学术水平的论文,但只是该论文的署名作者之一,那么,更有声望的作者会得到更多的认可。其二,如 Joel Podolny(2005)评论 Merton 模型时所述,在给定的质量水平下,研究工作变得更容易,成本更低。这位科研人员有更多机会受邀在高级机构展示自己的学术成果,也更有望通过卓有成效的交流来改进自己的科研工作。在层级体制的学术界,他的学术价值赋予其市场影响力,这将有助于他受聘一所名牌大学,有资格就教学与研究时间的最佳比例进行谈判。他更有可能跟与自己水平相当或比自身水平更高的科学家一起开展合作项目,还有可能吸引到全身心投入博士论文的优秀学生,为自己与学生的未来合作铺平道路,而他将斩获其中的大部分好处(Podolny,2005:26—27)。

正如 Thomas DiPrete 和 Gregory Eirich(2006)指出的那样,Merton 的累积优势理论一举揭开了才能差异问题的盖子。我们没有理由不做出人才及其能力存在真实差异的假设,至于不平等扩大的原因则完全是随机的。

让我们回到名望积累过程的起点。声誉可以跟才能完全无关吗? 一组科研人员在研究课题进展上一旦出现差距,其中一位年轻科学家脱颖而出,开始领跑,累积优势机制便会悄然启动。自我强化机制开始发挥关键作用:在职业生涯早期表现出色而备受关注的科学家,开始吸引业内同行的注意力,并会在职业生涯中得到导师和同事的支持。众人的支持使其能够降低高质量研究的成本,增加受众扩大的机会。

累积优势机制要求存在初始差异,以便启动机制的运行。正是在这个初始阶段,每一次竞争性的测试和考查(出版机会、获得资助和工作申请)都会对谁做得最好作出判断和筛选,促使优胜者加快步伐,在分层竞争体制下获得更多的机会来积累学术成果。但是,为什么有人能从一开始就"做得更好",从而拉开差距呢?

运用 Merton 模型预测的结果表明,在一组给定的研究人员中,科研生产力的不平等程度确实扩大了。为了得到这一结果,必须引入个体异质性的概念(Allison, Long & Krauze,1982)。所有的研究人员,并不是以同样的论文发表率开始的。所有的研究人员,在首次发表论文后均未得到额外的支持来加快论文发表的速率:唯有那些发表了优秀乃至卓越论文的研究者才会得到鼓励,并能发表更多的论文。总之,为了解释日益扩大的不平等现象,我们必须超越所有竞争对手具有相同的初始科研生产力的假设,从一开始就引入个体异质性或素质差异系数来解释成功道路上的不平等现象,因为这些不平等性最终(首先、最重要的)是产生优质科研成果的不平等的能力。

另一种说明问题的方法是,假设初始优势只与机会有关。这个机会问题值得多费笔墨,因为它在艺术领域的作用很是特殊。

这种"机会"系数通常用来说明发现和原创的不可预测性。科学和艺术专业人士的创意价值之高,反映并体现了创意工作最本质的机会成分,这一发现过程实在是匪夷所思,经历了一系列特征不同的阶段:紧张的智力劳动、潜意识的反思、无意识突然联想起了此前无关的想法、新发现的浮现、全力关注新思想的价值、将新思想与公众沟通。[1]

工作组织可能是变异性和不确定性系数不断增加的原因。与科学相比,大多数艺术专业领域里的竞争和成功与初始教育的关联性并不那么紧密,反而是"在工作中"学习更为重要。这是因为,艺术家个人的工作处于极度动荡的环境中,基于项目的组织形式,个人对团队工作结果的失控程度,都会造成不确定性。艺术家职业生涯的成功与否,与其能否逐渐增加对活动变异性和环境关系的控制力有关。艺术界以声誉分层级,又与科学界常见的稳定工作组织无缘。这种艺术劳动体系为机会的调整创造了条件。艺术职业生涯是在从一个项目转移到下一个项目的过程中建立的,并非所有的项目都有可能获得成功。此外,艺术家的工作经常要融入团队运作,个人的成功机会与每个团队成员的素质不完全相关。从个人表现来看,一位女演员的技能或才华并没有根本性的差别,无论她演的电影成功抑或失败,她的知名度以及她今后参与项目的可能性仍然部分取决于电影的成功。[2] 在项目基础上组织工作会引起专业活动的强烈变化,并增加命运改变的机会:比如,临时被要求取代感冒了的明星歌手出场;发现了未来项目或就业机会的信息;扮演了一个出人意料的角色而尽展才华,而他之前从未担当过这个角色。[3] 项目的复杂性给机会留下了回旋余地,在某些情况下可能会撞上好运或交到厄运。很少有人像艺术界的从业者那样如此频繁地求助于迷信的做法和仪式,而艺术界人士的另一个基本行为特征则是自我价值感的极度膨胀。

但就像前述 Allison 的分析,我们必须认识到,个人并不能同等地利用机会,哪怕是偶然的机会。为了分析电影业成功的不确定性所产生的极端不平等,Arthur De Vany(2004:239—242)提出了一个问题,即成功归因于运气和才能的比例各是多少。对一位导演或女演员来说,拍摄的电影可能成功,也可能失败。如果成功,可以继续拍电影;如果失败,则将停拍电影,或改做其他工作(如拍电视片、其他视听职业),或完全从影视部门撤离。如果拍电影全过程都靠运气的话,那么,机会的分布将会像掷硬币

---

[1] 与 Poincaré(1947)科学发现的阶段模型与 Donald Campbell 进化论的认识论(1960)相同的是,Simonton(1988)认为天才是一种对先前无关联想法进行有序组合,并重新"排列机会的高效机制"。有少数想法会在选择的过程中存留下来,经过验证形成稳定的概念结构,再详加阐述,并最终传达给科学界。科学家团体将对其进行终审,其中的一些想法会被接受。在 Simonton 这个模型中,机会是创意组合的核心,天才以产生大量想法的方式进行自我表现,然后启动不可预测的联想和碰撞,于是,一个发现应运而生了。另见 Merton 和 Barber 论述"意外发现"的著作(2006),他们认为,意外发现是灵感、坚韧、幸运或机缘的混合物。

[2] Robert Faulkner(1983)对好莱坞电影音乐作曲家的研究,William 和 Denise Bielby(1999)对影视编剧家的研究,都探讨了声誉如何敏感地受到前一次成功或失败影响的问题。而在流派和内容更新周期非常短暂的艺术行业里,多年来一系列成功项目的参与反倒可能产生负面效应。

[3] 关于运气在女性担任交响乐团指挥中的作用的分析,请参阅 Diaz de Chumaceiro(2004)。对女性音乐职业生涯的分析披露了运气背后的阴暗面,即交响乐团对雇用女性的歧视,请参见 Goldin 和 Rouse(2000)别出心裁的原创性研究。在招聘期间,他们有意用大幕遮挡住面试者的身影,这才使女性音乐家获得了聘用的机会。之所以这样做,正是要消除招聘时的"运气"因素影响和评估员的性别歧视偏向。须知,不同的交响乐团存在着程度不同的性别偏见,有的乐团对性别的偏见甚至是根深蒂固的。以维也纳爱乐乐团为例,这是世界上最负盛誉的乐团之一,但也是最后一个开始录用女性的伟大乐团。

游戏那样遵循二项式定律,即拍摄两部影片的概率是0.5。按照这个假设,一半首次出演的演员和执导的导演没有机会拍一部以上的影片;拍三部影片的概率为0.25,拍四部影片的概率是0.125。我们从De Vany关于1982—2001年北美电影中演员和导演的拍片机会分布数据中可以学到什么呢?拍片机会的分布遵循着二项式定律曲线,换言之,掷硬币就是决定我能否拍摄另一部电影的好方法。然而,"超过7部电影,拍片的概率便与纯粹的机会毫不相干",继续拍片的概率比在两个可能的结果中随机选择一个的概率更大。因此,其他的因素也会影响职业生涯中的机会,De Vany的研究揭示了一个诠释帕累托法则的"门槛效应":

> 最多产的导演拍片成功的概率很高,这表明,这位导演拍摄电影的数量还取决于一些运气以外的因素。若要进一步划分运气和才能之间的界线,就要依靠帕累托分布的特性。一位只靠幸运来拍片的导演会发现,他有幸获得拍摄下一部电影的机会概率永远是0.5。无论这位导演拍了多少影片,每拍一部影片的概率都是一样的。也就是说,成功的概率不会随着拍片经验的积累而改变,这种经验积累可以拍摄成功影片的数量来衡量。如果才能、技能或学习能力也都与成功拍片有关,那么成功的概率就不应该保持不变,它应随着成功拍片的数量而增加,这一点正是帕累托分布暗示于人的。

(De Vany,2004:241)

值得汲取的经验是,投身于职业生涯先得通过淘汰赛(胜率与掷硬币的结果大致相似),闯五关斩六将意味着击败了命运,赢得了机遇。随后的职业生涯进程将揭示个人的素质和实力(使他或她能够通过各个阶段的能力),这些素质和实力在个人之间的分布并不是均等的。在一个接一个的项目中,成功开发职业生涯的个人可以享受到卓越声誉带来的好处,不断构建和充实关系网络,业务联系人将为其传递信息和提供有助于提升技能的工作。在需要边干边学的专业工作中,这股动力尤为重要,而在组织项目时,声誉则是一种在专业网络交流中传递信息的高效手段。

惺惺相惜与配对组合

到目前为止,各种模型探讨的重点都是分析艺术家或拥有一技之长的专业人士在成功路上面临的不平等问题。这些个人彼此展开竞争,直接与市场互动来捕捉需求,似乎没有任何合作伙伴。而在现实中,从事文化产业的专业人士为了制作或传播产品,通常会在一个固定的或临时的组织(乐团、剧院公司和电影制作团队)中工作,或与中介组织(出版社、唱片公司和艺术画廊)签约,将可复制的物质商品或不可复制的虚拟作品放到市场流通领域。就在这个过程中,另一个不平等的杠杆——选择性的配对组合开始发挥作用。将配对组合纳入整个模型,有助于解决Rosen和Merton模型碰到的一些难题。

配对组合,关乎艺术工作的生产函数的乘数性质。就像Merton累积优势模型中的科学家那样,艺术家们也都乐于与本人或他人所在领域旗鼓相当或更为杰出的专业人士发生联系。一个有发展前途的、试图获得最佳机会来开发自身才能的艺术家,能够与其他职业领域的优秀专业人才保持联系并一道工作是至关重要的,这将助力其作品的创作和传播。一位德高望重的导演,制作他的电影的关键岗位(摄影师、编剧、剪辑师和服装设计师等)均由顶尖的专业人士担任。出版社的负责人也总是安排最有经验的编辑与最具才华或前途的作家建立工作关系。

事实上,艺术家或科学家在职业生涯的早期阶段,其正规教育和后来的在职学习都取决于他与富有经验的合作伙伴的交往。这些合作伙伴通过携手开发棘手的项目,为成长中的专业人士提供了技能开发的良机,进而成为其潜力生产函数的一部分。

我们已经知道了适配型组合、竞争性竞赛和累积性优势这三种推进艺术和科学职业生涯的方式之间的联系。在早期成长阶段,每个有志于艺术工作的人积累经验与展示能力的方式和程度都有所不同。能够持续获得成功的创意工作者与其他始终未能脱颖而出的创意工作者之间,必然在才能方面存在着一定的差异性。从成功的概率来看,艺术家早期的职业生涯可望获得的才能收益甚少,但它慢慢地会小有收益甚或收益渐长,每次参与竞争性的竞赛和比较都有可察觉的收益差异,这反过来会使投资者和系统参与者(艺术家本人、培训师、专业人士、用户、企业家、评论家和消费者)不断变更下的"赌注"。对初学者而言,艺术工作和工作场合必学的内容一开始都是大同小异的,艺术家提高自身技能的最好做法就是,扩大工作经验的数量和种类,提升转换项目时的协作网络的质量。

如何解析才能差异难题?

为了揭示艺术和科学领域中才能与不平等的问题,笔者在本文中提出了解析才能差异难题的整体形式,实际上,这比它看起来的更简单。Roger Gould(2002)开发了一种类似的模型,用以分析和解释社会等级制度出现的原因。DiPrete 和 Eirich(2006)梳理归纳了 Gould 的理论模型,举其荦荦大者,主要有以下四个要点:其一,演出活动产生的位次排名显示了艺术家个人内在的素质差异。这种素质差异或反映差异的素质分布是该演出体系的外生特征,其大小难以精确测定,但可以通过相对比较来揭示它们的存在。当我检验两种分析艺术家报酬不成比例扩大的模型(即 Rosen 模型和 Merton 累积优势模型)的适用范围时,这一要点也出现在我们的分析中。

其二,素质差异是拉开成功差距的基础,但它并不是可以完全观察到的。实行相对比较机制,盖源于个人与成功有关的因素以及个人如何结合这些因素都是不可观察的。切不可小觑这种素质差异的不完全的可观察性,它给那些有志于献身艺术事业的人们蒙上了一层无知的面纱,让大批梦想创意创新、发展艺术才能的人们跌倒在了帕累托关于成功机会分布极不对称的铁律面前。每个梦想者都以为,成功是创作元素、机会和内在能力相结合的结果,却不料这些因素及其比例的极不完美使每个人都高估了自己胜出的概率。就个人而言,这种不确定性也不无好处,因为知识和经验可以在边干边学中习得,也就是说,在某件事上的亏缺可在另一件展其所长的事上弥补。艺术家和科学家的职业生涯需要与相邻专业人士(教学、创业、管理)群体保持紧密的联系,相关专业人士如同一个星座,他们可以管理最杰出的创意人士,为克服不确定性提供资源,其中极少数专业人士还获得了异常高的声誉和回报。

其三,个人素质的高低多寡还可以从他人的关注度来推断。赢得别人的注意力也意味着,一个人就此跨进了须由别人评判且与他人相比较的竞技演艺场。记住这一点,我们就会明白应该如何让专业社区或受众选择性地关注个人及其作品,来激发艺术家的动态累积性优势。来自别人的注意力是传递给其他人的信号,可以通过人脉网络在越来越多的人群中迅速传播。其结果,那些非常成功地将眼球吸引到自身及作品的个人将成为优胜者,从而获得与其实际能力极不相称的巨额回报(Gould,2002:1146－1147)。

其四,人才的配对组合具有强力助推作用。不同才能的匹配推动着累积优势机制的运行。凡是主动将自己的才能与他人的才能恰当地配对组合的个人,比偶尔为之者获得更高的回报。人才的合作具有乘数效应,按照项目来组织工作时尤为如此,这在艺术领域早已司空见惯。在这种基于项目的组织形式中,团队和工作人员不断地实行组合和再组合,组织将依据每位成员的声誉和价值进行选择或匹配。

对高度竞争的艺术界和科学界来说,关于配对组合的研究支持了按照业内地位划分等级的观点。如果无法完全洞察某个人的素质和实力,考察其声誉不啻是降低个体价值不确定性的一个可行的做法。恰如 Podolny 所述,能在专业化世界中占据某一特定职位的人,足以增强其声誉方面的信息可信度。然而,配对组合并不意味着铁定会成功,它的运行始终存在着两股互相矛盾的力量。在竞争机制中,不确定性正是推动创新的引擎,名次排行榜从不留恋"记忆",它只对竞争机制产生的结果顶礼膜拜,而通过竞争机制重新获得位次排名的艺术家与其最新的表演或创作水平大体上是一致的。在构建配对组合时,应在配对成员的声誉价值与寻求给定项目所需的新才能之间取得平衡。为了减少声誉的过度波动,艺术创作也应整合到整个职业生涯之中:艺术家凭借多年职业生涯累积的优势证实了自身的内在价值,而这个价值又影响着他或她的新创作被感知的范围和程度。

结 语

如果艺术家们能正确看待成功的机会,或者至少在他们选择进入的职业领域中对体面生活的可能性抱有正确的期望值,那么,事情就会变得很简单。竞争似乎不会那么浪费资源,只要不是跌入边缘,失败和更换职业就不会那么频繁。因明星梦的诱惑或自我成就的承诺而导致的人才错误配置,也不会妨碍他或她在其他职业领域的发展,因为后者也许恰恰缺乏这类转移过来的能力,培训系统也乐于接纳这些遭到遗弃的人力投资,职业风险不会以牺牲其他经济部门为代价来换取公众的支持。竞争可能会趋于公平,因为艺术家将有足够的时间来证明他们自己。

然而,失败的风险是艺术事业的固有特征。此外,失败或成功不仅取决于创作者本人对自己作品的评价,除非他们的艺术世界只是一个生产者社区,并且,对其他人的生产或任何人的消费都不感兴趣。通过创意作品实现的艺术个性化,为艺术家带来了大量的粉丝拥趸,这种个性化要求其他人对某个人的作品感兴趣,随之而来的便是竞争性的相对比较。因此,艺术的个性化绝不是那种可以自我表达和自我实现的无竞争的努力。除了描述生活方式和反映松散的职业社区之外,个性化还揭示了个人创作体验到的强烈成就感与他的创意作品无奈地与他人比较之间的紧张关系。过度自信、过分乐观地进入艺术领域可能是因为人们忽视了竞争者群体的存在,每个人都相信凭借自己的技能足以获得成功。这样的技能认知往往会使一个人高估自己的机会,尤其是技能要求得以确认之时,亟须调整个人期望值的演出反馈相当嘈杂之时,以及就业系统需要扩大工作人员的异质性之时。

创意工作者既不是传统的理性行为者,披坚执锐地在日益激烈竞争的市场上打拼;也不是全然不顾职场风险的盲目分子,高估自己获胜的机会概率,莽撞地一头扎进艺术王国。相反,创意工作者就像是一个未能完整收集信息的贝叶斯主义者,他会边干边学,不时地修正自己的技能、期望和观念;致力于构建人脉网络,扩大体验范围;并在不明了自身的初始实力和才能禀赋或不清楚自己在粗线条规划的职业生涯中如何自我表达的情况下付诸行动。

第九章　创意产业中的明星

伊丽莎白·柯里德-哈尔科特

导 论

2001年,杰夫·昆斯(Jeff Koons)将真人大小的瓷器雕塑"迈克尔·杰克逊和黑猩猩泡泡(他的宠物)"以560万美元售出。6年后,他的巨型铝制品"悬挂的心"以2 300万美元售出。之后不到一年,"气球花"(洋红色/金色)又以2 570万美元售出。这些艺术品拍卖事件实在令人惊叹,却不料高潮接踵而来。2008年9月,就在雷曼兄弟公司崩盘引发全球金融海啸的那一周,英国艺术家"坏男孩"达米恩·赫斯特(Damien Hirst)在苏富比晚间拍卖中,以"美丽永驻我心"(Beautiful Inside My Mind Forever)招贴画系列卖出了创纪录的2亿美元。他绕开经销商,直接将作品出售给卖家。而在前一个夏天,他的钻石骷髅"献给上帝的爱"也拍出了1亿美元天价。

当然,昆斯和赫斯特也是争议人物。《纽约时报》艺术评论家Michael Kimmelman将昆斯的作品斥之为"人造的和廉价的"。赫斯特也遭到了同样的挖苦和批评:"这些看起来像奢侈品店Asprey或Harrods出售的东西,可能会卖给石油国家轻信的访客吧,他们花钱大手大脚,缺乏品味,压根儿不懂艺术。"艺术评论家Richard Dorment就钻石镶嵌的骷髅评论道:"我可以想象,那是非洲独裁者或哥伦比亚毒枭摆在客厅里炫耀用的。这不是任何人都做到的,只有赫斯特做到了,真令人刮目相看。"(Dorment,2007)

在所有产业中,创意产业的工作者层次最高,获得的回报也最大。然而,创意产业创造的是一种奇特的个人成功,不只是可观的个人报酬。在整个创意行业可观的创收中,相当大一部分归功于艺术家的才艺奉献,一个贡献超越其才能的艺术家又会成为大型娱乐中心的中流砥柱(Currid-Halkett & Scott, 2013)。这些艺术家的作品融汇了自己的个性,同时获得了符号资本、文化资本以及个人才能的财务回报(Bourdieu, 1993)。我们将这些艺术家称为"精英文化生产者",而按人们通常的说法便是"明星"。有别于金融或技术行业的精英分子,文化明星的个性要先于且重于其技能。其他行业里虽不乏颇有个性的名人,但明星驱动的创意产业更是群星璀璨。后乔布斯时代的苹果公司会变成什么样子?或想象一下,没有唐纳德·特朗普的房地产又是何等模样?当然,在这两种情况下,他们的明星地位都取决于他们的成功,而不是相反。正如Boorstin(1961)所言,在创意产业领域,纵使明星具有天赋才能,也必须"因其知名度而闻名",甚或在其才能湮灭之后(如专辑受挫,近期未出演好电影),其名人效应依旧延续。当代明星问题引起的一个严重后果是,整个社会对明星陷入了集体迷恋,远远超越了其对社会的有形或有价值的贡献。

自文明肇始,名人便已存在。进入21世纪,人们对名人的兴趣不减反增,此乃当代社会两大特性使然:人们希望在一个日益全球化和匿名的世界中分享集体经验和信息,而信息和通信技术革命赋予了我们这样做的能力。简而言之,21世纪的明星就像是"全球的饮水器",但他们并不只提供信息内容,明星也能创造粉丝经济,攫取丰硕回报。本章将考察各种明星生成形式,社交媒体和新型娱乐业的造星功能,明星的商品化,以及明星如何通过消费和制造过程冉冉上升并最终消散。最后将讨论这些动向对明星未来的前程意味着什么。

创意产业与明星商品化

明星的成色难以确定,但可以在创意产业的商业化过程中得以体现:明星充当了公司产品的代言人,其名字甚至直接用于打造品牌帝国(McCracken,1989)。明星人物的符号已经转化为品牌、代言和其他收入来源,既与文化生产者的人格特性吻合,又与其最初发迹的行业(如艺术、音乐和时尚)同在。

篮球巨星迈克尔·乔丹堪称明星商品化的典范,他通过飞人标志(Nike Air Jordan)的耐克运动鞋和服装系列、牛排餐馆、古龙香水以及从麦当劳到恒适内衣的各种代言,大约为世界经济贡献了100亿美元(Johnson,1998)。其他明星人物也被商界充分利用,诸如名媛帕丽斯·希尔顿(Paris Hillton),前辣妹"高贵辣妹"(Posh Spice)维多利亚,以及她的丈夫——足球金童大卫·贝克汉姆(David Beckham),等等。这种文化商品化的成功不仅仅取决于才能,尽管精英文化生产者也因其个性而事后闻达,但许多明星之所以能在市场上长袖善舞,很大程度上得益于个性特质与其创意作品融为一体。安迪·沃霍尔(Andy Warhol)就是这种个性的典型:在艺术家们安于贫困且鄙视金钱时,他不仅渴求发财,还亲手绘制了美元钞票(Currid-Halkett,2010)。沃霍尔的艺术几乎都与名人有关,无论是他创作的主题(如杰奎琳·肯尼迪、玛丽莲·梦露),还是在他的工作室"工厂"举行的星光熠熠的派对。对文化明星而言,个性与创作的高度交融是其题中应有之义。明星的铸就归因于我们渴望了解他们本人,而不仅仅是他们的天赋或才能。我们原本是想把明星当作一个人来了解和沟通,结果却变成了与特定商品的联系:超级名模凯特·摩丝(Kate Moss)的TopShop服装系列大获成功,归因于这位世界上最时尚女性的声誉。乔丹代言的运动装备与他的篮球天才相得益彰。高尔夫球员老虎伍兹(Tiger Woods)作为运动饮料和服装的代言人,在职业生涯中捞进腰包约60亿美元。然而,数不清的婚外情彻底摧毁了他在公众心目中的清爽男人形象,使那些利用其名人效应的商品变得极不真实。丑闻爆出仅数月,伍兹就损失了2 300万到3 000万美元(Rovell,2010)。正如Surowiecki(2009)点评的那样:

"这个问题与道德无关,而是伍兹的广告人物与其公众形象的巨大差距暴露在了光天化日之下。"

明星的"民主转变"

进入 21 世纪,为明星个性涂脂抹粉比其才能更为显眼,明星的光环日益转化为商品形式,促使这种转化的部分原因在于技术的进步、社交媒体的兴起与全天候的新闻循环播报,关于明星的八卦消息在专门报道名人的博客和网站上泛滥。社交媒体和八卦博客的出现,也改变了我们想要了解的明星生活信息的内容。其实,我们并不感兴趣那些迷人的郊游,明星就像普通人那样喝咖啡或加汽油,恰如美国名人小报的流行说法,他们"就像我们一样"。其结果,明星的本色和社会对明星人物的渴望从根本上发生了变化。

简而言之,我们只是想更多地了解其他人的生活以及我们的文化生产者的主要视点(Currid-Halkett,2010;Turner,2006)。我们并无贬谪明星才能之意,明星也不是只剩下才华的人。于是,明星的"民主转变"(Turner,2006)发生了,新的名人由此产生,新的培养明星、商品化和分销的渠道也由此而建立起来。首先,电视台现在大幅增加真人秀节目,以最清晰、最直接的方式为普通民众成为明星打开了新路径。每天都有成打的真人秀节目在电视上播放,大多数频道在一季中播映几次。其次,与明星相关的产品(高端服装、夜总会和洛可可式公寓大楼)越来越多地成为主流消费者的选择,而明星们"就像我们一样"平庸,我们也像他们一样炫耀性消费,享受享乐主义的生活方式。即使我们光顾的夜总会和餐馆没有明星,那里也是极尽奢华,至少在理论上它们可以如法炮制(Currid-Halkett & Scott,2013)。

最后,明星从精英向民主的转变过程,使越来越多的"普通"人也能直接跻身于明星行列。这些个体跃升为明星,其商品形式仅仅基于个性。社交媒体和真人秀电视节目的激增消减了进入传统明星体制的壁垒,使得上述过程更具有实现的可能性(Andrejevic,2004;Jenkins,2006a,2006b)。

新式明星

社交媒体和消费者行为围绕明星的变化,创造了全新的明星原型。我们不难辨别 Braudy(1986)所讲的因成就和才华而冒尖的明星,也容易分清 Boorstin(1961)所讲的"因其知名度而闻名"的明星,但现在有了更多的明星版本,似可作为分形纳入更大的名人框架。下面,笔者将举例说明。

帕丽斯·希尔顿:为知名而知名

帕丽斯·希尔顿(Heiress Paris Hilton)就是 Boorstin 所讲的明星类型的样板人

物,她善于利用明星效应,创造了巨大的经济红利,甚或可与才能型明星相媲美。其成名的秘诀就是"噪音＋裸体＝名人"(Hirschberg,2009)。希尔顿是上流社会里罕见的女人,她可以在桌面上跳舞,而不是优雅地出席文学午餐会。希尔顿受益于21世纪初享乐主义的镀金时代,炫耀性消费和平淡无奇的享乐主义在当时是必不可少的,她代表了21世纪初叶的时代精神。但令希尔顿名声大噪的是,她能够将明星角色巧妙地转化为商品形式,这与沃霍尔的女孩儿、社交名媛伊迪·塞奇威克(Edie Sedgewick)等前辈明星形成了鲜明的对比。盛名之下的希尔顿不仅是社会新闻和八卦专栏的名角,她还利用自己的明星光环推出了一个又一个的真人秀节目,一个香水品牌系列,在洛杉矶、拉斯维加斯等地举办的活动和派对上动辄进账数以万计美元的出场费。在原来的希尔顿酒店帝国之外,希尔顿的个人身价估计在1 550万美元到5 000万美元之间。

"美国偶像"与YouTube:从平凡到非凡

在当今社会里,以民主化方式产生的名人激增,但这并不意味着由此产生的明星都是缺才少艺的民间草根。相反,新式的明星民主是指通过绕开常规审核过程和行业"守门人"来造星的新渠道。"美国偶像"真人秀节目已在全国播映了十季,是美国电视史上最受欢迎的节目之一。该节目在高峰期拥有3 000万收视率,它可能是最公开、最透明地产生民主式明星的方式。该节目由主持人莱恩·西克雷斯特(Ryan Seacrest)和轮流出席的"评委"以及前任主持人西蒙·考威尔(Simon Cowell,后退出)主持。值得一提的是,考威尔是英国"流行偶像"和"英国达人"节目的主持人。"美国偶像"和"英国达人"这两档节目大同小异,其真正的目的都是寻找超级明星。经过数季多轮角逐,"美国偶像"已经炮制出不少真实的超级明星:赢过格莱美奖,破过音碟发行纪录,夺过单曲榜第一,詹妮弗·哈德森(Jennifer Hudson,一个赛季闯过三轮但最终未能取胜的选手)还获得了奥斯卡奖。然而,这些"偶像"明星不能只靠为知名度而闻名,相反,这档节目靠的是这样的承诺:凡是星探找来的具有才华的普通人,未经精英名流"守门人"的审查也有机会成为真正的明星。正如文化评论家尼尔·盖布尔(Neil Gabler)点评该节目最成功的参赛者之一——凯莉·克莱森(Kelly Clarkson)时所说的那样:"凯莉的声音洪亮有力,但她并非那种在唱片行业备受青睐的撩人靓妹,她是被观众投票选为明星的。"观众说:"这是真实的……凯莉·克莱森、鲁本·司徒亚特(Ruben Studdard)、克雷·艾肯(Clay Aiken),他们都是真实的,他们属于我,我会让他们成为明星。"(Gabler,2004)

同样地,YouTube也为渠道不畅的普通人提供了踏入好莱坞管理者办公室的机会,使其有可能走上星光大道。年轻的小伙子贾斯汀·比伯(Justin Bieber)在YouTube上发布了一段自己的视频,被斯科特·布劳恩(Scooter Braun)发现了,他将比伯交到格莱美奖多次得主、音乐制作人阿瑟(Usher)手中,帮助他以环球音乐公司的小岛品牌录制唱片,比伯还发行了一张白金专辑。比伯的成名之路与通过迪士尼频道和米老鼠俱乐部的传统审查过程遴选明星形成了鲜明的对比,后一种路径成名的明星有贾斯汀·汀布莱克(Justin Timberlake)、布兰妮·斯皮尔斯(Britney Spears)和麦莉·赛勒斯(Miley Cyrus)。YouTube 与"美国偶像"有异曲同工之妙,这个网络平台降低了市场进入的壁垒,规避了传统的造星模式,为具有超凡才能的普通人提供了向现存明星体制挑战的机会。

泽西海岸:普通人依旧普通

一种奇特的造星模式出现在大西洋两岸,构成了明星光谱的另一极:普通人并未被发现其具有潜在的非凡才能,他们仅凭平民百姓身份而受邀来到聚光灯下,结果却大展身手,成了耀眼的明星。英国真人秀节目"老大哥"(Big Brother)及其在不同国家的分场系列便是这种新式明星商品化的原型。"老大哥"的主要情节是在一个狭小空间中的一小群陌生人之间展开的,这些人的一举一动、谈话甚至争吵都被现场直播,仿佛就像奥威尔(Orwellian)小说中的思想警察在实时监控似的。这个节目的参与者在任何虚拟实况节目中并不出众,这个节目也不是为遴选流行歌星或超级名模设计的。然而,许多参与者成了真正的明星,他们为八卦小报点缀吸睛,并接受主流媒体采访。英国"老大哥"选手杰蒂·古迪(Jade Goody)来自工人阶级家庭,未受过良好的教育,在好莱坞原型演员中也算不得漂亮或纤瘦,她公然进行种族诽谤,但最终却成了每个男人心目中的煽情者。流行名人小报编辑马克·弗里斯(Mark Frith)评论道:"杰蒂·古迪是现代真人秀电视时代的第一人,人们通过电视媒介认识了她。"(Currid-Halkett,2010)实际上,古迪的本事在于她与公众沟通的能力,她相信这些人的某些才能也有可能像她一样通过开发而成为明星。2008 年,古迪被查出患有宫颈癌,并很快病逝。她的死令世人唏嘘不已,时任首相戈登·布朗(Gordon Brown)还公开赞扬了她对英国社会的影响。不过,古迪的声名鹊起与想要深入了解她的生活的公众有关,她不摆架子,貌不出众,也无可继承的财富,这反而使人们不由自主地联想到自己,从而拉近了与古迪的距离。

同样地,现已进入第五季的美国真人秀电视节目"泽西海岸"也创造了前所未有的明星民主化模式。从布雷特·伊斯顿·埃利斯(Brett Easton Ellis)到"纽约时报"和《名利场》杂志,这些高级主流媒体的文化评论均承认并着迷于"泽西海岸"对流行文化和媒体的影响。这部电视连续剧记录了一群移民美国的意大利年轻人的生活,最初在泽西海岸拍摄,后来在佛罗里达和意大利拍摄,最后又回到美国。剧中屡屡出现粗鲁举止、物质主义和不良行为的情节,因而遭到意大利裔美国人的强烈抗议。最近,高档休闲服品牌 A & F(Abercrombie & Fitch)公司试图给剧中一个角色"情况"(因其腹部特征明显而得名)付钱,让他停止穿着公司品牌的服装,担心他会损害公司声誉。尽管参赛选手有冒犯行为、剧情平淡以及公众强烈抗议,"泽西海岸"已经在社会上塑造了真正的文化肖像,剧中的演员 Snooki、Pauly D. 和 JWoww 赢得了国际声誉,即便在八卦小报上也与传统的好莱坞明星一样荣耀。

消费与制造明星的过程

假定消费者根据"长尾"(Anderson,2008)模式进行选择,明星需要获得一大群粉丝和消费者的支持,他们首次亮相应选在何处? 在社交媒体、iTunes 以及其他不受约束的选择存在的时代,明星的消亡还合乎逻辑吗? 倘若明星犹在,则明星的地位将胜于以往任何时候。如同 Krueger(2005)发现的那样,1981 年,1%最顶尖的艺术家占据了收入的 26%,而到了 2003 年,这一数字跃升至 56%。

消费明星

有四种相互交织的因素支撑着造星运动并延续着明星体制。首先,明星主要是品味驱动的、高度可视化的产业(如时尚、艺术、音乐和电影)的产物(Currid, 2007;Currid-Halkett,2010),或者,是 Caves(2000)称之为创意产业"无人知晓"这一属性的产物(Becker,1982;Currid,2007)。正因为如此,明星的选拔大多经由嵌入社会的主观评价过程进行。画廊开幕式、时装周和其他社交活动通常都由"看门人"(如编辑、馆长和电影导演)策划,他们撰写精彩的评论,塑造年轻的明星,听取演示录音带,对渴望成为明星的人及其作品进行"包装"。诸如此类的社交活动,使"看门人"与有抱负的明星建立起个人联系,进而推动艺术成功。在这种情况下,机遇往往胜于实力。

其次,创意产品的消费过程支撑着明星体制的延续性。音乐、图书和电影这些明星作品都要接受社会评估并进入消费环节(DiMaggio,1987;ELberse,2008;Molotch & Treskon,2009)。换句话说,阅读乔纳森·弗伦岑(Jonathan Franzen)的新小说或下载布兰妮·斯皮尔斯(Britney Spears)的新单曲,其部分乐趣就在于我们与他人分享体验的能力。参加摇滚音乐会的乐趣不仅在于音乐,我们也在集体消费着体验,5万听众齐聚一堂足以为我们助兴。明星是集体消费某一商品最明显的例子。在当今社会,扯上几句帕丽斯(Paris)、琳赛·洛翰(Lindsay Lohan)或梅尔·吉布森(Mel Gibson)等广为人知的明星,是与他人套近乎的绝妙"胶水"。或许,可借用媒体学者亨利·詹金斯(Henry Jenkins,2006a)的话来解释,"这不是你在说谁,而是你在跟谁说话"。

再次,"媒体即信息"也在一定程度上解释了现代造星模式(McLuhan,1964,1967)。媒体用詹妮弗·安妮斯顿(Jennifer Aniston)或安吉丽娜·朱莉(Angelina Jolie)的无数照片轰炸我们,这意味着消费者只能部分地掌控自己的眼球(Adorno,1991)。Katz(1957)将媒体与消费者之间的这种互动称为"两步沟通模式"。换句话说,消费者可以围绕一个明星而不是另一个偶像转圈,但他们仍然只能在最先接触之处获得有限的信息。然而,社交媒体的兴起及其较低的准入门槛已经在某种程度上改变了演艺场的游戏规则。虽然大多数主流媒体将排行榜上的名列前茅的明星强加于消费者,但博客、推特和 YouTube 的崛起意味着,传统明星之路之外的无名小卒也会星火燎原般地走红。贾斯汀·比伯(Justin Bieber)、时尚博主泰薇·盖文森(Tavi Gevinson)就是两个这样的例子,媒体也都呼应他或她的粉丝社区营造的流行度。

最后,明星的兴起可以通过某个特定商品或人物的集体消费来减缓,消费者也得以降低搜索成本(Rosen,1981;Adler,1985)。既然小甜甜布兰妮唱得那么好,我们何须寻找别的金发流行歌星呢?iTunes不可能在数小时内推出一款比布兰妮更好的泡泡糖版本。对不谙艺术史的人来说,可以从纽约时报的艺术评论中获取线索,或让泰特现代美术馆的展品来引导欣赏公认的最好艺术。其实,人们对音乐、电影和餐饮的消费也是如此。因为绝大多数人在品味驱动的市场上都不是专家,加之可供选择的东西太多,遵从知名专家的推荐或使用"群众智慧"证实的消费品显然是一个不错的选择(Surowiecki,2004)。

上述过程营造了Frank和Cook(1995)称之为"赢者通吃"的市场。纽约的艺术家成千上万,才华横溢者比比皆是,但绝大多数艺术家都在为支付租金而努力打拼,只有杰夫·昆斯(Jeff Koons)和莱恩·麦克金利(Ryan McGinley)等少数人能赚到数百万。同样地,乔纳森·弗伦岑(Jonathan Franzen)或伊恩·麦克尤恩(lan McEwan)只有一个,好莱坞顶尖演员也只有20个左右,如前所述,极少数音乐家将超过一半的音乐会所得收入囊中。由此可见,选择明星不仅仅是一个社会现象,它也是一个合法的商品市场,明星的起点不只是他或她的创意产品(歌曲、书籍或电影),也是一个打上其明星烙印的全新产业。一个名人可以直接打自身旗号的产品生产巨额利润,最明显的例子便是为产品代言,充当化妆公司、运动饮料等的"脸面"。更有甚者,明星们可以创造以其名字命名的系列商品,如布兰妮·斯皮尔斯香水系列,维多利亚·贝克汉姆服装系列,等等。就创意产业本身而言,"明星"已成为他或她拥有自主性的多层次行业。因此,多种职业和行业的存在足可支撑明星角色,明星本人也聘得起从公关人员、律师到营养师、造型师和代理人的一众人马(Currid-Halkett,2010;Currid-Halkett & Scott,2013)。

制造明星

造星者乐于并善于利用那些支持特定个人崇拜的社会过程。"赢者通吃"市场就是由代理商、媒体和中介机构共同参与创建的,他们完全能够代表和体现明星及其拥趸的意愿。创意产品(如音乐单曲、电子书、名人目击照片)复制的低成本,随时随地获取这些商品和服务的能力,使得造星者能够催动集体消费,进而推动自由市场购买和影响个人选择(Frank & Cook,1995)。Frank和Cook(1995)以作家布雷特·伊斯顿·埃利斯(Brett Easton Ellis)和唐纳德·特朗普(Donald Trump)为例,展示了中介支持明星的方式,即便他们的著作水平令人不敢恭维。《纽约时报》有评论嘲讽埃利斯的新书,认为他的大多数作品是虚无主义的,敏感而又浅薄,没承想他的《线人》(The Informers)成了全国畅销书,《零下的激情》(Less Than Zero)、《美国心理学》(American Psycho)和《爱情磁场》(Rules of Attraction)先后改编成了电影。特朗普干脆自掏腰包买下数千本自己写的《谈判的艺术》，使其在畅销书排行榜上久居不下。尽管引来一片嘲讽，但这种造势会造成大家都在阅读它的印象，让其他消费者觉得这本书值得购买，使其畅销书地位进一步得以延续（Frank & Cook，1995）。

明星制造者依赖于让明星高居首位、名列前茅的社会结构和集体消费，通过操纵集体消费的感知能力和利用轰动效应（如埃利斯案例所见），创造更多的"赢家通吃"产品。此类例子还有：在没有买家的情况下，经销商在拍卖会上自行购买自己代理的艺术家作品；音乐品牌公司出钱让广播电台更频繁地播放特定的歌曲。媒体则运用Thrift（2008）的"迷恋机制"，让消费者选择特定的明星加以关注，以延续和强化粉丝与明星之间的联系，或更高效地消费明星和制造明星。通过这种迷恋技术，媒体能够实时记录明星行踪，让消费者随时感觉到自己与喜爱的明星同在，更坚定地支持媒体"包装"的特定明星。

从历史上看，造星运动始于20世纪初的好莱坞工作室（Scott，2005），经理、董事和代理人投资于特定的明星人物，精挑细选相关的产品，几经面试，为明星确定其投射到粉丝群的生活方式。时至今日，明星们已不再签订完全受控于工作室的合同协议，开始自行管理自己的公众形象。而现在公司和品牌的市场更大，他们也改变了利用明星光环的做法，通过资助明星代言的服饰、饮料或创建以明星名字命名的产品系列，进一步强化特定文化偶像在消费者市场上的主导地位（Rojek，2001；Marshall，1997；McCracken，1989；Currid-Halkett，2010）。

经济数据可以佐证这一趋势。仅在洛杉矶和纽约市，由名人挂帅的职业开出的工资单高达23亿美元，这个数字还不包括公关人员、律师和代理人等支持明星开展业务的人。布兰妮·斯皮尔斯每年为经济活动投入1.1亿至1.2亿美元。迈克尔·乔丹在鼎盛时期对经济活动的贡献高达100亿美元。查理·辛（Charlie Sheen）在粉丝散尽之前曾开办了一个号称"辛主义"（Sheenisms）的虚拟小屋，出售用粗体字印有其稀奇古怪的语录的杯子和T恤等产品。

明星的销蚀

正如刘易斯·蒙南德（Louis Menand）在《纽约客》发文提出的"明星铁律"，大多数明星最多只有三年时间是真正意义上的明星。所有的明星本质上都是短暂的。即便再有才华，大多数明星也无法无休止地创作好歌或撰写畅销书。大多数明星也都不会永葆丰韵，每个消费者最终都会另觅一个新明星来尊崇和仿效。蒙南德说："明星的气息犹如氧气充盈现实世界，让你觉得须臾不可离开，然而，突然之间就冒出了另一股不同的氧气。"到了21世纪，明星跃升和跌落的时间间隔越来越短。在新技术和新媒体的作用下，明星人物若不能与公众分享越来越多的关于自身的信息，几乎就不可能保持原先的地位。面对好莱坞大片演员和格莱美获奖音乐家的上位势头，功成名就的明星人物也不得不竭力保持自己的存在感，因为总会有另一位博客、社交名流或真人秀明星迅速取代他们。

对拥有明星品牌的人来说,商品化必然会巩固其明星地位,扩大其财务回报。当凯特·摩丝(Kate Moss)的爱情生活和个人习惯不再引起人们的兴趣之后,她的标志性款式在Topshop服装系列中依然热销。尽管迈克尔·乔丹早已退出众人瞩目的焦点,他对耐克篮球鞋"空军一号"(Air Force One)的影响力犹在。明星淡出江湖后,其品牌产品仍能长盛不衰的关键就在于明星及品牌的真实性,这一点可以解释明星商品化的长期成败与短期得失(Kahle & Homer,1985;Erdogan et al.,2001)。比如,凯特·摩丝所谓的吸毒习惯和狂野派对并没有对她的品味大师地位构成挑战,这原本就是性质不同的两码事。被曝吸食可卡因之初,她代言的公司确实担忧其个人生活与明星品牌的冲突,巴宝莉、香奈儿等时装品牌公司立即解雇了她。但事实证明,丑闻只是放大了她在时尚和品味世界中的地位,这些公司又重新雇用了无可替代的摩丝。

不过,高尔夫球手老虎伍兹在婚外情曝光之下就无法重建干净生活的形象,再也当不了佳得乐(Gatorade)和埃森哲(Accenture)公司的脸面(Surowiecki,2009)。同样地,当辛普森(O. J. Simpson)被指控谋杀他的妻子时,赫兹汽车租赁公司别无选择,只好放弃这位橄榄球星,这种"辛普森风险"(O. J. risk)促使公司为聘用代言人制定了"良好行为"条款。除了不良作风或犯罪行为,明星代言产品也会因过多过滥而告失败。一些学术研究指出了消费者过度饱和与品牌失败之间的联系。为多家公司产品代言的明星不可能拥有所有产品的专业知识,代言的产品过多会降低其可信度(Tripp et al.,1994)。

明星的未来

明星现象将永远作为创意产业的延伸而存在,因为这些行业得到了主流媒体的高度曝光和频繁报道。然而,明星队伍也会通过社交媒体和电视真人秀等"民主"方式不断得到创意产业以外的人才补充。21世纪明星的一个决定因素是,消费者越来越多地投资于自己认同的明星,而不是那些他们钦佩的完美偶像。

进入21世纪,明星的另一大特征是其地理分布的多极化,不存在中央的经济资本或社会资本。对创新和明星体系来说,世界确实是平坦的(Friedman,2007)。好莱坞依旧是最重要的明星重镇,但其他的真实和虚拟的地理分布正在成为群星云集的中心,其枢纽作用并不亚于好莱坞。宝莱坞(Bollywoo)、互联网和电视真人秀俨然已是明星的高地,尽管他们的明星和服饰或许永远进不了洛杉矶的影视工作室。宝莱坞影帝沙鲁克·汗(Shahrukh Khan)堪称世界上最著名的明星演员,西方人可能不知道汗的存在,但印度11.3亿人口(美国仅3.04亿人口)加上活跃在美国、中东和英国的印度侨民,足以构成一个规模巨大的粉丝群。印度每年制作1 100部电影,是美国制作电影的两倍,售出36亿张电影票,比美国售出的电影票多10亿张(Lorenzen & Taube,2008;Lorenzen & Mudambi,2012)。同样地,脸书、推特和博客圈等虚拟空间也与明星生成的物理空间一样重要。

明星并不是一个新现象,先民将某些人奉为神明始于人类文明的黎明(Braudy,1986)。然而,人类社会确实在不断变迁,尤其是技术进步、全球化浪潮和社交媒体的崛起,推动了造星模式的变革,包括个人变成新明星的方式,无论是自封的或公众册封的。我们正在跨入一个全新的明星时代,新型的人民和社会正在塑造我们的明星及其商品形式。有的明星来自电影,有的来自真人秀节目,有的来自脸书的页面和推特的供稿。无论他们来自何处,我们都会对其平庸和超凡即时施展集体消费的魔力,直至找到另一个值得倾力专注的明星。

第十章　创意企业家:高级烹饪师的商业模式

西尔维娅・斯韦杰诺娃　芭芭拉・斯拉维奇　桑多斯・G.阿布德尔加瓦德

导　论

文化产业是一种影响力的游戏,宛若一片奇妙的森林(Hirsch,2000)。在经济利益的驱动下,生产商、批发商、经销商和投资者都在寻找、选择和创造他们的文化产品,并且通过对产品制作和展示的控制,赋予产品价值,同时占有价值的一定部分,来获取相应的利润(Caves,2000;Lampel,Lant & Shamsie,2000;Wijnberg & Gemser,2000;Khaire & Wadhwani,2010)。不过,对于艺术家来说,他们既要借由艺术作品来表达自己,又须保持对作品的控制来谋取生活(White & White,1965;Storr,1985)。通常,能够吸引观众的艺术家毕竟是少数,因而,艺术家如果单纯通过这种方式进行创作,往往难以保障稳定而足够的报酬(Storr,1985:33),所以就不得不另觅兼职,以便维持日常生活,也让艺术事业维持下去(Menger,1999;Strom,2006)。用电影导演大卫・林奇(David Lynch)的话说:"这事儿可不容易,你又想做自己的艺术,可又得过日子,也只好再去找份工作了。"(Lynch,2006:163)那么问题来了,艺术家到底怎样才能靠才华生活?怎样才能扩大艺术创作的影响力?又怎样才能从创作中赚取更多的报酬?

学者们提出"创意企业家"这一概念,意思是,艺术家通过创办公司的方式,维护自主创作并赚取收入(Lampel,Lan & Shamsie,2006b;Standgaard Pedersen et al.,2006)。同所有企业一样,艺术家的公司也须有一个好的商业模式,也就是"利用商业机会而创造价值的交易内容、交易结构和交易管理"(Amit & Zott,2001:511)。商业模式既体现公司的盈利方式(Magretta,2002),也决定公司的身份特征,这在法律上可让多个合作者共同拥有一家公司(Perkmann & Spicer,2010)。

尽管大家对商业模式的兴趣日益浓厚,却很少站在创意企业的角度进行观察(例外情况参见 Svejenov et al.,2010,2011)。其实,创意企业可以具有各种的独特特征(Caves,2000;Lampel,Lant & Shamsie,2000;Jones,2001),其丰富程度不但超乎人们对商业模式的现有认识,而且还涉及更加广泛的许多议题(Lampel,Lant & Shamsie,2006a)。第一,创意企业的建立,首先源于艺术家的创作需要,而不是源于客户需求,因此,它的商业模式特征主要是个体运营,而且又在很大程度上取决于艺术家本人的个性、才华和声望,所以,一个不可忽视的关键要素就是艺术家(Svejenova et al.,2010)。第二,创意企业家对于利润的追求既缺乏兴趣,也能力有限,一般会找可信赖的人士一起合作，共同拥有企业，并合作进行经营。所谓可信赖的人士，大多都懂得艺术家的专业需求，也甘愿维护他们的创作状态，通常都是自己的亲朋好友（Alvarez & Svejenova，2002，2005；Alvarez et al.，2005）。第三，创意企业家在根本上决定企业的经营能力，具体就是寻找和利用机会的想象力与行动力（Zahra et al.，2011）。在深刻的技术变革背景下，这些能力在创意产品从构思、复制、分销乃至消费等过程中显得尤其重要。本章采用紧扣特征的方法，对它进行定义和说明，并由此提出对创新型企业家商业模式的理解。我们建议企业家根据活动的规模和范围，采取相应的商业模式进行创业。此外，着眼于未来社会与商业中的创业机会，我们在传统的中心商业模式基础上也做了一些扩展。最后，我们还讨论高级烹饪纳入创意产业的原因和内容。

本章的结构如下：首先，将高级烹饪作为一种创意环境进行介绍。其次，对决定创意商业模式本质的四个问题以及相关元素进行论述，并且也对艺术家商业模式的价值创造进行讨论。再次，讨论创意企业家的能力如何影响商业模式的运行，并提出艺术家商业模式的两种主要类型，即工作室和企业。我们通过一些享誉国际的高级厨师的例子来进行理论阐述，这些厨师都是创意企业家。最后，希望本章得出的结论对那些致力于深入学习并进一步寻找机会的专业人士有所助益。

高级厨师与创意

高级厨师的奋斗目标，在于激发创造力并创造象征意义的价值。传统概念上的厨师，通常都是甘做一名员工，收藏着自己的食谱秘方，常年在闷热的狭小厨房里进行重复劳动。高级厨师的概念与此相反，他们日益注重劳动的创意性，在专门的烹饪实验室中进行创意探索和试验，而且不断改进餐厅的菜单。这种现象，可谓前所未见。此外，为了展示创新成果，他们还参加各种国际活动，如各类峰会、比赛或美食节等。通过参加活动，大家可以共同鉴赏新颖的制作方法，为超凡的烹饪作品喝彩庆贺，同时，也能使各地风味的独特性得到认可。

厨师的运作主要在于象征性的意义表现。对高级烹饪的美食体验，不但超越餐品本身固有的物质属性，也超越它们的原有功能和营养价值，可以扩展到美食所带来的审美、情感和知识价值。例如，elBülli餐厅曾是一家有着传奇色彩的餐厅，却一度趋于衰落，西班牙厨师费兰·阿德里亚（Ferran Adrià）经过创意改造，让这家餐厅完美融合进情境、景观和演示等各种要素，并且赢得五次世界最佳餐厅的称号（Hamilton & Todoli，2009：281）。同样，在意大利的 Madonnina del Pescatore 餐厅，米其林星级厨师长莫雷诺·塞德罗尼（Moreno Cedroni）在菜单上开宗明义地标明："您能在配料中发现……超乎想象的奇妙。"

在准备和服务中，除了毫无瑕疵地准备完美菜品（Slavich，Capetta & Salvemini，2011），厨师们还注重把一切食物成分激活，调动出美食蕴含的情感要素。他们从各种艺术类型中汲取灵感，来实现他们的创意追求，譬如选择搭配的托盘，设计菜单的组合,向餐厅客人展示"制作过程"。例如,总部位于美国芝加哥的 Alinea 餐厅,在 2011 年 St Pellegrino 世界最佳餐厅排行榜中位列第六,其厨师长 Grant Achatz 这样说:

"当然,兔子、冻糕、法式肉酱、清汤,我们希望这些食物能与秋天产生联想,因而我们选择了橙、棕和黑色的器皿,还配以棕色的香料,以及苹果、肉桂、野生蘑菇和南瓜等食材,而所有这些都与兔肉的各种做法非常吻合。在程序上,从冷藏阶段开始,经过中间的温化,再到最后的加热制作,每一步制作都让客人参与其中,可为他们带来分外的惊喜。"

(引自 Kummer,2011)

美食的象征性价值,还可以借助餐具的设计,以及建筑和室内空间设计得到进一步扩展。总的来说,美食的象征性价值是在烹饪过程的每个阶段以及所有方面进行创意活动的结果,因此,高级烹饪是一项创意产业,厨师也是创意企业家。

高级厨师的商业模式

我们现在讨论创意企业家商业模式的主要问题和要素,它所创造的价值,以及企业家能力在商业模式运作中的作用。

涉及的问题和要素

它们可以用于分析、检查和比较创意环境和其他环境中的业务模式,以及在实际中的设计、操作和转换。商业模式的核心问题有四个:(1)为什么?即创业动机。(2)是什么?即追求机会的性质和范围。(3)谁来做?即动员的行为主体。(4)如何做?即抓住机会参与活动。下面我们将讨论和说明这些问题及其要素。

这里提出的问题,主要源于以往对创意企业家商业模式的研究,不过也做了相应扩展(Svejenova et al.,2010;Svejenova et al.,2011; Vives & Svejenova,2011),可用以分析、检查和比较创意环境及其他环境中的商业模式,甚至还可以对相应模式进行设计、操作和转换。如前所述,商业模式的核心部分涉及四个问题:

(1)为什么?即创业动机。
(2)是什么?即追求机会的性质和范围。
(3)谁来做?即动员的行为主体。
(4)如何做?即抓住机会参与活动。
下面就来讨论说明这些问题和要素。

为什么?——创业动机

为了创作激情,较之于单调的就业机会,艺术家是肯牺牲一部分收入标准的(Caves,2003:74)。然而,他们一旦成为企业家,则可以随着工作进行也能提高经济收入,并在客观现实与创作自由之间取得某种平衡,实现自己的专业目标。与此同时,创业也赋予他们企业家的社会身份,可以合法从事商业交易(Perkmann & Spicer,2010),在他们创造价值的活动中成为有机的组成部分。艺术家自然追寻激情而寻求艺术上的成就,但也可以为一些次要动机所驱使,如收入、实力和名望(Storr,1985)。他们也可以将艺术激情、经济收入和社会效益作为一种动机组合(Vives & Svejenova, 2011)。

有些厨师从事创业,也是为了摆脱限制,相对自由地进行创新。例如,厨师 Ferran Adria 和经理 Juli Soler 把他们的 elBulli 餐厅从创始人手里买下来,就是为了能够把握餐厅的未来发展,能让厨师不惧风险地追求新的烹饪风格(Svejenova et al., 2010)。同样,厨师 Grant Achatz 和经理 Nick Kokonas 共同拥有 Alinea & Next 餐厅,需要保证几位厨师在创意自由和财务自由的平衡中维持经营,并试行新的想法(Moskin,2011)。

厨师成为企业家可以获得更多利润,他们通过推出高级餐饮的新概念和其他的奢侈体验来实现这一目标。就此而言,他们必须承担管理职责,减少在餐厅厨房的操作时间。例如,法国厨师 Alain Ducasse 不断设立高端餐厅,在法国和国际上提倡"稳固的奢华"概念,而且还争夺米其林的星级评比。他对餐厅概念的细分兴趣浓厚,认为奢侈品的精髓在于独特的唯一特性,所以不想把自己的餐厅变成连锁经营。总的来说,他"更像一位企业家,而不像一位厨师"(Passariello,2003),他还亲自培训厨师,让徒弟们掌管其高端餐厅的厨房操作。

最后,厨师成为企业家,还能通过创意和商业活动取得社会效益,譬如创造就业机会、再现当地传统,或扶持农民的食材种植产业。例如,秘鲁厨师 Gastón Acouio 不断推出与秘鲁美食相关的新概念餐厅,再迅速建立特许经营的方式。除了直接的经济收益,Acurio 还在规划中纳入"让美食成为秘鲁文化融入世界的一分子"(McLaughlin, 2011b),以及"改变生活方式有助于建立更加公正、繁荣和民主的社会"(Chauvin, 2011)等理念,他自己这样解释说:"身为一名厨师,你能为国家做出的贡献要比一个政客可多多了。"总体而言,创意企业家的创业动机源于专业、经济和社会上的收益总和,每一项都会影响他们的探索和实践。

创业机会存在于资源投入、生产方式、新产品、组织方式和市场资源之中(Schumpeter,1934)。创意企业家追求的机会分三种类型:第一是专业机会,涉及引入或重组有关的资源投入,开辟艺术表达方式的新途径;第二是商业机会,主要是以盈利为目标,开发新产品,创办新活动,建立新结构;第三是社会机会,主要是以促进事业发展为目标,创造和扩大市场。

专业机会是创意企业家的首要目标,因为他们最想实现的首要动机终究还是为了艺术(Caves,2003)。厨师的试验不但包含烹饪过程的配料和技术,也包含用餐体验的方方面面。例如,elBulli 餐厅的哲学理念是"创意金字塔的顶点就是追求技术和概念"(Hamilton & Iodoli,2009:280),意思是说,在高级烹饪中,最重要的专业机会在于发现和引入新的美食概念和烹饪技术。这种开放式探索的一个例子,是他们发明的所谓

"基本球形化"的烹饪技术,具体说就是,让液体内部在瞬间形成可大可小的诸多球体,让它们在视觉和结构上变成类似鱼子酱的形状(宣传册,2012:40)。此外还有 elBulli 餐厅的"蔬菜的华丽纹理"系列,让蔬菜呈现出各种奇妙的纹理,被誉为"革命性的创造"和"新思路"美食的标志(Hamilton & Todoli, 2009:290)。

Osteria Francescana 餐厅是 2011 年圣佩莱格里诺世界最佳餐厅排行榜的第四名,餐厅老板 Massimo Bottura 也是一位意大利厨师,他说,今天的厨师只有两种道路可选,无论哪一种都不错。一种是按菜谱行事,好比乐手按乐谱演奏那样……当然,菜谱非要做个漂亮封面不可。不过,也有很多人正在按照自己的方式,尝试创造新的音乐——依照艺术表现的最高形式来说,专业机会终究意味着新体裁和新风格的独创,一如 Ferran Adrià 追求的创意那样,它是一种全新的系统或语言,包括新的美食概念(如泡沫),新的烹饪技术(如球形化技术),以及创造美食和享用美食的新原则(如把音效和反衬效果运用到烹饪中)。

商业机会是以创收为目标,把艺术家的才能和品牌注入新的产品中,探索新的活动来为创意工作提供资源保证。即便是无利可图或是利润微薄,对厨师来说,高级餐厅总是这种商业模式的发展支柱,他们依靠高级餐厅的经营,可以积累企业声誉和专业技术。在不断追求商业机会的过程中,品牌知名度和技术诀窍都会成为创造利润的重要资源。此外,高级餐厅对于维护艺术创作、追求社会效益也都有帮助。

在更多的活动中,厨师不但可以利用自己的品牌或餐厅品牌,也可以利用创作中的专业知识,如承办餐饮、咨询、培训、受托管理餐厅、开发产品以及创办美食类媒体等。此外,他们还会基于美食的用餐体验再谋求更多变化,以便扩大客户群,譬如推出经济实惠的餐厅概念和美食产品,推行美食的"大众化"。

例如,Think Food Group 餐饮机构的合伙人 Jose Andres 也是一位西班牙裔的美国名厨,为了追求商业机会,他的经营业务既有芝加哥的独家小酒吧品牌 Joseandres,也有比佛利山庄 SLS 酒店内的 The Bazaar 餐厅品牌。前者是设在一家大餐厅之内的小餐馆,菜单富有奇妙的想象力,每天的晚餐仅仅招待六位客人。后者则容纳丰富的各种空间,把用餐、休闲和购物体验融为一体。Jose Andres 还是美国 PBS 电视台《西班牙制造》系列片的执行制片人,也参与许多其他媒体活动。此外,他还身兼一家豪华品牌酒店的烹饪总监,从咨询业务中获得额外收入。

社交活动往往离不开技高望重的厨师支持,其他的很多商业活动,同样也是厨师的一种商业资源,可以扩大商业交往。通过这些活动,厨师创造甚至扩大服务和产品市场,对于提高自身的社会影响力有着重要帮助。现在,厨师可以运用专业知识及其在经济和组织方面的相关资源,或者利用身为名人的公众影响力,在社会事业中做出很多贡献。

例如,厨师 Ferran Adria 是西班牙食品和科学基金会(Alicia)的主要推动者。为了帮助一些罕见疾病及厌食症患者改善饮食状况,这个基金会运用新知识,采取先进的高级烹饪技术,开展饮食项目的改进活动。基金会还与当地农民进行合作,保护和恢复许多种类的本地食材，扩大这些产品的分销渠道。秘鲁厨师和食品大使 Gaston Acmio 则寻求各种社会机会，致力于推动"秘鲁食品的全球化"运动（Mapstone，2009）。他还设立 Pachacutec 烹饪学院，对低收入阶层青年进行专业培训，增加他们的就业出路。在首都利马最贫困的地区，这所学院还设有最好的技术培训项目，精心培养秘鲁风味和国际美食的烹饪厨师。

创意企业家通过知识积累（Shane，2000）、敏锐意识（Kirzner，1973）和复制方式（Winter & Szulanski，2001），发现或创造更多机会（Alvarez & Barney，2007；Yahra，2008）。他们也依照自己的生活体验和价值体系来创造机会（Sarasvathy，2008：10）。这些机会一般都有时间和地点的限制性，所以，企业家在追求机会的过程中，还必须明白选择顺序，确定优先选项（Bingham，Eisenhardt & Furr，2007）。此外，对厨师来说，不管他们单打独斗，还是组成创业团队，对创业能力的要求都会包含时间和目标这两个因素。要想维持厨师的精英地位，在寻求商业机会过程中就要格外注意实事求是和与时俱进，否则很难保证创意活动的连续性。因而，在开始行动动员之前，先要经过深思熟虑，选择并确定机会目标。

谁来做？——行为主体

一切创意机会的追求，以及对商业机会和社会机会的追求，往往涉及各种角色（Caves，2003；Townley，Beech & McKinlay，2009），譬如，合伙人和消费者（即餐厅顾客或其他人）以及评论家，每个角色在创意企业家的商业模式中都有各自不同的作用。

合伙人是实现创意、商业以及社会活动的参与者。即便是最为个性化的创意形式也需要参与者的合力支持，唯有这样，才能让创意作品深入生活，并得到广大民众的关注和喜爱（Becker，1982）。为了达到艺术家的目标，并获得相应的声誉，通常都会根据合作者的地位（Faulkner & Anderson，1987）以及相关的综合概念和方法来选择合伙人，就此而言，既往的合作数量与合作质量就会成为优先考虑的因素（Svejenova，2005）。

例如，西班牙厨师 Joan Roca 是 St Pellegrino 世界排行榜的第二名餐厅 El Celler de Can Roca 的合伙人，意大利厨师 Monno Cedroni 则是 Madonnina del Pescatore 餐厅的老板，他们两位从著名的香水师那里得到很多灵感，而且同香水师进行合作，在"香水"和"美食"之间寻找关联和呼应。Monno Cedroni 还跟工业食品公司和连锁超市合作，共同开发、生产和销售长久保质的高档食品（如果酱、意大利面酱和鱼罐头等）。许多厨师还与全球闻名的出版商 Phaidon 合作，借由出版商的全球网络资源推销自己的美食著作，一如厨师 Ferran Adrià 和 Rene Redzeppi 的做法。

许多经验丰富的饕餮客几乎跟厨师一样内行，算是真正的美食家，他们对美食创新普遍怀有极大的兴趣，常常为了体验新的美食而周游世界，所以，对每个餐厅来说，美食家都是最受尊重的客人。此外，厨师也创新更多的餐厅概念和美食品种来扩大客户群，例如，Gastón Acurio 餐厅是一家特许经营式的新概念餐厅，它根据客户的不同经济条件和需求类型,分别设定不同的营业时间和相应的餐饮品种(Acurio,2006)。不过,相较于其他行业的企业,餐厅终究有它的不同之处,这就是,创意产品的试验,很少属于需求拉动的情况。

评论家的职责在于对创意作品发表评价,引导消费者理解创新作品的价值和意义。他们通过评论和宣传,不但吸引消费者对创新作品的关注,还会站在顾客立场上,帮助消费者提高对烹饪技艺的欣赏水平,丰富理论知识,理解有关技术术语的价值判断(White & White,1965:120)。随着互联网的普及,消费者也更多地担当起评论家角色,通过博客、推特和其他社交媒体,即时发表对美食体验的评论,并且还会上传图像。

就高级烹饪来说,评论家的传统做法是评比令人向往的米其林星级,或是最佳餐厅排行榜,通过评比和排行,为厨师带来不同的价值和声誉。米其林指南一向是认定餐厅质量的主导标准,2011年全球仅有93家餐厅获得米其林的三星认定,即最高等级的认定标准。不过从2002年以来,英国餐厅杂志的世界最佳餐厅排行榜也开始成为米其林星级标准的另一个竞争体系,它重视烹饪创新,曾经十分少见地把法国美食列入榜单前十名。明星厨师和餐厅的增加,对厨师的商业模式和利润水平都带来更大影响,因为这能吸引更多的顾客,提高拓展的价格空间,增强厨师及其商业利益的媒体关注。

如何做?——实现机会的活动

创意企业家要实现其选定的机会,须投入一系列行动,这些行动都离不开资源、组织和管理工作(Zott & Amit,2010;Svejenova et al.,2010)。有些行动与创意行为直接相关,有些则体现在创意产品进入市场和消费对象的过程中,涉及生产、管理以及"枯燥"的商业行为(Caves,2000)。一般来说,这些产品的商业化过程和市场推广过程都会超过创作者自己的直接兴趣和考虑范围,因此,就整个文化产业系统而言,这就需要中介机构的合作参与(Hirsch,1972)。简而言之,在全部的创新、复制和传播活动中,创意企业家本身只是参与者之一。

一切创新活动滥觞于新的创意。来自西班牙、意大利、秘鲁或斯堪的纳维亚半岛的高级厨师纷纷摆脱法国的古典餐饮或新式美食的主导模式,已经开始转向本国或是各自地区的烹饪传统,对它们进行大力改造。1994年,Ferran Adria对elBulli餐厅进行了独立创新改造,后来称作"斗牛犬工作室"(elBullitaller),也就是一个专业的永久性创意试验室。这些创新活动给人们带来很大的启发,许多厨师都开始投入研究开发工作,他们不单创作全新的菜品,而且开发新的餐厅概念。例如,Cedroni认为:"我们业务规划的演变过程就是不断研究食物的结果。我们的Madonnina del Pescatore是一家高级餐厅,我们的Clandestino Susci Bar酒吧餐厅则开始研发原生鱼的特色系列,Aniko餐厅专门研发街边小吃系列。与此同时,我们在自己的配货工厂还研发成功了独家配方,生产保质期长久的高档食品。"(引自Slavich et al.,2011)

与其他行业类似,高级烹饪的创新也往往来自既有元素与外来元素的重新组合(Powell & Sandholtz),外来元素经过嫁接和转换,便由外来的领域、地域或是不同的历史时期重新融合进创新菜品之中(Djelic & Ainamo,2005;Sahlin & Wedlin,2008;Jones et al.)。例如,巴塞罗那 Via Veneto 餐厅的厨师 Carles Tejedor 使用黄原胶(一种工业食品增稠剂)制作橄榄油果冻(Chang,2010),Next 餐厅的厨师 Grant Achatz 借用时空旅行概念推出新式菜单,而且以 1906 年的巴黎风韵为主题,创作出一款富有情调的菜品。在创新试验中,也免不了要做很多说服工作,否则就很难得到支持和接受,尤其是一些前卫风格的创新试验,说服工作更是一个挑战。因而,创意企业家常常运用所谓的修辞策略(Jones & Livne-Tarandach,2008)以及讲故事之道(Lounsbury & Glynn,2001;Wry,Lounsbury & Glynn,2011)来获得投资者、合伙人、评论家或是客户的接受与支持,让他们认识到创新产品的独特之处和价值所在。

复制活动。复制的关键在于标准化,因而要想确保事业成长,就必须制定操作标准。不论是厨师推荐还是扩增餐厅等模式,抑或是其他的商业概念,为了保证运营的成功,不但要建立明确的规范要求(包括食谱、菜单结构、餐厅布局以及服务规范),还要在时空两个方面都要保证规范要求的严格落实,让复制活动都能臻于完美,避免一切瑕疵(Slavich et al.,2011)。在制定规则、操作规范乃至于知识转移细则等方面,都需要建立清晰明确的复制标准。

例如,在准备 La Mar 餐厅概念的特许经营中,Gaston Acurio(2006)为了强调"各种元素标准化"的重要性,保障餐厅的优质服务和友好氛围,他采取利用培训项目的方式来实现复制餐厅的质量保证和知识转移。再如,为了因应业务增长,Alain Ducasse 在 1999 年 11 月创办了一个专业培训中心,为不断增加的餐厅进行人才准备。在培训中心,Alain Ducasse 也亲自参与一系列新的工作,譬如开发教学经验,提高专业培训方式的吸引力,并且把这些成果运用到培训实践中。

扩散活动。扩散可促进参与者在系统中的创新交流和相互流动(Strang & Meyer,1993),让创意企业家能够传播他们的想法和经验,也能提高他们的知名度和影响力。由于烹饪创作带有时效较短的特性,要在行业中实施知识产权就比较困难,于是,很多厨师便通过出版著作的方式,讲解烹饪创新的指导要领和制作过程,从这一角度来说,厨师的这些工作也像学术活动一样,具有一定的理论性。譬如在某些评论家(White & White,1965)和创作者(Svejenova,Mazza & Planellas,2007)的著作中,涉及这样的内容——"抽象品类的开发规范与形成图案之间的内在关系"(Strang & Meyer,1993:492)。

例如,厨师 Ferran Adria 及其团队非常聪明,他们对每一项烹饪实验和开发工作进行记录注册,再把这些记录反映到一张演变图表中进行评估,以便"评测"出创新作品的新颖程度。这张图表涵盖了他们创作过程中的各种抽象类别,譬如组织、哲学、产品、技术、准备、风格和功能等。他们已经发表的 elBulli 创新目录超过 5 000 页之多,被媒体誉为"烹饪圣经","记录下每项创新贡献的重要意义"(Hamilton & Todoli,

2009：271）。扩散活动的其他方式还包括参加国际烹饪论坛和制作厨师创作过程的纪录片，例如，Anthony Bourdain 制作的《解码费兰·安德里亚》（*Decoding Ferran Adria*），GereonWentzel 制作的《斗牛犬餐厅——进步中的烹饪》（*El Bulli：Cooking in Progress*）。

价值创造

在利润增长和企业发展动力的驱使下，企业家通过一定的商业模式不断创造经济价值（Vives & Svejenova，2011）。就高级烹饪的价值创造来说，最主要的三大元素是收入、成本和投资。

在高级烹饪行业，主要的收入来源是餐品价格，一般都会标注在菜单上，通常在100～500 欧元的范围，具体则视不同的餐厅，以及是否配供葡萄酒。厨师 Alain Ducasse 阐释了他的定价策略："多年来，一直都有人批评我的价格……实际上，高端美食就像高级时装，首先是材料价格非常昂贵，其次对细节的要求也一丝不苟，所以，看上去似乎昂贵，其实价钱非常恰当。我另外还开设一家小酒馆，那里的价钱就一点都不贵。"（引自 Day，2011）同样，Grant Achatz 餐厅曾把 Alinea 套餐价格从 145 美元改为195 美元，餐厅厨师兼合伙人 Kokonas 也解释过更改定价的原因："真不是因为想赚更多钱，我们其实是花了很长时间深思熟虑，真正的目的还是想把 Alinea 套餐做成全世界最好的。"（引自 Tanaka，2011）正像 Kokonas 说的那样，145 美元的价格确乎便宜一些，但菜单种类相应也少，因而晚餐时间就可能翻台，招待两拨客人用餐。提价之后，菜单种类也增加到了 22 项，享用起来需要四个小时，几乎没了翻台的可能。

近年来，厨师对于餐厅的定价模式也引入一些创新做法。例如，在厨师 Achatz 的Next 餐厅，根据餐桌位置和用餐时间的不同，向客人出售价格不同的门票，一如观看演出那样，票价的高低往往根据座位位置和演出时间来定。不止如此，Next 餐厅的门票还容许再次拍卖，由此创造出一个顾客参与的二级市场，让他们有机会得到一份额外收入。另外，餐厅还有相关的辅助收入，主要是销售饮料和出售厨师的著作。厨师的额外收入途径很多，例如连锁经营、特许经营、产品认证、提供咨询和管理、承办活动、出版图书、参与或制作电视节目，以及创新烹饪产品。

高级精品餐厅的成本结构负担很重，容易造成盈亏相抵甚至经营亏本的情况。主要问题是，价格昂贵的食材腐耗问题，服务人员与客户之间的配置比例过高问题，场地空间的利用率问题（高档餐厅既要保持空间上的质量标准，又因菜单丰富和用餐时间较长，因此餐桌往往不能翻台）。为了降低劳动力成本，许多高级餐厅开始增加无薪实习生的人数，这种方式也给实习生提供了学习和就业机会。

除了收入与成本问题之外，为了建立和维持运营水平，投资也是重要因素。譬如，对餐厅空间和厨房进行大规模装修，或者重新创建餐厅空间，以便提升环境效果，更新相关设备，为此，厨师往往要同合伙人一起进行核算规划。业务增长也会带来投资问题，特别是既要顺应增长需要，又须保证质量标准和维护声誉的情况下，投资更显重要。因此,厨师不但依靠富有想象力的菜品产生象征价值,而且还可以对企业进行追加投资。此外,高级厨师通过开展活动带来丰富的收入机会,也在整个社会意义上树立自己的职业形象,因而他们创造的价值也会惠及其他行业,这是因为,高级厨师基于自身发展不断开发新的经验,也为其他行业的企管人员提供借鉴(Svejcnova et al.,2010)。

企业家能力

商业模式的运行需要创意企业家能力,也就是整合各种资源投入,调动每个参与者,通过策划和动员行动,寻找并利用一切机会的能力(Zahra et al.,2011)。要把创意行为成功转化为广受欢迎的产品并且创造盈利,提高创作者的品牌资产价值,企业家能力必不可少,他们运用自己的智慧,选择并塑造商业机会,协调各方面的行动实现自己的目标。在这所有的过程中,创意企业家的作用也对商业模式产生影响(Zahra et al.,2011)。

例如,在厨师 Ferran Adria 的商业模式中,就包括称为 elBullicannen 的创意工作室,它是一个专门机构,整个团队的职责在于根据选定的机会进行创新实验,再把创意成果推广到商业运行之中,最终实现盈利回报。所谓机会,既包括为需要新颖餐厅概念的连锁酒店提供管理咨询,也有会同食品饮料制造商合作开发的全新产品。譬如他们同 Damm 集团进行合作,把自己开发的"金星啤酒"(Inedit)推向市场,这是一种类似葡萄酒概念的高端啤酒。在这些机会的形成和实现过程中,需要的资源投入都没有干扰到高级餐厅和创意工作室的顺利运行。

同样的例子还有,厨师 Cedroni 通过观察超市的罐头产品发现新的机会,可以开发保质期长久的高档食品,他自己称为"恒鲜食品"创意,于是他开始研究如何在工业规模上做到高档食品的长久保鲜,同时又不影响他的高级烹饪事业。他选择保鲜食品工业实验室 SSICA 作为合作伙伴,创建了现代化的实验室,开发出既有手工制作质量又能大规模生产的高档食品。Cedroni 还同 Bonta del Mare 和 Iper 这两家连锁超市合作,在超市中销售耐久的高档食品。不过,这项计划的实施效果并不像预期的那么成功,虽然产品的高端品质很有保障,但总体的销售收入却不如人意,因而他又开始用自己的品牌销售产品。Cedroni 总结说:"回顾这个时期的努力,我作为一名高级厨师是非常成功的,但还不是一名成功的企业家。"(Cedroni 采访,2011)由此看来,对厨师来说,要动员合作伙伴来实现新的价值创造,他们还需要企业家能力,需要感知、选择和塑造机会,也需要协调追求机会的行动。

商业模式类型:工作室和企业

创意企业家的自身动机、能量规模和活动范围,决定了他们在建立和运营商业模式方面存在不同的类型选择。主要的模式类型有两个,即工作室和企业。

工作室模式的重心在于创意活动本身，对机会的追求更多是集中在艺术表达、创新和学习方面，他们优先考虑的是创意的研究和开发，不是商业增长和市场扩展。在这种商业模式下，创作者的根本宗旨是发现、完善和传播新的创意和方法，并非全部为了赚钱。不过，尽管如此，创作者运行工作室的商业模式，确实也要追求创收机会，以便支付运行成本，保障自己的创作自由。他们很少能够达到较大规模，通常都以小型团队的方式进行密切合作，或者与众多合作伙伴建立关系。他们主要面向想要提高水平的专业受众，但也会通过专业受众的传播扩展部分市场，所以专业受众就构成他们对社会收益的预期基础。在这种商业模式下，保持工作室运行的创业能力主要在于协调不同的活动，以便实现创意成果的连贯性。

厨师 Ferran Adria 可谓是工作室模式的好例子，主创者在创意实验室里担负创新工作，而创新成果只供自己的高级餐厅使用，换言之，只有在餐厅才能品尝到创新菜品，所以它具有很强的唯一性和独特性。过去，他们的主要收入来自餐饮和咨询，面对这两个领域时，他们必须有选择地利用不同的创造力和竞争力来吸引相应的受众。与此类似，厨师 Massimo Bottura 的商业模式也偏重于创新，而不是利润。另外，厨师 Grant Achatz 的工作范围同样也非常集中，只专注在数量有限的餐厅上，其他商业机会便相应较少。

企业的商业模式，根本目标在于强大的增长潜力和盈利能力，厨师追求的是经营范围和企业规模，因而他们寻求业务的国际化和多样化，参与各种程度的相关活动，把业务扩展到各种不同的客户群。他们不但在国际范围选择时尚城市开设餐厅，如纽约、东京或迪拜，还通过制作和运营电视节目、出版著作以及为杂志撰写专栏等方式，树立强大的媒体品牌和专业领袖的公众形象，吸引更多的粉丝，并且引领消费行为。

Alain Ducasse 和 Gaston Acurio 的企业都是这种模型的实例。身为厨师的 Ducasse 同公司总经理 Laurent Plantier 共同拥有他们的企业 Alain Ducasse Entreprise，通过这种合作，在本地和国际上积极寻求机会。他们在八个国家开业，除了设有 27 家高级餐厅之外，还经营许多其他类型的餐厅，涵盖各种餐厅概念，此外他们也参与其他商业发展，譬如举办商业活动，开办美食学校，经营酒店等。虽然经营范围庞大，Alain Ducasse 也力求为每家餐厅创造独树一帜的特色，他仿佛具有一种能力——"既擅长扩张却又张弛有度"（Day，2011）。厨师 Gaston Acurio 在全球 14 个城市设有 32 家餐厅（McLaughlin，2011b），2009 年，他的品牌价值估值为 6 000 万美元（Mapstone，2009）。Acurio 的策略是创建不同的餐厅概念来吸引相应的细分市场，对技术诀窍和特许经营制定严格的规范标准，寻求快速成长的市场，追求利润的增长。

不管是工作室还是企业，都属于个体性质的商业模式，对于创意创始人的依赖程度非常之高，因而同样都会存在永续发展这个问题。在某些情况下，可以同新生代艺术家建立合作伙伴关系，通过这种结构来确保工作室或企业的延续安全，但这些新生代艺术家的风格须与创始人在价值观和未来愿景方面志同道合，一如许多建筑师那样。创始人也可以采取公开募股的方式，向大公司或市场出售他的品牌和商标，就像有些时装设计师的做法。此外,创始人还可以把公司转变为基金,或者新建一个基金,以达到维护声誉、保存遗产的目标,并从中增加自己的收入。

创意企业家的影响与深入研究的机会

在本章中,我们从创意企业家、商业模式和企业家能力的研究中,对创意与商业之间的相互作用及其重要性做了进一步分析,从而对创意产业或文化产业获得深入理解。我们论述了商业模式及其相关的问题和要素,运用商业模式实施的价值创造,以及企业家能力在实际运营中的作用。我们还举出两种主要的商业模式类型,即工作室和企业,阐述创意企业家的不同追求。

这些研究可能与其他行业的创意人士也密切相关,因为他们同样寻求自己的创作激情,而且从创作中实现更大的价值(Svejenova et al., 2010),所以,这些研究也适用于艺术家和其他行业的创新人士,为他们在设计、管理和转换商业模式方面寻求专业效益、经济效益和社会效益的融合提供参考(Baden-Fuller & Morgan, 2010)。作为一种思考框架(Baden-Fuller & Morgan, 2010),这些研究也适合跨文创产业的企业进行比较,对于不同地理环境的企业来说,也同样适于参考。此外,本文还从商业模式和创业能力的角度进行深入研究,探讨艺术家基金的建立问题,以及创意企业家在自己难以为继的时候,通过出售给其他企业的方式,让自己企业的创意事业得以继续,这种情况下,艺术家也就变成雇员身份了。

第十一章　创意产业的企业家与文化变迁：印度的艺术、时装和现代性

穆克蒂·凯尔

创意产业包括艺术、时尚、设计和娱乐（电影、电视、音乐、书籍）等领域，这些领域的企业所生产的产品都是文化的物质对象，也是符号价值和身份表达的形式（Peterson，1979），并对文化本身产生重要影响。通过对文化元素的撷取和使用（Crane & Bovone，2008），可对这些元素进行生产、增强（Crane，1992；Peterson & Anand，2004）和规范化。笔者认为，创意产业的领军企业家及其创新行为，比起文化产品对于文化和社会的影响更加广泛，甚至可能导致文化上的变革。

文化是特定社会群体所共同持有与遵循的信仰、习俗、惯例和规范体系（Jaeger & Selznick，1964；DiMaggio，1997），它通过界定适当的标准和价值，来构建社会群体的身份特征。因此，当引入新的文化产品时，就会要求企业家重新设置社会价值体系和习俗惯例，让这些新产品符合当下的适当标准和价值。这种价值体系的重新设置，可表现为文化规范的某种变化，因此也可以说，创意产业的企业家不仅能够影响文化，还能促进文化的变革。本文以现代印度艺术和高端时装产业市场为背景，考察市场的产生与制度化过程，探讨这些过程背后的企业家行为和组织行为对于公众和文化产生的广泛影响。这些行为需要重新定义价值的表达方式，因而不再囿于既往的传统，而是强调对个人和原创的重视。通过这样的行为过程，企业家在印度的消费市场中引入了现代性，而且基于新变化的适当标准和价值体系，以及新产品的替代性和可用性，也使消费行为趋于个性化，并与传统价值和习俗礼仪的概念出现分离。

"创意"和"文化"是两个经常互换使用的术语，用来表示"让我们与文化、艺术或娱乐价值产生广泛联系的商品和服务"的那些产业（Caves，2000），它的产品是创意劳动的成果，充满了符号价值而不是物质价值（Hirsch，1972，2000），这些产品包括书籍和杂志、绘画、雕塑、影视节目、歌剧、时装以及设计等类项。这些定义的含义是，创意和文化产品的价值是由社会决定的，好比毕加索的作品与我的立体主义抽象画或许存在水平上的本来差别，但两者之所以不同，根本上是由中间媒体的权威话语和判断来定义和确定质量标准的（Wadhwani & Khaire，2011），它包括艺术评论家、艺术史学家、博物馆研究员等人；反过来，在良性的互动循环中，这些知识渊博的权威定义和判断又在广泛的社会意义上影响并强化了某种价值惯例。因而，通过这种方式，可以增强文化产业和文化产品同文化内容的相互关联（Dowd，2004），在面对消费方式和消费偏好的时候，可以确定某种价值约定和评估规范，从而产生特定市场的交易记录，据此企业

可以重构或强化现有的文化主题和文化寓意,以便在市场中取得成功。不过,对于违背文化背景或是不符合现行规范的产品来说,企业的引入空间就很有限(Markert, 1985)。

因此,创意产业的领军企业家在文化领域引入极具创新性的产品时,如果对产品本身不够熟悉,或是对产品在规范和习俗方面的接受度与适当性缺乏了解,势必就会遇到障碍,很难从这些产品的引入中获得文化价值和经济收入。在为产品创造市场的过程中,这些企业家需要中介的帮助和支持,这些中介本身就构成一个"文化生产的领域",他们通过价值构建,生成并强化了某种社会公约,引领大众依循这种公约来评估、欣赏和评价文化产品(Bourdieu,1993)。因此,社会中介对于创意产业的运行至关重要(Foster & Ocejo,2013),尤其对新产品的市场拓展更为重要。社会中介通过教育和培养消费者的品味,在创造需求方面具有必不可少的影响力(Gay,2008),而不为消费者熟悉的全新文化产品在销售中又必然困难重重(Bourdieu,1993)。社会中介通过教育消费者认识新的文化产品价值来构建产品市场,在此过程中,他们必然提出和定义新的价值规范和标准,从而改变社会的接受度和价值观,甚至形成新的惯例,也就是新的文化。如果社会中介获得成功,也就意味着社会形成的新惯例就会在消费者中间广泛传播(Svejenova et al.,2007),因此,基于社会中介对于新产品的话语权,创意和文化产业的企业家在引入新产品的过程中也可能改变原有的文化规范。

本章将考察两个行业的实际案例,即现代印度艺术市场和印度高端时装产业,以现行规范为背景,论述企业家和社会中介在有关环境中的价值重构,以及重构带来的文化影响。随后,我将针对对此感兴趣的学者,总结这个论述对于创意产业、企业家和文化的影响。

现代印度艺术市场的案例

2005年,一件印度艺术品以近150万美元[①]的价格落锤拍卖,这让艺术界掀起了一股小小的涟漪。长期以来,虽然精美的印度文物一直深受世界收藏家的青睐,而且也经常曝出同样高的价格,譬如失蜡工艺制作的古代青铜雕像或精细的微型绘画,但这次终究是位在世艺术家的画作首次突破百万美元大关。这次以20世纪印度艺术作品为主题的全球拍卖会尚属首次,而且仅仅是十年前的事情,在那之前,人们一向忽视这一类别的印度艺术,这种活动在国内外的印度艺术界几乎闻所未闻,因而,这次拍卖会就有特别的重要意义。30年前,这位艺术家画画的时候,曾将这件拍卖作品卖给一位邻居,价格还不到10美元。在印度这样一个古老国家,拥有大胆的民间艺术和精湛的工艺传统,呈现着人们普遍习惯的美感,表现内容上也具有文化的适当性和价值观,或者是宗教性标志。而现代艺术却仿佛光怪陆离,既没有家喻户晓的寓言故事,也不

---

① 本节基于一项关于创建现代印度艺术市场的研究(Khaire & Wadhwani,2010)。

表现传统的神像或图腾,因而在美学观念和价值观上无法唤起人们的共鸣。然而,在印度走入世界舞台的几年中,现代印度艺术正在得到尊重,而且也获得了价值。即使在印度人中间,情况也是这样。那么,这种转变到底是怎样产生的呢?图11.1展示了现代印度艺术市场的演变。

1900年之前	1900—1947年	1947年	1947—1900年	1991年	1995年	2000年	2003年	2005—2007年
艺术创作主要是"民间艺术",以宗教题材和生活描绘为主。莫卧儿时代(16-18世纪,即英国殖民之前)的微型画是印度艺术的主流	殖民时代和后殖民时代早期的艺术形式取得卓越成就,以静物画和肖像画为主	摆脱英国统治,印度获得独立,并建立议会民主制。新政府实行中央计划的经济政策	大部分艺术家的原创作品属于传统现代主义风格。艺术市场散乱稀少,画廊不多,无正规的二级市场。印度国内乃至全球对现代印度艺术普遍缺乏兴趣	发生财政危机之后开始实施经济改革,促使中产阶层扩大及其消费增长。印度开始向外国公司开放市场,但媒体和零售行业除外	现代印度艺术的首次拍卖会由苏富比举办,拍品主要是赫威茨置业公司(Herwitz)收藏的129幅绘画	Saffronart成立,并于12月举办第一届Saffronart拍卖会,拍品限于现代印度绘画艺术作品	佳士得和苏富比也开始举办现代印度艺术专场拍卖会,不再掺杂印度古董	现代印度艺术市场已趋稳固

苏富比和佳士得拍卖行举办的"东南亚艺术"联合拍卖会,以现代艺术与古董(含雕塑)为主题

图11.1 现代印度艺术市场的演变

  印度一直拥有浓郁的艺术传统,这在莫卧儿时代的微型画中体现得淋漓尽致。在南亚次大陆艺术的各种全球性拍卖活动中,莫卧儿时代的微型画几乎都会占据主要地位,其他的还有印度雕像之类的文物。这些微型画的价值在很大程度上取决于作品的年代、保存状况和历史意义等因素,不取决于它的审美意义。印度的其他传统艺术一般都归类为民间艺术,基本都是运用古老技艺和表现形式,反复描绘传统风格的图案。在民间艺术绘画中,由于缺乏作者的个性表达和原创成分,因而大大降低了这些绘画在现代西方艺术世界中的价值,因为现代西方艺术世界更重视个性和原创等属性。在殖民地时代,英国统治者在印度建立了一些学术机构,部分艺术家受到西方风格与技艺的培训,他们的绘画作品带有早期殖民和后殖民时代的风格,在全球市场中代表了印度艺术的一小部分。不过,尽管这些绘画作品大多具有代表性,但在全球艺术品的收藏市场中并不占有高价位置。后来,由于现代主义美学的影响,接受各种学校培训的新一代艺术家也创造出了印度艺术的新面貌,这些作品普遍怀有民族主义和反殖民主义的热烈激情,反映出广泛的政治观念和社会情感,然而,尽管这些作品具有鲜明的独创性,也有强烈的反传统、非传统与非代表性的艺术风格,但在全球艺术市场中也没有受到重视。国际媒体中介都把这些艺术作品视为地方级别的水平,或是西方艺术的衍生作品,因此,在全球艺术市场上,这些作品的价值始终受到低估。连带的,在印度国内的艺术市场上,基本也是同样情况,人们不认为现代印度艺术具有太大的价值。实际上,印度的艺术市场并不发达。相较于西方国家,印度的画廊非常之少,而且大多是小型画店,一般都是艺术爱好者利用自家房屋开办经营的。画廊与艺术家之间也没

有独家经销协议或合约,更未形成西方常见的其他市场元素(或者说是基础设施),譬如艺术的学术界、经销商、评论家以及现代艺术的二级市场(虽然其他的印度艺术形式业已建立良好的市场基础)。因此,对于大多数的印度人来说,他们高度重视的始终还是传统的艺术形式和微型绘画,仍然低估现代印度艺术的美学价值和经济价值。

20世纪80年代末和90年代初以来,上述情况开始发生改变。当初,印度和国外的许多学者及艺术史学家开始重视20世纪的印度艺术,重新理解其现代属性和原创特质,以及鲜明的个性表达。它与传统的寓意式和偶像表现完全不同,显示出强烈的崭新特性,即以印度艺术的创新方式同西方现代主义概念相结合。将印度20世纪艺术归类为现代主义存有不少争议,然而,这种泛泛的学术话语毕竟具有影响力,对于艺术评论家和收藏家更为关注这些艺术作品起到了暗示作用。不过从另一面来看,在相对稀缺的印度艺术市场中,仅靠一定范围内产生的学术话语之变,并没有带来市场条件的多大改善。二级交易照旧零零星星,主要市场依然不够透明。在苏富比和佳士得的拍卖会上,能进入全球艺术市场的现代印度艺术作品数量仍然很少,而且还经常与印度文物同场出售。直到现在,市场客户还未把现代印度艺术作品单独归为一个新类别。当然,把这些艺术作品与古董文物合在一起拍卖,这本身也说明一个问题,那就是尚未研发出符合实际的类别评估标准。在这种情况下,现代印度艺术作品被市场低估价格的状况还会持续下去。

2000年,一家专门从事现代印度艺术在线拍卖的新公司——Saffronart.com出现。它秉持的理念是,现代印度艺术是个定义明确的市场类别,因而具有重要意义。事实上,很少有人单单为了现代印度艺术这个理由就开创一家公司的,这家公司的一位创始人在接受采访时这样说:"人们经常问我,到底有没有现代印度艺术这个东西?"在某种程度上说,这家公司聚焦于这一单独类别有助于新类别界限的确定,但仅靠这一点还不足以创造出一个市场,也不足以提升被收藏家低估的艺术价值。Saffronart采取的策略是,先从新的学术话语开始,把教育客户对20世纪印度艺术的价值认识作为基础,努力构建它的价值体系。公司创始人出版了制作精美、内容全面的拍卖图录,还附有所选作品的详细信息,并且标明相关作品在整个印度艺术史上的地位,特定作品在艺术家的创作活动和全部作品中的相对重要性,还阐释出艺术家的风格特征以及这种风格在同类型的审美演变过程中的相对意义。在他们的评估标准中,许多内容都借鉴了西方的经验,不仅强调艺术家的个人风格,还把个体艺术置于社会、文化和艺术的广泛背景中,从作品中投射出美学意义的演变脉络。Saffronart没有停留在价值标准的简单概念化,而是从学术话语中借用相关概念的意义,并做了通俗易懂的加工简化,既加深人们对20世纪艺术作为现代主义美术的理解,也容易借用西方艺术世界的普通标准进行评估,从而实现对这一类别进行经济价值构建的目标。在Saffronart的图录中,他们想要推行的话语方式既包括视觉品味(White & White,1965),也运用价值的重新定义。从这个意义来看,Saffronart担当的角色恰如Gay(2008)所说的那种"文化中介",他们"从事商业经营,通常又像一个教育机构……他们推动消费群体的审美培养"。

Saffronart 的做法很快也被其他拍卖公司效仿,特别是苏富比和佳士得,他们不仅在图录中增加类似的启发指导和价值构建的话语元素,还举办"纯"现代印度艺术品的拍卖活动。这些拍卖活动和艺术作品体现出来的价值变化,引起媒体记者和艺术评论家越来越多的关注,他们经常采用拍卖公司使用的估价方法,在大众媒体上为现代印度艺术增强话语力量。现代印度艺术话语范围的扩大,不仅传播和验证了 Saffronart 制定的评估标准,也提升了现代印度艺术在收藏家和普通公众心目中的价值,推动了新类别市场的制度化。这首先体现在市场规模的扩大,许多默默无闻的艺术家,现在也能依据相关公共标准和现代印度艺术品的价格飙升程度,对自己的作品进行评估,也可以根据收藏家和拍卖会之间在 2007 年建立的"主体间协议"来评估艺术作品的货币价值。后来,更多的印度艺术领域也出现了许多重大变化,很多企业家也纷纷跟随 Saffronart 的方式建立拍卖公司,还成立了几家新的画廊。新画廊的出现,不但吸引了艺术家的参与,也让很多人愿意选择艺术生涯。

因此,艺术市场中的企业家作用为个性化原创的现代艺术的价值建构做出了贡献,这些现代艺术摆脱了印度的传统主题和民间图像。现代印度艺术不仅在整个艺术市场普遍受到低估,就连印度的客户也几乎忽视了这个类别,习惯上他们更喜欢传统的、典型的艺术形式,也就是熟悉的虔诚神话形象。因此,在创造一个新市场类别的过程中,Saffronart 和其他中介实体通过许多艺术活动,努力展现个性化和原创性的艺术价值,以此促进大众文化观念的改变,超越长期的内向省悟以及唯尊传统的习惯。因此,这种艺术消费与现代性存在关系(Burger,1984)。总之,印度艺术市场中的企业家行为促进了一种现代主义的思维方式,这种思维方式不但接受对既定认识(或艺术)习惯的偏离,也对以往出现的一切质疑、冲突和差异抱持宽容态度(Gay,2008)。

印度高端时装产业的案例

凡有游客前往印度,恐怕很快就会发现,大量的印度女性依然穿着传统服装,这种现象在世界各国均属罕见。在印度女性的穿衣习惯上,几乎感受不到西方服装的同质化力量。[①] 不过,在 30 年前,街面看到的传统服饰比例还要高,除了非常年轻的女孩,印度服饰满眼尽是。印度女性的服装不单单是传统的风格和结构,而且连面料也是传统的。几个世纪以来,传统面料全由农村地区编织生产,几乎都是同样的图案和典型颜色。然而现在,纯粹的传统纺织品和图案已经不像从前那么普遍了,之所以出现这种变化,离不开高端时装产业的兴起。这个产业出现在 20 世纪的 80 年代中期,当时只有少数企业家和一名女性以设计师的身份设立了一个小型工作室,他们的未来充满

[①] 本节基于一项关于印度高端时装产业的研究所收集的数据(Khaire,2011a;Khaire,2011b;Khaire & Richardson,2011)。

不确定性,道路也艰辛坎坷。他们不但要克服任何行业的企业家都需要面对的普遍困难,还必须应对文化障碍的重大挑战,因为印度消费者不但对时装设计的价值缺乏理解,她们更习惯熟悉的传统服装。要克服这种文化障碍,就意味着必须改变消费者的文化背景,改变她们习以为常的习惯偏好和行为模式。关于印度时装产业的演变,请参见表11.2。

服装行业包括手摇纺织机、刺绣工匠裁缝和一些零售商。
女性大多穿印度服装,社会规范在正式场合规定印度服装。
服装的价值和可接受性遵从区域特种纺织品的界限。

1947年之前	1947年	1959年	80年代中期	1986年	1991年	2000年	2005年
男性在一定程度上已接受西式服装,但即便在城市,所有女性不穿西式服装。女性着装均为纱丽,既有依照传统图案手工编织的,也有制衣厂制作的	摆脱英国统治,印度获得独立,并建立议会民主制。新政府实行中央计划的经济政策	印度时尚女性杂志(英语版)《伊周》(Femina)创刊,内容涵盖女性喜爱的主题,包括烹饪、育儿和时装等	最早的三位时装设计师创办公司。早期的时装设计师大多运用传统纺织品制作印度风格的服装,但加入许多非传统的图案和装饰。他们希望为传统赋予新意,而不是彻底颠覆传统	隶属于国家纺织部的国立时装技术学院在首都新德里成立	发生财政危机之后开始实施经济改革,促使中产阶层扩大及其消费增长。印度开始向外国公司开放市场,但媒体和零售行业除外	众多设计师筹划的行业组织正式创立,即印度时装设计委员会(Fashion Design Council of India,FDCI),并开始在纽约、巴黎等地举办印度时装周活动	时装产业实现制度化进程。印度时装的产生主要源于传统工艺,不过也有许多年轻设计师倾心创作地道的西式服装。在现代印度,两种风格同时并存

图 11.2　印度时装产业的演变

在 20 世纪 80 年代,印度的文化氛围和裁缝背景都还集中在传统和仪式方面,女性尤其如此。像其他殖民地国家一样,印度男性,特别是城市中心的男性更早地接受了西方服装,但女性的穿着却依然固守传统的服装,主要是纱丽(saris)和莎丽克米兹(salwar-kameezes),即便在城市,女性在节日或婚礼等正式场合的正规穿着,也必然是传统服装。在缺乏服装零售体系的情况下,女性都到裁缝店制作衣服,那时候还没有完全形成成衣的概念。衣服的价值首先取决于材料质量,其次体现在制作服装使用的特定编织物以及人们对织物的感觉,这些感觉都是基于惯例确定的。因此,产自特定地区的丝绸纱丽,因为装饰和设计风格的复杂性,以及制作上的精湛技艺和工艺,往往备受人们珍视,于是成为该地区编织传统的一个特色。由于印度拥有丰富、发达而独特的纺织工艺传统,而且区域特色丰富多彩,因此,不同地区生产的纺织品在消费者心目中具有不同的价值。

在几个时装企业家最初创业的时候,服装的适当性和接受度,以及它的价值判断,不取决于服装设计所蕴含的创意性和独特性,而是视它与几百年的传统图案、编织和点缀以及刺绣等技艺的符合程度来确定。同时,无处不在的传统裁缝也意味着,即便在没有设计师的日子里,所有人也都穿着合身的定制衣服。不过,裁缝毕竟不同于设计师,他们并不在乎品牌,因此,裁缝附加在服装上的价值并不包括特定的创意,他们同消费者的关系本质上是一种简单协作,并非是一种自主的创作过程。从妇女购买服装过程中的这些因素来看,服装的价值取决于不同区域纺织品的相对接受性,与个人创意和款式公认度几乎没有关系,因此,在普通的服装市场上,对嵌入"设计"要素的服装来说,其中的个人创意和原创性并不觉得有什么特别价值,这也就意味着,时装设计企业家在创造产品市场的过程中要面对巨大困难。此外,流行的社会规范也崇尚对传统服装要素的使用,消费者不易接受服装在基本款式上的结构创新(如西式服装),这进一步限制和压缩了设计师的设计空间和审美创造。

面对这些限制,印度最早的时装设计师便从设计传统款式服装起步,让人们可以穿着去参加婚礼和其他的正式场合,这样的策略减少了消费者在接受方面的社会文化障碍。设计师也经常聘请具有传统区域特色的传统手工业者,以及有着丰富知识和经验的手工编织者,利用他们的传统刺绣和装饰技巧,在设计服装中融进传统面料和技能的价值。不过,由于这些服装在创新上的限制,与使用最佳传统面料制成的定制服装显现不出多大区别,因此,设计师也找到一些展现创造力和原创性的新方法,他们把来自不同地区的编织技术、纱线、图案、刺绣或装饰重新融合,巧妙搭配到一件设计服装上;或者,他们向传统织工提出新的图案和纹样。这些创新,也曾惹来一些纯粹主义者的指责,说它是纱丽或服装的"混蛋"创造,混淆区域特性和文化传统的来源。但不管怎样,通过这种借由传统又逐步重新定义价值的设计策略,让传统和个性元素进行重组设计,从而获得习俗的认可,印度设计师(特别是最早的设计师)还是把自己的原创性和创造性的标牌打入了市场。

与现代印度艺术市场一样,设计师对女性服装中备受重视又可接受的要素进行重新定义,再经由行业成员的努力推进它的形制化进程,具体说就是时装产业的时装教育机构、时装媒体和时装零售商的活动。例如,印度有两个最负盛名的时装教育机构,在加强时装设计与传统纺织品之间的关联方面,他们发挥了巨大作用。同时,他们也通过教育活动,强调时装设计是一种有效的独立职业,由此又把时装设计与传统裁缝区分开来,从而赋予服装以不同的价值主张。时装设计师通常具有超凡魅力和尊贵地位,永远都是时尚杂志的完美角色。由于时尚杂志涵盖时装秀和设计师的特色采访,以及对设计师收藏款式的评论(多数不会加以负面批评),他们不时创造出超越生活的人物偶像,感染消费者的内心愿望,从而为崇尚的设计师服装创造潜意识的价值基础。最后,这使销售高端时装的专卖店奠定了独特而尊贵的崇高地位,提高了人们对名牌服装价值的认识。在 1999 至 2000 年之间,印度成立了贸易协会,即印度时装设计委员会(the Fashion Design Council of India),参照巴黎、纽约和伦敦的相关做法也组织时装周活动,得到了平面媒体和视觉媒体的广泛报道,进一步巩固了消费者的时尚意识,让他们感觉到时装是一种特殊而独特的东西,是高价值的地位象征。电影明星和女性在社会上层选用名牌服装,媒体对于时尚价值的构建话语,都对中产阶级消费者产生很大影响,促使时装这一类别成为他们的理想追求。与此同时,这也催生出设计师服装的仿冒市场,使得"设计师服装"遍布于普通的大众零售店。所以说,即便设计师服装只被社会少部分群体消费,它所代表的现代价值也已得到普遍接受。到 2005 年,也就是印度最早的设计师开创工作室的 20 年之后,在传统招待会上,不必单说年轻女性,整体上也已经很难看到传统图案和编织的区域类纱丽了。最好、最贵的传统纱丽在制作速度上远不及"设计师纱丽",已经逐渐成为博物馆的藏品。随着时间推移和社会变化,设计师(和消费者)越来越喜欢尝试款式和结构的创新,这也包括西式服装在内。不过,尽管也有个别情况属于重新诠释和创造性改变,印度的高端时装依然显现出南亚次大陆工艺特征的深刻影响和风格形塑。可见,正是这些基于传统的个性化诠释和丰富的创造性发展,终于得到高端时装消费者的推崇。

印度时装设计师的崛起,以及企业家为了生存与发展而采取的智慧策略,带来了对个性、体验和自主性的推崇,也减弱了那些纯粹主义的传统意识。虽然无法想象来自特定地区的新娘如果不穿自己地区的特色纱丽到底将会怎样,但是,"设计师纱丽"的兴起终究让消费者接受并能公然脱离原有的传统,自由选择自己喜欢的设计,不必顾虑是否符合特定区域的款式或传统。由此而言,时装业的兴起改变了人们对于适当着装的观念,也改变了对于服装重新定义价值的看法。事实上,就像艺术市场上的企业家一样,印度时装界的企业家对于打破传统服装体系做出了贡献。在传统服装体系下,任何服装系列都因循传统的固定样式,所以说,这个体系的打破也标志着现代社会的崛起(Bovone,2006)。

讨论与结论

文化的定义各有不同,不过大家普遍认为,文化是一套系统性的公约和规范,界定了(给定的)社会大众的礼仪、行为及行动指导(DiMaggio,1997；Dollard,1939；Swidler,1986；Willey,1929；Wuthnow & Witten,1988)。因此,文化界定的是普遍认为有价值的东西(Dolfsma,1999；Schurman & Munro,2009)。构成文化的惯例和规范体现在社会大众的行为、行为模式以及明确的物质对象之中,即所谓的"记录文化"(Crane 1992),如艺术、服装、印刷品和电影等。在市场经济中,文化的生产是由那些在创意(或文化)产业中(Caves,2000；Hirsch,1972,2000)运行的企业所控制,而产品则是这些文化的物理对象。不过,这些产品的接受性和价值却是基于现行文化规范,通过社会活动得以形成的,因此,创意和文化产业的独特之处,在于它们与现行文化规范的密切交织(Dowd,2004)。一方面,这些行业的企业产生文化对象,另一方面,这些行业的产品及其经济价值也同社会的接受度密切相关,也就是由社会大众来衡量它的适当性和接受度,以及价值几何。企业都希望争取良好的市场表现,自然也就希望自己的产品能够符合更广泛的文化规范和价值习惯。此外,创意产品还有其他的特别属性,譬如需求的不确定性和无限多样性(Caves,2000)。综合所有的这些特性,把握文化价值习惯和企业经济绩效之间的相互关系,会帮助企业生产更为同质化的文化产品,降低企业在产品生产上的风险程度。企业想要引入和创造新的产品市场,必然要面对一个增值过程(Verdaasdonk,1983；van Rees,1983),唯有经过这个增值过程,才能获得新产品的接受度和价值,从而形成产品市场新的价值体系。正因为产品市场的价值体系也是文化的重要组成,所以,文化产业的先驱企业往往超越平庸,通过创造新的产品,推动文化的变革。

我们看到,现代印度艺术市场和高端时装产业的兴起,在印度原有的文化背景下,通过一种新的价值体系培育了消费者的偏好。这种价值体系是以植入传统的方式得以构建的,而不是直接创立新的规则和惯例。通过上述两个案例的考察,我们也发现,在当时的印度社会,文化习俗几乎完全依循历史传统的规范,这种情况限制了消费者的偏好选择与消费模式(印度艺术行业与时装行业的对应比较见表 11.1)。就服装来说,女性的服装不仅受到社会规范与规则的制约,而且还受传统的手工生产方式和固定不变的产品种类限制。具体说,由于编织品的价值在于它模式化的标志性和辨识度,因此,人们固守传统,很少进行创新改变。同一地区的所有编织工全都生产近乎相同的产品,几乎看不到每个编织工之间会有什么差别。服装的全部供应尽在传统规范之内,消费者也就别无更多选择,甚至包括服装的样式和图案。至于艺术也是一样,由于历史和传统在社会生活中的重要地位,人们都习惯性地认为,只有历史题材或者寓言故事的典型传统绘画才有价值。在这种情况下,不仅是印度人,就连外国人也都跟随重视印度的传统绘画形式。诚然,在没有认识和评价现代印度艺术作品,并且实现其价值的例子出现之前,人们所能熟悉和充分认识的,也只有传统形式的绘画而已。对于艺术或服装市场的个人来说,遵守社会期望的规范,购买社会认可的物品,终究还是最踏实也容易接受的一件事,于是,这也就必然导致雷同一致。在印度的社会文化背景下,更适于固守常规和因循守旧,要想从事原创、试验和创新,则会困难重重。

表 11.1　　　　　　　现代印度艺术行业与印度时装行业的对应比较

	印度艺术行业	印度时装行业
先驱企业诞生前的环境	市场稀少散乱;宗教题材、古董或民间艺术在印度最具艺术价值;抽象艺术等同于西方生活方式;印度抽象艺术被世界视为殖民地文化的"衍生产物"(一如其他后殖民地国家的文化艺术)	女性服装式样普遍是传统"制式",缺乏"款式"概念;服装穿着取决于年龄、社会经济地位、地理区域及显示个人身份的其他元素。特定传统区域的纺织品和流派受到特别推崇
文化与社会因素	非消费导向的社会;高度遵循同传统规范的一致性;固守历史和传统;市场上产品繁多,但大同小异,缺乏创意	非消费导向的社会;高度遵循与传统规范的一致性;固守历史和传统;市场上品种繁多,但大同小异,缺乏创意
合规性、接受性和价值的决定因素	作品年代(指古董类),作品题材(如宗教、民间艺术)	纺织的质量、布料的流派产地、服装的形制规范、传统款式
企业家行为方式	拍卖行(售卖者/生产者)	时装设计师(卖家/制作人)、教育机构(中介)、零售商(售卖者/生产者)、媒体(中介)
企业家行为模式	运用话语构建新的价值标准	恰当的框架,构建新的价值标准,传播新的价值标准
新价值标准的立场	偏重西方	偏重传统
企业家行为产生的作用	人们已开始欣赏抽象艺术,注重作品原创性、(艺术家的)绘画技艺和个人风格,认同它的价值	人们已开始追捧服装的新颖性、原创性(包括设计师的创意)和(设计师的)辨识标志,认同它的价值

续表

	印度艺术行业	印度时装行业
制度化	艺术作品的价值已在业内得到一致认同；画廊和拍卖行数量增加	仿冒"设计师品牌服装"流行，并成为服装市场的一种品类，主要满足中产阶层的消费需求
文化变迁	印度情感与西方风格相融合的现代艺术	植根于印度传统，追随西方风气的现代时尚

不过，正是在这种社会文化背景下，面对诸多的文化障碍和经济挑战，服装和艺术行业的企业家却创造出新的产品类型，开拓出新的产品市场，并且，随着新产品的不断推出，更进一步完成了这些市场的制度化建构。然而，创新产品的市场建构和价值创造之所以取得成功，最终还要归功于市场消费者，准确说就是客户的购买行为；反过来看，客户的购买行为也表示出他们本身已在形成一种共同的文化理解和表达(Zelizer，2011)，可见，一旦某个产业及其企业家在重新定义产品的适当性和价值取得成功之后，整个情况也就开始发生变化。这些都是企业(特别是文化产业的企业家)对文化带来影响的实例。新的经济活动和市场崛起，以及随之形成的新价值标准，这一切所产生的影响力其实也构成文化的一部分。在界定和建构现代艺术或时装设计的价值过程中，是先驱企业家在产业领域对既往的固有习俗和价值观念发起挑战(而且唯其顽固才会采取文化植入式的策略)，从而催生出一个新价值体系和制度。在印度社会中，这些新的价值观念与既有习俗规范毕竟大相径庭，所以，他们的兴起和制度化过程也就意味着对传统束缚的突破，意味着社会文化正走向现代人类的生活观念。

原创思想和设计的引入，突破了时装和艺术市场的传统形式，由企业家在产业领域重新定义的价值认知和观念逐渐被消费者所接受，原创性和个性化的创意产品成为"现代"的象征，这种变化也进一步促进习俗的变化，从而带来消费的改变(Bovone，2006)。现代主义是一种生活方式，它强调个人和个性，注重"探索和发现"，意思是，对于偏离传统观念的习俗、审美和价值抱持宽容和接受的态度。现代主义认为，比起既有传统和固有规范，尚未体验和证明过的未知事物更会引人入胜(Annstronn，2005；Gay，2008)。在这两个案例中我们看到，由企业家进行的价值重构催生出消费模式的变化，也产生出现代的创造活动，借用 Slater(1997)的说法，就是个性化的自我选择，即由个人做出能动性选择，而不是只有顺从的循规蹈矩。根本上说，一个人的身份不是由出生和归属注定的，而是由他的个人选择和自我表达所决定(Slater，1997；Zukin & Maguire，2004)。印度现代艺术和高端时装的消费变化，正是现代主义思维方式的体现。

艺术和时装企业家的影响层面是不同的。首先，艺术企业家主要针对之前创作的艺术品进行价值体系的重新定义，而时装企业家从事的则是针对未知产品的价值构建(尽管它与熟悉的产品可能相似)。其次，在艺术案例中，企业家首先借用了西方世界的价值观念，但在时装案例中，企业家首先借用的，更多则是传统中的元素。再次，在艺术案例中，企业家的价值构建和重新定义活动，改变的不仅是印度消费者对艺术审美和经济价值的观念,也改变了印度对于世界艺术的看法,从而导致对世界艺术的重新定位,把它视为现代主义思想和运动的艺术世界。但在时装案例中,企业家的影响力主要表现在,通过创造和推行逐渐让消费者接受的服装,慢慢代替一成不变的固有传统,从而在服装产品和消费模式上来促进改变印度消费者的守旧观念。

这两个案例还表明,文化产业的先驱企业家实质上是把"经济企业家"和"文化企业家"合为一体。所谓"经济企业家",如同熊彼特理论所揭示的一样。"文化企业家"是指创造一种新的产品,既受大众欢迎,对于文化也能产生影响。特别重要的一点是,文化领域的先驱企业家不仅创造新的艺术产品,而且,这种创意活动还能作为一种力量,超越文化生产的自我循环系统,最终影响并改变相关消费群体的文化形态。就像我们看到的那样,文化企业家带来的文化影响,实质上是企业家追求经济需要的一种结果。为了产生经济价值,他们就需要创造市场,于是又必须重新定义消费者的文化认知,以便让消费者接受他们的产品,而且觉得很有价值。通过这种重新定义价值的创业过程,以前人们觉着价值不高或是没有价值的东西,也就变得让人接受和喜爱,成为有价值的产品。文化产业创业先驱经由这种方式,首先促使消费者形成产品价值的新认识,继而影响更广泛的文化规范。在这个过程中,价值构建对文化生产全部领域带来的影响,也帮助企业家获得了利益回报。

毫无疑问,先驱企业家的全部努力肯定不是社会发生变革的唯一因素(Peterson & Anand,2004)。在同一时期,实际上印度也发生了深刻的政治变革,并继而导致更广泛的社会经济变化。1991年以前,印度经历了几十年的经济封闭状态,提倡"自力更生",实行中央计划,推行的经济政策旨在促进社会平等,而非在于创造机会,结果,沉疴宿疾终于导致财政危机的出现,迫使印度政府改辕易辙,采取截然不同的意识形态和经济政策,开放经济,促进出口,放宽进口,引进外资。这些政治经济的改革带来了印度经济的快速发展,就业机会持续增长,也迅速形成一个庞大的中产阶层。不断向上流动的中产阶层更多倾向于自主的消费偏好和自由的生活方式,因而也极大改变着社会的消费模式。同时,印度经济的快速增长也吸引了全世界的关注。在新的开放经济环境下,印度人接触到的西方电视节目和杂志越来越多,出国旅游的人数也大幅增加(联合国世界发展指数报告),这对印度的文化变革产生重要影响。

尽管如此,20世纪80年代中期出现的印度时装产业,其实还早于实行经济改革之前,更不必说改革产生社会影响的时候。所以,对于时装企业家的现代主义影响力来说,经济改革虽然具有促进和扩大的作用,但在他们创业的最初几年,这一因素对于企业家的价值重构过程并没发挥什么作用。从相当大程度上来讲,是时装产业最初推动的社会变革,改变了这个领域的认知结构,继而又在更广泛的社会范围形成共识。可见,如果缺乏新的价值规范以及实现这种规范的创新产品,仅仅依靠政府的政策变化,终是难以改变消费者思维方式的。艺术的案例也证明,由于"供应也能创造需求"(Bourdieu,1985),市场制度化的构建表明了价值定义已然发生了变化,这也促使人们

第十一章　创意产业的企业家与文化变迁:印度的艺术、时装和现代性　143

去购买和收藏以前曾被低估的艺术品。① 这种价值定义的变化与印度社会日益现代化的思维方式相互关联。此外,正如我们所看到的那样,现代印度艺术市场的创造是通过对以前创作的艺术品重新进行价值定义来实现的,换言之,改变的不是艺术作品,而是如何理解、评估和重视这些作品的观念(Khaire & Wadhwani,2010)。学者们还发现,印度经济的对外开放并没有导致文化态度的改变(Derne,2005),这表示单靠经济政策并不足以带来文化变革。新的经济政策可能会创造新的消费渠道,但印度人却也可能继续因循传统的消费习惯和一成不变的固有产品。所以,根本上还是企业家对于价值重构的行动和话语促成了人们对现代个人主义表达方式的接受,创造了相应产品的消费需求。通过文化产品和文化规范与他们所形成和影响的新文化之间,通常存在着密切的相互交织与混合关系(Dowd,2004;Jones,2001),因此很难准确地确定新文化生产对文化变革的影响程度,也很难确定自然变化和演变甚至是革命性变化对文化变迁的影响程度。不过,企业家充当的角色,要求他们根据社会变化的宏观要求,通过跨越社会结构中不同层次的文化共性,运用他们的观念和话语,参与到特定领域的价值构建之中(Lawrence & Phillips,2004),从而带来文化变革。在印度,时装和艺术及其相关领域的企业家,是诠释话语力如何转化为行动和产品的典型(Foster & Ocejo,2013)。

学者们研究并阐述了企业在文化产业及其生产系统中对社会大众文化的影响。不过,之前关于企业如何作用于文化的论述,也已阐明了企业通过创造产品以及产品的消费所带来的影响(Peterson,1979;Crane & Bovone,2006)。将文化视为一种评估体系,使我们能够更深入地观察到,企业以及文化生产领域所创造的产品,如何通过对价值体系的重构带来文化上的影响。特别是,即使文化产业的结构处于平稳发展状态,这种观点也能启发我们观察文化的变革过程,因为它强调企业家的重要性,突出了生产领域在文化变迁过程的重要地位。

在这一观点中,企业家和创业公司的角色是个重要内容。企业家通过个人或公司实体的形式参与价值的重组过程,目标是为他们引入的新产品创造市场。不管普遍存在的既有惯例、规范和需求模式怎样,企业家的责任在于培养一种不同的新价值观念,打破文化生产原有的自我循环系统(因循守旧的企业则会沉溺于这种既定系统)。一旦这些新的价值观念替代许多旧有的社会观念而终于占有一席之地的时候,这些企业家也就有效地改变了文化。只有理解文化变革是企业家行为和价值重组的结果,才能掌握分析文化变革的有效方法,进而帮助我们预测文化生产带来影响的方向和性质。例如,观察印度高端时装产业的新产品在特定方面出现的传统背离,让人们进一步了解到,企业家会先锁定传统价值的哪些方面来进行突破(这个案例中,在企业家尝试创建的价值层次结构中,对价值定义的属性并不包括传统编织的真伪性和纹样的纯粹性

---

① 对二级市场中现代印度艺术品价格的多变量分析表明,收藏家和拍卖行之间的主体间协议与后 Saffronart 时期的话语明显相关。即使在掌握了印度、英国、美国的实际国内生产总值和消费数据之后,结论也是如此。这些数据反映了印度人的购买力上升,以及印度在改变经济政策之后的迅速崛起。

等因素，就是故意为了能够偏离传统的典型设计）。反过来看，也可以帮助我们大致预测引入高端时装会产生怎样的影响，因为这些高端时装不会再强调传统，而是更会注重创意、个性和创造力。

然而重要的是，还要注意到企业家（或生产者）行为本身并不足以创造市场，也不足以促成文化的变迁。这个看法又回归到了文化产业的经典观点，即特别强调文化生产领域的整体作用。由于文化产品具有更大的象征价值而不是物质价值（Hirsch, 1972, 2000），决定了文化产业的价值具有主观性、不确定性和无形特征，所以，要进行社会建构就须在更广泛的层面植入新的文化（Bourdieu, 1983, 1993）。由此来看，要在文化产业中重新定义价值结构，需要广泛的共识，也需要强化各种因素的市场参与。这种认知变化的不断扩大，反过来又会促成更广泛的文化变迁（DiMaggio, 1997）。例如，在现代印度艺术案例中，虽然 Saffronart 作为最初的市场参与者，参与制定了印度艺术新的评价标准，但在他们之前，毕竟还有艺术史学家和学者最早引入 20 世纪印度艺术的概念，只是他们的审美观念被大众忽视罢了。此外，Satfronart 对学术话语的通俗简化，又是被评论家和记者采纳之后，才传播到更广泛的话语世界中去的，特别是记者，他们通过平面媒体和视觉媒体进行广泛传播（对象既包括艺术品的购买者，也包括非购买者），才促进了新价值观念的形成。媒体的传播作用尤为关键，它对于推动社会观念的移风易俗，普及新的替代方案，最终促成大众思维方式的改变，都是至关重要的。同样，正如印度高端时装业那样，教育机构、媒体、专业零售商以及行业协会等机构共同构成了一个整体，在计师引入离经叛道的新服装形式的过程中，对于构建新的价值标准和评估体系，对于向大众广泛传播新的价值惯例等方面，也都发挥了关键作用。在时装业的案例中，专业时尚杂志以及平面和视觉媒体对新产业（特别是耀眼的时装秀）的报道，增强了新价值观念和社会规范的传播力度，帮助实现了这些新观念和规范的确立。

在社会建构评估标准与文化的过程中，创意产业、企业家及相关领域之间的互动关系对文化社会学的研究非常重要。特别是，它是连接各个目标、人文和领域导向的文化体制之间的一座桥梁（Verdaasdonk & van Rees, 1991）。如果能够理解文化变迁是受创意产业企业家进行的价值重组过程所驱动，我们就可以发现文化对象的客观品质以及由中间媒介参与的价值建构所承担的作用，具体说就是，它可以改变文化对象的含义，改变文化对象的接受性和适当性以及价值定义，最终实现文化习俗和社会规范的变革。

最后，按照评估惯例和企业家精神来理解文化和文化产品的消费，减少了限制性生产与规模化生产之间的差异。中间媒介为了促进社会对于创意产品的接受度，让大众相信产品值得消费，就必须构建文化产品的价值体系（由于它的植入性），一旦我们接受这个价值体系，那么，不论是限制性生产还是规模化生产的文化产品，都会受到这个体系的制约，按照它定义的标准进行价值评估。于是，社会对这个体系的接受范围也会不断扩展。通过扩展，或许可以用来解释社会精英和大众之间的差距可能也会缩小的原因,这是有些学者通过实证研究发现的一点。

把社会建构主义的价值观与创意产业及文化企业家联系起来,是我们进一步理解文化变迁及其发生方式的重要一步。当然,为了更好地理解这个过程,还要做很多工作。例如,在价值构建和价值约定的重新配置过程中,生产者和中间媒介所使用的话语策略会有不同,如果对这一点再进行深入研究,可以提高运用这种观点的分析能力。同样,如果设置不同的文化产业或文化环境因素,为了理解设置条件下的这个过程,则可以采取比较研究的方法,使之产生一个更一般化的分析框架,用来理解物质对象在生产过程中所带来的文化变化。总之,对这一过程以及相关方面进行研究,可以为社会学——特别是文化社会学,为企业家精神和制度理论等领域做出贡献。

第十二章　创意产业的绩效

阿莱格尔·L.哈迪达

> "当英国广播公司的电视节目获得高收视率时,理事会会指责这些频道'弱智化'。当该公司电视节目获得奖项时,理事会又会指责这些频道'精英化'。总之,你永远不会赢……"
>
> 迈克尔·格雷德,英国剑桥大学麦格达伦学院
> Investec年度商务讲座,2010年11月24日

导　论

对创意的评估往往会引起政治争议。创意过程和成果(有形产品和无形体验)甚或引发"尖锐的冲突"(Faulkner & Anderson,1987):有的创意成果令行家激赏有加,观众喜不自禁,而其他人却视若敝屣,很快便会遗忘。由于符号内容和"新奇性"的艰难追寻(Nohria,1992),对创意产业的成败得失很难进行界定和评估。尤其是在电影行业(Collins, Hand & Snell, 2002; DeVany & Walls, 1997, 2004; Walls, 2005),已有大量研究预测影片绩效,试图破解"无人知晓"(Goldman,1983)之谜。即便如此,许多社会科学领域的研究者仍怀着"有人先知"(Simonton,2009a; Wei,2006)的希望,运用系统方法来界定和衡量创意产业绩效。

本章拟对学术界的有关研究文献进行梳理归纳。为此,笔者对2010年和2012年EBSCO和JSTOR英文期刊数据库进行全面搜索,专门收集研究创意产业绩效的英文文献。同时,运用三个核心关键词("绩效""成功""失败"),三个一般术语("创意产业谎言""文化产业谎言""艺术"),以及若干特定行业词汇("广告""影院""电影""时装""节庆""音乐""表演艺术""戏剧""电视""出版""电子游戏")进行综合搜索,无论文献何时发表,一概纳入搜索范围。

为了简化和一致起见,笔者瞄准五门社会科学学科进行搜索,即管理(包括战略、组织理论、营销和会计)、文化政策、文化经济学、心理学和社会学,排除了其他学科,如设计、美学或艺术史。上述五门学科中论述电影绩效的文章和专著(Hadida,2009)也在搜寻之列。创意产业工作者与专家学者认可的绩效定义和衡量标准不尽相同,笔者侧重关注后者,假设后者能够准确地代表前者,即使有差异也是微不足道的。

笔者一共收集到各门学科和创意产业的182项相关研究资料,其中有159篇经同

行评审的文章、5本书的有关章节和18本专著,资料收集截至2012年1月。同行评审文章最多,可见此类文章是传播五门社会科学学科有关知识的重要形式。

本章结构如下:首先,论述界定和衡量创意产业绩效的动因与有关案例。其次,检视182项研究文献,聚焦其选择的绩效维度与创意过程或成果层面的分析,并提出如何深入研究创意产业绩效界定和衡量的第一项建议。再次,探讨创意产业各个绩效维度的相关性及其动态发展,在此基础上提出另外四项进一步研究的建议。最后,小结并扩展笔者的发现。

界定与衡量创意产业绩效的动因

创意产业的绩效概念相当宽泛而又复杂,绩效界定和衡量可谓困难重重,一如迈克尔·格雷德开篇引文所讲的那样充满争议。

界定和衡量创意产业绩效的逻辑

Townley、Cooper和Oakes(2003)认为,绩效界定和衡量的哲学基础首先来源于康德和韦伯(Kant & Weber)的启蒙著作,其目的在于通过揭示政策和行动所依据的理由来追求"人类事务理性"。因此,绩效衡量标准可以使人们的行动保持一致。绩效界定和衡量的另一哲学基础源自霍布斯和哈贝马斯(Hobbes & Habermas),他们将理性化定义成手段和方法,使"工具理性"占据支配地位,承担据此行动所蕴含的风险(Townley,Cooper & Oakes,2003)。

追求"人类事务理性"还是"工具理性",这场冲突为搜寻现有界定和衡量创意产业绩效之逻辑的文献提供了线索。加拿大阿尔伯塔省审计长办公室关于绩效和效率的观念(Gendron,Cooper & Townley,2007),国家对理想主义(人类事务理性)与现实主义(工具理性;Craik,2005;Eckersley,2008)无法进行调和的事实,都说明了它们之间存在着分歧。英国文化、传媒和体育部(DCMS)发表的麦克马斯特报告列举了"人类事务理性"与"工具理性"发生的冲突,提出了支持"艺术卓越"的方法(McMaster,2008)。该报告更倚重"人类事务理性",但未能提出"艺术卓越"的定义和衡量标准,报告承认这样做确有难度(Eckersley,2008)。加拿大魁北克省对95所非营利性表演艺术组织进行调查,尽管管理者一再强调"艺术卓越"是最重要的成功因素,采用最多的绩效指标却依旧是经济指标,上述困难便是其中缘由之一。由于预算绩效比较容易衡量,加上资助机构偏重于分析财务绩效指标,上述表演艺术机构自然也就更重视财务会计方面的责任(Turbide & Laurin,2009)。

"工具理性"的观点也同样遭到学术界的批评。有学者指出,界定和衡量绩效的维度相当复杂,其本质是主观的,无法量化的(Marotto,Roos & Victor,2007;Matarasso,1996;Steele,2004;Sukel,1978),故质疑这类指标的有效性。他们认为,在尚无可信的经济案例可以援引的情况下,英国政府不应以经济效益作为制定艺术政策的基础

(Garnham,2005),资源应当用于更好地理解艺术,而不是追求艺术的经济效益(Belfiore & Bennett,2007;Radbourne,Glow & Johanson,2010)。谢菲尔德国家流行音乐中心目前已不复存在,该中心的经验表明,管理者越是细算经济账来弥补亏损,亏损就越不可控(Kam,2004)。更为根本的是,Gilhespy(2001)指出,艺术机构采用绩效衡量标准似乎是策略之举,但他调研的一些机构并不明确自身的目标和政策优先事项,这就提出了用公共资金支持这些艺术机构是否具有正当理由的问题(Gilhespy,2001)。

归根结底,"人类事务理性"和"工具理性"代表了同一理性化过程的两个方面,很难分割和孤立处理。不过,我们依然需要进一步探讨它们之间的结合点,研究创意产业各个绩效维度的相对重要性和相关性。不同的哲学基础也造成了其他与界定和衡量创意产业绩效相关的困难。

界定创意产业绩效的难度

英国文化、传媒和体育部曾经给创意产业下过这样一个定义:"创意产业是指以个人的创意、技能和天赋为源泉,形成知识产权并加以利用,为创造就业和财富带来潜力的那些活动。"(DCMS,1998)这个定义极为宽泛,在"创意"这顶大伞下对不同的行业大包大揽,极力扩展了创意产业的边界(Jones,Comfort,Eastwood & Hillier,2004)。这个定义将创意工作者视为一模一样的群体,给创意产业强加了共同的商业模式(Townley,Beech & McKinlay,2009)。以知识产权作为界定创意产业的核心标准,也会引起与某些行业(如软件咨询、工程及"设计行业"中的诸多活动)相冲突的问题(Taylor,2006),臂如,高级烹饪行业就很难确定食谱的知识产权。界定创意产业的种种困难必然影响到创意产业的绩效定义。英国文化、传媒和体育部还迫使专家和员工始终如一地管理歧义(Lampel,Lant & Shamsie,2000),"同时支持多种不同的含义"(Weick,1995:91),尽量给出多种看似合理的解读(Weick,1995)。

其实,界定创意产业的绩效更为困难,这是因为,创意性生产活动的成果分为精品(Craik,2005;Gilhespy,1999,2001)、公共产品(Hesmondhalgh & Pratt,2005;Holden,2004;Steele,2004)或准公共产品(Bjorkegren,1996;Hesmondhalgh,2007)。就文化产品而言,竞争是非排他性的和非竞争性的,对其价值评估也远在市场价格和收入之上。文化产品不仅在私人交易场合进行消费,如购买博物馆门票、电影票或音乐光盘,还作为集体财产进入公共消费(Steele,2004)。尤其是艺术,它不是商品:它是抽象的、主观的、非实用的和独特的(Hirschman,1983)。文化产品的质量与思想、价值观、真理和梦想有关,因此很难判定其良莠高下,这个问题可能会阻碍行业标准的出现,包括文化产业绩效的界定和衡量(Lampel,Shamsie & Lant,2006)。其他专注于追求"人类事务理性"的研究文献也没有提供评估社会成功的具体工具,以实现其"支持和培育真正艺术的道德要求"(Kubacki & Croft,2005)。

衡量创意产业绩效的难度

考虑到文化产品的集体财产性质,它的价值及其延伸,创意产业绩效变得很难进行客观评估,更遑论量化了(Craik,2005;Eckersley,2008;Sukel,1978)。例如,Steele(2004)觉得难以评估"为英国电影文化付出的代价",尤其是英国电影委员会的公共支出决策。他认为,评估英国电影价值的指标理应包括电影的视觉叙事能力,帮助观众识别人类宏大主题和特殊境遇的能力,以及反映民族认同、自信和自尊的能力,这些指标不仅适用于英国电影业,也适用于其他国家。因此,用这些指标来衡量影片价值要比娱乐片的票房价值更客观(Steele,2004)。演绎古典音乐这样的创意成果也很难进行客观评价,评论管弦乐队在最佳演奏时刻表现出的集体精湛技巧总得诉诸主观标准,而且无法加以量化(Marotto et al.,2007)。评选美术作品也会带有个人和群体偏好,对作品绘制、推广和展览的评价有相当部分是主观性的、政治化的(Wijnberg & Gemser,2000)。总之,不同的评选系统都会有自己的优先等级考量,并以不同的方式来评估创意成果体现的美学、表达和功利目的(Jones & Thornton,2005)。

尽管如此,艺术机构仍抱着浓厚的兴趣来参与评估,因为这一过程能帮助他们在公共领域铸就价值,掌控自己实现目标的进展(Matarasso,1996)。实际上,绩效指标提供了一座连接文化经济学-艺术政策目标-艺术管理-艺术机构管理之间的桥梁(Towse,2001)。对非营利组织来说,绩效评估是一种学习工具,能使确保他们朝着既定目标走上正轨,在有效理解和利用这些信息建立真实案例的基础上,制定未来的计划(Bailey,2009)。绩效评估过程有助于文化机构的持续改革,强化问责制,恪守文化部门的基本价值观(Soren,2000)。它还有助于理解价值创造过程和采取适当行动,可作为营销工具和管理外部合作伙伴的手段(Gstraunthaler & Piber,2007)。

建立与组织使命和战略相关联的绩效衡量系统,设立非财务的、短期和长期指标的多种绩效指标,对非营利性文化机构来说是至关重要的(Turbide & Laurin,2009)。在做出决策并符合平衡计分卡(Kaplan & Norton,1992)之前,文化机构应公开管理章程,制定考核方法,纠正不准确或遗漏的任务陈述、不合适的金融系统以及主观的或不存在的绩效指标(Krug & Weinberg,2004)。[①] 绩效指标也应划分优先等级,防止指标之间可能发生的潜在冲突(Gilhespy,1999;Tawse,2001),并对晴雨表式的"钟盘"指标与警示性的"开启"指标加以区分(Gilhespy,2001)。

资助机构在衡量非营利性组织的绩效中举足轻重,他们要关注文化部门绩效指标的性质和用途,制定必不可少的绩效指标,杜绝不良行为的发生(Schuster,1997)。在衡量那些难以量化的定性绩效指标(Bailey,2009;Holden,2004),并将其转换为可量化的绩效指标(Craik,2005;Eckersley,2008;Nivin & Plettner,2009)时,大量的经济、

---

① 从组织层面分析这种贡献,较早地在个人贡献者层面分析时得出了结论,即指望外部评价只会扼杀艺术创造力,除非明确地告诉人们如何进行创意表达(Amabile,1979)。

金融和商业数据也可能误导政策制定者,使其夸大创意产业的经济效应,转而关注比较容易实现的量化经济目标,进而损害更为复杂的定性的绩效维度(Tawse,2001;Turbide & Laurin,2009;Turok,2003)。换言之,绩效指标可能会意外地诱使决策者幡然改变管理决策(Towse,2001)。

偏重商务的绩效评估方法会增加牺牲艺术品质的风险(Caust,2003),艺术决策不应为所谓的效率因素所累(Boorsma & Chiaravalloti,2010)。此外,还有看重无关信息、耽于控制幻觉、过度测算而忽视分析创意成果的危险(Gstraunthaler & Piber,2007)。即便如此,绩效指标仍具有公开发布的巨大优势,因而可以在艺术机构之间进行横向比较,以确保政府补贴的有效管理(Towse,2001)。

创意产业的专家学者和工作人员大都愿意挑战绩效界定和衡量的复杂性,因而有可能陷入"全景监测"的风险(Townley et al. ,2003:1060;Cairns,Harris,Hutchison & Tricker,2005)。接下来,笔者将依据现有的创意产业绩效界定和衡量的研究文献,探讨绩效维度的分类,以避免陷入上述困境。

创意产业绩效维度和分析层面的分类

Bourdieu(1986)划分了三种基本的资本形式:一是经济资本,即金融资产、流动资产或其所有者的货币收入;二是文化资本,表现为对知识、技能和文化产品的长期处置权和所有权;三是社会资本,即通过制度化的关系网络而积累起来的资源(Bourdieu,1980,1986)。符号资本超越了经济、文化和社会资本,它是在承认所有者的合法能力和权威的基础上被赋予的一种声望(Bourdieu,1986)。这四类资本在创意产业绩效研究文献中均有详尽的论述,由此构成了以下分类的基础。

首先,符号资本是创意产业中最普遍、最根本的价值和绩效维度。创意产业每个领域"符号内容"与"实用功能"的比例很不相同。因此,创意成果从主观体验中攫取了相当大一部分价值,主观体验严重依赖于符号对情感和感知的调控作用(Hesmondhalgh,2007;Hirsch,1972,2000;Pine & Gilmore,1998)。特别是文化产品,它们是面向消费者群体的"非物质"商品,人们通常将其视为一种审美或表达形式,它的实用功能尚在其次(Hirsch,1972:641—642;Jones & Thornton,2005)。

其次,经济、文化和社会资本都体现在创意产业的三个最核心的绩效维度:经济业绩、艺术价值和社会影响。这三个维度分别反映了霍尔顿关于艺术的工具性、内在性和制度价值的观点(Holden,2004)。以往的研究文献通过各种层面的分析对这三个维度进行短期和长期的评估。前两个核心维度,即经济业绩和艺术价值,一直是创意产业绩效研究的关键组成部分(Caves,2000;Hirsch,1972,2000;Lampel et al. ,2006;Long Lingo & O'Mahony,2010;Simonton,2009b;Townley et al. ,2009)。经济业绩直接反映了经济资本的概念,艺术价值的定义接近于"符号性文化资本"的概念,即"对文化艺术的价值、标准和风格进行界定并合法化的能力"(Townley et al. ,2009:952)。

本节将探讨创意产业的第三个核心绩效维度——社会影响。与经济业绩和艺术价值不同,创意工作者、创意项目或创意产业的社会影响超出了其参与开发、发布、定位或管理活动的专业领域。它包括社会、文化和符号形式的资本,其所有者对其最初开发的社区生活会发生持续的影响。本节还将探讨第四个绩效维度——管理绩效,即创意管理者的履职承诺及其有效性。接下来还要探讨绩效的二级标准,即生产率和经济可持续性(经济业绩)、消费体验的服务质量(艺术价值)和环境可持续性(社会影响)。

这个分类适用于创意产业绩效所有相关层面的分析。它们在现有的研究文献中形成两个不同的层面。第一个层面侧重于创意生产过程,分析创意工作者个人、创意项目团队和创意企业集团对此过程的作用和贡献。第二个层面涉及创意成果及其分销和消费。这个分类检视创意项目、创意组织和组织间的创意网络,从一次性活动(如一年一度的节庆活动)到半永久性的区域集群和行业。

经济业绩

尽管创意和艺术的商业价值难以客观地确定(Barrere & Santagata,1999;Baumol,1986),但创意产业关于经济业绩的定义和诠释十分明确,而且,经济业绩比艺术价值、社会影响和管理绩效更容易理解。这个人为构建出来的绩效维度结构对创意机构和创意产业绩效维度的相关性研究,要比研究其指标的即时可用性和易于测量性少得多。[①] 再说,创意机构本身也缺乏开发即时的、定性的信息的技术能力,缺乏履行管理承诺和培训员工所需的能力(Turbide & Laurin,2009)。其结果,笔者检索的 182 项研究文献中,有 134 项研究界定了经济业绩,54 项涉及了艺术价值,只有 30 项提到社会影响。

在创意生产过程中,高管人员的经济业绩主要体现在其能否预判音乐单曲荣登全国流行歌曲排行榜(艺术家和剧目管理者:Seifert & Hadida,2013),能否刷新音乐光盘的畅销纪录(乡村音乐制作人:Long Lingo & O'Mahony,2010),能否制作出新颖卖座的电影(好莱坞工作室负责人:Miller & Shamsie,2001),能否为新片发行争得财务资源和银幕放映(电影发行商:Krider,Li,Liu & Weinberg,2005)。经济和艺术双丰收可以为艺术家个人和创意项目团队开辟成功之路。意大利威尼托的古典音乐歌手(Sedita,2008),好莱坞功成名就的演员、编剧以及制片人(Faulkner & Anderson,1987),日本著名电影导演及其核心制作团队(Wakabayashi,Yamashita & Yamada,2009),都乐于在广泛而又密切联系的网络中一再携手合作。意大利电影导演、制片人和发行人之间紧密的纵向经济联系对影片的经济业绩产生了积极的影响,但导演、编剧、摄影师和主要演员之间密切的横向艺术联系却压抑了创新活动和艺术价值

[①] 艺术和人文科学研究(如艺术史、艺术哲学、美学)通常看起来更具内省性,并且更多地关注艺术价值和社会影响,对艺术价值和社会影响的研究并未体现在本章检视的五门社会科学学科的文献中,这种情况进一步阻碍了对相关性研究的要求。

(Delmestri,Montanari & Usai,2005)。反之,好莱坞发行人和制片人在操控发布日期和营销之后的反复合作,终将造成票房收入的损失(Sorenson & Waguespack,2006)。从1973年到1980年,与导演—编剧(P/DS)合作的独立制作人也优于所有其他的组合模式(PD/S,PS/D,PDS,PID/S)(Baker & Faulkner,1991)。在音乐行业,资历、女性和音质是预测歌手创造销售新纪录的最强因素(Hamlen,1991)。最后,在非营利性表演艺术中,直销活动对季票订购和销售业绩有促进作用(Arnold & Tapp,2003)。

文化政策研究聚焦于"创意阶层"对区域经济业绩的影响,"创意阶层"被视为劳动大军中的一员,其主要的经济功能就是创造新思想(Florida,2002)。然而,方法论的差异使"艺术红利"重要性的研究发生了变化,"艺术红利"是指一个特定城镇或地区(Nivin & Plettner,2009)"若无艺术家存在便不会对总体经济发生的影响"(Markusen & King,2003:4)。对大都市的就业和收入增长来说,传统的经济业绩指标是高等教育投资、劳动力再培训和企业研发创新活动等(Donegan,Drucker,Goldstein,Lowe & Malizia,2008),而Florida(2002)的三项创意测度指标(人才、技术和包容)则是较弱的预测因素。对中小城市的就业和收入增长来说,还须补充城市健康和活力(即经济和环境可持续性)这样的长期指标,才能真正解释其创意经济潜力(Lewis & Donald,2010)。

对创意生产过程的研究为各方参与者与经济业绩之间的关系提供了有趣的见解。然而,绝大多数经济业绩研究,特别是在管理(尤其是营销和战略)和经济学方面,将创意产业的价值链锁定在创意成果的分销和消费上。

对创意项目经济业绩的分析主要集中在创意产品(Townley et al.,2009)和文化产品(Hirsch,1972,2000)上,包括百老汇演出(Hirschman & Pieros,1985;Reddy,Swaminathan & Motley,1998;Uzzi & Spiro,2005)和电影故事片(Hadida,2009)。创意项目的经济业绩可以直接界定和评估,譬如,购买者支付的价格水平(如主流时装、软件游戏和美术),复制品的出售数量(如文学书籍和娱乐节目光盘),观众总数和票房收入(如节庆活动、观赏性体育比赛、娱乐节目和表演艺术),以及行业的业绩指数排名(如百老汇的综艺三指数是"成功""失利"或"失败",Uzzi & Spiro,2005)。评估故事片的商业表现时,常用指标包括影院观众(Zuckerman & Kim,2003)、票房收入(Elberse & Eliashberg,2003;Sawhney & Eliashberg,1996;Schwab & Miner,2008;Zufryden,1996)、市场份额(Nelson,Donihue,Waldman & Wheaton,2001)和投资回报(Lehmann & Weinberg,2000;Miller & Shamsie,2001;Ravid & Basuroy,2004)。

对创意企业的分析通常采用与评估创意项目相似的指标,只是把重点放在总体水平上。例如,这些经济业绩指标包括电影制片厂的票房收入(Canterbery & Marvasti,2001;Robins,1993),电影院(Eliashberg,Jonker,Sawhney & Wierenga,2000)、旗舰音乐中心(Kam,2004)和非营利性剧院(Voss & Voss,2000)的受众人数和财务偿付能力。其他文献研究了特定企业测定经济业绩的方法。比如,Von Nordenflycht

(2007)调研了大型广告公司1960年至1980年期间的年增长率,他证实了公共所有权与较低的运营业绩无关,从而挑战了专业广告公司关于所有权的传统观念(Von Nordenflycht,2007)。同样地,对美国影院的经济业绩的评估也运用了增长率、生产力和商业效率指标(Vozikis,Clevinger & Mescon,1984)、客观业绩指标(如常年订户和单票观众、总收入、净盈余或净亏损)和主观业绩指标(如管理者对影院票房销售和财务业绩的看法)(Voss & Voss,2000)。此外,还有两个衡量经济业绩的指标,即旗舰文化机构所在社区的经济发展(Grodach,2008)和博物馆对外部资助机构的履职情况(Thompson,1999),它们也是测度社会影响时通用的指标。

组织网络是对创意成果绩效最为综合的分析,它事无巨细,涵盖了节庆活动、组织间合作、政治游说团体、区域集群以及各行各业。大型节庆活动的经济业绩主要的客观衡量指标有:参加活动的人数和收入(Ballou,Godwin & Tilbury,2000)、访客支出的金额和性质、当地企业营业额的短期和长期变化。还要考虑,假如不搞节庆活动,外来访客和当地居民在当地预计花费的金额(Wood,2005)。它也反映了节庆活动举办方所在地的巨变,"从沉闷安宁之地变成沸腾喧闹的不夜城"(Einarsen & Mykletun,2009)。随着时间的推移,节庆主办方的经济优先等级也发生了变化,从追求中等规模的新颖形式发展到现有节庆活动的商业化(Finkel,2009)。研究文献报道的所有节庆活动都很短暂(Wood,2005),但对主办方社区的经济业绩颇有影响。创意社区和创意产业也为城市经济复兴注入了催化剂,有效提升了区域的竞争力和形象(Jones et al.,2004)。英国文化、传媒和体育部一直向创意产业投入资源,借此驱动国民经济的增长,尤其是对就业、GDP和贸易平衡做出贡献(Taylor,2006)。

各门社会科学学科对创意产业的经济业绩均有深入的研究。然而,创意活动也需要进行大量投资和付出社会成本(Wood,2005),也有可能限制或促进区域业务增长和经济发展(Turok,2003)。因此,不应过高估计它们的经济影响,特别是在文化社区尚不发达的地区(Le Blanc,2010),那里的政策制定者往往过分强调创意产业的经济重要性(Turok,2003)。这一建议也适用于那些文化游说团体不时对政府当局施压的国家(Craik,2005),这些团体发出的呼声与该国创意部门就业的绝对和相对规模完全失衡(Taylor,2006)。

艺术价值

经济业绩和艺术价值是论述创意产业绩效的现有文献的两条主线,但专门界定和评估艺术价值的文献却少之又少。如前所述,本章检视的大多数文献都侧重于经济业绩,只有不到30%专门研究艺术价值。以往,创意产业的艺术价值均径由体制内同行(行业奖项)或专家(艺术评论)的评估和认可,到了体验经济(Pine and Gilmore,1998)和美学普及(Michaud,2003)的时代,艺术价值已经不再被文化部门独家操控,所有创意产业在不同程度上亦然。

在技能层面分析上,Wijnberg和Gelnser(2000)研究了19世纪后半叶视觉艺术市场的遴选体系从同行(艺术协会)到专家(艺术博物馆、商业画廊和艺术评论家)的体制性转变,这一转变重新定义了印象派的艺术价值。Marotto 等(2007)考察了管弦乐队音乐家的集体演奏技艺转向主观审美体验的特殊条件,Boerner 和 von Streit(2007)发现,一个管弦乐队的集体情绪调节和指挥风格变化会带来显著的艺术成就。

从创意成果层面来分析,电影故事片绩效的研究很少以最佳摄影奖(Kaplan,2006)和电影指南评级(Simonton,2004)来考虑影片本身的艺术价值。有人认为,艺术价值是与艺术消费者共同创造的,并在艺术体验中得以实现(Boorsma,2006;Radboume,Johanson,Glow & While,2009)。因此,艺术消费者对创意成果的体验以及围绕它构建的支持性服务应该成为绩效衡量和评奖制度发展的基石(Boorsma,2006:87)。基于平衡计分卡(Kaplan & Norton,1992)的"艺术营销绩效评估模型",是以组织的艺术使命为中心的(Boorsma & Chiaravalloti,2010),"艺术受众体验指数"量化了受众体验和感受表演艺术所带来的益处(Radbourne et al.,2010;Radbourne et al.,2009)。

对一部歌剧演出的艺术价值如何进行主观评估?观众一般会重视舞台效果而不是音乐维度,他们的评价也会兼顾独唱者和剧团整体表现的一致性和适配性(Boerner,Neuhoff,Renz & Moser,2008)。虽然专家的判断比非专家观众更准确,但他们对演出整体质量的评价相当一致(Boerner & Renz,2008)。然而,创意消费体验的氛围属性和服务质量,主要取决于消费者购票入场后对戏剧、歌剧或芭蕾舞现场演出的感知及其对上演内容的评估(Davis & Swanson,2009),对于偶尔光顾的消费者更是如此(Kotler & Scheff,1997)。相反,表演艺术资助人主要重视现场演出的内在质量(Davis & Swanson,2009)。

在艺术价值与经济业绩研究相结合的文献中,艺术价值的研究远比孤立地研究艺术价值更为丰富。对乡村音乐集体创作过程的分析表明,很难分清个人对于音乐制作过程本身、项目参与者的专业表现及行业优秀水准的贡献(Long Lingo & O'Mahony,2010)。因此,Long Lingo 和 O'Mahony(2010)采取两个衡量标准来分析音乐制作人的成功与否:一是看唱片的销售量(经济业绩);二是看"乡村音乐协会奖"和"格莱美奖"获奖情况(艺术价值)。评估艺术价值时,欲知音乐家的声誉(Fisher,Pearson,Goolsby & Onken,2010)不妨一窥"格莱美奖"的入围名单(Anand & Watson,2004)。与此相仿,艺术价值也反映在按综合美学逻辑排名的小型独立公司建筑师(艺术家兼企业家)排行榜上(Thornton,Jones & Kury,2005),投射在重大节庆活动的个人和团体颁奖名单上(Einarsen & Mykletun,2009),体现在抱团打拼的日本电影摄制组的靠前排名和快速晋级上(Wakahayashi et al.,2009)。

从创意成果层面来分析,艺术价值的评估分为同行和专家的短期评估以及专家的长期评估。前者采取提名和颁奖的形式(Gins burgh,2003;Ginsburgh & Weyers,1999;Hadida,2003,2010),由专业评论家评级(Hsu,2006;Smith & Smith,1986;Uzzi & Spiro,2005)或两者兼而有之(Delmestri et al.,2005;Simonton,2009b)。后者将创

意项目纳入"史上最佳"榜单(Ginsburgh,2003;Gins burgh & Weyers,1999)或以教科书和选集形式进行复制(Galenson,2006)。

评价创意组织的艺术价值是全方位的,就像衡量其经济业绩那样,涵盖戏院舞台的质量和准备工作(Vozikis et al.,1984)、歌剧公司的文宣质量(节目单)和表演质量(节目执行和艺术制作过程)(Boerner,2004),以及能否获得广告的卓越创意奖。不过,有证据表明,广告上市公司获奖之后其创意反而衰减(Von Nordenflycht,2007)。在网络层面分析上,Finkel(2009)为大型的、历史悠久的节庆活动确定了艺术优先原则,他建议引进更好的管理系统,以增加美学和创意内容,提高经营效率。

大多数艺术价值指标,包括提名、奖项和批判性评论,都是实在的和有形的。因此,人们可以据此客观报道,在某些情况下也可以量化。但也有文献指出,有些指标含有政治或社会赋予的主观标准(Wijnberg & Gemser,2000),而不是对艺术内在价值或"质量"的客观评估。Taylor(2006)坚持认为,艺术价值和社会影响这两个标准对创意产业绩效的全面评估是很有用的。接下来,我们就来研究这种社会影响标准。

社会影响

从过程层面来分析,创意阶层成员对区域发展贡献良多(Florida,2002)。不过,Florida倾向于以经济指标而非社会标准进行衡量。在实践中,创意人士和项目团队也可以共同努力改善特定社区成员的条件。比如,音乐创作可以成为有麻烦的青少年及其家庭的心理自我修复过程的一部分(Lehtonen & Shaughnessy,2002)。又如,市议员可以采取措施提升城市环境的可持续性,吸引创意工作者和创意产业迁入(Lewis & Donald,2010)。

从创意成果层面分析,特定的创意项目和组织(包括旗舰类文化机构)可以实行公开托管,增加特定社区、城市和地区艺术文化的曝光度,提高其吸引和支持艺术活动的能力(Grodach,2008)。创意游说团体也可以倡导实施旨在保护和支持民族文化的政策(Craik,2005)。出于同样的目的,节庆活动应毫不隐讳地为文化社区的建设(Le Blanc,2010)、为当地文化、旅游和经济复兴的创意产业(Jones et al.,2004)(Ballou et al.,2000;Einarsen & Mykletun,2009)、为重塑形象和公民自豪感(Wood,2005)、增强社区凝聚力和社会包容性(Finkel,2009)提供服务。创意行动方案有时会使创意成果产生出乎意外的社会影响,譬如,1997年Coen兄弟的同名电影上映振兴了北达科他州法戈市的重建工作,彼得·杰克逊(Peter Jackson)执导的《指环王》电影三部曲给惠灵顿和新西兰的文化、旅游与经济带来了深远的影响(Jones & Smith,2005)。

从组织层面来分析,Rentschler和Potter(1996)调研了澳大利亚九个非营利性博物馆和表演艺术组织,他们认为,充实、教育和唤醒社会的使命最好通过商业手段和目标来实现,尽管这有悖于其外部性绩效涵义。

最后,社会影响这一绩效维度的研究对运用公共资金支持创意产业发展的正当性至关重要(Craik,2005;McMaster,2008)。接触艺术活动会赋予社会"文明化效应"

(Hesmondhalgh & Pratt,2005),"当文化体验影响和改变个体时,文化的卓越性就会显现。良好的文化体验是人类生命的源泉"(McMaster,2008:9)。创意产业的社会影响具有不可通约性,这一特性使得界定和衡量社会影响非常困难。尽管佛罗里达(Richard Florida)的"创意阶层理论"对媒体影响很大,但社会影响作为衡量创意产业绩效的第三个核心维度在笔者所检索的五门社会科学学科中仍未得到充分研究。

管理绩效:被遗忘的维度?

创意产业的第四个绩效维度就是管理绩效,在笔者检视的182份文献中仅有五篇提及。Thompson(1999:512)在研究新西兰公共博物馆时指出:"在公共部门中,绩效是指公务员履行其职责,但却常常代之以考核或衡量他们的技能。"员工的承诺至关重要:为了推行质量管理体系,领导者需要员工做出承诺并监督执行之(Cairns et al.,2005)。一项对19个美国非营利性表演艺术机构的调研发现,员工高度参与监督组织有效运作的机构效率最高,故建议管理者创建促进和奖励员工参与的机制(Kushner & Poole,1996)。Vozikis等人(1984)指出,考察美国影院效率时,组织内和组织间的绩效指标与传统的艺术和经济绩效指标同样重要。

在创意产业绩效研究的文献中,管理绩效似乎是一个被遗忘的维度,其重要性被上述四项贡献掩盖了。在Turbide和Laurin(2009)调研的95个组织中,只有20%的受访者提到了与其内部流程相关的绩效指标。

组织效率乃是经济业绩、艺术价值和社会影响的先决条件,因此,笔者对深入研究创意产业绩效的第一个建议便是更加系统地界定和衡量管理绩效。与创意组织合作开展这项工作也有助于解决创意产业中的管理承诺和员工培训的问题(Turbide & Laurin,2009)。

绩效维度内外关联的动态发展

本节将探讨创意产业各个绩效维度内部关系和相互关系发展的方向和性质。图12.1中的所有箭头表示绩效维度之间公认的、实证的关系,箭头方向反映了这种关系由此及彼的发展方向。其中,实线箭头表示互补关系,虚线箭头表示竞争或冲突关系,点线箭头表示维度之间的替代关系。下面的分析将提出四个建议,用于深入研究维度之间未探索的关系以及迄今为止被忽视的绩效维度。

经济业绩与艺术价值:模棱两可的关系

有些学者认为,经济业绩与艺术价值具有互补性,但大多数谈论的是两者的对立性。从互补性的视角来看,艺术家才华产生的艺术红利能直接提升创意产业的经济业绩(Nivin & Plettner,2009)。艺术价值一旦得到认可,尤其是在奥斯卡奖(电影)、格莱美奖(音乐)、布克奖(文学)或克里奥奖(广告)等年度颁奖典礼中入围或获奖,便足

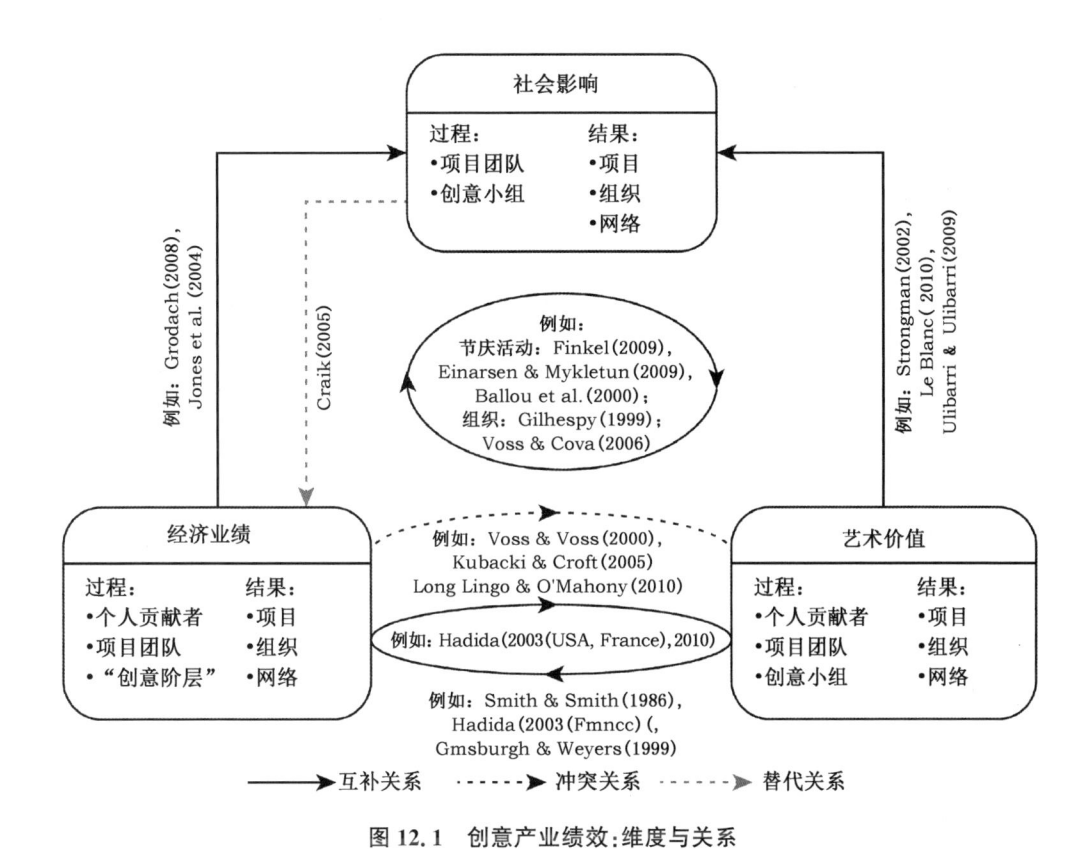

图 12.1 创意产业绩效：维度与关系

以对消费者产生吸引力，引导顾客试看试听，从而转化并馈赠到经济业绩中。

从创意过程层面来分析，艺术价值与经济业绩之间也存在互补性（McCarthy, Ondaatje, Zakaras & Brooks, 2004），并在音乐行业中彰显出来（Fisher et al., 2010）。从创意成果层面来分析，虽有几位学者提及这两个维度在电影行业的正相关性（Ginsburgh, 2003；Wakabayashi et al., 2009），但对这种关系发展方向的研究却有不同的结果（Hadida, 2009；Simonton, 2009b）。

1988 年至 1997 年期间，法国电影获得提名和奖项（艺术价值）对票房收入（经济业绩）具有正反馈循环效应。美国电影工业是支柱产业，奥斯卡金像奖的提名和奖项明显影响了 20 世纪 50 年代至 70 年代的票房收入（Ginsburgh & Weyers, 1999），70 年代获得的最佳影片奖对片商拷贝租金的抬升大有影响（Smith & Smith, 1986）。总体而言，奥斯卡对票房总收入的影响远远超过第一周上映的票房收入，而最佳影片提名的影响力又超过了最佳影片奖（Simonton, 2009b）。Ginsburgh 的观点与此相反，他认为，入围并赢得布克奖并未产生明显不同的经济效果（Ginsburgh, 2003）。

大多数学者并未研究艺术价值与经济业绩的互补性，他们看到的是两者之间的对立关系。法兰克福学派认为，文化产业与经济规律毫不相干，若与之正面对撼必定会铩羽而归（Benjamin, 1935；Horkheimer & Adorno, 1974）。与文化产业的艺术性相比,其商务活动实在是"乏味至极"(Caves,2000,2003;Voss,Cable & Voss,2000)。艺术和经济的优先地位之争(如 Michael Grade 开篇引文所讲的那样,这两者经常发生冲突),实属艺术与商务(Caves,2000,2003;Townley,2002)、文化与商业(Lampel et al.,2000;Lampel et al.,2006)、规范性艺术("世界级城市中的世界级管弦乐队")与功利主义经济学("我们能买得起门票的最佳管弦乐队":Glynn,2000)、技术(艺术)与管理(实利)子系统(Hirsch,1972,2000),以及象征性符号和管理绩效(Cappetta & Cillo,2008;Cappetta & Gioia,2005)之间的竞争。

当艺术发展和财富积累这两个目标试图共存时,文化产业就会出现复杂的组织和管理上的紧张对立关系(Bloodgood & Chae,2010)。从个人贡献者层面来看,市场驱动的组织和劳动力市场的强有力的经济逻辑,恰恰与产品驱动的音乐家(Glynn,2000;Kubacki & Croft,2005)和舞台演员的艺术逻辑(Eikhof & Haunschild,2007)以及高等教育出版社的编辑逻辑(Thornton,2002;Thornton et al.,2005)形成了鲜明的对比。Eikhof 和 Haunschild(2007)指出,面对内部和外部劳动力市场重压的德国剧作家不得不因"商业资本"的经济逻辑而挤压其艺术逻辑,以免危及创意生产所必需的资源,他们被迫千方百计地取得和维护这些资源。经济逻辑也关闭了许多创新音乐家的舞台,就是因为他们拒绝为商业目标而抛弃艺术逻辑(Kubacki & Croft,2005)。遵从产品导向战略的艺术要求可以提升非营利性剧院的整体绩效,相反,按照客户导向战略和响应客户需求而制作节目的经济要求并未改善其运营状况,增加上座率与收入。因此,经济要求优先于艺术要求最终对经济业绩和艺术价值都会产生不良的影响(Voss & Voss,2000)。

创意产品(Townley et al.,2009)和文化产品(Becker,1982;Faulkner,1983;Hirsch,1972,2000;Long Lingo & O'Mahony,2010)也面临着审美要求和市场需求之间的竞争。"创意产品欲取得'成功'必须满足审美要求;而要在经济上可行,则必须包含这两极并保持平衡"(Townley et al.,2009:955)。在这样的假设下,仅在艺术价值维度上取得成功,对某些有意将经济业绩置于艺术价值之上的创意成果也是不够的。艺术电影和娱乐电影目前似乎已被完全隔离成两个截然不同的类型,评论家在影片发行后在《电影指南》上发表的评论文章(艺术价值)与影片首映一周后的国内票房收入(经济业绩)成了两个基本独立的判别电影成功的标准,这些标准也是在不同的前提条件下建立的(Simonton,2009a;Townley et al.,2009)。

虽然学术界提出了艺术价值和经济业绩相协调的任务(Hirsch,1972,2000),但它们的紧张对立使创意组织很难权衡取舍(Sukel,1978),因而只能对艺术模式整合进行微调。在时间、成本和市场约束的管理模式下,这种微调取决于不同创意社区的专家分散拥有的专业知识(Cohendet & Simon,2007)。微调工作通常体现在艺术家和管理者的独特专业身份中,也可通过重新界定新整合的协商性组织的身份来解决问题。后者是组织领导者的人格化,通过专业身份揉进组织身份来统一其成员资格(Glynn,2000)。时装公司的员工也充当了符号和管理优先等级的"协调者"(Cappetta & Cillo,2008)。但到头来究竟能否有效地平衡"艺术表演与经营表演生意",这个问题仍然令人生畏(Vozikis et al.,1984)。

大量对艺术价值和经济业绩进行比较研究的文献,表明创意产业这两个绩效维度有关的价值观、行为准则、实践活动和职业身份仍然是有学术研究吸引力的。在现有的实证分析文献中,艺术和商业的对立性似乎理所当然,很少有学者对其哲学、意识形态和制度基础进行深入的研究。

因此,笔者对未来研究深化的第二个建议是,将重点放在艺术价值和经济业绩的现存紧张关系及其表现形式上,提供关于两个维度之间关系性质的新见解,跳出当前"两难选择"的主导逻辑,转而采用更综合更细致的主要绩效维度的分析方法。

经济业绩和社会影响以及艺术价值和社会影响:互补性与替代性

经济业绩与社会影响之间以及艺术价值与社会影响之间的关系比较明确,所有学者都认为它们之间具有互补性。即使很难显示盈利能力的行业(如诗歌、古典芭蕾或古典音乐),也可用经济绩效指标来替代社会影响指标(如社区复兴或社区文化发展)(Craik,2005)。

关于经济绩效和社会影响互补性的研究文献大都表明,将商业与社会维度分割或对立是不利于经济的长期竞争力和社会影响的(Porter & Kramer,2006)。近年来,英国文化、传媒和体育部一直采用倚重经济绩效指标的区域经济学,来补充文化导向型地区复兴的传统评估方法(侧重社会影响和艺术价值),但他们并未完全承认区分区域文化政策和经济发展目标的必要性(Taylor,2006)。即使鼓励创意阶层根据经济(生活条件、可负担性)和环境(社会影响、生态涵容能力)可持续性(Lewis & Donald,2010)这两大标准来决定移居目的地,其对区域发展的经济和社会贡献也几乎完全采用经济术语来进行评估,而未明确加以区分(Florida,2002)。

从创意结果层面来分析,旗舰文化组织吸引和支持艺术相关活动的能力,主要取决于其周边地区在物理设施和经济实力上支持多元化小规模艺术活动的能力(Grodach,2008)。区域经济复兴进程中创意产业的成功发展也有助于更广泛的重塑社会和文化的公共政策议程(Jones et al.,2004)。

艺术价值和社会影响之间的关系也具有互补性。以布克奖为例,从创意成果层面来分析,社会影响可能是艺术价值的直接结果。至少到1999年,获奖小说反映了英国文化在后帝国时代的历史和遗产,它们重新定义了英国殖民帝国兴衰期间的整个文学和文学经典领域(Strongman,2002),从某种程度来讲,布克奖创造了新的文学体系雏形(Anand & Jones,2008;Strongman,2002)。同样,成功推广文化遗址或文化区建筑遗产也会增加其社会影响力,支撑当地的旅游业和社会经济发展(LeBlanc,2010;Ulibarri & Ulibarri,2009)。

最后,如图12.1中心椭圆部分所示,成功的节庆活动可以将三个绩效维度有效地结合起来(Ballou et al.,2000;Einarsen & Mykletun,2009)。它们的相对重要性和优先等级会随着节庆活动举办的届数、每届的持续时间和规模大小而变化（Finkel，2009），但游客对东道主地区的热情向往和积极态度不易长期保持下去（Wood，2005）。

以上引述的所有文献都有跨维度绩效的动态研究。然而，对经济业绩、艺术价值和社会影响这三个维度的关键指标进行界定和衡量时存在的矛盾冲突，特别是艺术价值和社会影响（McMaster，2008），限制了学者们研究范围，压缩了他们关注的重点。因此，学术界对这三个维度之间的比较研究甚为罕见，而且主要聚焦在节庆活动上。一项关注文化组织及其外部利益攸关方的共同评级制度（Gilhespy，1999），以及文化活动赞助方关于非营利性影院的价值观与其客户满意度的显著性检验分析（Voss & Cova，2006），则是相当有趣的例外。

笔者关于未来深化创意产业绩效研究的第三个建议是，开展更多的综合性研究，尤其是跨维度和跨行业的研究，将过度探讨创意产业经济业绩的倾向扭转过来。

绩效维度的动态变化

在创意成果层面和时间序列分析上，电影绩效研究得出以下结论（Hadida，2009；Simonton，2009b）：首先，经济业绩是通过时间和空间累积的。电影院的早期票房总收入通常是后期票房总收入的最佳预测因素（如 DeVany & Walls，1996；Walls，2000；Hand，2001；Simonton，2009a），世界各国皆然（Elberse & Eliashberg，2003）。电影大片在随后的发行平台上也会有良好的表现，包括电视和视频光盘（Desai & Basuroy，2005；Ginsburgh & Weyers，1999；Hennig-Thureau, Henning, Sattler, Eggers & Houston，2007；Prosser，2002）。不过，这些大片一旦以视频光盘发布，其经济业绩便会戏剧性地骤降（Frank，1994；Lehmann & Weinberg，2000）。

其次，艺术价值在短期内是通过同行（评奖）和专家（评论）这两种选择体系积累起来的。虽然这两种艺术价值评价体系是不同的类型（Simonton，2004），但获奖和提名以及批判性评论并非毫不相干，而是有复杂的因果关联的。例如，最初的影评可能会影响电影奖项的获得，反过来，获奖又会影响后续的影评（Simonton，2009a）。初始影评与奖项的关系始终呈现正相关性，首轮放映和后期放映获得的一致好评证明了其艺术价值的稳定性（Simonton，2009a，2009b）。相反，奥斯卡和戛纳的奖项和提名与所谓的"史上最佳电影"就没有明显的重叠（Ginsburgh，2003；Ginsburgh & Weyers，1999）。这一结果令人怀疑奖项只能揭示艺术价值，却不能形成商业时尚，掀起涟漪效应。寻求消遣或娱乐的家庭影院观众也比电影院线观众更少关注艺术价值（Hennig-Thureau, Houston & Walsh，2006）。艺术成功及其转化而来的商业成功可能是在人生后期和经过数十年的创意努力后才会出现，如同"实验创新者"那样（Galenson，2006）。Einarsen 和 Mykletun（2010）间接探讨了短期社会影响和长期社会影响之间的关系，他们指出，节庆活动提升了主办方所在地未来吸引移民和游客的能力。

从跨绩效维度来讲，艺术价值与经济业绩之间的时序关联是现有研究文献中唯一明确界定了的关系。这两个绩效维度的不同假设条件以及随着时间推移彼此关系产生的不稳定性(Simonton,2009b)证实,它们在很大程度上是两个彼此独立的绩效维度(Simonton,2009a)。从创意成果层面来分析,初始的经济业绩部分地影响了后来的艺术价值指标,包括奥斯卡电影奖(Holbrook,1999)和格莱美音乐奖(Anand & Watson,2004)。对艺术价值的长期批判性评论也是部分地建立在短期艺术价值和经济业绩上的(Simonton,2009a)。更一般地说,从组织层面来分析,资助机构等外部利益攸关方比内部利益攸关方更明确地关注长期绩效指标(Gilhespy,1999)。

这些学术贡献扩展了对创意产业跨时间和跨维度绩效的关注,在绩效研究中别开生面,另辟新径,这也是笔者对未来进一步研究的第四个建议。

绩效评估的"暗黑面"

上述研究文献表明,马太效应(Merton,1968)在创意产业中是一种客观存在(如Faulkner & Anderson,1987;Ginsburgh & Weyers,1999;Sedita,2008;Smith & Smith,1986;Wakabayashi et al.,2009)。在同一绩效维度(如短期商业成功导致长期商业成功)和跨绩效维度(如艺术价值带来经济业绩),成功孕育着一连串的成功。至于某个维度的负面绩效如何以及为何在同一维度或其他维度随着时间推移演变成正面绩效,目前还很少有这方面的研究。其实,百老汇、影视界的专业人士和研究人员都熟知这种所谓的"恶极必反"现象,梅尔·布鲁克斯(Mel Brooks)的"金牌制作人"影片便是一例。www.rottentomatoes.com 和 www.imdb.com 网站上被专家和观众恶评的影片,或被其他书面或在线资料列为"史上最糟电影"的影片,最终反倒变成颇受欢迎的"邪典影片"(cult film)[①]。

未来需要深入研究的第五个建议,也是笔者的最后一个建议,就是研究绩效评估的"暗黑面"。也就是说,一个维度的负面绩效如何以及为何能在同一维度或另一维度随时间推移逆转为正面绩效。这一新的调研领域蕴含着十分有趣且迄今未充分探索的机会,有助于创意产业绩效研究领域的不断拓展。

结　语

本章提出的创意产业绩效分类法,是笔者首次对五门相关的社会科学学科的大量文献进行盘点和研判的结果,希望能为一般的创意产业绩效理论的发展做出贡献。必须坦诚,这样做的确很难。如上所述,社会影响和艺术价值维度的一些绩效指标有可能用于推进意识形态和政治议程,从而引来相关性和中立性方面的质疑。在此潜在的制约因素作用下,鲜有超越以严格的经济术语界定创意产业绩效的研究成果。大多数无形和主观的社会影响与艺术价值的指标确实存在着数据可得性及量化方面的重重困难,这就驱使大多数研究人员将注意力集中到电影和音乐以及经济业绩上,从而有

---

① 指那些在小圈子内被支持者喜爱及推崇的电影。——译者注

损于其他非营利性创意部门和其他绩效维度的研究。

方法论问题也比比皆是。电影文献检索(Simonton,2009b)所发现的四个问题在创意产业研究中也普遍存在：一是在研究中使用没有可比性的样本；二是对调查中应包括哪些变量缺乏一致意见；三是对相同变量的定义和衡量也普遍不一致；四是对特定的绩效调查和分析方法缺乏相关性和适用性的共识(Simonton,2009b)。从不同视角和学科调研创意产业绩效的研究人员在方法论上缺乏协调，这进一步加剧了混乱(Hadida,2009；Simonton,2009b)。

在评估绩效时，究竟应当利用由内而外的自省过程(如自我测量绩效的创意工作者或组织)抑或采用客观评价的外部过程(如系统地使用外部界定的绩效指标)，迄今为止尚无定论。有的学者主张只采取客观的衡量方法(如 Hmnlen,1991；Long Lingo & O'Mahony,2010；Reddy et al.,1998)，但其他研究人员认为，也可以使用主观、自省和自我报告的绩效评估方法(Boerner & von Streit,2007；Marotto et al.,2007)，并由选择者管控的同行评审系统(Wijnberg & Gemser,2000)予以补充，选择者包括资助机构和其他金融赞助商(McMaster,2008)。运用严格的分析和(在适当的情况下)多种方法来调研迄今被忽视的创意产业及其未充分研究的绩效维度将有助于解决这些问题，进而产生更全面、更符合实际的创意产业绩效维度和绩效衡量理论。在这一挑战中，我们需要建立客观的绩效评价指标，也要开发主观的绩效评价指标(Fisher et al.,2010；Voss & Voss,2000)。

到头来，上述种种制约因素反倒成为变相的祝福，因为研究的多样性终将带来丰富性和独特的机会，使我们能够更好地界定、衡量乃至预测创意产业的绩效。

·第四篇·

组织创意产业

第十三章 创意产业的项目与项目生态

塔拉·维诺德雷　肖恩·凯迪

导　论

在过去十年中,观察家们强调创意活动在经济生活中日益增长的重要性,城市在孵化和培育这些创意活动中发挥了关键作用(Hall,1998;Florida,2002;Scott,2008;Florida et al.,2015)。创意活动主要集中在城市中心,作为创意生产和消费的场所,城市对创意产业的竞争力和驱动力非常重要(Scott,2004;Currid,2007;Silver et al.,2010;Silver,2012)。大量研究证实了这些创意活动的地理模式及其城市布局(Pratt,1997;Scott,2001;Power,2002;Markusen,2006)。地理学家和其他社会科学家深入研究了音乐、动画、影视、时装、设计和广告等领域的创意活动,使我们加深了对这些创意产业的空间模式及其发展动能的理解(Scott,1984;Christopherson & Storper,1986,1989;Leslie,1997;Coe,2000;Grabber,2002b;Power & Hallencreutz,2002;Ekinsmyth,2002;Rantisi,2004;Power,2004;Lorenzen & Frederiksen,2005;Vinodrai,2006;Hracs,2009;Johns,2010)。

创意活动的地理分布模式是显而易见的,但重要的是要了解这些特殊的空间模式是如何随着时间的推移而产生和再现的。具体来说,在那些职业边界模糊、工作按项目临时招聘的行业里(Jones,1996,2010;DeFillippi & Arthur,1998;Arthur et al.,2001;Grabher,2001,2002a),空间接近度对找工作、搞协作、出思想和建网络好处很多,所有这一切对学习和创新是十分重要的。从事基于项目的工作的个人和公司往往聚集在特定的地点,形成当地项目生态的发展动能。这些项目生态允许公司重组资源、学习知识、持续创新和管理风险,允许创意人士接触网络、学习知识、应对风险和进入重要的工作岗位,开发自身的职业生涯。但对创意产业中的明星人物而言(Currid-Halkett,2015),无论他们是设计师、音乐家、建筑师还是其他创意工作者,绝大多数人的职业生涯仍是高度本地化的,且与特定的地方绑定在一起。换言之,地理因素是所有这一切的基础,而不是项目所属的生态系统,也不是项目依附的当地劳动力市场。本文拟探讨地理位置培养和促进创意产业创新和组织的动能,探究在特定的城市、空间、场景和社区中持久维系酷炫的职业生涯所需要的地理环境的缘由和过程。

本文先探讨创意产业所组织安排的工作,强调项目生态这一企业和员工创新和学习机制的作用,以及创意工作者个人应对风险的后果。然后,深入探讨地理环境对项目生态系统动能与当地创意产业劳动力市场产生的影响：首先，本地网络在学习、知识交流和求职方面发挥着重要作用，但也存在潜在的排他性。其次，城市的本地场景或空间是项目生态的关键基础设施，为创意工作者提供了串街走巷游逛的机会(Storper & Venables,2004;Bathelt et al.,2004;Grabher,2004)。这些城市环境通常具有独特身份和地方特色，嵌入这些特征的产品足可提高竞争力(Molotch,2002;Drake,2003;Rantisi,2004)。最后，对基于项目的创意工作做一个总体叙述，但其表达和结果的细微差别则依赖于地理、行业和制度背景。本文参考借鉴了大量基于项目的实证研究文献，涵盖广告、电子游戏、出版、设计、影视制作、音乐、时尚和新媒体行业，一言以蔽之，地理环境因素对创意产业的企业组织、项目生态与当地劳动力市场的发展动能是至关重要的。

项目逻辑、项目生态与当地劳动力市场

关于项目、协作和团队合作的文献越来越多，这些文献对于理解创意产业的工作组织模式和劳动力市场是有益的(Jones,1996;DeFillippi & Arthur,1998;Ekstedt et al.,1999;Arthur et al.,2008;DeFillippi,2015)。许多行业经常运用以项目为基础的组织模式，如建筑、工程和造船行业，它们创造一次性定制或专业产品，赋予产品一种新颖元素。这种组织形式早已有之，但在创意产业中运用越来越普遍，创意产业的价值来源同样依赖于一次性产品和新颖性也就不足为奇了。创意产业容易受到消费者需求快速变化的影响，需要保持新颖性，提高创新率，便于获取品味和风格变化的信息。实际上，在广告、音乐和设计等传统组织模式占据主导地位的行业中，企业正越来越多地转向基于项目的工作组织模式，以降低风险并保持创新率。此外，新媒体和电子游戏等新兴创意产业也采用了这种基于项目的组织模式(Christopherson,2002;Christopherson & van Jaarsveld,2005;Cohendet & Simon,2007)。值得注意的是，像建筑和电影这样成熟的创意产业长期以项目为基础来组织安排工作，以制度性的游戏规则来界定社交动能、作用、责任和职业成功(Christopherson,2002;Jones,2010)。

Grabher(2004)等人确定了创意产业中基于项目的工作的若干关键特征(DeFillippi,2015)。首先，项目依靠即兴创作和不断试验来培育创意(Weick,1998)。创意工作者必须适应变化和即兴创作，因为项目往往会沿着意想不到的轨迹发展。其次，正如创新研究者一直秉持的观点，创新往往是以新颖的方式重新组合思想的结果，重组的机遇乃是项目的一个重要元素(Grabher,2002b,2004;DeFillippi,2015)。回收和调整以前项目的组织方式和技术经验，可以提高后续项目的效率。例如，Cohendet和Simon(2007)调研了蒙特利尔的电子游戏行业，他们发现，电子游戏公司注意回收或调整游戏设计的某些元素，以便在未来的项目中使用。此外，公司让项目团队成员不断转换角色和职责，充分利用团队中思想、观点和视角的多样性，甚至故意中断沿袭既有的模式，杜绝依赖先前的成功路径(Grabher,2002b)。最后，项目经常充满了冲突

和竞争(Grabher,2002b)。这种竞争并不是基于项目的工作的副作用,而是促进创意和创新的重要因素。参与项目工作的创意专业人士具有不同的愿景,项目中扮演不同角色和抱持不同动机的个人之间也存在着张力,出现竞争不足为奇(Grabher,2002b;Neff et al.,2005;Cohendet & Simon,2007)。为了使基于项目的行业能够高效运作,公司和其他基于项目的组织机构必须获得大量的、可以迅速加入项目的专业劳动力。一旦项目完成,项目团队就会解散,个人也将转移到其他项目。公司依靠专业人士网络,专业人士则与公司签订短期合同,不断进行正式和非正式的合作。虽然这个过程可以在个别公司及其内部劳动力市场中发生,但当地的行业性劳动力市场已经越来越普遍地使用这种模式,企业很容易在外部劳动力市场上获得大量所需的人才(Grabher,2004;Vinodrai,2006;Jones,2010)。正如 Lorenzen 和 Frederiksen(2005)所述,地理环境因素对项目生态形成及其发展动能至关重要,当地劳动力市场在构建基于项目的创意产业中发挥着核心作用,当地项目生态的地理区位优势也由此得到了强化。

当地劳动力市场的这些特征和动能反映了创意产业的创新特质、对新颖性或新鲜度的不懈追求、创意工作的节奏和速率以及创意工作者本身的快速更替率。与整个劳动力队伍相比,音乐、设计和出版等创意产业拥有较高比例的自由职业者、合同雇员、临时雇员和自雇人士(Ekinsmyth,2002;Hracs,2009;Vinodrai,2009)。技术娴熟的专业人员经常在项目、公司之间转移,有时也在不同行业之间移动。例如,Vinodrai(2006:251)描述了基于项目的劳动力市场是如何在多伦多的设计生态圈里运转的:

> 伴随着设计师们在各个工作场所和跨行业转移,整个区域经济都有大量的劳动力流动。平面设计师的这种流动性在其职业发展的早期阶段更明显,现在甚至渗透到了职业发展的后期阶段。工业设计师和平面设计师在不同工作场所之间的流动并不是他们的主动选择,而且,这个流动过程远非顺畅无阻,时常被迫中断。

从创新驱动发展的角度来讲,新颖性、即兴创作和允许试验是创意产业形成竞争力的关键,基于项目的工作和当地劳动力市场的流动性似乎是与之匹配的理想状态,但它对创意工作者个人却大有影响。一方面,当地劳动力市场的流动性被视为创意工作者建立和发展其职业生涯的必要手段。自由职业者和其他合同员工不仅可以充当知识转移的载体,在公司之间传递信息和技术,同时还能习得有朝一日自行创建咨询和代理机构的技能(Perrons,2004)。若不具备足够的技能,创意工作者便无法实现向上的垂直移动。因此,他们希望提高各种必需的能力,建立强大的网络联系和声誉,积累不同环境下的工作经验。由于职业工作没有边界可言,创意工作者必须建立自己的职业资本(Jones,1996;Arthur et al.,2001;Vinodrai,2006)。

然而,创意工作者在项目和公司之间的转换经常是结构性的。公司采用基于项目的组织模式不但有利于创新,而且可以降低成本和外包风险,从而在全球市场上更具竞争力。其结果,更多的风险和责任转嫁到了创意工作者个人身上。Hracs(2009:6)描述了音乐家的典型工作和生活状态:

简言之,随着与制作过程相关的一系列创意、管理和技术任务"移交"给音乐家个人,他们的就业状况变得越来越不安定……此外,许多年轻的音乐家正在进入劳动力市场,他们没有机会加入工会,获取标准的小时演出费用,所有的音乐家只好竞相自我削价去争取演出机会。事实上,许多多伦多的音乐家都在抱怨难以维持可持续的工作与生存状态。

风险从公司转移到个人,然后由个人负责自己的培训、技能开发和其他各种任务。这些创意工作者通常也无法获得社会福利(如补助费、医疗保险),这些福利历来是通过公司和重要的中介组织(如工会)来集体谈判与运作的(Coe,2000;Christopherson,2002;Ekinsmyth,2002)。

作为一种降低成本的策略,公司从雇用全职员工、永久员工转向使用自由职业者和合同雇员,这导致了某些创意行业(如广告业和出版业)对自由职业者的依赖。因此,劳动力市场的流动性往往是创意人士非自愿离职的结果,例如,公司实行裁员或短期合同到期。同样地,这使更大的风险性和不确定性转移到创意工作者个人身上。某些创意人士视之为职业生涯中扬鞭奋蹄的一页,借以激发自己的创造力。不断变化的工作岗位和工作环境可以打破职业发展的停滞状态,使创意工作者能够保持最新的技能和实践经验。然而,工作的短期性、契约性和/或自由职业性质也使他们面临更高的风险、不安全感、压力、疲劳和焦虑(Ekinsmyth,1999,2002;Garrick & Clegg,2001;Gill & Pratt,2008;Hracs,2009)。例如,Dex(2000)发现,尽管某些英国电视行业的从业人员乐于挑战职业生涯中存在的不确定性,但大多数人视之为压力源。这些观点也取决于当事人所处的人生阶段:当涉及家属(如伴侣、配偶、子女和父母)或肩负更大的财务责任(如贷款、抵押)时,不确定性成为创意工作者的严重关切。正如一些评论家指出的那样,这种不确定性加上创意工作者的工作时间超长,给工作之外的人际关系(如朋友、合作伙伴和孩子)带来了重负(Gill & Pratt,2008)。

本地网络

上一节提到的与项目生态相关的合同雇员、临时雇员和自由职业者以及劳动力市场的发展动向,驱使创意工作者不断寻求新的合同、工作岗位和工作机会。因此,创意产业的专业人士不得不建立广泛的社交网络和专业网络来搜索工作机会,习得最新技能和实践经验,了解行业发展新趋势。这些基础性网络蕴含着随着时间推移而形成的忠诚度、信任感和声誉度。然而,项目工作所具有的短期、偶然和周期性质破坏了培养忠诚度和信任感所需的条件,项目成员的不断更替和重组使项目内部缺乏建立与发展有意义的长期关系的机会(Wittel,2001)。因此,建立社交网络和专业网络就成了创意工作者解决这一问题的重要手段,其意义超越了单个项目的完成,并允许创意人士随着时间推移来积累自己的职业资本。通过这种方式,忠诚度、声誉度和信任度皆存在于当地的社交网络和专业网络中,而不是黏附于特定的公司(Ekinsmyth,2002)。虽然不同类型的社交网络能够发挥不同的互动、学习和搜索功效,也具有不同的能力来发展忠诚度、声誉度和信任度,但这些网络最好是在能够保持紧密接触或接近的地方构建,也就是说,基于项目的创意工作需要扎根于某个特定的地点(Gertler,1995)。

Grabher(2004)辨识和确定了三种网络类型,即互通性、社交性和社区性网络,这些网络对于创意产业的项目工作十分重要,尤其是后两种类型的网络,适合当地创意人士的交集互动。这些网络的区别,在于其建立的目的、网络成员之间的联系强度以及彼此交换的信息内容。第一种互通性网络,出于创意人士增加信息联系强度的需要而建立,这种网络被用作转移特定项目知识的机制。随着项目生命周期的延伸,互通性网络不断发生变化,不同的项目参与者根据自身需要进入和离开这些网络。这种网络主要关注给定项目的特定主题,几乎不包含任何个人关系(Grabher & Ibert,2006),项目成员只与其他具有互补技能、能够为解决特定问题快速提供专业知识的人建立联系(Hauge & Hracs,2010)。第二种社交性网络,其建立源于项目成员进行面对面互动的需要,以便迅速建立高强度的信任关系,确保项目任务的完成(Grabher,2004;Grabher & Ibert,2006)。第三种社区性网络,则是依赖于分享项目、共同的职业履历和其他集体经验而建立的长期关系。在该网络中,创意人士需要漫长的时间来积累声誉和互信,进而构建强有力的社交和专业联系。例如,Vinodrai(2006)发现,在加拿大多伦多的设计界,许多设计师有着相似的职业生涯,包括同类学校教育、为同一雇主工作,鲜少进行互动或协作。随着时间的推移,这些交集重叠的职业道路与当地网络中或多或少的换位互动,逐渐强化和再现了本地的项目生态。

不可否认,本地网络也有一些潜在的缺陷,包括个人和职业在身份认定方面的窘境。首先,创意人士无不担心,如果拒绝朋友和同事提供的工作,将来可能没人再来发出工作邀请,如果一概应承下来,无论工作多么乏味,薪酬多么低廉,又会抵消灵活选择项目的诸多利益。譬如,Ekinsmyth(2002)对英国杂志行业自由职业者的调研指出,他们的工作机会主要来自社交网络,个人通过社交网络建立私人和专业的联系。业内人士大都认为,网络之人皆朋友,这使拒绝工作愈加困难。如果拒绝工作,还会落下不靠谱的名声,甚至会失去友谊和业内的重要联系。这种担忧还延及项目报酬问题,许多创意工作者害怕失去工作合同而拒绝参与工资谈判(Ekinsmyth,2002)。

其次,创意产业日益流行的项目工作灵活性强,风险性高,并未消除发达资本主义经济体的劳动力市场中常见的传统不平等现象。例如,Perrons(2004)发现,数字媒体行业女性的薪酬明显低于男性。Batt 等(2001)指出,新媒体界也有类似的趋势。这些学者认为,长时间的工作,快节奏的工作,不得不在正常工作时间之外参加社交网络活动,都会妨碍妇女履行家庭义务,阻遏其积极参与,并使性别分工永久化。

最后,本地网络的高度社会性使个人身份认定的细枝末节都受到了严格审查,尤其在自由职业者和合同工作比例很高的场景、空间和工作场所(Banks,2007)。创意人士的个人身份要素被放大,以便确定其能否成功地获得工作、客户和市场。个人着装和发型,欣赏的音乐类型,阅读的书籍或浏览的博客和网站,参与的社交和节庆活动,都成为认定其创意身份的特征。这些元素相当于市场信号,传递了他们工作的荣耀、酷炫或前卫。然而,McRobbie(2002)告诫道,这一套东西与专属俱乐部的文化十分相似。这些新出现的创意工作形式

> 重现了女性和有色人种被边缘化的老旧模式……"你在客人名单上吗?"这类问题扩展到了员工招聘,签约创意工作必需的面试机会取决于私人友谊之类的非正式门道和联系。一旦知道要接近哪家公司(相当于找到了开派对的场所),那么招聘顾问是否"喜欢你"(相当于门卫能否"让你进门")就很重要,这一刻,所有关于女性、黑人或亚洲人(更不用说残疾人)的平权公平的想法都飞出了窗外。
>
> (McRobbie,2002:523)

具有讽刺意味的是,尽管某些方面存在差异是很酷的一件事,但并不一定所有的差异都很酷。通过社交网络和专业网络可以建立声誉和信任,但它们也排挤新进入者(Grabher,2002b)。当地社交网络和专业网络经常系统性地接纳一些人,排除另一些人,这种找工作方式特有的高度社会性实际上再现了整个体系的不平等。

本地场景与空间

正如本章开头所指出的那样,研究创意产业的学者们认为,城市为当地专门从事创意活动的产业集群和园区的形成提供了理想的环境(Scott,2001;Power & Scott,2011)。在城市中,特定的地方、社区和场景在构建和重塑项目生态及其潜在的劳动力市场中发挥着关键作用。首先,当地社区、场景和空间提供了一个环境,随着时间的推移,本地网络开始生成或重构:发掘了工作机会,形成了合作机制,发展了忠诚度和信任度,声誉得到提升或销蚀。其次,同一空间充当了灵感的源泉,地方元素深嵌于产品,引导着当地或区域特殊风格的发展(如西雅图的摇滚乐、金斯顿的雷鬼音乐、斯堪的纳维亚的特色设计)(Power & Scott,2011)。下面我们将探讨本地场景和空间对项目生态的发展动能的影响。

创意工作集中在特定城市和社区,为自由职业者和其他创意工作者提供了进入和参与当地社交网络和专业网络的机会,面对面的交集互动有助于了解和传播有关工作和市场趋势的知识。城市中的场景和空间是当地创意工作者学习和发展职业资本的重要渠道。在这里,他们可以展示自己的技能和形象,建立声誉,与业内其他人联系交往,开发自己的专业和职业生涯(Grabher & Ibert,2006)。其职业发展取决于反复的合作和就业,通过为特定的公司和明星或标志性项目工作以及他人的举荐(Vinodrai,2006)来提高自己的声誉。在合作方面,通过经常游逛特定的场景和空间来发现当前和未来的合作者与联系人(Grabher,2002b;Lloyd,2006)。虽然正式的行业网络活动是创意工作者显身和互动的重要场所,但大量的网络活动发生在工作场所和行业重大

活动之外的非正式场合,如俱乐部、酒吧、画廊、咖啡馆等场所。呆在这些地方可以随意交谈,因而有可能扩大联系面,获取知识,了解行业规则、标准和做法,邂逅专业领域的其他人士(Grabher,2002a,2002b)。Hauge 和 Braes(2010)对多伦多和斯德哥尔摩时装设计师和音乐家的调研发现,来自各种创意产业的工作者在这些空间和场景中的正式和非正式互动,极大地推动了彼此的合作进程。此外,跨行业合作也是必要的,品牌之间的携手合作也可以创造和提高产品的价值。正如 Hauge 和 Braes(2010:120)所述:

> ……独立时装设计师在资源有限的情况下苦苦挣扎,包括若有若无的营销预算,朋友和熟人的口碑式营销,这些对他们的成功都很重要。此外,独立时装设计师与音乐家合作的需求不断增长,后者具有引领潮流的地位以及向时尚消费者推销时装品牌的能力。实际上,精通商道的时装设计师自身就是场景构成的一部分,他们具有敏锐的意识,懂得最有效的营销方式就是通过合适的人发送信息来传播观念和推广产品。

这些空间也是消费者或客户经常游逛采购的地方,这意味着创意人士可以接触来自其他相关创意产业的新客户而直接找到工作,或获悉行将到来的合同或项目机会,间接地找到特定公司或机构的职位空缺。在那些具有传统组织形式的行业中,工会、协会和行会可以证明和确保其成员的技能是最新的,或资历是合格的,适合于承担项目的特定任务。但在许多创意产业中,有关人品素质、工作能力和专业性技能的意见是向其他有过相关经验的专业人士征询的(Christopherson,2002;Grabher,2002b)。因此,获得特定合同或工作保障的竞争能力在很大程度上取决于声誉。在嵌入当地社交和专业网络的特定场景和空间中,个人声誉通过八卦、谣言和交流建立起来(Grabher,2001,2002a,2004)。潜在的合作者、雇主或客户通过解读某个人声誉的有关线索和信号来进行评估。换句话说,个人的职业生涯取决于他们曾经为之服务或与之合作过的工作履历(Vinodrai,2006)。

除了充当社会互动和社交网络的关键区位外,地方本身也扮演着重要的角色。地方元素就是创新的源泉,新生事物的摇篮。如前所述,追求新颖性是创意产业获得市场成功的必备因素。Molotch(2002)诠释了地方元素对创新的作用,地方元素日益凝结到日常生活必需品之中,从烤面包机到抽水马桶,向市场释放出具有地方特色的差异产品。许多创意工作者很难确切指认其创新和创意缘何而来,他们常用的说法是,本地的一般精神或时代精神是灵感的来源(Drake,2003)。他们有意无意地吸纳当地文化元素,将这些知识融入切实可行的创新想法中。Drake(2003)根据其对英国工艺金属制品和数字设计行业创意工作者的访谈记录,提出了对创新和设计最为关键的地理要素:首先,创意工作者利用本地体验作为其创作灵感的来源。这些体验可以基于特定的、有形的地方或该地独有的活动和历史事件,也可以是创意人士在特定城市或社区中的经历所引起的个人情感反应。其次,创意灵感是由当地环境中的特殊视觉形象引发的(Drake,2003)。这些视觉形象主要源自当地建筑环境的特征。激发灵感的建筑物不仅独具特性,而且深深浸淫着当地的历史和文化。无论是展示城市往昔风貌的历史建筑,还是试图传达特定信息的现代天际线建筑,最终都会增添城市的社会和文化氛围。从本质上讲,丰富的城市环境为创意工作者提供了一种储存当地特色文化的知识、传统、记忆和形象的能力,赋予其充沛的创作灵感(Scott,2010:123)。例如,多伦多的设计师认定市中心的重要性,并将城市空间的地基质地作为其创意灵感的来源(Vinodrai,2013)。同样地,Bain(2003)和Rantisi(2004)分别发现,多伦多的艺术家和蒙特利尔的时装设计师也善于利用周边环境元素来进行创作或设计。Lloyd(2006)关于Wicker Park社区的作品,对芝加哥艺术家的创意生产颇有影响。这些例子清楚地表明,创意工作者在特定社区和空间的生活和工作对其创作是十分重要的。不过也要指出,大都市高昂的住房成本是工资低廉和工作不定的自由职业者和合同雇员不得不面对的一个问题(Ekinsmyth,2002)。

然而,这种现象并不是静止不变的。由于租金上涨、房地产高档化和土地的不断开发,加上对新鲜度和真实性的不懈追求,空间和场景在城市内的不同街区之间经常迁移,这场争夺战还将一直延续下去(Catungal et al.,2009;Silver et al.,2010;Hauge & Hracs,2010)。比如,多伦多的高端豪华社区约克维尔(Yorkville)曾是20世纪60年代艺术生产的温床(Bain,2003)。Queen West和Parkdale社区也在过去10~15年里建成了时尚天堂,但艺术家、音乐家和其他文化生产者新近开始迁往其他社区,如东端的Queen East和Leslieville(Hauge & Hracs,2010)。这场空间争夺战深刻暴露了项目生态脆弱的本质、区位和动能,也为基于项目的创意工作平添了另一重风险。

当地项目生态全都相同吗?

诚如笔者所述,创意工作者具有许多共同的特征,如个人的高风险、自由职业和合同工作;严重依赖于社交和专业网络;创新过程需要试验和新颖性,所有这一切都驱使创意产业向特定的地方聚集。虽然对基于项目的工作的研究清楚地阐述了地理因素对开发项目生态和"酷炫"创意职业的重要性,但它是否适合跨国、跨行业的情况依旧悬而未决。组织学和制度学理论家敏锐地觉察到,不同国家和地区的劳动力市场的运作方式不同,由于当地社会和制度关系的特殊性,植根于当地社交和专业网络的职业、身份和声誉分享着共同的职场和地区文化(Christopherson,2002;Lam,2002)。此外,当地通行的社会和制度关系还会影响企业吸收和有效利用(创意)知识的能力(Cohen & Levinthal,1990;Hall & Soskice,2001)或塑造特定行业的演化路径(Jones,2001)。Christopherson(2002)认为,创意工作者理解项目发生的制度、监管和地理背景,认清自己嵌入特定地点的性质是非常重要的。这些看似"无聊的机构"(Grabher,2002a)决定着不同行业和国家的创意项目工作的发展动能。各个行业和空间的制度和监管各不相同,但很少有关于创意产业工作的国际比较研究(Gill,2002;Hauge & Hracs,2010),至于不同行业和国家背景下制度对创意劳动力市场和项目生态的构建作用,这方面的研究就更罕见了(Christopherson,2002;Christopherson & van Jaarsveld, 2005;Vinodrai,2013)。

或许,Christopherson(2002)的研究可以说明制度在开发创意产业的项目动能和项目生态中的作用。她指出,北美影视业工会和行会对行业构建依然发挥着决定性作用。例如,这些机构提供公认的资质证书、培训计划并设定薪酬标准。虽然电影行业通行"无边界"的工作(Jones,1996;DeFillipi & Arthur,1998),个人很容易调换不同的电影项目和工作室,但这种业内流动性造成的结果便是行业与工会之间屡屡争执的集体谈判。相比之下,在新媒体之类的新兴创意产业中,就没有这种长期存在的传统和制度。对"新"数字媒体产业来说,既没有管理创意工作者的行业规章和谈判规则,也没有评定多样性职称的规范标准和最低职能要求,有的是更多的个人主义,更具创业精神的做法(Christopherson,2002;Batt et al.,2001;Christopherson & van Jaarsveld,2005)。

创意工作、项目生态和当地劳动力市场也受制于整个国家的制度环境。Vinodrai (2013:172)认为,国家关于"自由市场或调节市场的制度取向给需求趋向打上了烙印,影响了当地社交与专业网络的特征和功能,规定了企业家冒险行为的条件"。她对多伦多和哥本哈根设计工作者的比较研究表明,国家级机构在构建劳动力市场和项目生态动能方面发挥着重要的作用(Vinodrai,2013)。首先,当地(和国家)经济体的产业结构为创意工作提供了不同的机会和减轻风险的方式。比如,丹麦哥本哈根的建筑业在整个经济中相对的主导地位带来了较多的长期项目,这为建筑设计师应对商业周期变化和经济衰退风险提供了一定的免疫力。其次,与多伦多相比,哥本哈根公共部门的参与度很高,创意项目往往拥有稳定的国家资金,允许设计师承担风险和进行试验。多伦多(乃至加拿大)的公共资金有限,与公共采购相关的法规或与艺术和设计内容相关的条例很少。换句话说,政府就是哥本哈根设计师的一个挑剔的高端客户,而多伦多不存在此类案例。最后,社交及专业网络对多伦多和哥本哈根的项目生态功能和当地劳动力市场运作很重要,但其网络性质却明显不同。多伦多的本地网络讲究实际,个性化较强,而哥本哈根的本地网络较为亲和,集体倾向更强。丹麦实行的是协调性市场经济,社会福利和劳动力市场方面的制度性安排较为妥善,哥本哈根允许设计师承担风险,包括创办新公司,尝试新产品和新设计,寻求进入新市场,设计师在不损害自己或家庭福利的同时对社会有更多的集体关注。这与多伦多实行的自由市场经济制度与"全有或全无"的个人主义创业方法形成了鲜明的对比。总之,行业特色和国家制度持续影响创意产业的项目生态与当地劳动力市场的特征动能乃是不争的事实。

结 语

我们认为,地理因素对创意产业项目生态的形成和动能至关重要。基于项目的工作在创意产业中越来越占主导地位。作为一种组织形式,它有利于产生新颖和新鲜的想法。但它要求灵活性很强的工作形式,如自由职业、短期合同和临时就业。这些工作的灵活性和短暂性驱使创意工作者向特定的场景和空间聚集,以便获悉求职信息,了解工作机会,学习最新技能,在当前和未来业界各领域的合作者中建立声誉和信任关系。相聚一处的场景和空间本身就很重要,其特征被创意人士嵌入或蕴含在本行业的产出中。然而,上述过程的展开方式深受地理环境和行业制度环境的影响。城市和国家不仅是创意活动的平台,而且是项目生态形成和再造的关键基础设施:促进劳动力市场运作,构建社交和专业网络,推动创新进程,降低企业风险,深刻地影响文化产品的特质。

更为激进的观点认为,创意产业中基于项目和合同的组织模式预示着"新经济"的到来,并有可能成为知识经济时代的主导性组织模式(Wittel,2001;Barley & Kunda,2004;Arthur et al.,2008)。仅仅出于这个原因,我们也有必要加深对这种组织模式运作的理解,弄清其对个人与社会福祉和繁荣的涵义。此外,我们仍有一些可以深入研究的工作,更清楚地去了解不同地区不同创意产业的项目生态和项目工作的形式、结构和功能的细微差别。我们对北美和西欧以外地区这方面的发展动向知之甚少。那些全球生产网络日益普及的行业(Coe,2015),正在通过复杂的协作和互动网络将各种本地项目生态连结起来,未来的研究将帮助我们更好地理解其发展动能和特征。

第十四章 创意产业的项目组织管理

罗伯特·德菲利皮

创意产业中基于项目的组织

创意产业为考察和研究那些基于项目的组织形式提供了大量的机会(Castaner & Campos,2002:42)。举凡戏剧(Eikhof & Haunschild,2007;Goodman & Goodman,1976;Uzzi & Spiro,2005)、电影(Cohendet & Laurent,2007;DeFillippi & Arthur,1998;Jones,1996;Sydow & Staber,2002)、电子游戏(Ayoama & Izushi,2003;Cadin,Guerin & DeFillippi,2006)、音乐(Lorenzen & Frederiksen,2005)、广告(Hallgren & DeFillippi,2014;Grabher,2002)或软件(Grabher,2004),其制作均可满足基于项目的临时性组织的四个条件:发起人或主办方通常会组建由不同专业知识的个人构成的半临时性团队,对需要在有限时间内完成的特定任务进行管理,共同努力将现有的绩效和能力提升到一个新的水平(Bakker,2010;Lundin & Soderholm,1995)。

创意产业临时性的项目组织具有产生新知识的能力和灵活性,但由于反作用力的存在,它们也蕴含着明显的紧张关系(Sydow,Lindkvist & DeFillippi,2004)。凡是创意活动需要多元化团队和引进新人的地方(Perretti & Negro,2007),管理方更乐于使用具有实践经验的团队。创意产业早已成为围绕项目来组织经济活动的行业,不仅对项目组织的潜在张力洞若观火,也有可供选择的对冲张力的实践经验。

学术界试图对基于项目的组织形式进行分类(Hobday,2000;Whitley,2006),其中的一个主要分类标准是,考察临时性项目组织在公司整体任务的设计和实施过程中所发挥的作用。"项目导向"型公司承担的项目只是其不断增长的业务的一部分,即使他们主要的"生产"活动是数量或商业导向性质的(Midler,1995;Hobday,2000;Keegan & Turner,2002)。其他公司在项目中组织安排大部分的内部和外部活动。这些"基于项目"的组织(PBO,project-based organizations)有的是整个公司(如建筑、咨询和专业服务),有的是许多公司组成的财团或网络(Hobday,1998)。DeFillippi 和 Arthur(1998)将基于项目的企业界定为单一目的生产组织,包含所有支持临时性项目组织生产的功能,但公司产品的营销和分销则由常设性的独立组织进行管理。这类基于项目的企业在电影制作和戏剧之类的创意产业领域最为常见,也涉足于公共关系和会议管理等专项服务行业。本文将侧重考察创意产业基于项目的组织(PBO)的各种运作模式。

下面,我们将探讨所有基于项目的组织的三个基本要素:角色、关系和例程。这三大组织要素并未涵盖所有与项目组织相关的参数,但它们确实影响了项目组织在创意产业中的运营和绩效,不过,这些项目组织要素的特定组合也会产生一些紧张关系。

角 色

我们可以利用这三大要素对基于项目的组织(PBO)进行分类。一个希望项目参与者的角色独立、稳健且有标准化技能的组织,与一个要求项目参与者的角色和技能具有可变性的组织是大有区别的(Whitley,2006)。稳健而又独立的角色最有可能出现在技能主导的部门,如电影业(Christopherson,2002;Davenport,2006)。这类创意产业领域要求各种项目参与者的角色是基于技能的,而技能是标准化的,项目角色几乎稳定不变。他们承担的角色早已由其专业技能所预先决定,因而可以随时加入新项目团队,从一个项目快速地移动到另一个项目(Bechky,2006)。于是,项目团队可以快速组建,并在短时间内有效地协同工作(Jones,1996)。这些角色的复杂性和不确定性较少,细节协调的工作尽可委托给专家团队,无需建立精细的控制系统。在这类项目组织中,学习往往发生在稳定的任务和既有的技能之间,而不是发生在项目参与者彼此之间。创新或"新生"事物(Grabher,2004b)通常借由调换团队成员来开发,而不是建立新的合作方式和专业知识的新奇组合来开发。Whitley(2006:82)将这种角色稳健的项目组织与角色和技能均可变的项目组织做了一番对比:

> 其他类型的项目组织,如慕尼黑企业应用软件行业中的项目组织(Grabher,2004b;Ibert,2004),工作人员不是严格按照自己先前习得的技能来分工的,他们在项目过程中和不同的项目团队中扮演的是不同的角色。角色具有可变性的组织和公司以项目为基础的专业知识布局,意味着工作人员经常需要更换自身的角色和知识,以适应不断变化的环境,因此,项目团队共同培养新技能的能力与其早已经过正式认证的技能是同样重要的,甚至更为重要。与个人相比,团队和组织的学习能力和新知识的开发能力更要紧,因而更强调集体技能的改进,而不是个人技能的提升。在这类项目组织中,任务和技能之间的协调更复杂,但组织的灵活性也更大,更容易改变工作流程。

根据Whitley(2006)所讲的这种区别,本文将检视创意产业的项目组织中可观察到的一些张力,这些张力决定了项目参与者分派到的角色和技能究竟是稳定的还是灵活的。如何将创意项目参与者整合到组织环境中,确保创意冲动服从项目的商业或实际需要,此乃创意项目组织时常面临的一大挑战。当市场商业化需求十分强烈或项目发起人或金融家祈望规避风险时,创意项目就会受到这些外部因素的剧烈影响,就会要求艺术家的艺术美学或专业偏好服从集体的诉求,那些主要依靠技能娴熟的专业人士的项目组织将面对这样的挑战。

有一种困境,是一群创意表演者早已习惯了一成不变的表演套路而成为抵制前卫潮流的保守派。例如,Gotsi、Lewis、Andriopoulos和Ingram(2008)研究了创意工作者在基于设计的行业中发生的身份冲突,他们有艺术表达的激情,却仍要承诺遵从确保商业盈利的项目管理规则。

另一种困境,是项目组织内部的层级制要求角色保持一致性,这就与角色灵活性的要求发生了冲突,灵活性要求项目参与者在项目过程中和不同项目团队中能够承担不同的角色。Oticon 是一家荷兰助听器公司,它是助听器技术的创新者,其"意大利面组织"在早期的项目组织中闻名遐迩,该公司要求所有员工学习新技能,根据不同项目的要求承担不同的角色(Kolind,1998)。20 世纪 90 年代,管理学大师彼得斯(Tom Peters)将这种"意大利面组织"誉为管理革命,但 Foss(2003)却斥之为"失败"。Grant (2011)对此毫不留情地抨击道:"层级制控制的缺位会产生混乱……(在公司首席执行官 Lars Kolind 领导下)的六年内,缺乏协调、无差别激励以及过度的内部政治纷争,导致 Oticon 拆除了大多数'意大利面组织'而重归层级制控制。"Foss 和 Grant 均深受组织内部凝聚力和"互补性"范式(Milgram & Roberts,1994)的影响,认为稳健的组织模式是成功的,反之则反是。

然而,对 Oticon 公司案例的跟踪研究表明,项目组织分派角色和技能时为了增强灵活性而采取的激进措施是短期性质的(DeFillippi & Lehrer,2011)。在首创者 Lars Kolind 退位后,Oticon 便从激进的项目组织转向混合型组织发展,该公司依然植根于基于项目的组织原则,并且将其制度化为运营例程。没有证据表明,这两种完全不同原则的组织形式之间存在着螺旋式上升的关系。相反,随着时间的推移,Oticon 将其结构演变为混合型的项目组织形式,一些层级制的元素被重新整合进来。这样做的目的是,不仅可以解决激进式"意大利面组织"存在的某些功能障碍,也是为了应对增长并通过项目组织实现更大的创新。Oticon 以灵活的方式逐步开发自己的能力,同时,遵循项目组织的基本原则,重新注入了层级制元素,以适应其扩大了的业务规模和经营范围。

对创意产业的项目组织而言,Oticon 案例研究的一大涵义是,项目组织凸显角色灵活性的激进做法只不过是组织长期演进过程中的一个临时阶段,一旦市场机会和组织呼唤钱德勒(Chandler)式的规模经济效应和范围经济效应,组织演化进程的车轮便启动了。未来对创意产业中项目组织的研究需要引入这类纵向研究,考察项目角色的演变及其协调和管理机制,因为创意组织会扩展规模,提供多样性的产品。笔者在本文结语部分将提出考察项目组织演化的战略因素的概念性框架。

关 系

许多研究项目组织的文献均强调社会关系对项目成功的重要性(Wikstrom,Artto,Kujala & Soderlund,2010)。大多数文献中反复出现的主题是社会关系要比任何特定项目乃至任何特定项目组织中出现的临时性互动关系更为持久(Sydow,Lindkvist & DeFillippi,2004)。

例如,Sedita(2008)断言,基于项目的组织在必须开展某项活动时才会出现,项目组织是持久性组织与潜在性网络之间的桥梁,后者才是过去、现在和未来的项目参与者构建持久性关系的真正宝库。他从潜在性网络的角度对意大利威尼托地区的现场音乐表演进行了分析,其观点与 Starkey 等(2000:299—300)颇为相似。Starkey 认为,英国电视行业是成功的潜在性网络组织,它将"长久存在"持续关系的"彼此认识并信任的关键参与者"结合在一起。Ebbers 和 Wijnberg(2009)也观察到,荷兰电影行业中项目组织签订的劳动合同大都具有交易性质,而潜在性网络组织的成员则通过彼此的关系结交来联系。他们对荷兰电影制片人的访谈表明,在对项目参与者的行为进行管理时,与项目组织签订交易合同还不如潜在性网络组织中的关系结交来得重要。

笔者对德国电视制作中的项目网络进行了一系列研究,我们认为,项目企业家应与特定的客户和服务提供商组成核心团队,建立相关项目序列,形成协作路径。这些路径允许合作伙伴利用和扩展现有的能力,跨越时间和协作环境去开发新的能力和合作伙伴资源。建立路径时,可以将合作伙伴的实际运作连接起来,以建立过去、现在和未来潜在项目之间的任务衔接和团队联系(Manning & Sydow, 2011;Manning, 2008)。

这些更持久的潜在性网络的发展及其在临时项目特定关系中的应用,是通过创意资源共处一地来推进的。例如,伦敦广告业的地理位置集中分布在一平方英里之内,大致在伦敦 Soho 区范围内。在激烈的品牌竞争中,为了缩短新广告开发的交付时间,总部位于伦敦的广告行业已经发展出一种生态灵活型的项目组织:广告公司的"创意"团队可以与媒体、公共关系或设计公司等其他资源供应商进行合作,共同策划广告战役,编写相关的媒体宣传资料。项目资源的地理位置,加上不同但互补的组织成员之前的项目参与史,一起推动着临时性项目联盟的快速组建(Grabher, 2002)。

基于项目的工作关系与这种关系以往或当前的声誉密切相关。Delmestri、Montanari 和 Usai(2005)研究意大利电影制作时发现,导演与制片人和发行人之间强大的纵向联系和经济声誉有利于获得商业成功,而导演与其他创意伙伴之间较弱的横向联系和艺术声誉对艺术价值具有积极影响。Alvarez 和 Svejenova(2002)基于案例的早期研究得到了大规模实证研究的支持,他们主张,为了实现真正的路径突破型创新,艺术家必须创建"他们自己的协作网络",唯如此,方能打破电影行业现存关系的限制,不再一味复制以往被证明成功的公式或类型。这些研究结果表明,如果跨项目的关系网络过于封闭或冗长,反而会限制艺术创意的产生,因此,项目组织需要借助新的关系来提供经验和观点的新创意组合。

数字革命的后果之一是,新闻媒体和娱乐组织越来越依赖于受众生成的数字形式的视频或音频内容。在许多创意产业(如互动广告、互动电视和电子游戏等)中,都可以看到客户变成了内容的共同制作者。项目团队如何吸引用户社区参与其开发流程,已成为创意产业组织在项目管理方面的一项挑战(DeFillippi, 2009)。对外部内容提供商的关系进行管理,也将成为一种日渐重要的项目能力。联合制作和建立用户社区有可能与先前的内容创建做法产生冲突,引起新的困境,因为创意产业的专业人员需要转换其内容创建者的旧角色，与作为用户社区服务提供商和内容联合制作人的新角色进行协调。由于数字内容的融汇，内容创建者和内容用户之间的界限正变得越来越模糊（Jenkins，2004，2006）。

上述考察的理论含义是持久性关系网络可能是短暂性项目组织关系在层级制有限控制下有效和高效运行的黏合剂。然而，绑定的纽带也可能是将这些网络与新的艺术和创意可能性联系起来的纽带。因此，创意项目组织必须牢记将新关系注入旧关系的必要性，以培养技能和经验的新式创意组合。

例程

本文将探讨项目组织中两种不同类型的例程，即创意探索与商业开发。March（1991）总结了创意探索与商业开发之间典型的两难困境：

> 从事创意探索而排除商业开发的自适应系统可能会发现，它们承担了试验成本而没有获得多少利益，未开发的新想法太多而独特的能力太少。相反，从事商业开发而排除创意探索的系统可能会发现，它们身陷次优的稳定均衡而不拔。

（March，1991：71）

Turner（2003）阐述了媒体行业两种不同的商业生产模式（线性生产和灵动生产），其他创意产业领域亦是如此。线性生产是指媒体行业的后续项目利用特许经营权重复进行文化产品生产，这些可预测的项目诉诸大众市场，提供文化商品，为投资者提供可观的收入来源。而灵动生产与线性生产的逻辑针锋相对，因为媒体行业对新产品和原创产品具有不懈的需求（Lorenzen & Frederiksen，2005），灵动生产是"突破性的、非传统的新媒体公式、混合类型以及意想不到的或其他实验性的叙事形式"（Deuse，2007：51）。线性生产表现的是基于商业开发的项目学习导向，而灵动生产体现了基于创意探索的项目学习导向。也许，这两种学习方式都是必需的，但这两种学习导向之间的张力如何在创意产业中相互作用呢？

Tschang（2007）调研了美国电子游戏行业中两类不同参与者在创意问题上的对立和困境。前卫的游戏设计师和硬核游戏玩家以及媒体行业游戏评论家在游戏开发中不断地寻求更大的创意创新，而游戏发行商、大型游戏工作室和大型零售分销商则倾向于在现有知识产权的基础上开发游戏项目。这些游戏项目的许可和特许经营业务在多家媒体报道中均有良好记录，只需定期更新，增加续集，或改进技巧，而无须大幅修改游戏内容程式和角色元素。以商业开发为导向的游戏项目有助于降低项目发起人和投资商的财务和市场风险。Tschang（2007）认为，随着游戏开发成本的快速上升，市场愿意支持大型竞技游戏的开发，加上投资其他游戏获利有限，因此，风险规避型和跟风模拟型的游戏项目开发倾向与日俱增。

电影行业也有同样的驱动力，同一经典电影片名的重拍和不可计数的电影续集构成了好莱坞的大部分票房收入，来自大众市场的观众是光顾影院综合体的常客，独立电影制片人的创意和原创电影只能在少数艺术馆和独立电影节放映(Epstein,2005)。电视行业基于流行类型来开发项目,这一点与电影行业异曲同工,这些项目包括犯罪侦察剧(如《法律和秩序》)、肥皂剧(如英国广播公司的《东区人》和ITV的《加冕街》),甚至还有像《辛普森》那样超越原创内容的特许经营的卡通片(Deuze,2007)。

流行音乐领域的新趋势正在迅速出现,消费者的口味也会瞬间改变。领军的唱片公司为此设立了以创意探索为导向的项目组织,专注于识别和延揽全球人才。不过,大型唱片公司"艺术家和曲目"部门(A&R)的项目团队探索新的音乐可能性仍须与公司的战略意图相吻合,以确保音乐特许经营的发展及其市场范围和商业潜力的充分利用。在音乐行业内部,项目功能是支持新音乐生成还是商业化利用音乐产品是大有区别的(Caves,2000:4)。Gander、Haberberg和Rieple(2007)辨识了两种不同的唱片行业组织,一种是四家唱片巨头公司,另一种是众多的独立音乐制作公司。根据他们的观察,后者的资源主要用于识别和发展音乐和艺术家的创意努力,而前者的资源则集中用于其音乐产品的财务、促销和分销。大型唱片公司也有投资用于项目功能的提升,其"艺术家和曲目"部门的项目组织也在探索新音乐的可能性,但大公司的做法是将创意音乐探索的风险——分解,以便让更多的独立音乐制作公司与其共担风险。

商业开发为主的全球性音乐生产商和分销商与创意探索为主的独立音乐内容制作者之间的这种分工,与其他创意领域的项目资源用于创意探索/商业开发的比例相似,包括电影制作(Scott,2002)、电子游戏(Tschang,2007)和电视(Deuze,2007;Scott,2004)行业。

总之,由于围绕内容创建的市场和技术具有很高的不确定性,加上内容制作的成本不断攀升,创意产业倾向于选择大量商业开发型和模仿型的创意项目工作。有关模仿行为的研究文献证实,模仿是对市场和技术高度不确定性的首选响应模式,旨在以相对较低的成本来降低风险并取得商业上的成功(Ordanini et al.,2008)。

Brady和Davies(2004)认为,企业要摆脱创意探索/商业开发这两种模式选择的困境,就必须基于项目开展学习活动。企业可以先创建探索性的学习导向型项目组织,然后利用学习成果,以持久性项目组织甚至非项目组织来取代探索性项目组织。他们的项目能力建设模型包含两阶段的学习互动:其一,当企业采用新技术或进军新市场时,进入"项目导向"的学习阶段,其特征是"自下而上",由点到面:首先进入探索性的"先驱项目"阶段;继而是"项目到项目"阶段,吸取习得的经验教训;最后,当组织能力提升并能向多个项目辐射时,就进入了"项目到组织"的阶段。其二,当公司采取"自上而下"的战略决策,创建并利用公司自身的资源和能力开展可预测的常态化项目活动时,迈入"商务导向"的学习阶段,并将"项目导向"学习嵌入其中,项目组织通过商业开发例程来获得模仿经济效应(Davies & Brady,2000)。

项目组织演化的驱动因素

现在,我们来探讨创意产业发展的若干动能因素,包括市场驱动力的演变、行业主导性制度因素以及项目管理系统的战略定位,看看这些因素如何影响创意产业的项目组织形式的演变进程,如何在未来的项目组织中形成角色、关系和例程。

市场驱动力

Caves(2002)认为,创意产业的大多数市场遵循"二八法则"(即帕累托法则),只有20%(或更少)的新产品能够在商业上获得成功,而80%(或更多)的创意项目无法收回成本。市场竞争由此形成"赢者通吃"的格局,少数创意项目将成为大赢家,仅靠这些少数获胜项目足可弥补大多数失利创意项目的成本(Frank & Cook, 1995)。在市场遵循"二八法则"的条件下,创意探索/商业开发的悖论可望通过继续利用现有的品牌、特许经营权和知识产权的低风险开发项目来解决。

Anderson(2006)认为,数字技术可用于创意内容产品的存储、访问和传播,使用数字技术的花费并不太高,却可以大大降低从众多小市场获取销售机会的总成本,这些微型利基市场提供了通过数字技术访问和分发创意内容的赢利机会。创意产品的"二八法则"市场呈"长尾"分布,无论创意探索型抑或商业开发型项目均可产生一定的市场回报,因为这些项目都能向极少数有鉴赏力的受众销售内容深奥的、风格前卫的或其他非主流的创意产品。这种长尾市场既支持创意大胆新奇的探索性项目,也支持风险较低的特许经营项目,使创意产业的市场格局趋于均衡。

Wikstrom(2009)对音乐产业的研究指出,互联网上非法和盗版的音乐数字发行正在侵蚀音乐唱片的销售收入,但音乐产业的其他部分正在增长(如现场表演直播),还有许多其他的通过音乐赚钱的潜在方式。音乐销售收入下降意味着,许可和现场直播音乐会越来越多地成为收入来源,当音乐销售下降时,这些业务不断增长便是明证。Wikstrom研究的一大主题是,目前"音乐产业"的危机实际上主要发生在大型唱片公司占据的子产业,而社交媒体和领悟了数字技术的艺术家正在开发更直接的手段来联络粉丝群,并在唱片巨头公司经营圈外自行创立数字音乐品牌。

总之,这两种截然不同的市场对项目组织的创意工作产生了迥然而异的影响。如果"二八法则"市场长盛不衰,那么可以预计,创意产业中基于项目的组织仍将要求项目参与者更稳定地保留角色和保持技能,更依赖于商业成功的创意项目参与者彼此建立的长期关系,更多地利用现有品牌、特许经营权和知识产权来创作内容类型与格式。如果当今数字技术革命确能开拓创意产品的"长尾"市场,那么,这个数字市场必将支持更灵活地部署项目参与者的技能和经验,实验性创意企业可以更广泛地吸收新的创意人才参与项目,并在这些新艺术家之间、新艺术家与粉丝之间建立崭新的数字连接的创意关系。

行业制度因素

任何创意产业的制度因素,大致可依据参与方或利益相关者(内容制作者、出版发行商、零售分销商和金融投资者)通行的行业惯例来理解(Sydow, 2006)。这些制度因素制约着项目组织针对创作自主性与公司控制权之间紧张关系的解决方案。在电影和电子游戏行业，随着内容开发成本的不断上升，高风险和不确定性促使公司选择基于既定品牌的项目和先前成功的内容产品的特许经营项目。在电视行业，则是快速撤除那些达不到其投资者和发起人期望值的电视节目（DeFillippi，2009）。

Tschang（2007）描述了大型电子游戏出版发行商及其内部工作室对视频游戏开发项目人员创作自主权的强化控制。这种控制集中在主流游戏机（如索尼的Playstation，微软的Xbox）的游戏格式上。游戏机制造商掌控着电子游戏开发的技术限制，大型出版发行商（如艺电公司）规定了越来越严格的期限、质量和每个项目的成本要求，并密切监督游戏开发进程的每个阶段（Sapsed et al.，2007）。此外，这些出版发行商制定了内容管理或产品开发协议，将媒体项目内容开发和质量保证流程的各种要素加以标准化（Deuze，2007）。其结果，游戏开发者的创意空间受到外部公司控制游戏开发项目管理流程的挤压。

大量证据表明，创意产业项目中创意自主权受到企业制度的压力越来越大。如果这种趋势占上风，必将强化笔者之前预测的角色分派和技能配置的稳定性，进一步巩固这些项目参与者在商业成功的创意项目上建立的长期关系，企业也必然会在目前和未来的项目工作中尽量利用以往积累的品牌、特许经营权和知识产权。为了进一步了解制度因素对创意产业项目组织的影响，我们有必要研究项目组织越来越需要协调和控制的战略定位问题。

战略定位

项目管理新理论开始采用战略定位的思想（Morris，Pinto & Soderlund，2011）。Narayanan和DeFillippi（2012）认为，战略定位是公司高管层进行决策的中心思想，它为项目管理的实施设定了条件，包括建立项目管理系统（PMS）。战略定位规定了项目管理系统的设计或衍变，包括项目的规模、种类和数量，也规定了项目执行的重要前提，如项目完工的紧迫性、与外部和内部参与者的接口以及预期的创新程度。项目管理系统包括笔者关注的几大要素——角色、关系和例程，该系统构成了组织的基础结构，负责项目的开发，接受资助、监督和控制。

Narayanan和DeFillippi（2012）认为，项目管理系统与组织自身不断发展的项目组合和项目管理能力的复杂性是同步发展的。大多数组织最初采用临时性的项目管理系统，经项目发起人正式核准立项，组建临时项目团队，项目发起人有权决定该团队的创建和解散。项目负责人为项目团队调配人员，分派角色。项目管理系统最重要的关系是项目负责人和项目发起人之间的关系。项目管理例程往往是临时的，学习的成果也不作文档记录以备将来调用。

电影制片厂（DeFillippi & Arthur，1998）和戏剧制作公司（Eikhof & Haunschild，2007）大都采用这种特设的临时性项目管理系统，它们与许多创意产业组织中早期的项目组织非常相似，其项目成果往往是定制的和一次性的。特设的临时性项目管理系统也与Brady和Davis(2004)所讲的项目学习和项目组织在探索性"先驱项目"阶段的战略定位相关,旨在推进知识的探索和发现。

然而,对那些已开发出含重复类型项目的创意项目组合的创意产业组织,特设的项目管理系统有可能衍变成基于资源配置或项目组合的系统。在此战略定位下,项目中的重要关系将趋于正式化,能够区分项目预算审核者和绩效评估者,项目提议者和实施者。项目管理例程也将系统化和正式化,以往的项目学习成果会整理归档,用于日后培育模仿经济效益(Davies & Brady, 2000)。这些基于资源配置和项目组合的项目管理系统通常存在于大型电子游戏公司(Tschang, 2007)、大型音乐制作和发行公司(Gander, Haberberg & Rieple, 2007)以及媒体集团公司(Deuze, 2007)。随着组织能力提升并能向多个项目辐射时,基于资源配置和项目组合的项目管理系统便过渡到Brady和Davis(2004)所讲的"项目到组织"阶段的战略定位。

总之,创意项目的产出日趋复杂化和多样化,管理创意项目组合的风险也与日俱增,项目管理系统的发展过程因应了这样不断变迁的战略背景,使不断发展的项目组织形式与创意产业组织不断变化的战略定位要求相吻合。未来关于创意产业中项目组织的研究工作理应探讨变化中的创意项目管理系统形式与变化中的项目战略定位(项目多样性、复杂性和风险性)之间的联系,创意项目的提出、资助和控制正是寓于这一联系之中。

结 语

通过考察项目参与者的角色身份、项目参与者之间的关系及项目组织工作与协调的例程,可以有效地检验创意产业的项目组织管理水平。本文揭示了项目组织中某些经常出现的紧张关系,根据项目的角色、关系和组织例程进行的组织设计是可以选择的。我们辨识了项目组织的三大驱动因素(即市场、制度和战略),它们造成了项目组织一再面临的张力,也影响了项目组织应因这些因素和张力的设计选择。

本文主要依据特定创意产业领域的特定项目组织的案例研究,其理论要点是,为了应对创意产业内部和外部利益相关者的竞争所产生的紧张关系,项目组织的设计选择应随着时间的推移而不断改进。笔者赞同共同进化论,主张围绕项目组织的设计选择开展纵向研究,动态地辨识项目组织在角色、关系和例程方面的变化,把握项目组织及其发起人应因市场、制度和战略等驱动因素的变化。虽然本文侧重研究的是创意产业的驱动因素,但我们所讲的项目组织的设计选择及其面临的困境并不局限于创意产业。可以预计,未来关于项目组织的研究工作还将延伸到一个丰饶多产的学术领域,即创意产业和非创意产业的比较研究。

第十五章 组织活动：创意领域的形成与维持

埃尔克·舒伯勒 约尔格·西多

导 论

本章根据笔者对德国音乐、时尚和设计行业的实证研究，对集会、节庆、展会和颁奖典礼等活动的文献检索，侧重探讨创意产业中不同类型的"有组织的领域活动"的作用。我们将运用"有组织的领域活动"这一术语，对一定时空范围内的社会活动进行研究，这些来自不同组织的不同个体聚集一堂，与更广泛的有组织的领域发生潜在的互动作用。需要指出的是，所谓的"有组织的领域活动"不同于环境巨变（Meyer，1982）、危机事件（Hoffman，1999；Hoffman & Ocasio，2001；Nigam & Ocasio，2010）或罕见事件（Lampel et al.，2009），后者作为意外的外部冲击对组织和有组织的领域施加影响，它们通常是领域周期运动的一部分，人们对这种间歇发生的冲击只能被动地作出反应（Müller-Seitz & SchüBler，2013）。"有组织的领域活动"也不同于企业组织的活动，如收购（Isabella，1990）、战略会议（Hoon，2007）或关键的团队流程（Gersick，1988），"有组织的领域活动"属于组织领域的层面，它们将不同背景的参与者汇集到同一处（Lampel & Meyer，2008）。[①]

笔者将为分析"有组织的领域活动"提供三个理论视角。第一，"有组织的领域活动"是一种创意产品，旨在为活动参与者提供独特的体验，这些即兴创新的活动通常是基于项目来组织实施的。第二，此类活动是展示创意的重要舞台，是网络联系、生成意义、地位归属和价值转换等过程发生的场所。从这个意义上讲，它们是形成和维护创意领域的机制。第三，结合上述两个方面，"有组织的领域活动"是制度运行的方式和结果，也就是说，制度运行"着眼于领域演变的影响力"（Lampel & Meyer，2008：

[①] "活动"这一概念在社会科学中俯拾皆是：活动是过程理论的常用术语，如路径依赖（Arthur 1989），也是过程方法论的核心结构（Abbott，1984，1992；Pentland，1999）；组织和管理学侧重研究社会实践活动（Ancona et al.，2001；Orlikowski & Yates，2002）；Sewell(1996)将历史活动视为社会结构持久转变的影响因素发生或破裂的结果；项目管理学将活动作为项目实施中的意外风险来研究（Soderholm，2008）；其他的管理文献则对意外发生的活动感到震惊（Bechky & Okhuysen，2011；Cunha et al.，2006），视之为突变（Birkland，2006；Perrow，2011；Weick & Roberts，1993）或中断（Bode et al.，2011）。Maoret、Massa 和 Jones(2011)近来更是提议将项目作为活动来研究。本章不打算回溯有关活动概念的大量文献，而是聚焦于特殊的集会、节庆、展会、颁奖典礼等活动，关注其对创意领域的影响力。若无特别说明，本文使用"活动"术语时仅指这些具体的活动。

1026),包括无意的和意外的驱动力。

节庆或颁奖仪式等活动历来是人类学(Appadurai,1986;Moeran,1993)或旅游学(Getz & Andersson,2009;Hitters,2007)的研究主题,现受到管理学家和经济地理学家越来越多的关注。管理学家认为,"临时性社会组织"塑造和推进了有组织的领域的发展(Lampel & Meyer,2008:1026)。Meyer、Gaba和Colwell(2005:467)首创了"领域生成活动"这一术语,用以表述"交换名片、构建网络、树立声誉、达成交易和设定标准"等活动。同样地,经济地理学家也将专业聚会概念化为"临时性集群"(Maskell,Bathelt & Malmberg,2006),这些集群能够密集地进行知识交流、网络构建和想法生成,类似于永久性区域集群所起的作用。

"领域生成活动"和"临时性集群"这些概念适用于不同环境的研究(Schumer et al.,2015),但许多"有组织的领域活动"研究是以创意产业为背景的。例如,Paleo和Wijnberg(2006)将节庆和现场音乐会视为展示和推广音乐家的舞台或发送其他艺术家及其作品、类型等信息的平台。Anand和Watson(2004)以及Anand和Jones(2008)将格莱美奖或布克小说奖等颁奖仪式作为"锦标赛仪式"进行研究,认为这些仪式为选定领域的获奖者赋予了崇高的声望,创造出符号性资本,并建立起支撑"有组织的领域"的认知类别。这项研究的最新成果是集会、节庆和竞技活动对创意产业价值谈判所起的作用(Moeran & Strandgaard Pedersen,2011),集会和节庆传统上是作为附加价值和交换资源的机制发展起来的(Lampel,2011),虽然在大多数行业中,其价值评估的功能已被市场所取代,但这种替代在创意产业中并未发生,因为创意产品很难在人们消费之前予以评估(Caves,2000)。本章将详细探讨"有组织的领域活动"与创意产业之间的内在联系。我们将拓展Goffman(1959)的观点,把活动视为前台(创意产品)和后台(创意领域的形成和维护机制)的重要支柱。

"有组织的领域"可以围绕市场(DiMaggio & Powell,1983)、行业(Anand & Peterson,2000)、专业(Greenwood et al.,2002)、问题(Hoffman,1999)或城市(Glynn,2008)来形成。"有组织的领域"这个概念扩展了某个行业的概念,因为它明确提到"一个共同意义系统的组织社区,其参与者频繁互动,结成紧密的命运共同体"(Scott,1994:207-208)。最新的理论研究指出,领域是一个参与者及其行为方式和相互关系的系统,无论它们是由组织还是个人组成(McAdam & Scott,2005)。新理论更适用于诠释创意和文化生产,通常包括传统的行业结构和各个参与者之间(临时)网络的关系结构,其中许多人只是临时的"被卷入者"(Hedberg et al.,1998)。因此,每个创意产业都可以被视为一个有组织的领域,但创意领域也可以跨越不同的创意产业,或围绕创意问题甚至临时活动来形成,例如,围绕"火人节"而形成的社区,激发了个人和社会的丰沛创意(Chen,2009)。

在以往二十年中,创意领域前台曝光的活动有所增加。Ruling和Strandgaard Pedersen(2010)估计,全球电影节在国际化和专业化进程中从2003年的700个增加到目前的3 500个。Tang(2011)将艺术领域的"双年展"活动看作是创意产业政策偏向经济收入的征兆。同样,"节庆"活动成为一种城市品牌战略(Lena,2011;Richards,2007),其发轫于 Florida(2002)关于城市创意阶层与城市吸引创意人才的讨论。Gemser、Leenders 和 Wijnberg(2008)称,仅 1999 年至 2000 年,美国娱乐业颁发的奖项数量就增加了 27%。音乐行业的收入越来越多地来自现场表演而非唱片销售,数字化以及开发商业新模式的需求也更多地倚重于举办活动(Mangematin et al.,2014)。许多新的活动形式被发明出来,诸如"非正式会议""工作坊会议"或"创新营",以刺激创意产业及其他领域的创意交流(Ingebretsen,2008;Wolf et al.,2011)。一些初创公司围绕新式研讨会和会议的开发来建立整个商业模式,设计创意互动和开放式创新的空间。由此可见,活动是符号性内容密集型的核心产品(参见本书第一章图 1.1),也是创造体验而非实用产品的典型的文化创意产业(Hirsch,1972)。

创意领域的后台外人难以一窥究竟,活动实为创意领域构建活动、网络、意义和资源流动的重要机制。以电影节和音乐节为例,它们不仅是受众的娱乐来源,也是活动组织者的收入来源。它们为电影、音乐行业提供经济功能,将视听觉艺术产品的提供者与最终消费者及媒体机构联系起来(Paleo & Wijenberg,2006)。它们还是新的或边缘创意人迈向创意领域的入口(Ruling & Strandgaard Pedersen,2010)。虽然其他行业举办的展销会也很重要,但创意产业的博览会营造出一种特殊的遴选氛围,其符号意味更浓。只要有幸在世界四大艺术博览会之一展出作品,那么,参展画廊和艺术家的声望就会倍增(Thompson,2011)。因此,活动不仅是创意产品,而且还扮演创意生产"守门人"或经纪人的角色(如 Hirsch,2000;Long Lingo & O'Mahoney,2010)。

我们将详细探讨这些问题,尤其关注活动组织者,因其是"有组织的领域活动"中"集体表演"(Garud,2008;Rao,2001)的协调者。最后,笔者将对创意领域的活动和活动组织的方法论和开放性问题予以总结。

创意产品:有组织的领域活动

会展、节庆、颁奖典礼之类的活动通常是创意组织努力的结果,旨在创造独特体验和符号价值。"有组织的领域活动"类似于其他形式的临时组织,尤其是项目(Lowendahl,1995;Lundin & Soderholm,1995;Lundin et al.,2015),这些项目往往是由高度流动且相互依存的团队建立的,或是某段时间在不确定性环境中形成的项目网络,用以取得难以预测的创意结果(Jones,1996;Jones & Liechtenstein,2008)。陈(2009,2011)描述了"火人节"活动的组织者面临的特殊挑战,一年一度的"火人节"在美国内华达州黑石沙漠举办,为期一周,五万余人聚集狂欢,表达一种荒诞美学。组织者需要努力缓解参与者和官方机构的紧张关系,以便能够在维持项目组织的同时开展创意活动。一般而言,创意领域的活动组织者都将面对艺术和经济逻辑之间的冲突,以及诸多作品的高创意产出和需求不确定性的矛盾(DeFillippi et al.,2007;Manning & Sydow,2011;Miller & Shamsie,1999)。

从投入来看,这类活动的组织需要特定资源的投入。首先,各种活动都要竞争企业赞助或公共资金,竞相吸引受众和媒体的关注(Schubler et al.,2014a;Ruling & Strandgaard Pedersen,2010)。由于资金来源往往得不到保证,或者在活动举办过程中很晚才能获得资金,组织团队只能在非正式接触和非正式合同的基础上组合在一起,尽量多地使用义工或志愿者。其次,举办活动还需要特定的场所,如展厅、会所或音乐厅等建筑物;特定的乡村小镇,如格拉斯顿伯里(Glastonbury)或瓦肯(Wacken)音乐节的露天场地;或都市名城,尤其是大城市,城市不仅资助了诸多活动,而且还提供了重要的基础设施资源,包括举办大型活动所需的酒店或机场(Pipan & Prosander,2000)。

从产出来看,成功举办的"有组织的领域活动"不仅能为参与者提供独特的体验,还可为主办地点提供符号和经济价值,从而使活动组织者变成强势的一方。例如,柏林和巴塞罗那曾轮番举办"面包黄油时装展",这个时装展不仅受到当地政客和时装界青睐,而且深受俱乐部老板和酒店经营者的关注。2009年,"面包黄油时装展"终于永久落户柏林,使柏林确立了"时装设计之都"的地位,此前的滕珀尔霍夫机场也转变为大型展览场地。

与大多数项目类似(Grabber,2002;Manning & Sydow,2011;Schubler et al.,2012;Sydow & Staber,2002;Windeler & Sydow,2001),作为临时组织的活动通常会嵌入恒久的社会结构中,既从中吸取投入,也为其提供产出。活动不仅充当区域之锚,而且还会嵌入更广泛的活动周期(Power & Jansson,2008)或活动生态之中(Evans,2007)。例如,艺术博览会已然形成一个展览网络,每年都要举办数百个展会(Thompson,2011)。在美术领域,每年3月马斯特里赫特举办欧洲美术基金会(TEFAF),每年6月的巴塞尔、10月的伦敦弗里兹博物馆与12月的迈阿密巴塞尔艺术博览会都是各画廊固定的参展地点,艺术品经销商都会将之列入自己的商务旅程之中。

在这类活动场所,活动组织者经常彼此竞争,又与其他活动组织者开展合作。例如,2006年科隆发起的C/O流行音乐节,与世界各地的音乐节共同构建了一个国际音乐节网络——Europareise,大家在该网络中交换信息,应对共同面临的挑战,并联合组织活动。这个网络目前包括70多个音乐节,并与德国歌德学院和若干音乐出口机构进行合作。在德国,三大音乐城市——柏林、科隆和汉堡近来组成了一个活动协调网络(Schubler et al.,2013),同时也在激烈争夺国内外受众和筹资机会。因此,活动组织者不仅要运作项目,而且要在各自的领域管理网络,经常为其所在的本地创意集群代言。

组织活动:形成和维持创意领域的机制

关于"领域生成活动"的最新研究认为,活动是组织领域拓展的特殊时刻,在此期间,多个参与者在有限的时间和空间中相遇,共同塑造技术、市场、行业和专业的发展模式(Lampel & Meyer,2008:1025)。迄今为止,大多数关于"领域生成活动"的实证研究都集中在使引领领域巨变的重大活动上,譬如,1944年以色列为建立独立的法律专业而召集的犹太律师会议(Oliver & Montgomery,2008),又如,为人工耳蜗植入设定标准的三次技术会议(Garud,2008)。与此形成对照的是,创意领域的活动一般都是定期举办的,这些例行活动并不一定发生激进式创新,而是在不断构建相似水平的网络和活动的过程中发挥作用(Anand & Watson,2004)。因此,我们认为,创意领域中的活动不仅可形成领域,而且也在维持领域,质言之,活动在空间和时间上调动并指导不同的领域参与者,这远远超出了活动实际发生的范围。根据DiMaggio与Powell(1983)以及Bourdieu(1993)的领域理论,Anand和Jones(2008)提出了形成领域必需满足的四个标准:(1)增强领域参与者之间的互动和沟通;(2)向领域参与者提出共同感兴趣的议题;(3)推进社会等级制度和权力结构的建立;(4)允许领域内部的资本转换。我们将领域形成与领域维持结合起来,推导出四个过程,即关系结构、认知结构、推进权力结构和资源结构,正是通过这些过程,活动在持续的结构化过程中随着时间的推移而形成和维持着创意领域(Giddens,1984)。

关系结构:大多数关于"领域生成活动"的研究强调其作为互动平台和构建参与者相互关系的作用。尤其是在典型的高度分散化的创意产业中,这些活动可以将一个领域里的主要参与者和机构聚拢在一起,精心策划,进行集体性的表演(Entwistle & Rocamora,2011)。由于"领域生成活动"在空间上和时间上都是有限的,因而可以将该领域难得邂逅的明星级参与者汇聚一堂。Skov(2006)将节庆活动描述为一种故意偏离常态的反结构形式,以便从事创意创新活动。活动参与者可以利用有限的时间和空间交流信息、相互学习和获取知识(Maskell et al.,2006),平时分散在全球的参与者得以面对面互动,建立彼此信任的关系(Bathelt & Schuldt,2008)。由此可见,活动有可能塑造和强化一个领域内的横向联系。

认知结构:在"领域生成活动"中,需要辨识并修复利益攸关方的问题,以便产生共同的目标。活动是公开辩论的论坛,参与者可以宣讲自己的战略思想,现场挑战竞争对手的观点(Mcinerney,2008),在一系列活动中产生叙事方式并阐明意义,从而形成新的制度(Hardy & Maguire,2010)。活动还有分类功能(Paleo & Wijnberg,2006)。例如,流行音乐节通过选择一组乐队向受众表明,这类表演者属于一个特殊群体,昭示一种新音乐类型的出现。又如,在文学领域,布克小说奖颁奖典礼宣示了后殖民时期的英联邦小说类别,将这些作家、读者、评论家、出版商和书商变成一种可识别的群体(Anand & Jones,2008)。反之,新音乐、新小说类型也可能带来新的活动,这说明,活动与"有组织的领域"交织何其深也。

推进权力结构:如前所述,大多数创意产业很难评估文化产品的质量,因此,提供遴选系统以指导评估和消费的颁奖典礼所起的作用甚为关键,这类竞赛活动乃是一种市场、同行和专家的选择机制的组合(Wijnberg,2011)。即使没有正式建立的锦标赛仪式,"有组织领域的活动"也会建立一个领域参与者能够评估自己和他人的共享空间

(Bathelt & Schuldt,2008)。活动的物理布局和设置不仅揭示了其所在领域的权力结构,而且会不断地重现和巩固它们。例如,在书展上,知名出版商在展会中心场地占据了更大更多的空间,从而展示并强化了其行业主导地位(Moeran,2011;Skov,2006)。可见,活动有助于在组织领域内构建权力模式,特别是在创意产业这类重视并彰显身份和地位的市场中(Aspers,2008)。

资源结构:电影节、音乐节、拍卖会或交易会等活动对各自领域的资源流转产生了强烈影响。譬如,格莱美奖得主(Anand & Watson,2004)会因颁奖典礼上的高曝光率而推高销售额,从而获得更多的福利和特权,甚至带来持续的收入,这在大多数创意产业中是罕见的。领域参与者一般都会产生社会和声誉资源(Lampel & Meyer,2008)。国际电视节目市场或交易会通过逐层淘汰制来创造人为的稀缺性,赋予胜出者巨大的声望,让电视节目分销商据此创建对其产品的巨大需求(Havens,2011)。这些排他性领域为赢家带来了声誉,买方也可以据此决策下单,减少文化创意产品贸易中内含的不确定性。

举办活动令上述形成和维持领域的四大过程发生变化,其变化程度取决于活动在该领域里的重要性。第一,活动具有不同的类型和目标(Paleo & Wijnberg,2006)。例如,与竞争性节庆活动相比,参与非竞争性节庆活动的艺术家个人获得的曝光度和知名度较低,而营利性活动通常比非营利性活动吸引到更多的受众。有些活动瞄准可预测的大众市场,而其他活动针对新产品的联合制作、推广或选择(Foster et al.,2011)。这些因素对确定活动欲构建的网络或类型的性质非常重要。第二,领域权威机构创办的活动对领域发展会产生更大的影响。Mezias、Pedersen、Kim、Svejenova和Mazza(2011)发现,戛纳电影节的影响要大于柏林电影节或威尼斯电影节。虽然在国际电影市场上这三大电影节都是重量级活动,但戛纳电影节显然享有最高的声望和影响力。为了使活动达到最佳状态,活动组织者必须付出极大的努力,在激烈竞争的环境中搞好活动的定位,实现制度化,并持续保持领先地位(Ruling,2011)。第三,领域参与者的诠释和感知对于某项活动创造和维持领域的影响力十分重要。诚如Anand(2011)所述,美国葡萄酒生产商都会津津乐道1976年举办的"巴黎审判"品鉴会,基于自身利益一再强化那次品鉴会获胜的集体记忆。某次竞赛活动的价值可能会随着时间的推移而被遗忘,也可能会策略性地保留在该领域的集体记忆中。第四,上述诸多过程,包括领域参与者的向心力或地位展示,只有在定期举办的活动中才卓有成效或富有意义。不过,常年举办的例行活动也会减弱或抑制活动催化组织领域变革的潜力(Schubler et al.,2014b),单次与定期举办活动在这方面是有重要分别的。

有组织领域的活动:制度运行方式及其结果

根据以上讨论,我们推导出创意领域活动推进制度建设和运行的若干决定因素。需要指出的是,这些讨论不仅关注活动组织者在某个领域扮演的重要角色,也承认他们的组织机构发挥作用的有限性，因为活动总是发生在那些"可预测的具有不可预测性"的场所(Lampel,2011:342)，难免会产生出乎策划人意料之外的结局。而且，活动本身就是创意产业领域的制度，需要通过制度运行的实践来完善制度化并维持下去(Ruling,2011)。然而，面对未知的条件、行动的意外后果以及对手可能发起的反击(Giddens,1984)，制度化对领域和活动组织者的积极作用很难得到保证。

目前，最新的制度理论引入了制度运行的概念，以表示"个人和组织有目的地创建、维护或危害制度的行动"(Lawrence & Suddaby,2006:215)。制度运行基于结构化理论的二元结构概念(Giddens,1984)，强调机构自身的分布式努力，这些机构深深植根于其产生、再生和转化的社会结构中。举办活动意味着活动组织者可以利用和影响一个领域的结构，即结构化理论界定的规则和资源。虽然活动组织机构具有丰富的经验(Giddens,1984)，但他们往往只按常规行事，意识不到自己的所作所为对"有组织的领域"的影响，因而其预期的效果可能永远不会实现，或以与预期不同的方式实现。Croldieu(2011)对1855年法国波尔多葡萄酒分类活动的研究令人印象深刻，这场活动产生了一种意想不到的结果：尽管葡萄酒生产者纷争不断，但这场活动还是无意中确定了波尔多地区最佳葡萄酒的分类系统，且延用至今逾150年。

活动组织者总是运用所在领域的物质资源和符号规则，精心进行策划、日程安排或认证之类的活动。活动主办方选择举办地点时一般会利用拥簇所在网络，将己方意图和认知结构投射到该场所。例如，德国C/O流行音乐节将2009年的举办地点选在科隆大戏院，拟依托这个古典剧院，让电子流行音乐走近大众。苏富比拍卖行位于纽约地价昂贵的上东区附近，开展的活动锚定富人区，以烘托当地社区的氛围(Smith,2011)。有些活动还会直接影响当局的监管制度。柏林音像展(Popkomm)是欧洲音乐界的重头戏之一，代表业内主要参与者的利益，2009年，主办方据称因非法下载问题引发行业危机而断然取消了活动，以表达版权监管的强硬立场。取消活动引起一众媒体围绕网络盗版问题展开了一场大辩论，通过造舆论的方式产生了制度效应(Dobusch & Schubler,2014)。这些例子表明，活动组织者可以采取多种运作方式来影响分类系统或法规等领域制度。

与活动相关的制度运行有着不同的类型，大都试图将活动变成一个领域的制度，并维护这种制度。当某些活动被领域参与者授予正式权力时，或某一领域缺乏互补机构，或活动中心不存在竞争对手时，这样的活动便享有"准垄断地位"(Lampel & Meyer,2008:1028)。然而，这些条件在创意产业中往往并不存在。以电影节为例，除了彼此竞争的戛纳电影节、柏林电影节或威尼斯电影节，还有其他各种电影节，如美国犹他州的日舞(Sundance)电影节，这个电影节主要放映独立制片人的影片，当它趋于成熟时，又遇到了每年也在犹他州举办的Slamdance电影节的挑战。因此，活动组织者不仅要使活动制度化，还要在不断变化的领域中重新定位既有的活动，以保持自己在业内的地位。Delacour和Leca(2011)研究法国沙龙de Peinture去制度化的案例时发现，即使活动拥有"领域正式授权"(Lampel & Meyer,2008)，如果它与领域发展渐行渐远的话,也会遭到挑战:在这个沙龙案例中,便是印象派绘画的崛起。因此,活动组织的另一重任就是在活动的排他性与活动开发的开放性之间保持平衡。

无论活动组织者是跨国公司、中小企业、公共机构或个人网络,形成和维持领域的活动都需要具备项目管理能力、领域演进意识以及对组织和制度化实践的反思能力。这些能力可用于创建网络中心,实现价值转换,推进制度变革。在一个领域里,随着时间的推移,活动的地位会受制度运行的激发而发生改变。制度运行往往是在项目或临时性组织中进行的,而这些项目或临时性组织本身就有不同程度的创造性。

创意领域组织活动和活动组织的研究

源自上述理论研究,但也独立于这些理论,活动成为创意领域研究的一大重点。首先,活动是行业和市场的"微观世界",能为参与者提供在同一个地点贴近观察和遇见所有领域玩家的独特机会(Meyer et al.,2005:467)。特别是在具有高度临时性组织特征的创意领域中,这种活动是现场了解领域参与者构成的极好抓手。其次,许多城市的新兴创意市场,如柏林的设计市场,那里的活动是分析创意人士如何创建工作网络、形成专业场景和开发新的市场类型的一大视点(Lange,2011)。"有组织的领域活动"是一种另类空间,它不同于常规秩序的空间(Foucault,1984,1970),活动参与者可以透过这个空间观察创意过程,邂逅奇人怪才。最后,将活动影响力和活动组织本身的研究结合起来,会对临时性创意组织的组织方式和管理实践产生新的见解。

作为解决创意生产悖论的机制,"有组织的领域活动"尤其值得研究。首先,最常见的一个悖论是艺术价值和商业价值的冲突,这两种不同的价值均可通过特定的组织实践活动保持共存与平衡(Eikhof & Haunschildt,2007),或为每种价值的开发预留单独的空间和阶段(Svejenova et al.,2007)。艺术和商业价值也可以在活动中融为一体,彼此协同,相互转换。其次,另一个悖论是文化产品能够在多大程度上响应客户需求,更确切地说,新市场类别的创意建构能在多大程度上创造出客户需求(Lampel et al.,2000)。活动作为选择和分类系统是塑造消费者偏好的重要场所(Watson & Anand,2006),同时也提供满足其创造的需求的精准体验。再次,活动作为形成网络联系的场所,有助于构建项目的网络或潜在的组织(Starkey et al.,2000),为垂直一体化企业的运作效率与专业人士和临时参与者的灵活性的悖论提供解决方案(Jones et al.,1997)。最后,活动作为"功能无限"(Moeran & Strandgaard Pedersen,2011)与高度不可控的舞台,令创意创新成为可能。与此同时,例行活动又为创意产业不确定和分散化的环境提供了某种稳定性和连续性。虽然活动组织本身就是创意生产与生俱来的悖论纠结,但"有组织的领域活动"至少可为其中一些悖论提供解决方案。

从研究的方法论来讲,研究人员参与活动可以成为人种学研究项目的一部分,活动分析本身也可以基于文档或在领域定量分析时成为"微型人种学"。"有组织的领域活动"也是进行正式和非正式访谈的理想场合,在例行活动中,某些领域参与者可以建立持续的面洽关系(Garud,2008)。此外,活动本身会产生大量的文档,如演示文稿、会议记录与可纳入数据库的音像资料。活动可以为某些定量分析提供数据,横截面和纵向网络分析都可以在参与者列表或主题演讲者的基础上进行。媒体或个人博客也会报道和反映许多活动,也可以构成媒体话语分析的基础。如何衡量活动的业绩和成功率,也是一个亟待解决的方法论问题。

然而,这些绝非创意产业"有组织的领域活动"所有问题和方法的详尽清单。对那些将活动看作独特的"游戏空间"(Hjorth,2005)的研究者来说,本章只是抛砖引玉,希冀创意活动的研究者来共同探索跨学科的理论框架和方法论的新课题。

第十六章　创意产业中的用户创新

埃莱诺拉·迪·玛丽亚　弗拉迪·菲诺托　弗朗西斯科·鲁拉尼

导 论

本章归纳了有关用户社区的不同观点,目的在于揭示创意产业的专业人士和公司如何创建富有成效的商业模式,运用用户的创造潜力、能力以及知识来创造价值。

在过去 20 年中,管理研究对创新演变的特性进行了连续记录和分析。在公司范围内进行的创新过程中,即创造新知识和新的解决方案的过程中,创新活动的特征越来越超出以往的范畴,创新来源也更加广泛,因而对于传统观念形成了挑战。创新研究表明,从软件到运动器材等各种行业,都在公司范围之外找到许多新的知识资源(Chesbrough,2003;Laursen & Salter,2004,2006;Dahlander & Gann,2010;Baldwin & Von Hippel,2009)。公司外部的人员经常对现有产品提出改进意见,譬如用户、专家和业余爱好者等人,他们这样做并非为了获得奖励,只是出于热心和兴趣(Jeppesen & Frederiksen,2006;Jeppesen & Molin,2003;Ghosh et al.,2002;David et al.,2003)。

对分布式创新过程的调研表明,作为个体,人们主要把时间和精力花在自己喜欢的社群上,不太关注泛泛的共享知识(David & Foray,2003)。在软件开发商、时尚鉴赏家和品牌爱好者等社群中的情况,也印证了这项调查的结论。对于管理研究而言,这些领域显示出一个奇妙而又费解的课题,这就是,由松散的个体构成的各种社群是如何开发新知识的?企业与他们之间又怎样进行合作,既从用户社区的创造中获取收益,同时又能为用户社区发展注入动力?

这些一直都是各种研究脉络的核心问题,本章中将会予以综合归纳。我们主要关注创新研究,重视用户社区在创建新的解决方案、改进产品或服务方面所起的作用。为了阐释用户社区如何在企业创新过程中做出贡献,以及在贡献基础上又如何积极参与经济价值的创造过程,本章还会对管理研究和创新研究做个回顾。

本章的第一节重点讨论领先用户的定义,以及领先用户在用户社区的框架下对于创新过程的作用。第二节是对各种策略进行归纳,也就是企业从用户和用户社区的创新贡献中如何获益的策略。第三节则讨论创意产业的商业模式。

领先用户、用户社区和共享创新的价值创造

以安卓系统(Childers,2009)和"反恐精英"(Postigo,2007)为代表的一些电脑软件和电脑游戏,以及滑雪板(Shah & Tripsas,2007)这样历史悠久的制造产品,都不是由企业的研发部门创造研制出来的,相反,全是散点式个体的贡献集成,换言之,是由无数自主的个体对既有产品进行合力改进,或是共同创造一种新产品的成果。经由用户创造产生的这些产品,带来的经济效果非常显著(Von Hippel,1998):滑雪板占据了全球滑雪市场的重要份额,安卓已成为全球智能手机的主要操作系统,"反恐精英"始终都是在线游戏中最流行的多人游戏之一。之所以产生这样的成果,实在归功于企业外部的参与者,他们在新知识用户社区的价值创造中,发挥了越来越大的功能。他们积极致力于产品和服务的改进,而且对公司的整体业务改进、转型以及重新定位等方面也做出了积极贡献。

对于用户和用户社区作为创新来源的研究,既有的认识业已发生新的转变,研究目标已从制造商和用户在激励机制中的差异转向了创新机制(Von Hippel,1988;Harhoff et al.,2003)。制造商通过销售实现特定创新的收益,但从用户的角度来看,收益就是对产品的使用,因而在使用过程中便会产生创新(Franke & Shah,2003)。当然,不是所有用户都能在使用产品的过程中发挥创新作用,但对创新来源的研究确已发现一种特别的用户类型,他们能够辨识出某些特定需求或复杂需求,而且还会进行相应的创新开发,这种用户类型就是领先用户(Morrison et al.,2004;Von Hippel,1988,2005)。根据 Von Hippel(1988)的这个定义,领先用户的需求可作为一般需求市场的预测根据,原因就在于,领先用户总是希望产品能够满足更高的使用要求,找出更好的解决方案,实现更大的消费收益。

有些研究阐述了领先用户的状况(Ozer,2009;Schreie & Priigl,2008),揭示出领先用户在参与生产过程中获得成功的特点。基于他们对产品的细心体验和高强的个人能力,领先用户在产品新功能、全新产品和市场趋势等方面都有宝贵的认识。这些特殊用户所展现的创新行为提高了新产品的创意速率,推进了先锋顾客采购的过程。

对客户参与生产的研究,理论上的贡献在于突出了客户作为独立个体或是客户群、部落群等社会群体的成员与企业发生的联系。其中,独立个体主要基于他们的物质和知识方面的贡献,在用户社区中,客户之间通过互动活动增强个人的工作效能(Cova & Dalli,2009)。就客户参与生产来说,社会规模是个不能回避的因素,相较于个体客户的参与,用户社区带来的结果可能会不一样。对于用户社区的研究已经归纳出了不同成员的作用(Kozinets,1999;Ouwersloot & Odekerken-Schriider,2008),也就是,用户社区在消费话语和分享工作的互动中,客户的介入和参与之所以出现差别,主要取决于三个因素:作为领先用户的地位、专业知识以及肯花时间和精力的个人意愿(Shah,2006)。

"信息黏性"概念解释了创新轨迹偏向用户的转变。与产品相关的很多信息大都嵌潜在使用产品的特定环境中(Von Hippel,1994),用户惯用的语言与制造商使用的也非常不同。制造商的思考主要集中在生产工艺、技术以及产品功能等方面,用户则重视产品的性能、使用以及对产品的愿望。因而,关乎产品使用中的信息都离不开特定的环境背景(即信息黏性),这决定了用户在产生价值的创新方面正可充当最合适的参与者。

此外,用户和用户社区正日益成为舞台中心,也出现了许多新现象。首先,信息和通信技术(ICT)使个人能够编纂和传播他们在日常生活中的成熟知识和能力。虽然用户对产品和服务的修改现象并非前所未见(de Certeau,1984),但在信息通信技术广泛传播之前,消费环节创造的知识在传播和增值方面往往受到限制。正是网络技术为用户提供了工具,借此他们能够向全球的潜在受众传播自己的知识和创意成果,并在广泛的客户群内开发共享的想法和项目(Cova et al.,2007;Kozinets et al.,2010;David & Foray,2003)。其次,在企业外部的用户之间,创新活动激增,这也是 30 年来消费差异化的直接体现。在标准化和规模化商品满足消费者的基本需求之后,发达社会的消费者开始日益追求产品的个性化和差异化。这种对产品差异化、持续创新和不断改进的追求,激发起成熟消费者的创造力,他们喜欢投入时间、精力和资源,对复杂的产品和服务加以改进,以符合自己的特殊需求(Von Hippel,1994,2005;Cova et al.,2007;DiMaria & Finotto,2008;Bessen,2006)。

企业与用户社区之间的关系:赞助与自治

许多研究探讨了企业依靠用户社区寻找战略支持并增强竞争优势的问题(Dahlander,Frederiksen & Rullani,2008)。用户社区管理策略的首要特性在于用户社区之于企业的自治程度(Dahlander & Magnusson,2005)。

接受赞助的用户社区是指企业创建或支持的用户群,其确定目标是让成员参与企业的相关流程,并使成员的贡献转化为企业收益。在受赞助用户社区中,会有一个或数个实体与企业直接联系,企业控制社区内部的活动,并对用户社区进行短期或长期的运作管理(Shah,2006;West & O'Mahony,2008;Dahlander & Wallin,2006;Miller et al.,2009)。

自主治理的用户社区则是由成员独立组织、发展和管理的用户群,与企业没有连接(O'Mahony,2007;West & O'Mahony,2008;O'Mahony & Ferraro,2007)。在网络技术和互联网条件下,这个过程成为现实,并在全球范围内为每个个体提供电子平台,让大家收集信息,协作互动。在这些用户社区里,用户既可为自己创造价值,也能为其他用户创造价值。例如,在同行间的相互支持方面,就不必非要制造商参与其中。用户社区研究显示,用户社区可以根据为成员提供的内容差异采用不同的形式,如用户社区关系、利益共同体、交易群以及创想群等,企业则想从中获取收益,找到更新方案(Armstrong & Hagel,1996;Kannan et al.,2000)。因此,产品创新可以成为用户社区的活动核心,但用户的建群,也或许只为支持某个品牌,从而参与品牌体验活动,就像品牌社区常见的情况那样(Schau et al.,2009)。此外用户还可通过建群,分享他们的消费习惯及其赋予的身份象征,这对企业创新具有潜在的边际效应。

受赞助用户社区要有明确的、正式的社区管理策略,与企业的内部流程保持密切连接。企业对社区成员活动和用户社区运行的控制性很强,企业也可以塑造社区结构,建立相应的分配制度,调整企业与用户社区之间的收益(和成本)分配。在自主治理的用户社区里,企业只是一个独立的参与者,权力有限,故企业必须在社区参与成员的工艺、活动和目标方面投入更多的精力。

除了控制之外,公司对用户社区的管理流程采取多大的开放度和透明度,决定着该社区对新成员具备多大的吸引力,但连接这些因素间的关系很复杂,正如 West 和 O'Mahony(2008:152)所说的那样:

> 企业赞助商面临的主要挑战之一是管理用户群控制与扩大入群开放度之间的张弛关系。控制是为了掌握企业投资该社区的杠杆,而扩大开放度则是为了吸引更多的参与者。

在考虑建立新的用户社区或者接近现有用户社区的时候,企业必须仔细考虑用户社区的管理问题,不但要避免参与者将企业视为某种威胁,还要在参与者行为和贡献与其产生的价值之间,找到一种和谐的运行方式(Cova & Dalli,2009)。

创新流程中的领先用户和用户社区

用户,特别是领先用户在创新流程中很少是单枪匹马独斗的,相反,用户在新兴的社交网络和连接系统中都会进行合作(David & Foray,2003)。正如 Franke 和 Shah(2003)指出的那样,用户开发的创新解决方案和创新知识都是社区内部成员之间反复互动的结果,用户之间互相协作,各自贡献不同的能力和知识。

正因为用户社区成员之间能够进行互联互动,特别是借助网络技术,用户间可以相互协作,共同生成创新知识,进而通过创新功能和解决方案达到创造价值的结果。尤其是领先用户,他们对产品细心使用,对产品得到深入体验和了解,在此基础上再对产品的改进提出设想,并同更多的群内用户进行互动(David & Foray,2003;Langlois & Garzarelli,2008)。

用户社区这种新兴的结构就像是一系列的同心圆(Crowston & Howison,2006),它界定了核心与外围的区别(Crowston et al.,2006;Muller,2006;Lakhani,2006)。核心区由少数成员组成,组织群内最重要的大多数活动。外围区的成员主要参与群内开展的次要性活动,这种参与非常必要,不但有助于保持社区活动的开展,也有助于集思广益。根据 David 和 Rullani(2008)的估计,在软件开发人员组成的开源软件(OSS)群中(见专栏 16.1),每个圆圈内都包含许多高级别的用户个体,甚至比圆圈中核心区的用户还要高。

专栏 16.1　开源软件与软件部门的用户社区

用户社区对于现有产品的修改和改进,甚或创建全新的解决方案和产品都具有非常重要的作用。这在软件业中表现得更为明显,其中,很多专业用户群都是自愿参与很复杂的项目组合,目标在于开发新的产品功能和改进现有产品。

在软件行业中,开源软件(OSS)的情况当数最重要的例子(Lerner & Tirole,2002;Von Hippel & Von Krogh,2003;Daile et al.,2004)。开源软件一般都是软件行业中的成熟公司(如微软)开发出来的专有软件替代品,它的独特之处在于,来自全球的程序员建群进行共同开发,他们自愿开发特定模块和代码片段,参与调试活动,并为不同环境和用途中出现的问题提供即时的解决方案。大多数开源软件都是根据开源软件许可条款进行分发的,它允许所有人阅读、修改、改进、复制和重新分发代码及其衍生品,前提是新代码须以相同条款进行发布。显而易见,这个条款让代码变成了零价格(Arrow,1962),并且消除了单纯靠销售代码来获取收益的做法。尽管如此,近来企业进入开源软件的开发领域的势头更加活跃(Ghosh et al.,2008;Fosfuri et al.,2008),创造出许多新的商业模式(Henkel,2006;Dahlander & Magnusson,2005,2008;Dahlander & Wallin,2006;Bonaccorsi et al.,2006),可以通过企业与程序群之间的相关合作模式,提取相应的经济价值,来保持程序群的自愿性与开源软件代码的免费分发之间的平衡(West & O'Mahony,2008;Shah,2006)。

在软件行业中,第二个例子是"反恐精英"(Postigo,2007;Kucklich,2005),一款第一人称模式的射击游戏,实际上,它也是游戏爱好者群对原有游戏进行不断修改的成果。1998 年,威尔乌软件公司(Valve Software)发布了一款游戏"半条命",随后,全球的开发者开始建立社区对这款初始游戏的基本特性展开干预,结果大幅改变了它原有的面貌,甚至于整个游戏设置都焕然一新。"半条命"本是一款典型的科幻游戏,但"反恐精英"(这一名称也是用户创造的修改)却改为一个恐怖分子与反恐团队之间的超现实主义故事。开发群把它修改成了多人玩家式游戏,还增加许多其他的创新,例如玩家之间游戏中的音频互动,以及团队对团队的游戏。"半条命"的初始款式只有一对一的游戏模式。

最后,Propellerhead Software 公司的一款软件也同样是软件行业的例子。该公司是一家音乐制作软件企业,吸引许多业余爱好者建起用户社区(Japanese & Frederiksen,2006)。1999 年,该公司发布了一款产品 ReBirth,随后,一群感兴趣的用户聚集在互联网上,开始对初始产品进行修改。Japanese 和 Frederiksen 的报告说:"黑客们开始将自己的声音样本和图形设计整合到了产品的黑客版本中——一位用户回忆道,'这是我们之间一种友好的竞争方式……'这些用户认为公司应该了解这些创新,于是,从那开始,用户和公司员工之间便经常进行双向交流(主要是通过电子邮件)。"(Japanese & Frederiksen,2006:48)

> 这三个例子表明,在软件行业,不仅用户社区开始发挥关键作用,而且,他们与企业之间,与价值创造之间的关系也都不简单,因而可以采用某种形式,包含不同的商业模式。
> 由此可见,在核心和外围这两个区域中,可以形成非常有效的创新分工(Arora & Gambardella,1994),大量的低质量任务交由人数更多的外围成员承担(Rnymond,1998),高质量的密切协作任务则保持在核心区域,由少数核心成员负责。

这种视角辨识出用户社区的另外一种创新能力优势。外围成员人数多,差异性也大(Lakhani et al.,2006;Demaziere,2007),这意味着用户社区可依赖的基础性知识来源要比核心成员更为广泛。每当社区出现一个问题并进入相互交流的过程时,因外围成员掌握的知识结构范围一般会超过核心成员,因而很可能会提出更有针对性的解决方案设想(Lakhani et al.,2006;Japanese & Lakhani,2010)。正是由于这一特性,Potz 和 Schreier(2012)提出,来自用户的想法甚至会比企业自己的专家和专业人员创建的方案更为高明。这种机制的效果与外围成员的数量成正比,因此用户社区外围参与者的规模越大,某一位或几位成员(Surowiecki,2004;Howe,2006)就越有可能成为某项创新的有效来源。

关于用户社区作用的研究(Marchi et al.,2011),不但包括低技术的制造活动(如时尚或运动装备),也包括中型科技产业(如摩托车)和高科技行业(如 OSS),其中,对开源软件行业的调研尤其是一个亮点,在数字领域的技术创新,特别是软件开发产生了大量的调研成果。

不过,这些研究虽然不断深化和丰富,却很少关注用户参与创新过程的局限性问题。一方面,由于企业可以与用户社区进行通畅的知识交流,但另一方面来看,尽管企业通过接近用户的知识获益,但这种认知的接近性也会造成某种"认知陷阱",从而限制企业的探索范围,甚至阻碍对颠覆性创新路径的发现(Christensen,1997)。

通过用户社区创造价值的企业策略

用户社区在组织流程和职能中的伙伴关系

无论是自主性社区,还是受控性社区,用户和用户社区正越来越多地担负起相关业务流程和功能的作用,他们积极参与技术开发和许多符号内容的研究,甚至还经常包揽整个项目。同时,领先用户和群内成员也参与到新产品、业务流程以及业务内容的营销和推广中,甚至参与品牌管理,并为客户提供支持和帮助。

创新、研发和产品开发

在专业用户社区中,为使社区内同一主题下的成员,甚至不同主题之间的成员实行交流共享(Lave & Wenger,1991;Wenger,1998;Wenger & Snyder,2000;McDermott,1999),企业一般借助用户群的某些功能,实现对群内相关活动的识别和支持,譬如著名的施乐案例中的 Eureka 项目(Cox,2007)。从这个角度来看,由于用户具备特定的专业能力(身为特定的软件程序员),这使他们在创新过程中成为高价值的知识来源。成员在参与群内活动中,也会学习怎样更好地执行任务,协作开发复杂的系列产品的能力和技能。在专业用户群里,如果围绕特定任务而持续参与讨论交流就会产生大量的信息、文档和数据,从而为新产品的开发流程和客户服务注入资源(Wenger et al.,2002)。为了增加用户社区成员之间的相互连接,支持和实施相关的知识管理流程,企业可以采取下列方式:

● 黄页和社交网络。成员通过在线介绍自己的专业特长,让其他成员都能快速找到某个领域的最佳知识来源(如 3M 及其"研发中心"网站[①])。

● 知识库。对于生成的知识,采取"人档对应"的方式编纂建档(Hansen et al.,1999),便于存储和检索。

● 协作与互动空间。在此空间中,既能传播社区内部生成的知识,也能保持成员之间的持续互动,以便增进学习分享,产生新的想法和内容;每个成员都应拥有机会,让相关工作与私人范围之间泾渭分明的界限趋于弱化,从而更通畅地把个人学习的成果转化到工作实践中,同样也可以从工作实践中提高自己的学习能力。

像对待专业用户社区那样,企业的知识管理过程也可以纳入参与普通用户社区的成员(Sawhney et al.,2005;March's framework,1991),以便在用户群的成员知识方面区分出可探索还是可利用的不同属性,特别在利用在线工具的情况下更是如此。首先,企业需要与领先用户社群的成员(亦即领先用户)建立密切的关系,维持稳定的联系,目的在于区分和确定哪些成员能为探索产品创新的新机会做出贡献。

● 组织各种活动,维护企业与用户社区之间的联系,包括在线联系和线下联系。

● 开展创意想法竞赛。

● 以正式和非正式的方式,让用户社区成员参与新产品的开发评估。

在第二阶段,通过产品测试和产品定制等活动,用户社区开始参与到开发活动中。为此,需要产生创新工具包(将在后文中再予分析),围绕现有产品,为客户提供技术创新的手段。事实证明,这是一种卓有成效的策略(von Hippel & Katz,2002)。

客户支持

如上所述,企业应认真倾听用户社区的意见(Spaulding,2009),并对成员提出的要求做出快速反馈。企业应运用先进的知识管理策略,对用户的所有要求进行整理编辑,建立在线存储库,便于所有成员和非成员获取需要的解决方案,轻松解决使用产品

---

① http://www.businessweek.com/innovate/content/sep2009/id2009092_68 0626.htm? chan=innovation_innovation+%2B+design_top+stories.

过程中遇到的问题(Rullani & Haefliger,2013)。

当然,用户社区本身也能向用户直接提供支持,好比前面分析用户社区驱动的创新流程时那样。专家成员可以为所有成员以及非成员提供帮助,所谓非成员是指没有入群但又能以相应方式向用户群发言的那些用户(Lakhani & von Hippel,2003)。在企业的官方客服未能覆盖的范围中,用户间的支持系统通常就会活跃增长(Ozer,2009)。从这个角度来看,不管在研发领域还是售前与售后活动中,企业都能发现,用户社区存在着一种客户关系的管理系统。

在上述所有流程中,特别是接受企业赞助的用户社区存在的情况下,为了能够整合用户社区的活动,企业就必须调整它的组织结构。用户社区的管理者角色(Hagel & Armstrong,1997)应置于研发或营销部门中,包括下列各种:

● 主持人和用户社区编辑。负责群内沟通和内容管理,保持群内讨论的活跃度、开放度和成效。

● 用户社区开发经理人。负责创建和实施用户社区开发策略,重点是成员发展策略。

● 用户社区营销经理人。负责信息分析,分析用户社区产生的所有信息,特别是新成员产生的信息。

● 客户服务经理人。根据企业的特定目标要求,负责推进和管理企业与用户社区之间的关系。

用户参与的工具

要想有效运用上述策略,在业务流程中更好地利用用户社区的潜力,具体有哪些应用工具呢？在有关用户社区管理的研究中,专家对不同行业的企业进行了分析,看看它们如何与用户社区建立联系,并维护双方关系的持续发展。一种方法是,企业为用户提供一套应用工具,让用户可以自主地对产品直接有所作为。另一种方法是,通过社交网络和最新的 Web 应用程序和服务(即 Web 2.0)来让用户参与。这些新技术的应用,对企业创造产品的符号价值和开发创意产业的内容都有重要的实际作用。

von Hippel 的用户创新模型(1988,2005)强调指出,为了提高协作效率和用户贡献的成效,企业应该向同行(即领先用户和领先用户群)提供工具包(von Hippel & Katz,2002)。他认为,企业提供工具包,能扩大用户的创造潜力,从而提高其改变和改进产品的能力。同时,工具包还能将用户活动引导到新的方向上,避免局限在应用既有工具的范围内,又使用户的改进活动能与企业的工艺保持一致。

网络技术,特别是互联网的兴起,增加了单个用户参与创新活动并做出成就的机会。用户可以利用在线环境——虚拟客户环境(VCE)进行知识交流和共享,Nambisan 和 Nambisan(2008)对不同的虚拟客户环境进行了清晰、完整的阐述,他们认为,企业可以依靠这些环境让用户参与价值的合作生产。正是通过这些共享平台,企业才明确认识到了用户和用户社区的作用,继而对用户参与的活动进行直接投资。

挑战：对用户社区成员的激励和奖励

许多关于用户社区及其共同创造价值的研究都分析了用户参与创新活动的动机(Fuller,2010;Japanese & Frederiksen,2006;Ouwersloot & Odekerken-Schroder,2008)。这个问题非常重要，企业应该认真研究用户决策背后究竟有哪些驱动因素促使他们参与创新过程。Ryan 和 Deci(1985)提出了一个综合理论模型，用以对激励因素进行分类。许多研究机构和知识生产的学者在研究中都采用了这个模型(Lakhani & Wolf,2005)。他们的研究表明，当个人投入时间和资源参与到用户社区的相关社会及经济活动时，往往会受到外在与内在动机的影响。内在动机是指与开发活动直接相关的激励，例如，好奇心和对于有趣活动的态度。外在动机则指那些间接相关的激励，包括为了满足更多需求而加码目标定位，以及为了得到货币奖励之类的报酬等。有时，外在动机也会转化成内在动机，变为用户自觉遵守的规则和价值观。在所有这些动机之中，还会包括利他主义情怀、需要提高技能、需要获得认可或知名度，以及视作交友机会等动机(Fuller,2010)。

动机不仅取决于个人的外在偏好和特征，也取决于用户在社区里担当的角色。Wenger 等(2002)明确区分了三个不同的成员类型，即核心小组、活跃成员和外围成员。每个类型的成员涉及的活动、权利和义务也各不相同，而且也会影响到参与活动的种类和程度(如前几节所述)。

动机分类可谓林林总总，每个参与用户社区的人都会应对一定的激励组合(Ghosh et al.,2002;David et al.,2003;David & Shapiro,2008)，企业要仔细评估用户社区成员如何参与业务流程的问题，以便管理企业目标与用户社区成员之间在利益、价值观和原则等方面的交易。内、外动机需要采取的管理方法和奖励各不相同(Fuller,2010)。由外在动机驱动的成员通常以目标为导向，寻求比较明显的价值结果，在这种情况下，企业提供货币报酬或相关经济补助就是最具吸引力的奖励方式。但内在动机驱动的成员却以体验为导向，他们寻求的是体验快感，在这种情况下，最重要的激励因素就是参与体验、被人认可乃至于声誉名望，企业应认真组织成员活动，为其提供恰当的奖励。此外，企业还应仔细考虑为协作用户提供经济激励的机会。由于内、外动机之间也会产生相互作用，所以，相互作用带来的综合效应也就更加复杂。例如，在某些情况下，外在动机可以"排挤掉"内在动机(Frey,1994;Osterloh & Frey,2000)，也就是阻碍内在动机的发展，甚而会使其归于消逝(Gneezy & Rustichini,2000)。

创意产业中基于用户社区的商业模式

界定企业采取的策略，可便于与用户和用户社区建立联系和协作。创意产业企业现在就有必要界定能够遵循哪些商业模式，以期产生适当的经济价值。而研究那些用户社区合作占有重要地位的企业情况,对于探索和开发商业模式很有帮助(Dahlander & Wallin,2006),如开源软件领域的案例(见专栏 16.1)。在开源软件行业中,除了某些具体案例(Henkel,2006),软件产品主要都是用户开发社区生产的,运营企业需要做的事,主要是依托代码基础及其开发社区的力量来创建商业模式(Fosfuri et al.,2008)。因此,调研开源软件企业,探索可能的商业模型,也可为更多的创意产业企业所借镜。

在这一方面,有关开放式源代码软件的研究成果都格外强调开放性与控制性之间的权衡关系(West & O'Mahony,2008)。由于开源软件的分发通常需要许可证,不允许任何代码的使用和衍生开发,那么,开源软件的商业模型,关键也就在于解决代码的开放性与代码背后知识的控制性之间的均衡问题。在这种情况下,开放性和控制性会通过某种协同方式产生相互作用,代码的开放性(即免费使用)可增加潜在的用户量,同时,用户基于对相关软件的精通了解,也能提供更多的服务和配套产品,于是,企业又能从中受益,获得利润保证,譬如企业可以借助用户贡献得到发展。实际上,在开源软件领域,最典型的商业模型是以提供补充服务为基础的模式,即企业提供服务,支持用户社区的创建代码投入使用,譬如,使用用户创建的代码之后,能让软件产品更加适应用户需求或用户环境。

有些研究还试图区分开源软件中商业模式的不同特征(Fosfuri et al.,2008; Bonaccorsi et al.,2006; Shah,2006; West & O'Mahony,2008; Dahlander & Magnusson,2005,2008)。Fosfuri 等人(2008)重视企业在专利投资中的作用,强调开源软件产品在商业回报方面的积极策略。与此同时,企业在商标(声誉)中的投资与开源软件项目的开发之间,存在某种负相关关系,这对那些拥有大型专有软件商标组合的企业来说更为明显。与此相反的是,由于企业与独立开发用户的权力更加均衡,也使企业在项目开发上节省了某些专用条件,那些拥有大型专有硬件商标又涉及用户软件开发的企业却能从投资开源软件项目中获得受益。在对开源软件领域商业模型的研究中,Bonaccorsi 等人(2006)强调,在开源软件情况下,企业都倾向采用混合商业模式,运用到企业专有软件和开源软件的投资中,开源软件主要指许可证类型,也是企业的收入来源。

Shah 探讨了用户参与开源软件项目的不同动机(主要是目标导向与基于体验这两类动机)之间的关联,以及企业为依靠用户参与而必须开发的管理机制。一方面,对代码的控制越低,越会提高用户的参与度和满意度(主要是需求导向和业余爱好者),由此来看,对于用户在项目中自由发表意见和付诸行为等方面,企业必须提高他们对自由度的感受。另一方面,对于在控源项目中通过用户社区的努力而获得的收益,企业必须对专有成果有所规范,否则会让用户感到不公,长此以往他们就会停止参与。从这个角度来讲,企业的关键流程是保证企业策略与用户社区成员动机相向而行,因此,企业运用这些策略时要制定所有权明晰的许可条款(Dahlander & Magnusson,2008)。

Carlo Daflilrn(2009)收集了 275 家企业的数据,他采用聚类分析发现,所有企业的商业模式可以归纳为10种典型模式,足以涵盖80%以上的企业样本。因此,我们自然会重点关注这些商业模式。

1. 产品专家模式。大多数公司均采用这一商业模式,其宗旨是,企业将控制权从软件产品本身移转到产品背后的知识中,根据开源软件的市场扩展,让用户免费使用之,并针对用户对软件的需求改进适用性,使用户相信企业拥有独特知识,比其他竞争对手更有价值。如前所述,积极参与代码开发不仅是获取知识的一种途径,也能向市场发出企业能力的信号。

2. 开放核心模式。该商业模式广为扩散,它耦合了作为开源软件分发的软件的基本版本,以及在此基础上加装专有插件扩展而成的高级版本。这一模式对外部开发者有相当的吸引力,外部开发者可以访问代码的开源软件版本并独立地作出改进,那些希望控制代码的专有部分的公司也对此颇感兴趣。然而,由于免费部分和专有部分将会持续展开竞争,甚至可能发生自相残杀,这种模式从长远来看很难维系(Fosfuri et al.,2008)。

3. 间接收入模式。这个商业模式很有趣,它与通过提供与特定开源软件项目互补的产品产生的间接收入有关。在这种情况下,公司可以从其硬件设备上运行的开源软件的扩散以及开源软件社区开发人员的工作中获益,使用开源软件大部分时间都是免费的,这增加了软件的功能,让它时刻保持更新。

对商业模式的检视突出强调了创意产业企业必须关注以下一些关键领域,以便有效地利用用户在创新过程中的贡献:

(1)企业必须采用面向用户的方法来扩展其用户社区资源。无论开发新的用户社区,抑或依赖现有用户社区,都有其优缺点。如果必须两者择一,公司应该考虑自己是否具有与用户长期保持联系的管理能力。

(2)妥善对待用户创意成果的所有权制度。虽然公司可以完全控制创新过程的成果,但在这种情况下,公司必须在用户参与创新的基础上对外部和内部动机进行仔细评估。

(3)对用户创新成果给予奖励。奖励要与用户在创新过程中的直接参与程度和公司对创新成果的利用程度相一致。在这种情况下,公司最关键的能力是能够监控和识别具有不同参与程度和价值贡献潜力的用户。

(4)公司关于产品组合的管理策略。具体而言,公司应根据用户创新的贡献来确定内部自我开发的比重,制定出正确的、适当的产品组合。在创意产业中,这是最紧要的问题之一,因为用户提供的创意投入可以形成真实的价值,降低特定公司投资带来的风险(如艺术家选择),但与此同时,这种选择也会出现版权和控制权的问题(如第2点所述),对公司的竞争优势造成严重的影响。

创意产业公司及其专业人士可以从上面所讲的各种商业模式中获取灵感,使之适合企业的经营战略和运行目标。通过向粉丝和客户开放业务流程,建立收益分享系统,他们将能引导用户社区共同构建基于技术和符号创新的竞争优势。

第十七章　音乐软件行业中的用户创新:西贝柳斯公司案例

斯蒂芬·弗劳尔斯　乔治娜·沃斯

导论

在运用西贝柳斯音乐软件编写大型爵士音乐总谱时,我发现自己花费的大量时间并没有集中用于需要演奏的主要乐段,而是用在输入其他声部的即兴演奏的斜线和节奏提示。本插件的目的就是用自动化解决这些任务。

罗斯·拉弗勒尔(Ross Lafleur)

爵士乐作曲家在创建数字乐谱节奏时使用了一些辅助性软件,这一事实表明音乐行业中用户的作用在不断地增强。2006年,罗斯·拉弗勒尔(Ross Lafleur)创建了一个西贝柳斯(Sibelius)制谱软件的插件——"节奏部助手"(Rhythm Section Assistant),自发布以来已有15 000多次下载。其实,这个插件只是使用西贝柳斯程序的消费者和用户所开发的数百种插件中的一种。西贝柳斯公司的忠实用户喜欢使用该公司的制谱软件,同时又在不断地对它改进,以方便自己和他人使用。用户创新者虽然只创建了一小部分的"附加"功能软件,但这意味着这家创意产业公司商务运作模式的一大转变。

用户创新现已成为经济和社会领域的一股强大的力量,具有重要的理论、实践和公共政策含义。在科学仪器(如 von Hippel,1976)、医疗器械(Lettl et al. ,2006)、极限运动(Luthje,2004)和音乐软件(Jeppesen & Frederiksen,2006)等领域,公司和个人用户(非生产者)都有技术创新的记录。新近研究发现,在个人消费者(von Hippel,de Jong & Flowers,2012)、制造企业(Gault & von Hippel,2009)、中小企业(de Jong & von Hippel,2008)以及一般工业人口(Flowers et al. ,2009)中,用户创新活动的水平都很高。

用户本身可以成为高度活跃的创新者,创建和分发他们自己的产品或服务。用户创新的过程颇具挑战性、争议性和复杂性,但他们在新产品、新服务和新理念的创建、塑造和传播中发挥了重要作用。有的用户愿意修改他们购来的产品;有的用户向厂家反馈自己的意见,帮助公司改进他们想要购买的产品(von Hippel,2005;Flowers et al. ,2008);有的富有创意的用户自行创建与主流产品竞争或绕过主流产品的产品、服务务或解决方案，积极抵制"官方"式创新。这种用户创新形式被称为"非法创新"（Flowers,2008），在数字环境中相当普遍，甚或在一段时间内成为创意产业的一个特征。

音乐软件行业是整个创意经济的重要组成部分，也是企业与用户之间建立新型关系的主导部门。音乐软件是现代软件工具行业的一部分，该行业制作了一系列为专业人士、国内市场和教育市场服务的软件工具包。这些音乐系统，不论是单纯软件或是软硬件结合，目的都是自动化或简化创作过程的各重要方面，包括协助产生乐谱、录制及混录实时表演以及把各声部混合制作成最终的单一"母带"。

音乐软件是现代信息产业的一个极好例子。音乐软件公司处在一个复杂的、由国内外的个人消费者和用户社区组成的生态系统中，企业是这个生态系统的商业参与者，但他们面对的是一个由个人消费者和用户社区开发和分发的低成本共享软件和软件市场。虽然用户开发的软件可以作为公司商业产品的补充，但用户社区开发的某些更复杂的系统也可能会变成竞争性产品。

企业在这个生态系统中占据着极为重要的主导地位。正如 DiMaria 等（2012）指出的那样，企业面临的主要问题是如何透过用户社区建立良性互动关系并创造价值。这对音乐软件公司来说无异于一种特殊的挑战，因为与其他行业的公司相比，音乐软件公司与用户和消费者的关系是截然不同的。一个主要的区别是，许多用户拥有开发音乐软件所需要的高度技术技能，大量可用的共享软件和免费软件的存在足可佐证之。这个领域的用户可能是消费者，也可能成为开发与商业产品互补的软件的合作者，最紧要的是，他们还可能开发出低成本或无成本的竞争性系统或与商业产品不兼容的软件，破坏公司既有的市场地位。

为了应对上述的特殊挑战，音乐软件行业的公司已经制作了 DiMaria 等人提出的软件工具类型，音乐家可以运用这些软件来改进其创作过程。用户通常要求很高，这些要求与产品的功能和性能密切相关，他们需要寻找志同道合者一起进行讨论。于是，在线社区便成了十分常见的活动平台，在线社区或由用户自发组织，或由公司创建支持，都是公司可以借鉴和利用的知识宝库。其结果，音乐软件用户在创意创新的过程中扮演了主角，并在组织过程和功能中发挥了积极作用。在下面的案例研究中，我们将探讨全球领先的音乐制谱软件公司——西贝柳斯（Sibelius）是如何运用这些策略来利用和捕获用户价值的。

西贝柳斯：用户引领型公司

1993 年，芬兰 Ben Finn 和 Jonathan Finn 俩兄弟创立了西贝柳斯公司，主要制作和销售音乐制谱软件。今天，西贝柳斯已成为编写、教学和发行制谱软件的全球领先公司，其客户遍布 100 多个国家，曾因卓越创新而荣获女王奖。这种成功在很大程度上归因于公司创始人初衷不改，且始终贯穿于公司的产品和活动中。公司所处的商业环境也使其生产过程更贴近客户,与汽车制造之类的"传统"行业相比,尽管这两个行业都有各自的产出,但西贝柳斯专门设计了产品架构,使用户能够提供内容来支持和扩展公司的核心产品。

1987年,这俩兄弟制作了自用的"西贝柳斯"制谱软件初始程序,该程序可以让英国早期家用电脑 Acorn 的用户使用并持续参与。随着公司生意日渐兴隆,西贝柳斯仍与用户群保持密切联系,让用户在产品的开发和支持方面发挥极为重要的作用。围绕着公司的产品组合,西贝柳斯逐渐拥有一系列高度活跃的用户社区,这些社区自主开发了一些产品,公司也有意识地部署开发了一些产品。其中有一个专门创建共享软件(亦称"插件")的用户社区可谓举足轻重,为公司程序提供了不少附加功能。用户还可以开发的内容包括:音响集、循环鼓声、视频演示、辅导教程以及一般的反馈意见。西贝柳斯在这些专业和教育性质的音乐社区中为维持自身某种形式的存在付出了巨大努力,他们积极鼓励用户围绕公司的核心产品参与创新,同时为其他用户提供支持。

利用用户社区的反馈和支持

对从事创新活动的公司来说,用户的反馈和参与是产品开发过程中极为重要的一环。对那些参与用户创新的人,如音乐软件行业的用户,与其建立牢固的关系是公司运营模式的关键部分。西贝柳斯开发了多种收集用户反馈意见的方法,包括"聊天网页",主页列明的各种在线论坛,通过这些页面与用户群建立可持续的关系。公司最初设置的是技术支持论坛,用户可以在论坛上讨论软件问题,随后对页面进行了修改,以便建立知识库,再将其开发成可供查询的"问题和解答"专页。在其早期版本中,只允许西贝柳斯用户查看和使用论坛,为了查看它,必须以用户身份登录,而为了登录,必须拥有西贝柳斯序列号。而在目前的版本中,虽然只允许西贝柳斯用户在论坛上进行互动式讨论,但现在任何人都可以在线公开浏览该网站。

在公司网站上,"问题和解答"现已发展成为一个"常见问题解答"专页,但"聊天页面"仍旧存在,这两个部分相互补充。以往发布的文章均有存档且可搜索。尽管进入"聊天页面"的人仅占西贝柳斯用户的一小部分,但其中许多人都是西贝柳斯的长期客户,且比大多数人拥有更多的技术知识,因而成为公司重要的客户资源和知识资源。公司采取了上述各种使用户能够提供持续支持的方法,这种客户支持也使公司得以利用复杂多样的外部知识库。

社区、领先用户和插件

除了客户支持,用户创新者还经常围绕西贝柳斯公司的核心产品开发大量的辅助产品,包括软件插件、声音、乐谱和音乐字体。① 这样做可不是小事一桩,它要求用户达到基本的入门级别和具有较强的音乐能力。在最复杂的层面上,开发此类内容还要求用户拥有编程、设计或编曲的高级技能。在用户生成的大量资源中,软件插件最为复杂,它需要深刻的音乐理解和高级编程能力。

这些软件插件为西贝柳斯的基本程序提供了附加功能,允许用户导入用其他乐谱软件产生的音乐,变换拍子记号,以及仿效莫扎特的"音乐骰子"游戏来随机编曲。一个活跃的用户社区致力于开发这些插件,他们的活动构成了西贝柳斯研发过程中不可或缺的一环。西贝柳斯现有的用户数量十分庞大,但插件开发者社区相对较小。目前,该公司网站上提供了 150 多个用户开发的免费插件,另有 110 个用户开发的插件②将在其最新的软件版本中推出。这些免费插件为个人用户和公司创造了重大价值,下载次数已接近 60 万。排名前五的插件就有近 190 000 次下载,用户自行开发的顶级插件(德语和弦名称③)下载次数超过 86 000。除插件外,西贝柳斯还鼓励用户分享他们使用自己的产品开发的音乐。SibeliusMusic.com 是西贝柳斯公司开设的一个独立网站,用户可以使用公司专门为此目的开发的专业插件 Scorch 自行发布乐谱。该网站目前已有 95 000 多个乐谱可供下载,其中有付费下载的乐谱,也有免费下载的乐谱。

"领军用户"是构成用户创新生态系统的关键部分。在插件开发人才库中,超级开发者 Bob Zawalich 负责生成大部分插件。Zawalich 是一位退休的微软公司程序员,曾参与开发 Word 软件中的宏指令功能,但他也是活跃的吉他手和作曲家。他兼有高水平的音乐和编程能力,是一位高效创新用户,能制作复杂的插件。Zawalich 开发了很大比例的插件,放在西贝柳斯网站上供其他用户免费使用,其插件的下载次数超过了 200 000。Zawalich 开发插件的高效率及其受欢迎程度表明,即便只有少数技术技能卓越的"领军"用户,也可以为用户和公司创造不成比例的巨大价值。

产品架构和用户工具包

实行这种用户引领型创新,公司还需要调整其核心产品的性质。为便于用户开展创新活动,西贝柳斯在设计核心产品时注意让用户能开发和分享自己制作的内容和应用程序。尽管西贝柳斯产品的"开放"程度还不那么完全,但部分产品架构的应用程序接口(APIs)已经发布,这使用户可以围绕其核心产品进行创新。西贝柳斯部分开放其核心产品架构这件事表明,用户的确有公司无法预料的需求,而某些用户也确有能力自行创建满足自身需求的插件。通过产品架构的局部开放,西贝柳斯成为一个用户

---

① 第三方资源列表:http://www.sibelius.com/download/plugins/index.html。
② 这些插件购自用户,每个插件约为 500 美元。
③ 此插件将乐谱中的和弦符号文本转换为和弦符号的德语(B=B平面,H=B)和标准(Bb=B平面,B=B)惯例。这在转置德语和弦符号时很有用(例如,先将它们转换为标准和弦符号,然后再转换回德语和弦符号)。

可以围绕其核心产品进行创新的真正平台。

如前所述,软件工具包为公司提供了一种向用户转移制作能力的方式,西贝柳斯也制作了一系列工具包,为用户提供自行创建应用程序和其他内容的手段。为便于用户创建插件,西贝柳斯还创建了自己的编程语言"手稿"(Manuscript),这是一种基于音乐的专业编程语言。围绕"手稿",西贝柳斯提供了一系列资源,包括教程、插件开发人员邮箱表,以及一个技术支持论坛。实际上,用户开发的插件是开源的,任何希望开发自己的插件的用户都可以查看源代码。西贝柳斯提供了一系列可用于合成器的音响集,还为用户提供了音响集编辑器。

西贝柳斯的插件开发者社区还不断制作和共享他们自己的用户开发工具,该社区已发展成为一个工具制作社区,他们开发并共享工具,由此产生的结果是,用户开发出来的插件日益趋向高级化和复杂化。这种双管齐下的做法表明,公司应当开发多种用户参与方式,以充分利用其用户群中蕴含的不同级别的专业知识。

结 语

在快速发展的民主化数字创新时代,创意产业领域里的许多公司都会面临热衷于创新的用户为可持续发展而创造价值的重大挑战。西贝柳斯就是一个勇于直面这类挑战的公司,该公司从大量忠诚而又热心的用户那里获益匪浅,这些用户一直都是意见反馈、创意想法和软件创新的源泉,他们构成了公司研发大环境的重要方面。虽然该公司产品功能只有一小部分是用户构建的,但过去五年中添加到西贝柳斯程序中的几乎所有功能都是从用户建议中受到启发之后以某种形式开发出来的。正如本案例所示,公司必须与广大热忱参与创新活动的用户进行合作,针对用户的音乐和技术能力、行为和需求方式来制定实际可行的策略。西贝柳斯集团公司从用户的具体情况出发,为用户社区量身定制了资助和自治相结合的策略组合、软件工具包、部分开放的产品架构和业务开发模型,充分利用和开掘了用户的潜在创新能力。

第十八章 创意产业的利基、类型与分类

N. 阿南德　格雷瓜尔·克罗迪

导论

　　这一章,我们将检视创意产业的利基、类型和分类概念。这三个概念是界定创意产业的核心概念,也是其理论研究和实证研究的基石。利基理论认为,市场是以消费者为主的经济资源。类型理论认为,市场是生产者、消费者和媒体参与者互动所产生的社会调解结构。分类理论认为,市场是界定行业构成特征的类别之争的结果。每个理论研究通常是孤立进行的,看不清它们如何相互关联、各自的见解差异以及综合这些概念产生新见解的可能性。

　　之所以对利基、类型和分类这三个概念进行比较研究,主要出于以下三个缘由:首先,这些理论侧重于分类系统的演变,这对分类参与者颇为重要(Zuckerman, 1999),并将引发跨学科研究,如管理学、经济学、经济社会学和组织社会学。其次,创意产业充盈着分类的动力,影响着无数生产者、消费者和调解者的生活与互动方式(Becker, 1982; Caves, 2000)。了解经济价值的创造如何与这些分类的生产和演变交织在一起,有助于阐明基本的经济过程。最后,这三个概念不无可比性,但其分析的层次各不相同,参与者的数量和类型也不尽相同,这对理论及其扩展相关的研究策略很重要。利基、类型和分类之间的交叉和分隔区域正是这些理论生长的关键所在。

　　我们将以美国加利福尼亚州的葡萄酒行业为背景,对利基、类型或分类这三个概念进行理论分析。葡萄酒行业堪称创意产业,因为它涉及经济和美学两个维度(Beverland, 2005; Caves, 2000)。随着加州葡萄酒业的兴起与扩展,具有商业、科学、专家、美学和管理价值的文化现象与之并行不悖。这种增长产生了一个丰富的、记录完备的、多方位的类别系统,人们可以从利基、类型或分类的不同视角来理解这个分类系统,并可进行一番比较研究。

　　我们先描述一下加州葡萄酒业的概况,然后以此为背景来检视该行业的利基、类型和分类,最后得出结论并提出未来研究的思路。

加州葡萄酒业

　　加州葡萄酒酿造史可以远溯到18世纪,西班牙方济会传教士带来了葡萄枝,随之

兴起的葡萄种植和酿酒行业被一纸禁酒令的"贵族实验"(1919—1933年)摧毁殆尽。尽管屡遭重挫,加州仍顽强地成长为世界上葡萄酒的主产区之一(Pinney,2005)。该行业拥有全球最大的葡萄酒公司,如嘉露(Gallo),也有颇受好评的小型农场酒庄,如鹿跃(Stag's Leap Wine Cellars)。

表18.1是1950年至2010年加州葡萄酒业快速增长的主要经济指标。加州的葡萄酒产量猛增5倍多,从1.24亿加仑增加到6.32亿加仑。保税酒庄的数量扩增7倍多,从428个增加到3 364个。这一统计数据低估了酒庄的实际数量,因为许多葡萄酒庄太小而无法贴上"保税"标签。葡萄种植面积从50万英亩上升到74.8万英亩。到2010年,用于酿酒的葡萄占葡萄总产量的90%。在此期间,加州的葡萄酒产量约占全美的90%,全美葡萄酒消费总量也猛增5倍,从1.4亿加仑增加到7.84亿加仑,人均葡萄酒消费量从0.93加仑增加到2.54加仑。与此同时,加烈葡萄酒(一种含有高度酒精的廉价葡萄酒)的消费量减少了2 000万加仑,这表明市场日益转向高端优质葡萄酒。

表18.1　　加州葡萄酒业发展的主要经济指标(1950—2010年)

生 产[a]	单位	1950年	1970年	2000年	2010年
葡萄酒生产	百万加仑	124[g]	212	565	632
保税酒庄数量	个	428	240	1 450	3 364
葡萄种植面积	万英亩	50[b]	47.9	85.2	74.8
酿酒用葡萄种植面积	万英亩	—	15.7	48.0	53.5
酿酒用葡萄种植面积占比	%	—	61%[c]	84%	90%
消费					
美国人均葡萄酒消费量	加仑	0.93	1.31	2.01	2.54
全美葡萄酒消费总量	百万加仑	140	267	568	784
佐餐酒消费量	百万加仑	36	133	507	678
	%	26%	50%	89%	86%
加烈酒消费量	百万加仑	94[f]	112	33	74[e]
	%	67%	42%	6%	9%
气泡酒消费量	百万加仑	10[e]	22	28	32[d]
	%	7%	8%	5%	5%
出口					
美国出口	百万加仑	接近0	接近0	74	110

资料来源:Wines and Vines数据库、加州葡萄酒协会、Lapsley(1996)、Pinney(2005)和Sullivan(1998)从多个州、联邦和贸易来源收集的数据。

注:1美制加仑=3.785升。a. 在此期间,加州葡萄酒产量占美国总产量至少90%。b. 1951年的数字。c. 1977年的数字。d. 2008年的数字。e. 从消费总量中减去佐餐酒和加烈葡萄酒的消费量。f. 1952年的数字。g. 1957年的数字。

除经济因素外,加州葡萄酒的声望日隆。1976年,一位英国酒商在巴黎举办了一场对阵法国葡萄酒的品酒比赛,史称"巴黎评判",结果加州红白葡萄酒均胜出(Taber,2005),这次比赛标志着加州葡萄酒"趋向成熟"之日(Anand,2011)。加州现有一些享誉全球的葡萄酒庄与酿酒大师,其酿制的葡萄酒全部提前售罄(Roberts, Khaire & Rider 2011)。依笔者所见,加州葡萄酒的行业背景有助于我们辨识利基、类型和分类概念之间的区别。

利 基

利基(niche)最简单的定义是生产者创造的独特的竞争性市场空间。但这个简单定义的背后隐含着各种理论观点,我们特别关注的是组织生态学和市场营销学。

利基:组织生态学和市场营销学

在组织生态学中,利基被定义为某些产品或服务"能够生存和自我复制"的组织(Hannan & Freeman,1977),即类似于生物那样的组织。利基在组织生态学中也有柏拉图式的理想形式,最"基本"的利基是一个包含社会、经济和政治维度的 n 维资源空间(Hannan & Freeman,1989),而"现实"世界中的利基则是受到竞争对手约束的 n 维空间。利基的宽度是指一个组织中种群维持其生存所使用的资源量(Carroll,1985)。通才型组织吸取和调用了更多的资源,能够扩大市场范围,而专才型组织只能使用范围较窄的环境资源,从而缩小市场空间。以美国报业为例,一份通才型报纸分成若干版面,每块版面针对特定的子市场,而专才型报纸针对特定的受众群体,如社区、民族或专业性社区。

在市场营销学中,利基是指"由个别顾客或一小群具有相似特征或需求的顾客组成的小众市场"(Daglic & Leeuw,1994:40)。Shani 和 Chalasani(1992)将利基市场营销定义为"分割市场中尚未得到满足的一小部分需求的过程……它具有足够的规模和购买力,有利可图,含有增长潜力,能够通过客户积累商誉,为竞争对手设立进入市场的障碍"。

Abernathy 和 Clark(1985)指出,新利基的创造有三种方式。其一,研发活动导致技术变革,创造出现有技术无法比拟的新应用或新性能。爱迪生(Thomas Edison)在1877年发明了录制和复制声音的留声机,创造了一个人们蒙惠至今的重复聆听的市场利基(Goodall,2001)。其二,"改变品味或替代品与互补品的价格变化",通过客户需求的变化创造新的市场利基(Abernathy & Clark,1985:18)。独立唱片公司凭借摇滚音乐实现了市场突破,这归因于第二次世界大战后青年一代音乐品味的瞬间改变(Peterson,1990)。其三,制定性能标准,强加技术要求,或强制使用某些投入要素,通过制定监管或解除管制的措施创造新的市场利基。20世纪80年代印度取消了电子产品进口的高关税,导致盒式磁带录音机的使用普遍增长,反过来,这又造成了该国音乐风格突变的市场利基,这类曲风以往因成本过高而无法生产(Manuel,1993)。

利基的演变

关于利基演变的理论不少,它们主要关注生产集中化、组织通才化和高度标准化引发的辩证关系。

符号生产周期理论认为,创意产业的生产者通过并购趋于集中,其产品将变得越来越平淡、稳定和无差别(Peterson & Berger,1975)。随着时间的推移,有一部分受众会逐渐对市场主流厌烦、疏远,新的生产者起而迎合这种不断增长的需求。新的生产者获得成功后也会实行并购,相继成为生产高度集中带来的无情后果的牺牲品。

资源划分理论认为,通才型公司面向广泛的市场,它们的崛起也为专才型公司在外围地带的茁壮成长创造了条件(Carroll,1985)。这是主流生产者与利基参与者和谐共生的理论,而不像符号生产周期理论所预测的那样,后者最终会取代前者。随着通才公司规模的扩大,参与者之间的竞争加剧,这为专才公司释放出某些环境资源,使其能在外围扎根并生存下来(Dobrev,Kim & Carroll,2002)。

专业分工理论认为,随着服务变得高度标准化,生产者越来越有动力突破其常规的"管辖区"或传统领地,尝试提供非标准化且管制较松的新型服务(Abbott,1988)。会计服务的商品化的兴起驱使全球四大会计师事务所寻求新的业务发展领域,例如,他们试图在管理咨询和咨询服务领域"开疆拓土"(Suddaby & Greenwood,2001)。

横向差异化的类型

利基可以被视为沿着两个维度变化的横向差异化的市场空间(Schot & Geels,2007)。一个维度是产品或服务需要符合像技术行业中的生产和工艺规范那样的惯例或范例的程度(Abernathy & Clark,1985),另一个维度是产品或服务受到市场力量保护的程度。图18.1中给出了这样一个利基的类型。

在图18.1中,右上象限是受保护的利基,即那些高度符合惯例并享受市场力量保护的产品,譬如,冠名权受到严密监控的意大利帕玛森干酪。右下象限是竞争性利基,即那些符合惯例或规制但不受市场力量保护的产品,如戏剧片或惊悚片之类的类型影片,它们必须遵循特定类型的范式,同时又不受市场垄断权力的控制。左上象限是突破性利基,这种利基产品和服务具有开创性,不符合现有惯例。由于领先上市或缺乏模仿者,它们可以暂时免受竞争。新式消费类电子产品,如苹果的数字音乐播放器iPod或索尼的家用录像带Betamax,都是突破性利基的例子。左下象限是时尚性利基,即那些与惯例或技术规制不尽吻合且不受市场力量保护的产品,季节性时装款式便是其中一例,它们在市场上往往是昙花一现,更具短暂性。

总之,利基这一概念是以生产为中心的,或者紧紧锚定生产者在市场空间中与竞争对手的产品或服务实行差异化的方向和行动。不过,上述各种理论所讲的利基概念并未积极考虑媒体、消费者利益集团和其他利益攸关方在市场空间形成过程中所起的调解作用。

	低	高
高 受市场力量保护的程度	突破性利基 （如消费类电子产品）	受保护的利基 （如冠名受控产品）
低	时尚性利基 （如季节性时装）	竞争性利基 （如类型电影）

符合惯例或技术规范的程度

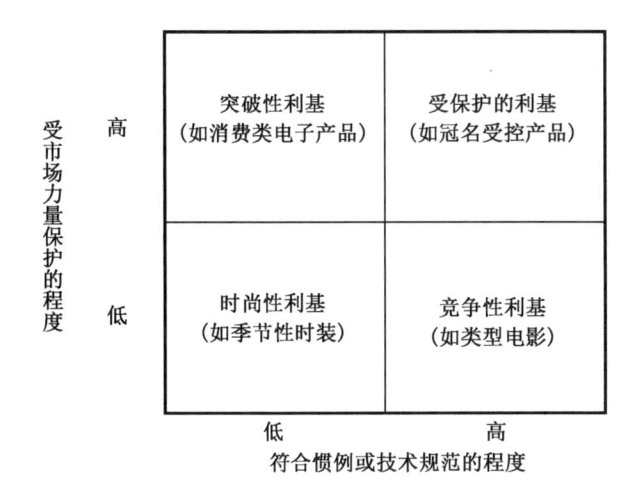

资料来源：改编自 Schot & Geels(2007:619)。

图 18.1　利基的类型

以利基视角透析加州葡萄酒

加州葡萄酒业是对资源划分的利基理论进行实证研究的案例。通才型的"工厂式葡萄酒"生产商在市场空间中占据中心地位，这为外围地带的专才型的"农场式葡萄酒庄"的诞生及其繁荣创造了条件（Swaminathan，1995）。农场式酒庄通常生产葡萄品种名贵的葡萄酒，葡萄通常来自指定的葡萄园，每年的经营规模较小，酒品产量少于 5 万箱。尽管加州葡萄酒业规模最大四企业的集中度从 1940 年的 23% 提高到 1990 年的 52% 以上，但农场式酒庄的创建在此期间仍在持续地大幅增加。这个实例使理论家能够解释组织中的种群演变如何决定市场利基的动态发展（Delacroix，Swaminathan & Solt，1989；Swaminathan，2001）。

从市场营销学的视角来看，加州葡萄酒现象可以归结为这样一种利基：随着时间的推移，顾客品味和生产者行为的变化使市场利基得到拓展。随着社会日趋富裕，美国消费者从偏好廉价的"酒壶"葡萄酒转向精品葡萄酒。自 20 世纪 70 年代以来，葡萄酒的总体价格不断上涨。每瓶成本低于 3 美元的葡萄酒消费量减少，每瓶成本超过 7 美元的葡萄酒消费量增加。在此期间，生产商将葡萄酒标签法从基于欧洲产区（如夏布利、莱茵、苏玳或香槟）的通用名称改为品种名称，以突出酿制葡萄酒所使用的葡萄品种（如霞多丽或黑比诺）。直到 20 世纪 50 年代末，所有葡萄酒皆采用通用名称，80 年代初使用通用名称的佐餐酒占 75%（Sullivan，1998）。到了 80 年代末，通用名称的葡萄酒只占市场的 35%，被品种名称的标签广泛取代。今天，唯一采用通用名称的就是起泡葡萄酒，生产商仍使用"香槟"作为品牌名称，但以此冠名的产品受到严密的监控。

显然，利基分析聚焦于加州的葡萄酒行业或其细分的子行业，而不是更广泛、更全面的市场空间。

类　型

类型(genre)的概念比利基更宽泛。我们可以按照特定生成方式的叙述惯例来研究小环境中划定社区的类型(Orlikowski & Yates,1994),但最好将类型理解为生产、监管、消费和评价的社会环境,以及维护文化体验的形式。Lena 和 Peterson(2008:698)将类型界定为一种定位、期望和惯例的系统,该系统把整个行业、表演者、评论家和粉丝联系在一起,共享某种独特的创意体验。与利基概念相反,类型考察了生产者和消费者以外的利益攸关方在打造市场中的作用。与利基概念相比,类型在分析层次上对行业和市场的视野更为宽泛。

社会环境中的类型

利基概念主要以生产者为中心或以生产者为主导,但类型概念考虑了各个利益攸关方的方向和行动。Becker(1982)提出的"艺术世界"概念朝着这个方向迈出了重要的一步,他解决类型划分难题的方法是,关注"艺术世界通常会决定什么是艺术,什么不是艺术,什么是他们的艺术,什么不是他们的艺术,以及谁是艺术家,谁不是艺术家。通过观察艺术世界如何进行这些区分而不是试图自己制造这些区别,我们可以理解那个世界中发生的事情"(Becker,1982:36)。艺术世界对类型形成的看法是某种艺术形式的创造和合法性除了要求艺术家和制作人参与外,还需要配备众多扮演特定角色的助手。Ennis(1992)将"班组"作为与类型平行的结构,他考察了摇滚乐的类型如何从乡村音乐、节奏布鲁斯(R&B)和流行音乐脱颖而出的过程,认为除演员之外,新类型的出现还需要改变现有活动班组的搭建方式。

"文化生产"理论全面研究了类型产生和修订的因素(Peterson & Anand,2004),确定了类型形成的六大因素,即技术、法律法规、行业结构、组织结构、职业生涯和市场。

技术进步创造的新类型。说唱音乐类型的出现受到技术的支持,俱乐部中的唱片骑师(DJs)可以将唱盘组合起来播放循环样本,并产生稳定的节奏(Lena,2004)。

法律法规变化促成的新类型。19世纪,美国对版权保护不力,促使"美式"小说类型乘隙而起(Griswold,1981)。这类小说与英国作家简·奥斯汀(Jane Austen)和夏洛蒂·勃朗特(Charlotte Bronte)描写上流社会的小说不同,后者被大肆盗版,在大西洋两岸廉价出售。直到1909年美国颁布了严格的版权法,美国和英国出版的小说类型才分道扬镳。

产业结构演变催生的新类型。Carroll(1985)对美国报业的考察表明,通才式文化生产企业的集中度较高,专才式小型企业的发展较快,后者在市场空间中塑造的独特的创新类型,可以满足尚未解决的需求。

行业内的组织结构特征支持的新类型。比如,大型时装公司瞄准大规模的商业化市场进行生产,而中小企业则更多地生产独特的创新款式(Crane,1997)。人们进入创意产业前的职业轨迹也是创造新类型的一个因素。1911年美国电影业开始拍摄的娱乐片类型发端于具有零售和杂耍背景的东欧犹太人企业家,而不是以往的技术主导型企业家(Jones,2001)。

理解市场的新方法出现的新类型。在美国音乐商务中,与以往的调研方法不同,零售扫描技术的应用导致了对各种商业音乐类型的流行度的不同理解(Anand & Peterson,2000)。

文化生产理论认为,新类型的出现是新内容形式的创造、传播、定型和评价等环境因素综合作用的产物。尽管该过程可以由单个因素触发,如前述各例所示,但也需要其他因素与之进行配合协调。

类型的演进

创意产业中的类型如何演进?音乐界的最新研究表明,一种音乐原型的演化序列须依次经历前卫、落地、工业化和传统这四个阶段(Lena & Peterson,2008)。前卫是类型演变的第一阶段,这时圈子很小,只有少数人松散地聚在一起,经常认真而又好学地互动,创造一种与主流类型截然不同的新类型想法。吉他手Keith Richards追溯了他的滚石乐队发迹的过程,他在20世纪60年代初加入伦敦前卫的蓝调音乐圈,在那里找到了志同道合的音乐家,如歌手Mick Jagger、吉他手Brian Jones和钢琴家Ian Stewart(Richards,2010)。

落地是类型演进的第二阶段,艺术家、支持创意的制作人以及赞助组织聚集在一个特定的空间,或扎根在有基本观众的地方(Bennett & Peterson,2004)。创作歌手鲍勃·迪伦(Bob Dylan)在自传中写道,他从家乡明尼苏达搬迁到纽约市,其主要动机就是投奔那里新生的民间音乐发源地(Dylan,2004)。

工业化是类型演进的第三阶段,由渴望开掘新类型的商业潜力的企业进行运作,为类型制定易于理解的规范。精酿啤酒源自微酿啤酒运动,其兴起最初是与工业啤酒争锋的前卫反应,随即在西雅图和旧金山等城市落地生根,最后形成大型啤酒工业集团,像库尔斯(Coors)啤酒公司生产"精酿"品牌啤酒Killian's Red那样经营(Carroll & Swaminathan,2000)。

传统是类型演进的最后一个阶段,特定的类型将借助铁杆粉丝的记忆而不是创意人士自身的活力来延续命脉。Lena和Peterson(2008:706)曾引用朋克摇滚的例子来说明传统的魅力,尽管这种类型不再具有商业重要性,但它仍可通过那些有志于保留"该类型的演技、历史和仪式"的人来保持活力。重要的是,我们要将每个阶段都视为原型而不是生命周期中的严格序列,这样就容易理解类型的演变。

横向和纵向差异化

类型的内容和背景与社会学的横向和纵向差异化的过程密不可分(Bourdieu,

1984)。横向差异化是指一种新的内容形式与既有内容形式的分离,也就是说,类型是构成性的,它允许某些表达形式,同时又限制其他形式。"无条件律令"的原则有两个含义(Zuckerman,1999)。其一,每种类型都视为一种独特的创作体验,因此,一种类型的规范化程度越高,就越会受到调解者(评论家和品味仲裁者等)的关注,也就越有利于传播(Hsu,2006)。其二,类型限制了受众从创意人士或创意产业出品那里期望得到独特体验的广度(Hsu,2006;Rao,Monin & Durand,2005)。坚持特定类型创作的电影音乐作曲家和电影演员比不按类型扮演角色的人获得了更大的成功(Faulkner,1983;Zuckerman,Kim,Ukanawa & von Rittman,2003)。

纵向差异化是指品味等级的状态排序。为了再现社会阶层,类型不仅重视文化生产的内容形式,而且更关注文化消费者的背景。Bourdieu(1993)认为,类型能与社会阶层的兴趣、性格和习惯相适应。与更"受限制"的形式相反,大众市场类型的生产和消费是在低俗文化和高雅文化之间形成社会阶层差异的手段(Anhieir, Gerhards & Romo,1995)。文化消费和文化地位之间严格的一对一映射关系受到"文化杂食"观的挑战(Peterson & Kern,1996),但事实上文化消费的背景仍然是社会阶层差别的标志(Johnstone & Baumann,2007)。

以类型视角透析加州葡萄酒

Peterson 和 Lena(2008)将类型定义为定位、期望和监管的系统,这个系统可用来诠释加州葡萄酒业。文化生产理论所讲的各个决定因素也可以帮助我们理解加州葡萄酒如何成为一种独特的创意体验,如何成为"新世界"葡萄酒酿制类型的典范(如Echikson,2004;Jamerson,2009)。

加州葡萄酒业的发展深受监管的影响。禁酒令废除后,其他形式的监管措施(如标签和成分许可标准的制定,按酒精比例征税以及出口激励措施)仍有重要的影响。此外,生产者还须遵守葡萄酒行业协会制定的规范。工会、医疗专业人士和环保主义团体的各种游说活动导致了"美国葡萄种植区"(AVAs)的创建,美国葡萄种植区按地理命名产区,如纳帕谷或亚历山大谷。美国葡萄种植区摆脱了县一级行政管辖,逐步确立了更高的质量标准(Benjamin & Podolny,1999)。

技术也为加州葡萄酒创造独特的市场空间发挥了关键作用。加州大学戴维斯分校的酿酒师和科学家经过长期的合作,最终形成了凸显葡萄果味特征的"新世界"葡萄酒酿制法(Echikson,2004)。

产业结构也是加州葡萄酒类型的决定因素之一。位居该行业前列的四大公司生产集中度越来越高,他们以经销商的身份来整合小型专才生产商,从而在客观上为后者开辟了生存的空间(Pinney,2005)。大小型企业的结合形成了创意拓展的辩证关系。一方面,自1969年以来,大多数创业企业都是农场式酒庄,其生产和销售的规模非常小,但产品质量过硬。另一方面,像嘉露(Gallo)这样的大型企业集团处于商业模式创新的最前沿,试图运用新的营销和品牌策略来提高公司的声誉(Benjamin &

Podolny,1999)。

与其他创意产业一样,加州葡萄酒业创建了一整套职业生涯体系,酿酒大师位居体系的中心,四周环伺着一大批营销员、葡萄栽培和酿酒顾问、侍酒师和非熟练工人。葡萄酒的质量评价和定价过程与葡萄酒制造商的声誉有着密切的关系(Roberts, Khaire & Rider,2011)。通才型和专才型媒体在界定这一类型的市场时成了"变革的助产士"(Rao,Monin & Durand,2005)。通才型媒体,如 CBS 电视节目,或《纽约时报》或《华尔街日报》的葡萄酒专栏,大张旗鼓地传播了加州葡萄酒业的新闻和葡萄酒文化。专才型媒体,如《鉴赏家指南》《葡萄酒观察家》《葡萄酒爱好者》以及《葡萄酒和葡萄藤》等行会期刊,培养了一代葡萄酒评论家、葡萄酒记者和葡萄酒作家,如 Leon Adams、Robert Parker 和 James Laube。这些写手创建了专业词汇和知识,帮助消费者品鉴加州葡萄酒,形成一种独特的文化体验。

加州葡萄酒业也是研究纵向差异化的重要实例,各种研究考察了葡萄酒产销类型在创建和复制社会结构中的差异(Benjamin & Podolny,1999;Jamerson,2009)。

分 类

我们将分类(classification)定义为一个社会构建的类别系统,该系统反映了所有参与者的共识和担当。从这个视角来看,分类是一种认知结构,它同时产生了两方面约束性和规范性的结果:一方面,分类能确保群体的凝聚力(Douglas,1986;Durkheim & Mauss,1963)、行为的一致性和体制的稳定性;另一方面,分类会产生分化,导致制度变迁(DiMaggio,1987,1988,1997)。由于考虑到全社会的体验和认知,与分类相关的分析层次比类型更为宽泛。

分类方法:共享表征、意义启动和界限调整

第一种分类方法是共享表征。Durkheim(1965)的开创性研究认为,分类可以从理论上表述为共享表征,由此产生群体团结和社区认同。他的认知概念是革命性的,认知基于社会和集体,而不是基于纯粹的个体。"共享表征"究竟意味着什么,这是学术界一直争论的焦点(Thompson & Fine,1999)。由于参与者在地理、职业或市场上相互接近,共享意味着表征是一种集体体验和"共同承担"。正如 Anand 和 Watson (2004)研究商业性音乐产业时所言,特定创意产业的参与者因彼此接近和频繁互动而共享分类系统;共享也意味着表征可以"分割"成若干组成部分,不同的部分在不同的时间都是整体表征的一部分。当分类出现并趋于稳定时,一个行业的生产者和消费者对这些分类会有不同的认识(Rosa,Porac,Runser-Spanjol & Saxon,1999);共享还意味着表征就是"参与协商",经过协商达成了共识或认同。换言之,分类是文化和政治过程的谈判次序:生产者创造、修改和破坏总体认知结构,消费者则参与认知运动,提供个人对市场分类的感知(Porac,Ventresca & Mishina,2002;Rao & Kenney,2008)。

第二种分类方法是意义启动系统。作为意义启动系统的分类突出了形成知觉、赋予知觉和隐藏知觉的潜能，变得更加不可知。Anand 和 Peterson（2000）在对美国音乐产业进行分类图式研究时指出，分类者在界定信息呈现的范围方面相当灵活，他们在强调某些市场趋势的同时不免也会掩蔽其他市场动向。一般而言，领军企业对行业集体意识的形成举足轻重，媒体机构往往依赖其获取信息、支持和收入，因此，领军企业能影响新类型的创建（Negro, Kocek & Hsu, 2010）。Croidieu 和 Monin（2010）认为，法国圣-埃美隆（Saint-Emilion）葡萄酒产区的分类安排也具有"隐藏感知"的作用，它们排斥其他替代品（如车库酿制的特色酒）的探索和推广。

第三种分类方法是界限调整，调整界限有助于区分身份、能力和市场权力范围（Santos & Eisenhardt, 2005）。随着分类界限的建立，社会、文化和物质资源的分布（Negro, Kocak & Hsu, 2010）在既定类别中产生了重新制定规范的强大压力（Zuckerman, 1999）。Rao、Monin 和 Durand（2003, 2005）对法国新式烹饪类别从经典美食中另辟蹊径的研究表明，新式烹饪类别必须确立自己的边界，追求身份的社会认可，争取掌控市场的权力。

一般来讲，分类会在类别成员之间产生差异，同时预先设定它们的共性。在 Lakoff（1987）和 Rosch（1973, 1975）研究的基础上，Hannan、Polos 和 Carroll（2007）探讨了类别的概念，他们认为，类别并不是同质的"接受者"，而是围绕原型构建的模糊集。葡萄酒业（Negro, Hannan & Rao, 2010）和电影业（Hsu, 2006）的相关研究重新审视了违反"无条件律令"的后果，这一后果取决于类别成员和受众的特征。分类对界限的调整还依仗标签及其命名过程，这个过程具有仪式般的重要性，并为新类别在更大的分类系统中带来连贯性和可移植性（Douglas, 1986）。Zhao（2005）对法国和美国加州葡萄酒的分类研究表明，它们通常被视为互不相干的分类，Kennedy（2008）也研究了使新的市场类别合法化的语言策略，然而，分类是很少孤立运作的。Khaire 和 Wadhwani（2010）对印度现代艺术类别的研究揭示了新兴类别与守成类别的呼应关系，这有助于两者之间的互动。

分类系统的演变

关于分类系统演变的各种理论，其共同之处是强调集体认同在分类演变中的重要作用，不同之处则是参与者的类型与现有分类方案受到挑战的方式。

社会建构理论特别关注分类方案的出现与分享。Berger 和 Ludemann（1966）将分类视为解决集体问题的需要。最初，参与者采用能够解决重复出现的问题的行为。这些行为逐渐变成习惯性动作，一旦遇到特定刺激便可迅即回应。随着时间的推移，这些行为变得理所当然，其传播之广，连那些不甚了解该行为反应起源的人们也习以为常。Jones、Maoret、Massa 和 Svejenova（2011）的研究表明，"现代建筑"新类型在 20 世纪初叶初露端倪时，当时的建筑师碰到了如何使用玻璃和钢材等新建材的问题，以及建造高层建筑如何使用电梯等创新科技的问题，这些新问题显然无法通过效仿已有的建筑类别来解决。于是,建筑师们采用了三种截然不同的方式来攻克这些"瓶颈"问题,即后人总结归类的"复兴主义建筑"、"现代有机建筑"和"现代功能主义建筑"。在当今建筑业中,这些建筑方式的采用早就被认为是理所当然的事情。

制度理论强调通过创意行动者的行为可以改变分类方案,强调体制改革者(DiMaggio,1988)、文化企业家(Lounsbury & Glynn,2001)和社会活动家(Lounsbury, Ventresca & Hirsch,2003)的作用。例如,Navis 和 Glynn(2010)以卫星广播行业为例揭示了创新企业家和时尚受众促使新市场类别形成的过程,他们通过构建集体身份来使新市场类别合法化,进而实现群体团结,并将新类别整合到更大的分类系统中。一旦新类别的存在被视为理所当然,企业家和受众的关注就会发生变化。他们随即将重点放在新类别中的个人身份要求上,从而导致差异化和竞争。制度理论还通过研究分类的理论化过程(Greenwood,Suddaby & Hinings,2002)、翻译(Zilber,2002)、引进、转换和重组过程(Clemens,1996;Stark,1996)来阐明分类的演变。

横向和纵向差异化

组织理论关于分类的开创性研究侧重于横向差异化的各个方面。比如,Parae 和 Thomas(1990)认为,一个行业的生产者在一个分类系统中被捆绑在一起,生产者会利用该分类系统来理解彼此的相似或不同之处,测算分类的粒度级别。同样,消费者也会利用分类系统来区分市场所提供的产品,尤其是辨识新产品与现有产品之间的相似性或非相似性(Rosa et al.,1999)。

纵向差异化是分类带来的严重后果之一。Bowker 和 Starr(1999:33)认为,分类系统按其定义是易于消逝的,分类越易于使用,就越难以看到。乍一看,分类系统似乎是解决那些反复出现的问题的技术方案,但技术解决方案在社会或政治层面上很少是中性的,总有优劣、利弊或取舍之分。分类系统具有隐藏这些纵向差异的能力(Lukes,2005)。尽管人们在接受特定解决方案之初不无争议,但随着分类系统的发展,其形成的原动力逐渐被遗忘乃至扭曲。当分类系统一再被引发时,它变得广为人知,并被认为是理所当然的(Bowker & Starr,1999)。

以分类视角透析加州葡萄酒

加州葡萄酒业的演变受到局部重叠的多个类别的影响,这些类别代表了不同参与者的不同经营理念。该行业发生过两场分类之争,对其发展具有深远意义。一场分类之争是关于"工厂式酒庄"和"农场式酒庄"的类别差异。农场式酒庄的兴起在很大程度上导致了葡萄酒从"酒壶"向"精品酒"的转变,市场分类从"加烈酒"转变为"佐餐酒",从"普通酒"转变为"特色酒",同时,"调配酒"也被"产地酒"所取代(Swaminathan,2001)。另一场分类之争以全球化市场为背景,围绕着加州优质葡萄酒产区与法国葡萄酒展开。上述分类之争证实了"分类是社会建构"的观点(Berger & Luckmann,1966),凸显了制度和分类之间的相互作用(Douglas,1986;Zhao,2008)。

从第一场分类之争来看,工厂式酒庄与农场式酒庄这两大类别的分野是长期以来在文化和政治层面上围绕行业定位角逐的结果。这种斗争首先体现在葡萄酒品质标准的演变上,分类管理从20世纪60、70年代以14%的酒精度为标准来区分加烈酒与佐餐酒,转变到80年代以葡萄产地和品种作为衡量葡萄酒品质的标准。其次,标签做法的改变也深刻影响了基本分类过程。20世纪30年代之前,加州几乎没有品种葡萄酒,仙粉黛是唯一的例外(Sullivan,1998)。到了20世纪50年代,为了提升葡萄酒业的市场定位,富有影响力的商人兼葡萄酒作家弗兰克·舒恩梅克(Frank Schoonmaker)大力倡导和推广品种葡萄酒。20世纪60年代之后,这种新的标签做法在行业中逐步占据了主导地位。最后,影响分类的是葡萄酒品牌的法律定义的演变,但这个变化要慢得多。1983年,有关当局强制性要求命名的葡萄要从占51%提高到75%以上,但一直存有争议,直到1996年这个问题才最终得到解决。在此期间,农场式酒庄热衷于尽可能真实地宣传葡萄品种和产地名称,而工厂式酒庄热衷于继续利用标签和(合法的)酿酒法规的松散结合来保护其品牌。在过去的30年里,农场葡萄酒庄致力于酿酒法规的增补和健全(Hallett,2010),终于促成了加州葡萄酒共享表征的传播。

从第二场分类之争来看,加州葡萄酒与法国葡萄酒各自围绕其全球市场定位进行博弈。法国历来自视为葡萄酒的最优产区,1855年波尔多经纪人联盟制定的精品葡萄酒分类正式定夺(Croidieu,2011),成了评估葡萄酒价值的最权威的标准。加州葡萄酒分类系统为避免与其直接比拼,突出强调葡萄品质而不是种植地区(Zhao,2005)。1976年,在史称"巴黎评判"的品酒竞赛活动中,加州匿名葡萄酒一战成名,击败了法国最佳葡萄酒,这使加州葡萄酒业可以优质葡萄酒产区的共享表征行销全球,极大地增强了加州酒商的团结和士气(Anand,2011)。另一个提升加州葡萄酒品质认知度的因素是评论家罗伯特·帕克(Robert Parker)创立并推广的葡萄酒评级体系,该体系根据酒瓶中酒体的质量内涵而不是葡萄的品种谱系和种植地区来作为业内通行的评级标准(McCoy,2005)。

结　语

在本章中,我们检视并综合运用了关于利基、类型和分类概念的多种理论观点。利基的概念是指生产者在未受社会调解的条件下钻营市场空间的行为。作为经济活动的参与者,生产者对其栖身的环境作出反应,选择并调用生产要素进行投资,以利用优化其财务业绩的机会。生产者的选择和行动有助于扩大其所在行业提供产品的范围。类型的概念意指生产者、受众和其他中介代理人的协调行为。生产者兼有创意和商业动机,积极参与涉及所有利益攸关方的创新文化体验形式的经营活动。分类的概念涉及分类系统的认知基础架构,分类系统假设特定领域内的行动者早已存在,也规定了其扮演的角色和行动的范围。分类生产者被视为既得行为者,他们参与创意产业的宏观认知结构的创建、维护、修订或破坏。

在利基概念中,市场是以消费者为主的经济资源。例如,在营销理论中,利基市场是那些不满足主流产品的消费者组成的小众市场。在类型概念中,市场是社会调解结构,它是通过生产者、消费者和试图创造、维护或更替文化形式的媒体参与者的互动而产生的。在分类概念中,市场是界定行业结构特征的分类之争的结果。消费者是社会运动的参与者,这些参与者涉及与其身份和个人知觉相关的类别。从这个视角来看,市场类别的变化有可能改变生产者和消费者的身份。

总之,利基、类型和分类理论的解释力似乎依赖于特定产业的演进阶段。这三个理论的分析层次各自不同,从微观层次的利基直到宏观层次的分类。以加州葡萄酒业为例,利基理论特别适合解释该行业所处的发展阶段,横向差异化是每个发展阶段的关键因素(Swaminathan,1995,2001)。例如,在资源划分和符号生产周期理论中,利基概念是在检视专才型生产者的行为时发掘出来的,这些专才型生产者的行为有别于先前存在的主流或通才型生产者。类型理论则是最多元的理论,因为文化生产方式及其若干决定因素导致了类型的出现,最近的研究更展示了类型从新生阶段到凋谢阶段的关键次序(Lena & Peterson,2008)。分类理论也特别适合诠释一个行业活力激扬的时期,尤其是当现有类别遭受挑战或寻求创建新类别之时(Croidieu,2011)。但是,该理论在一个行业处于稳定发展阶段时显得解释乏力,"理所当然"、早已如此的假设难堪重任。

创意产业学术界经常引用利基、类型和分类的概念,本文第一次系统地总结了这些相互关联的概念。毫无疑问,这些概念还需要进一步进行实证研究,以阐明每个概念的适用范围和理论解释力。

第五篇

产业组织与创意经济

第十九章　沉没成本与创意产业的动态发展[①]

格本·巴克[②]

导 论

在以往两个世纪里,几种大众娱乐形式已经实现了产业化:电影的自动化和标准化,现场表演的可交易化,唱片将音乐演奏产业化,电子游戏将所有形式的棋盘及纸牌游戏产业化。然而,无论新的抑或旧的娱乐形式,高预算还是低成本制作,在同质的或多样化的市场里总是可以不稳定的方式共存下来。唱片并未取代音乐现场演奏,好莱坞大片并未毁灭艺术电影,畅销书也未能影响丰富多彩的、特色鲜明的图书的存在。

本章的主要目的是探讨娱乐业的长期变化,形成一个总体概念框架来理解19世纪以来娱乐业的动态发展,特别是现场表演、故事片、音乐以及电子游戏这些子产业。笔者将侧重研究以下三个问题:

- 娱乐业的经济学特征的定义是什么?
- 在过去两个世纪里,市场集中、垂直一体化和行业集聚是如何形成的?
- "产品空间"、新旧形式共存、大小厂商共处、市场同质化和多样化的双重性是如何形成的?

这一研究可以洞察创意产业的长期变迁,帮助创意人士及政策制定者了解和预见事物发展的形态,因而是一件有意义的工作。着眼于长期能使我们看到短期内不可能看到的趋势和变化。要了解究竟什么推动了创意产业的动态发展,只研究20世纪90年代以来的情况是不够的,我们要上溯到更早的年代。

本章将总体概念框架、长期发展进程与历史证据分析这三者结合起来进行研究。

[①] 本章的初稿得益于伦敦历史研究所体育与商业历史研讨会、奥格斯堡德国商业史学会媒体史研讨会、圣安德鲁斯大学音乐产业史、金斯顿大学音乐研究研讨会以及苏塞克斯大学弗里曼中心创意产业管理和演变研讨会的有关评论。感谢 Paul Auerbach、Christopher Colvin、Jonathan Sapsed、Candace Jones、Mark Lorenzen、Juan Mateos-Garcia 的评论。当然,我个人对最终文本以及可能存在的任何事实或解释的错误负责。本章的研究由英国经济与社会研究委员会和高级管理研究所的 ESRC/AIM Ghoshal 资助计划提供部分资助,资助号为 RES-331-25-3012。

[②] Dr. Gerben Bakker,伦敦政治与经济学院经济史系,Houghton Street, London WC2A 2AE, Tel.:+44－(0)20－7955 7047, Fax:+44－(0)20－7955 7730, email: g. bakker@lse. ac. uk. Website: http://www2. lse. ac. uk/researchAndExpertise/Experts/g. bakker@lse. ac. uk.

几乎完全注重研究总体概念框架的学者有 Vessillier(1973)、Heilbrun 和 Gray(1993)、Scott(2006)、Cowen(1998,1992)、Throsby 和 Withers(1979);几乎完全注重分析历史证据分析的学者有 Wasko(1982)、Dale(1997)、Le Roy(1990,1992)、Sedgwick(2000)、Waterman(2005);同时着眼这两方面但没有清晰的概念化和长期模式变化的学者有 Vogel(1986—2010)、Caves(2000)和 Hofstede(2000)。

的确,同时论及这三者的著述不多。诸如法国电影历史学家 Jean Mitry(1967—1980)和 Georges Sadoul(1945—1954,1972)的世界电影产业历史"总述",Kristin Thompson(1985)有关好莱坞早期的国际扩张的著作,Michael Chanan(1980)关于电影如何从一系列大众娱乐中脱颖而出的研究,Baumol 和 Bowen(1966)有关美国表演艺术成本变动的分析。

接下去,本章对 19 世纪中叶以来娱乐业的结构变化进行定性分析。首先,考察创造性破坏(creative destruction)带来的一系列概念化和定量化分析,尔后研究沉没成本(sunk cost)如何通过多样化、市场集中、产品差异与价格歧视之间的交互作用来影响娱乐业的发展。其次,探讨驱动娱乐业发展的四大经济趋势:沉没成本导致质量竞争;边际收益等于边际利润导致垂直一体化;收费品特征导致以排除点为中心的商业模式;基于项目的特征导致行业集聚。最后做总结。

创造性破坏的进程

产业化和生产可能性边界的移动

19 世纪晚期,由于闲暇时间增加、收入不均等和人口原因,对娱乐的需求剧增。此外,由于城市化和本地交通网络的发展,需求在空间上相当集中(Bakker,2008)。

在欣欣向荣的需求的带动下,企业家采用摄影、电影、无线电和电视这些新科技来实现娱乐业的自动化和标准化,并使之可以进行交易,于是,产业化水到渠成。自动化大大推高了制作产品原型(电影负片、原稿)的固定成本和沉没成本,但给后续的追加生产带来了低平的边际成本,从而造成可观的规模经济效应。这样,可以产业化方式源源不断地翻印手稿及制作音像制品,录制并复制戏剧表演,音乐演奏亦然,电子游戏均可如法炮制。由此形成的表演本身的可交易性(在不同地点同时展映演员的表演影像)使地区和全国娱乐市场可以同步推广,产品的标准化使顾客的体验同质化。

数次发生的创造性破坏席卷了娱乐行业的方方面面。熊彼特(Schumpeter,1942)首先引入创造性破坏这一概念,它表述一种从事商业活动的新方法,这种新方法与老方法和老产品展开竞争。创造性破坏与动态效率错综复杂地联系在一起:一个产业在价格和边际成本相等的情况下具有静态效率(资源配置效率),而且所有厂商使用现存的最有效技术(生产效率)。然而,一个具有静态效率的产业不一定具有动态效率:它可能不开发新产品、新工艺、新市场、新的供应来源或者新的组织形式。按照熊彼特对资本主义的定义:这里永远没有均衡,总是从一个均衡走向另一个均衡,如同一个步行者的走路过程。每当达到一个新的均衡,下一个将迎来新的更好的均衡,因此,企业家绝不能因循守旧,而应不断掘取可能的新机会。

与边际利润减少不同,创造性破坏对所有企业乃至整个行业构成了威胁。在许多工业中,新产品趁着创造性破坏的浪潮清除老产品。但在娱乐业有所不同,老"产品"却常常以新的差异化形式得以保存。

一种将此过程加以理论化的方法——生产可能性边界(PPF)出现了,它最初是熊彼特同时代的一位学者哈伯勒(Gottfried von Haberler,[1930]1985)提出的。

动态效率体现在生产可能性边界不断向外推移的过程中。该曲线表示一个社会中消费性娱乐产品和所有其他产品的替换率(图 19.1)。在边界 C-F 之内,如从 A 到 B,我们可以运用现有技术同时取得更多的两种商品来使社会更有效率。在边界之上,从 C 开始到 D,起初,我们得到许多娱乐产品而放弃少量其他产品,但是伴随着每放弃额外一单位的其他产品,我们得到越来越少的额外数量的娱乐产品。D 点是生产效率点,因为它在曲线上,但不具有资源的配置效率,因为它不是效用可能性的最高点,不像 E,它是生产可能性边界与效用可能性曲线的相切点,能同时满足两个条件。在竞争情况下,在 E 点,曲线斜率与娱乐产品价格和其他产品价格的交换率相等(P_e/P_o)。第二条生产可能性边界 C-G 表示由电影和留声机的发明所带来的动态效率提高。

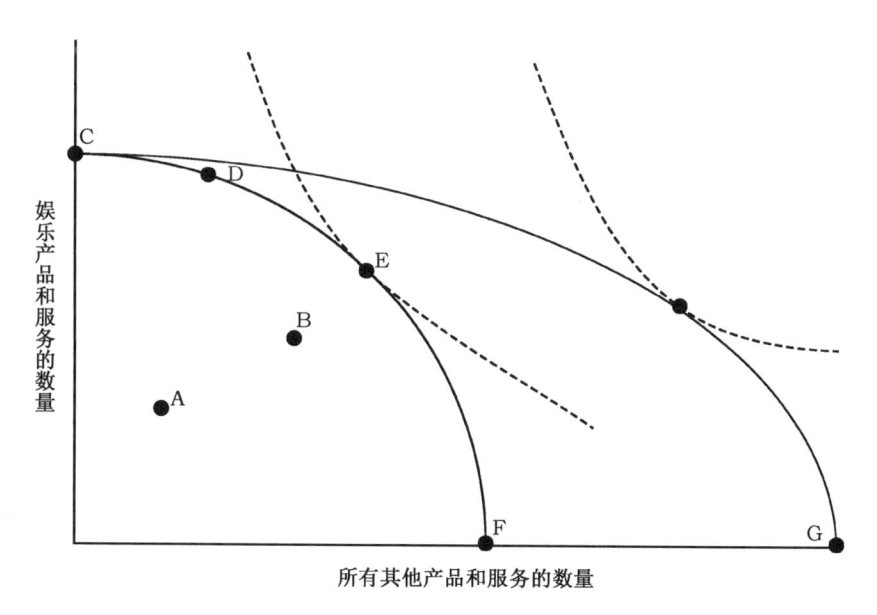

图 19.1 假设的娱乐产品及服务相对所有其他产品及服务的生产可能性边界

过去一个半世纪以来,一系列革新推动着生产可能性边界不断外移,由此带来一系列厂商的进入,使该行业趋近边界,而一旦到达新的边界,崭新的革新将再次推动边界外移。

例如，在现场表演娱乐业，城市化、钢筋水泥建筑到铁路等一系列的外部创新推动生产可能性边界外移，企业家通过兴建大型固定剧院和建立更多售票中心涌入该行业，并通过电报调动演艺集团在繁忙的铁路沿线进行演出（表19.1）。其他企业家则兴建船上剧院，随着航行到各地城市巡演。

表19.1　19世纪几种形式的娱乐业：生产可能性边界连续外移的定性分析

	外部技术变化	对娱乐业PPF的第一级外移	对娱乐业PPF的第二级外移
剧院	钢架建筑(19世纪) 铁路(约1840年) 电报(1837年) 城市化(18世纪) 增加收入 切换到计量时间 轮船 放松对戏剧的管制	钢架建筑剧院(19世纪早期) 演出船 更多的剧院 库存/剧目 剧院(同样的演员,不同的剧目)	剧团巡演 新颖的附加巡演,提供不同形式的娱乐(歌剧、大型及短小歌舞杂耍、滑稽剧)
电影	投影(1654年) 视觉暂留工具(1826年) 摄影(1839年) 赛璐珞(1868年) 正片和负片(1887年) 赛璐珞胶片(1888年) 胶卷(1888年) 高感光剂(1888年)	电影摄影机(1891年) 电影胶卷(1891年) 电影放映机(1895年)	电影院(约1905年)
音乐	螺旋弹簧(15世纪) 盘式形家庭音乐系统(15世纪) 小圆柱音乐盒(1796年) 手摇管风琴(约1800年) 手摇管风琴乐谱(1892年) 录音(19世纪50年代) 可互换刻槽碟片音乐盒(19世纪70年代) 录制和播放声音(1873年)	留声机(1873年)	留声机、电唱机的唱片(1890年—)
电子游戏	棋盘游戏(自古以来) 游乐场机械游戏机(弹珠机) 微处理器(1957年) 仿真软件(20世纪60年代) 家庭电脑(1977年)	游乐场游戏机(20世纪70年代)	家庭游戏机(20世纪70年代以来开发多代)

资料来源：见正文及Bakker(2006,2008,2010)。

注：PPF＝生产可能性边界(见正文)。

同样，在电影行业，七种技术变化推动着生产可能性边界向外移动，其过程如下：从1654年的投影机到1888年的感光剂，使得摄影机、电影胶片和放映机的发明成为可能。它们再次推动生产可能性边界外移,又带动20世纪头十年固定电影院的出现。进而又推动生产可能性边界外移,造成20世纪10年代中期电影故事片的出现。

音乐的动态发展也不遑多让。手摇风琴、盘式音乐盒和录音推动生产可能性边界外移,最后产生留声机。在电子游戏领域,棋盘游戏、弹珠机器,计算机软件和微处理器等外生技术变化推动生产可能性边界外移,使电子游戏街机在20世纪60年代后期推向市场,于是,再次推动生产可能性边界外移,最终导致家庭电子游戏机的发明(表19.2)。

表19.2   以百分比表示的观赏性娱乐业对产出的贡献(1900—1938年)

	美国	英国	法国
产出增长	8.6	3.2	5.9
贡献			
资本	1.2	0.9	0.8
劳动力	2.0	1.2	1.1
合计	3.2	2.1	1.9
TFP	5.4	1.1	4.0

资料来源:Bakker(2008年);因为独特的来源,基于Bakker(2012)的数据,美国的增长率可以更准确地估计,它们可能无法完全与法国和英国的增长率进行比较。

注:资本收益份额设定为0.25;劳动包括劳动力数量和劳动力质量的增长;TFP是全要素生产率增长。

测量动态效率

测量创造性破坏的量化手段是全要素生产率增长(TFP),或者是产出超越投入的速度,这反映了生产要素的更有效使用。根据现有的数据(其中少数是估计的),美国、英国和法国1900—1938年观赏性娱乐业全要素生产率的年增长率从1.1%到5.4%不等,反映动态效率起到了巨大的作用(表19.2)。1938年,美国每一单位劳动和资本产出的观众一小时量是1900年的10倍,至于英国(1900年的产出已经很高),大约是1.5倍。美国的数据可以分解为电影业TFP年增长率7.2%以及现场演出的TFP年增长率0.5%(Bakker,2012),反映出尽管受到电影业的威胁,在1938年,现场演出的每单位投入比1900年还是增加了20%的产出。[①] 法国的数据可靠性较少,反映了4%的TFP年增长率,1938年的TFP是1900年的4倍。这些数据表明,娱乐业的动态效率几乎大于其他任何工业行业,对留声机、收音机和电视机的分析还会进一步支持这一发现。

---

① 理论上,现场表演娱乐业全要素生产率的增长可以用不断增长的城市化的规模经济效应来解释(Bakker,2012:1055—1057)。

第二种测量产业动态效率的手段是显性比较优势(RCA):某产业占一国的出口比重和全球该产业占全球出口比重的比较,这个比重大于1越多,意味该产业的显性比较优势越大。Nicholas Crafts(1989)的著作中显示了可贸易娱乐产品中"书和电影"类别的排名,这个类别包括大部分媒介产品,如图书、杂志和唱片(表 19.3)。

表 19.3　部分国家可贸易娱乐产品部门的显性比较优势(RCA)排名(1899—1950 年)

	可贸易娱乐产品排名					变化	
	1899 年	1913 年	1929 年	1937 年	1950 年	1899—1929 年	1899—1950 年
英国	14	13	6	8	10	8	4
美国	13	10	6	7	6	7	7
日本	10	8	5	4	6	5	4
比利时	13	13	14	10	8	－1	5
瑞士	8	10	9	8	8	－1	0
意大利	6	6	8	7	6	－2	0
印度	6	7	8	6	6	－2	0
德国	1	2	3	4	3	－2	－2
瑞典	10	11	12	13	13	－2	－3
加拿大	4	8	8	8	11	－4	－7
法国	3	4	10	3	6	－7	－3

资料来源:Crafts(1989:130—131)。

注:这些国家的排名根据他们 1899 年和 1929 年期间在可贸易娱乐产品中显性比较优势的增长。

可贸易的娱乐产品被 Crafts(1989)列为"书籍和电影",包括:图书、期刊和所有印刷品、日历本、笔记本和盒装文具、钢笔、铅笔、玩具、游戏和体育用品、留声机、乐器、相机、光学仪器、电影和相纸、绘画与艺术品。

该表显示了"书籍和电影"在 16 个制造业中的显性比较优势等级,制造业部门包括"钢铁、有色金属、化学品、砖和玻璃、木材和皮革、工业设备、电子设备、农业设备、铁路和航运、汽车和飞机、酒和烟草、纺织品、服装、金属制品和奢侈品"。

例如第一个数字 14,显示"书和电影"在 1899 年英国制造业的 16 个部门中排名第 14 位。

这些数据表明,不同国家的显性比较优势差别巨大。德国 1899 年"书籍和影片"部门一枝独秀,是表现最杰出的部门之一。反之,英国和美国则是表现最差的部门之一。1899—1929 年期间,英国和美国"书籍和影片"部门的显性比较优势增长迅猛,分别列于第 8 和第 7 位,表明这两个国家娱乐产业在可贸易娱乐产品增长中获益。在这一时期,同时表现出娱乐业显性比较优势增长的仅有日本。在德国、法国、瑞典和加拿大,娱乐行业的显性比较优势减退显著。可是,除了 1937 年以外,在绝对数值上,德国娱乐行业的显性比较优势在这一时期一直是所有国家中最高的。法国、印度和日本的娱乐行业保持着惊人的显性比较优势,在许多年里一直高于美国,直到 1950 年才与美国持平。高度的兼并和非娱乐产品的掺杂,使我们难以得到更精确的结论。

另一个检测动态效率的方法是考察新产品的数量。虽然现有的研究根据音乐专利注册的数量、电影和电视节目上市的数量以及图书印刷的数量[①],各类产品都有急剧的增长,但美中不足的是这一数量不容易测定。接下来,我们现在将探讨多样化、沉没成本和产业化之间的交互作用。

沉没成本和娱乐业的产业化

沉没成本,是指已经产生过一次但当企业歇业之时也无法收回的成本。对一个企业来说,固定成本(如工资、房租和电费等)是周期性发生的,也是可以避免的。内生沉没成本(如广告和研发费用)可以由企业选择,而且没有一个最小值。影片制作、星探和录制音乐家演奏(艺术家和剧目—A&R),或开发电子游戏等都是内生沉没成本,因为它们都是只发生一次,不能通过售票之外的任何手段回收,同时它们花费的数额是可以选择的(Bakker,2005,2013)。

这一节将分析产业化过程、产品差异的作用以及沉没成本和价格歧视之间的关系是如何影响沉没成本与多样化的。

沉没成本与多样化

固定成本与部分沉没成本的存在决定了我们的世界不存在无限的多样化。首先,每一个消费者的品味都是独一无二的,由此而产生的产品和服务的价值不同决定了有利可图的交易的可能性。通过为每一个消费者量身打造娱乐产品可以使所有消费者的效用达到最大化,但是固定成本和沉没成本的存在使得所生产的娱乐产品在一定程度上不能达到每一个消费者最满意效果(图 19.2)。

第二,同样的替代关系存在于多样化和效率之中。在一个极端,零多样化(高沉没成本的原型产品和低平均成本的人次观看)是效率最大的,在另一极端,无限多样化(低沉没成本和高平均成本)是效率最小的。我们可以假定,每年全球生产 25 部故事影片,每两周可以观看一部新电影,加上旧影片片库,可以满足了所有需求。如果消费者的总支出保持不变,当更少的投入用来生产同样数量的产出时,全要素生产率(TFP)将会有巨大的提高。在极端的情况下,只生产一部故事影片,消费者将不断反复观看这唯一的影片,显然会推动全要素生产率达到极端的高度。

显然,消费者从多样性得到享受,哪怕他们以不同的方式反复观看多次,也会认为仅有一部故事片太少了,每一个消费者都期望娱乐产品按他的口味打造。一系列不同媒介的消费产品组合(阅读过的书籍,观赏过的影片,欣赏过的音乐)对每个消费者都是独一无二的。要在 60 亿地球村居民里寻找到两个消费产品组合完全相同的成员无

---

① 见图 19.12。

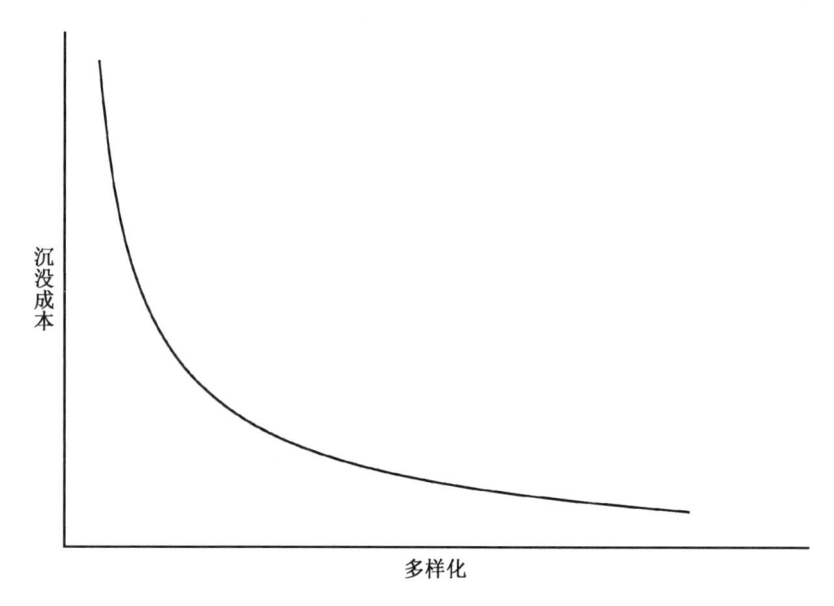

图 19.2　沉没成本和娱乐产品多样化的典型关系

异于大海捞针。经济理论(Krugman,1979)和实证研究表明,消费者偏好极具多样性。例如,Broda 和 Weinstein(2006)发现,1972—2001 年间扩大进口消费品的多样性为美国国内生产总值贡献了 2.6%的增加值。

实际上,在自由交易的现实世界中,物质产品实现多样化的程度按定义只能算是次优状态,因为其事实上并没有为每一个消费者量身打造。多样化程度取决于开发产品所需要的固定成本和沉没成本,同时也源自跨时空的信息不对称:经销商事前不完全了解应该销售哪一个产品,因此,需要准备额外产品以保证剧院座席、DVD 货架空间和电视时段的最优使用。即便顾客不喜好多样性,电影制片厂也需要生产一组电影来发现消费者最喜欢的影片。作为镜像关系的另一面,消费者事先不知道他对影片会有多么满意,这也说明,哪怕不存在固定成本和沉没成本,为每个消费者量身打造娱乐产品也是不可能的。换言之,生产者在不了解何者畅销的情况下为顾客生产,同样,顾客也不了解自己真正需要什么。

只有在消费者对多样性完全无偏好的情况下,他们才会满足于只生产一部影片,愿意反复观赏这样高成本和高度娱乐性的影片许多遍,才会把对多样性的需求降低到零。这样的情景对商业性娱乐产品似乎遥不可及,但在实际生活中,用户对宗教祷告、经文、宗教仪式或者中央计划经济的教科书不断地重复同一内容,只构成一种体验的价值。[①]以上两例均说明,无论好坏,多样性是与现代资本主义错综复杂地紧密相连的,因为自由交易的基石是每个消费者天然地具有不同的偏好。

---

① 在娱乐业之外,一个极端的例子是标准化。例如,不管是左或是右,顾客都想沿道路的同侧行驶。

产业化对多样化的作用

19 世纪中期以来,产业化进程已经将固定成本有限、品质与消费者偏好紧密相连的众多家庭生产的不同产品(歌曲、剧作、诗歌、家庭制作玩具)推向集中生产,生产的产品品种比以往少得多,而且具有较高的固定成本,品质上更少注重每个消费者的偏好(表 19.4)。

表 19.4　　家庭生产和市场生产的娱乐产品的特点比较

	家庭生产	市场生产
沉没成本	每件原型成本有限	每件原型高成本
质量	品质有限	高品质
市场规模	小且封闭	大且开放
市场集中度	低	高
产品差异	产品对每个家庭完全差异	产品对每个家庭不完全差异
产品总品种	总数上无限多的品种	总数上有限的品种
"有效"品种	在沉没成本给定的条件下,对每个家庭来说品种有限	由于沉没成本被摊薄,对每个家庭来说品种繁多
模式	传统的	资本主义/自由交易
效率	较低	较高
总结	完全差异,对每个家庭品种有限,传统生产－没有市场或价格/品质标识	同质化,对每个家庭品种繁多,市场交易－价格/品质标识

资料来源:见正文及 Bakker(2008)。

在经济层面上,有两种力量在产生作用。首先,集中预订、铁路沿线剧团巡演、电影院以及留声机等新技术将可能性边界外移。每一原型产品的沉没成本非常高昂,但是每次观赏的平均成本远较以往低廉。在每个品种上,都可以生产更多的产品。其次,在一个自我强化的过程中,市场一体化提速,进一步促使沉没成本的增加。最终结果是,在全国范围内市场会生产更少的品种,那些生产自身享用的大部分娱乐产品的家庭就好比巨大群岛中的小岛,让位于全国市场的集中生产。

在家庭层面上,每一个家庭各自生产极端差异化的产品的情况已经一去不复返了。如今每一个家庭在消费方面可以选择更多种类的娱乐产品,从中得到确确实实的唯一组合,而且有能力消费非常多的数量。每一个家庭的固定成本和沉没成本很可能减少了,而增长的工资提高了家庭生产的机会成本。在 19 世纪的英国,工业区域拥有最多的商业性娱乐供应(Sanderson,1984)。

20 世纪 50 年代以来的科技进步,导致生产唱片、影片或者书籍的外生沉没成本(用最小的成本来生产一个完整的产品"原型")非常之低。例如,很久以来制作唱片需要大型录音棚,但从 20 世纪 80 年代开始,艺术家可以在自己的家里录制音乐。急剧下降的外生沉没成本本应带来产品的多样化,但这一趋势又因竞争抬升的外生沉没成本而减缓,从而出现双重市场结构,既有市场巨大的重量级产品,同时,二级市场又有几乎无限多样化的差异产品(参见第四节)。

外生沉没成本的发展大致呈现一个颠倒的 U 形曲线:前工业化时代的低成本源于隔离的子市场(无数小岛般的个体经济)组成的国民经济;如今,后工业化时代的低成本源于每个"隔离的"细分市场组成的整体经济(图 19.3)。

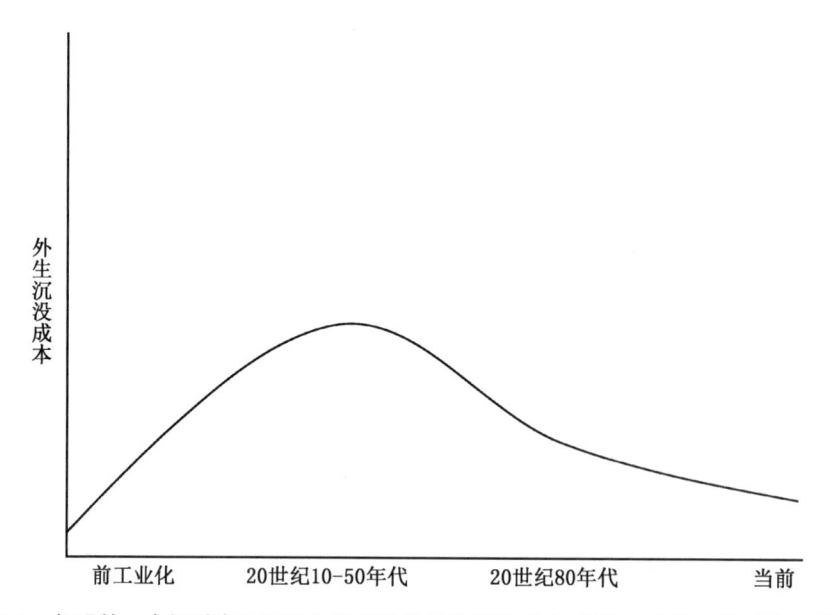

图 19.3　假设的一个娱乐产品原型生产所需的外生沉没成本,从前工业化时代到当今的发展

动态的产品多样化

尽管 19 世纪早期以来创造性破坏的浪潮席卷娱乐业,但老的娱乐形式大都没有消失,而是得以重塑。时至今日,尽管出现了收音机、电视和互联网,但舞台剧、音乐演奏和歌剧演出依然存在,因为企业家采用了产品差异化的方式来适应创造性破坏的局面。

产品差异体现在横向和纵向上,横向的差异产品针对那些不会轻易转换产品偏好的消费者,哪怕另一种产品的质量有所提高,比如说一个通俗歌曲的粉丝永远不会欣赏歌剧,无论后者的质量有多么显著的提高。纵向的产品差异体现的是产品质量,即在质量上明显优于其他产品。

产品差异的信息根据消费者了解它们的程度而有所不同,而且可以通过广告来改善。因为产品品种不断增加(Stigler,1961),消费者对娱乐产品的搜寻成本开始增大。商户力图通过增加促销支出将产品差异的信息传播出去,好莱坞产品的销售成本在总成本中的比重之大可以佐证。

同一个产品(如某部故事片)的差异,通常体现在不同的观赏时段和观赏方式上,从头轮影院播映直到电视播出,呈现出梯级降价趋势(表 19.5)。好莱坞大片本身有纵向差异(质量差异),独立艺术电影不仅彼此之间有横向差异,整体上与好莱坞大片也有横向差异。从产品类型看,风格和格式的差异通过横向和纵向表现出来。有的类型,比如歌剧,一些俱乐部戏迷还通过娱乐产品来结交志同道合者。

表 19.5　　　　　　　　　　产品类型内和产品类型间的产品差异

		差异表现	价格歧视	差异标准
产品类型内	同一产品	特定产品,如在电影院或电视中观赏的影片	部分与价格歧视相吻合	观赏方式;观赏时段(不是产品本身)
	产品之间	双重市场结构;好莱坞电影与艺术电影	较少与价格歧视相关	产品内容
产品类型间		歌剧、头等剧院、杂技、影片等	与不同价格吻合,但还在不同成本和不同产品中体现	产品风格和格式

资料来源:见正文。

娱乐业可以通过横向－纵向差异和低－高沉没成本来进行排列(图 19.4)。纵向差异表明,当高品质产品出现时,消费者会舍弃低品质产品,其结果,生产者将会从优质产品中大量获益,在某些情况下这会导致质量竞争。[①] 横向差异反映消费者偏好多样化,少数产品也可以获得较大的市场份额。在现实中,大多数创意产业的产品都在不同程度上表现出横向差异和纵向差异。纵向差异越大,外生沉没成本越大,同时这个沉没成本可以被大量行销所摊薄。像好莱坞大片和电子游戏这样的产品,其纵向差异要比音乐、电视和艺术影片大得多。

这种以不同形式存在的旧媒介现象在娱乐业的发展历史中一次又一次浮出水面,我们将之称为动态的产品差异。[②] 虽然旧形式并未消失,但也并非一成不变,而是改头换面产生差异来与新媒介竞争。它们通常不能提供新媒介那样低廉的价格,故侧重于服务较富有的受众阶层,即它们过去的顾客群中最有支付意愿的部分,这也是许多现场表演娱乐业在电影院出现后所做的。有时,它们不能提供新娱乐形式的优良品质,就侧重于有较低支付意愿的顾客群,或者转换到提供另一种娱乐形式,例如,有线付费电视出现后的免费电视,电视出现后的电台广播。电台广播大幅减少广告收费,同时重新定位市场,注重于电视不适用的场合,如驾驶、工作和购物。

旧的媒介并不会简单地消失,部分原因出于其独特的资产,比如剧院的地理位置和生产诀窍。部分资产被转入新媒介,许多剧院被改造成电影院,创作人员进入电影制作,音乐家开始录制音乐,广播秀转入电视节目。分销能力一直是稀缺的,故老的配送系统仍然可为特定部门工作。每一个新媒介都增强了能力,进行了市场细分,基于娱乐业最低消费群体向最宽阔的领域进军。

旧媒介产出的相对数值常常减少。例如,从 1900 年到 1938 年,每年美国现场演

[①] 参见沉没成本和质量竞争的有关内容。
[②] 关于 1945 年以来故事片的产品差异,见 Sedgwich (2002)。

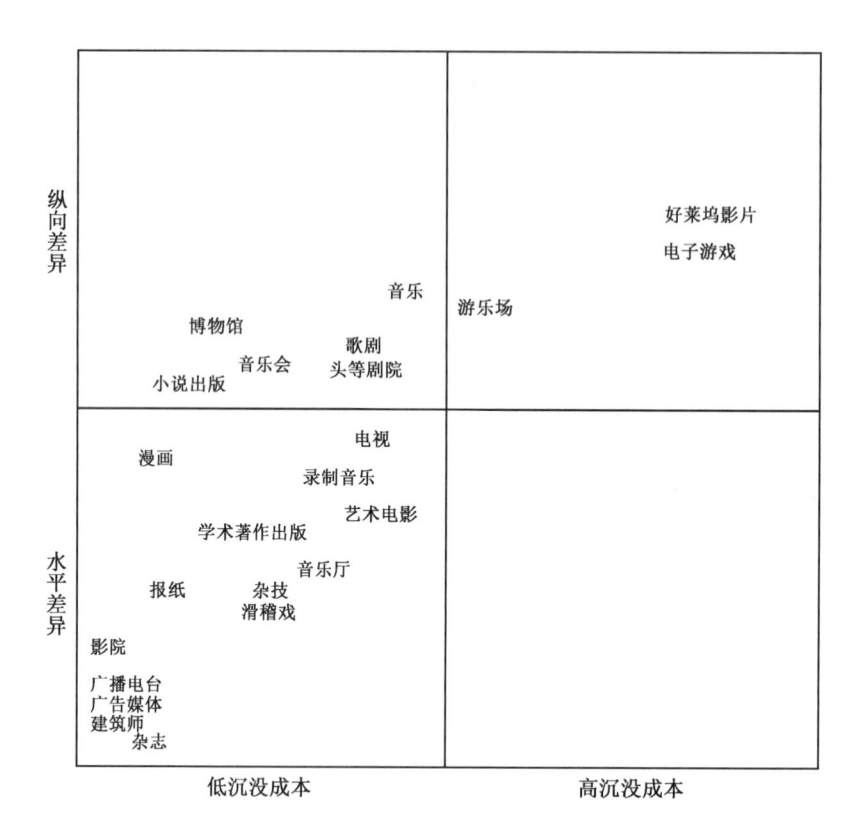

图 19.4　不同娱乐产品和服务的沉没成本和产品差异的排列

出观众的上座率平均下降 1.3%,总计从原点下降 60%,但相对数值下降更快,观众只有过去的几个百分点而已(Bakker,2012)。

现场表演娱乐业是产品差异动态化的典型例子。它在 19 世纪出现了许多新形式,直到 1909 年仍存在于波士顿市场(图 19.5)。从需求曲线的形状来看,它在高价格段和低价格段呈高价格弹性,两者之间相对温和的价格弹性可能在某种程度上解释了产品差异动态化的时间滞后。在发现一种娱乐创新形式的过程中,企业家必须找到对新形式的需求。需求曲线中部的低弹性减缓了提供价格低得多的娱乐形式的尝试,因为许多企业家预估到需求不会增加到值得这样做。在企业家发现"低价格需求"的反应之前,可能已经经历了许多历史事件和创新(如电影)。这个过程与"路径依赖"假设没有什么不同,即没有采用更有效的路径,企业家以为前几种创新形式没多少吸引力,殊不知竟然潜藏着大量的回报。所采取的路径源于企业发现过程、成本降低技术以及需求规模和地理分布密度变化之间的交互作用。[①]

在故事片和有声电影出现之后,幸存的现场表演娱乐业通过产品差异来维持生存。它们要么具有高度艺术性和获得大量补贴(如前卫剧院),要么实行高度商业化和

---

① 关于企业发现,见 Kirzner (1985)。

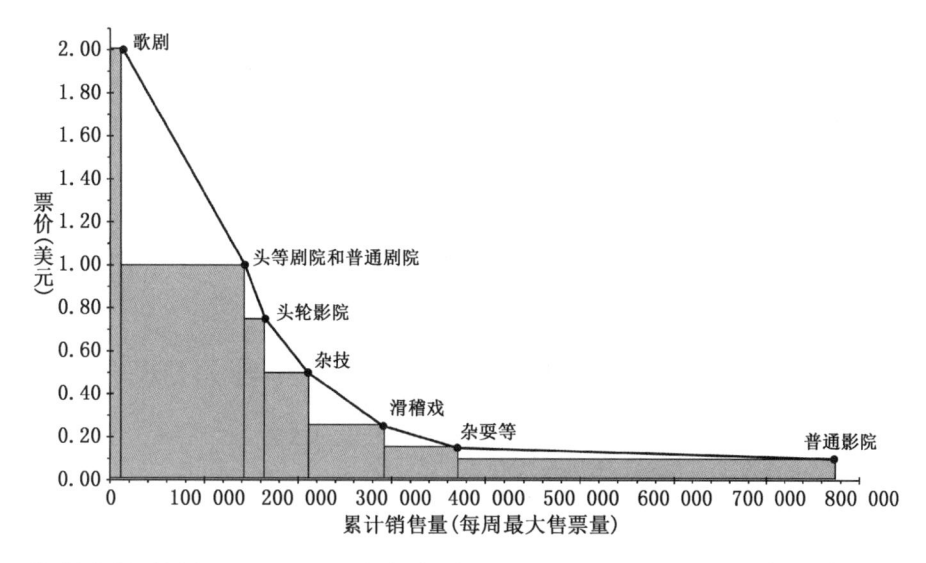

资料来源：根据 Jowett（1974）的报告，由 Boston Committee（1909）编撰；参见 Bakker（2008）。

图 19.5　1909 年波士顿娱乐行业票价和售票能力之间的关系（美元对售票数量）

具有高附加值（如百老汇音乐剧和戏剧），介于两者之间的均被电影占据。同样，在电视重点关注最低消费群体之后，电影主要集中在消费能力更强的年轻观众身上，以更高的价格提供更多的故事片。

霍特林（Hotelling，1924）关于产品差异的霍特林线可以阐明上述观点（图 19.6）。如果我们假设娱乐业从低价值到高价值是一个连续的统一体，那么 19 世纪 90 年代的剧院就会处于中间位置，以实现收入最大化。电影问世后，剧院走向高端市场，电影也会略微移向高端市场。最终，各种新技术在霍特林的产品差异线上占据越来越多的位置，电影和影院则进一步向高端市场移动。

由此可见，动态化的产品差异将创造性破坏效应限制在了一定范围内。旧娱乐形式通常不会被新技术彻底摧毁，而是凤凰涅槃，扬弃自己。

沉没成本和价格歧视

如果一个生产商或经销商对一个娱乐产品（如电影）收取单一的垄断价格，那么，其总收入可能不足以支付固定成本和沉没成本，而总剩余却足够大，它包含消费者剩余，指的是消费者愿意支付和实际支付的价格差额。这种情形如图 19.7A 所示，此时价格处于平均成本之下。换言之，生产者在设定预算时不能考虑消费者剩余，而愿意高于边际成本进行支付的消费者却没有得到服务。可是，通过价格歧视，生产商或经销商可以向具有不同支付意愿的消费者收取不同的价格，从而将消费者剩余转化为收入，承担得起更高的固定成本和沉没成本（图 19.7B）。在极端情况下，通过线性需求曲线、垄断定价和零边际成本，完全的价格歧视可以使收入翻倍，从而减少支出。

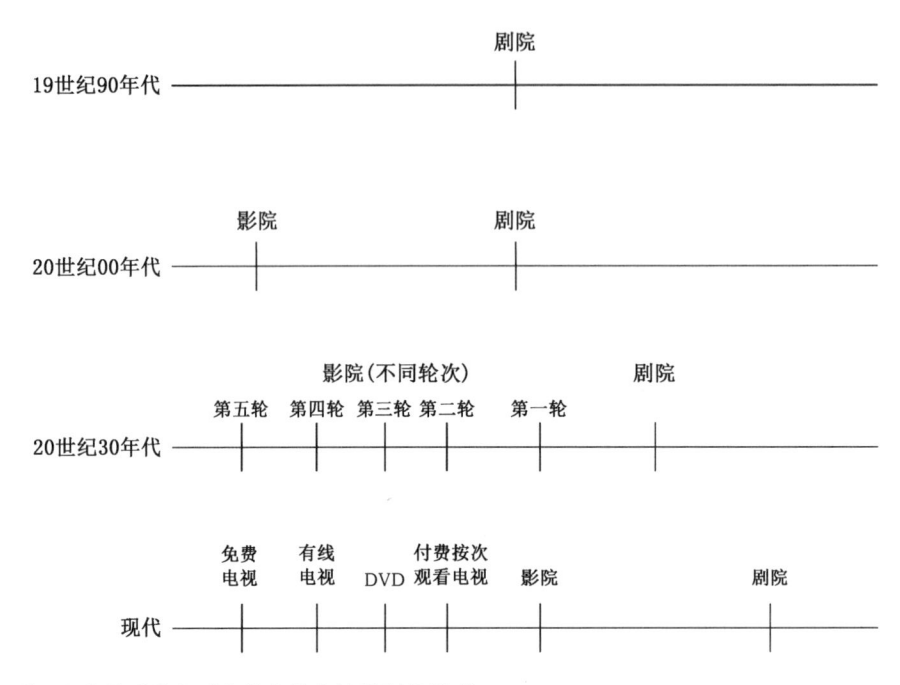

图 19.6　19 世纪 90 年代至今的观赏性娱乐的霍特林假设排列

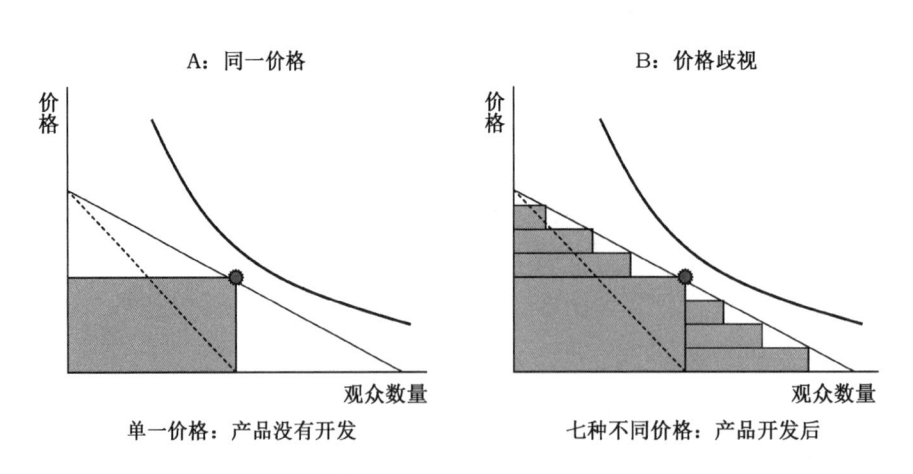

注：以产品观赏小时价格在线上从低到高排列。

注：曲线是需求曲线，虚线是边际成本，粗线是平均成本，灰色面积是收入。这是一个简化图例，详见 Carlton 和 Perloff(2000:219—224)；Romano(1991)。

图 19.7　价格歧视和无价格歧视时沉没成本、收入和平均成本的典型图例

例如，在 19 世纪，消费者花高价购票观赏大都会剧院的新剧，旅游团体和居民社区观看低价版本，小型木偶剧团则会到最小的社区去演出(Bakker，2008)。

19 世纪的剧院经理非常明白实行价格歧视的必要性。只有通过大规模的价格歧视，才能为繁荣兴旺的铁路、公用事业和剧院建设上涨的固定成本和沉没成本提供资

金。1849 年,法国经济学家兼工程师、现代效用理论的先驱 JulesDupuit(1849:16,25)谈到了剧院业务和图书出版推行价格歧视的例子:

> 门票的单一价格不会填满剧院座位,也只能获取适度的收入。于是,经理将遭受金钱损失,公众将损失效用。剧院的楼层分区和门票的差别价格可以提高收入和观众人数。这些分区并不只是将人们的座位分开,使有些观众可以看的和听的好些。仔细观察剧院的楼层分区便可知道,门票定价其实不过是最小的考虑因素之一。剧院经理知道如何使票价适合所有观众心中的想法,观众中既有想去看戏的人,也有想被人家看到的人,还有出于某种其他原因的人。他们为了满足自己的念想来购票,并非根据自己喜欢的节目。

同样,20 世纪 50 年代前,新电影在豪华影院高价首映,尔后在全国各地中心剧院上映,继而以更低的价格逐步在各普通剧院分轮上映,直到一年后以几美分的价格在破旧的社区影院末轮(第六轮)放映(Sedgwick,2001)。20 世纪 50 年代后,电影院减少放映轮次,由电视、录像带、付费电视、有线电视和免费电视取而代之(如图 19.6 所示)。没有这样的价格歧视,电影就不能按高质量的标准制作。大多数在电视上观看好莱坞电影的消费者之所以能得到免费或低价享受,是因为已有其他人愿意支付高价格,在电影院等高质量媒体中先睹为快。

有些研究者试图量化价格歧视的效应。例如,Leslie(2004)研究了一部百老汇戏剧的 199 场表演,发现价格歧视使利润增加了 5%~7%。Huntington(1993)发现,原先非价格歧视的影院实行价格歧视后可以将收入增加 24%。这些可能只是下限,因为还未考虑内生沉没成本的自我强化作用:如果价格歧视增加了收入,导致更高的沉没成本并提高了质量,这将提升消费者的支付意愿从而带动整体价格上涨;于是,价格歧视会进一步加剧,允许产生更高的沉没成本,提升消费者的支付意愿,进而带动更高的总体价格,驱使沉没成本呈现螺旋式上升的惯性效应。

价格歧视的一大好处是允许市场以外的消费者进入,否则,他们不会入市消费(Courty,2000)。如果在没有价格歧视的情况下仍无法进行生产,那就意味着它的所有消费者都处于市场之外。[1]

创意投入者与分销、交付系统的所有者通常具有不同的利益倾向。比如,举办流行音乐会时,演唱家愿意推行价格歧视,为细分的听众设定垄断价格,从而使票房收入而不是上座率最大化。然而,促销员愿意通过打折、停车费和票务费提成来销售大部分门票,从而使售票数量而不是票价或总收入最大化。同样,电影院通常从打折和门票分销商那里获得最大利润,只有完全的价格歧视、市场出清和填满每个席位,才能满足双方的利益。这些不一致的动机可以解释为什么实际票价和价格歧视程度远远低

---

[1] 关于票价和价格歧视,参见 Rosen 和 Ronsenfeld(1997)、Courty(2003a,2003b)。参见 Orbach 和 Einav(2007)对电影院票价的论述,他们发现票价曾有较大的差异,但现在趋于统一,后者无疑受到了收费电视、有线电视及免费电视、录像带和 DVD 取代过去低价影院的影响。参见 Ekelund(1970)。

于演唱者收入最大化的水平。①

20世纪90年代好莱坞电影的例子(图19.8)可以用来说明价格歧视的重要性,其90%的收入来自支付意愿相对较高的消费者(票价为5.50美元以上及0.70美元以上),只有10%的收入来自支付意愿很低的消费者(票价为0.15美元及以上)。如果所有消费者都以低价观看电影,那么总收入仅为3 200万美元而不是实际的2亿美元,这部电影只能以低得多的预算制作。即使我们假设单一垄断价格为0.30美元,收入也仅仅是6 400万美元,仍然只能维持较低的生产预算。因此很明显,正是因为其他人看电影的价格要高得多,以0.15美元看电影的消费者才能看到电影。同样,电影和录像的观众份额也对应他们的收入份额。②

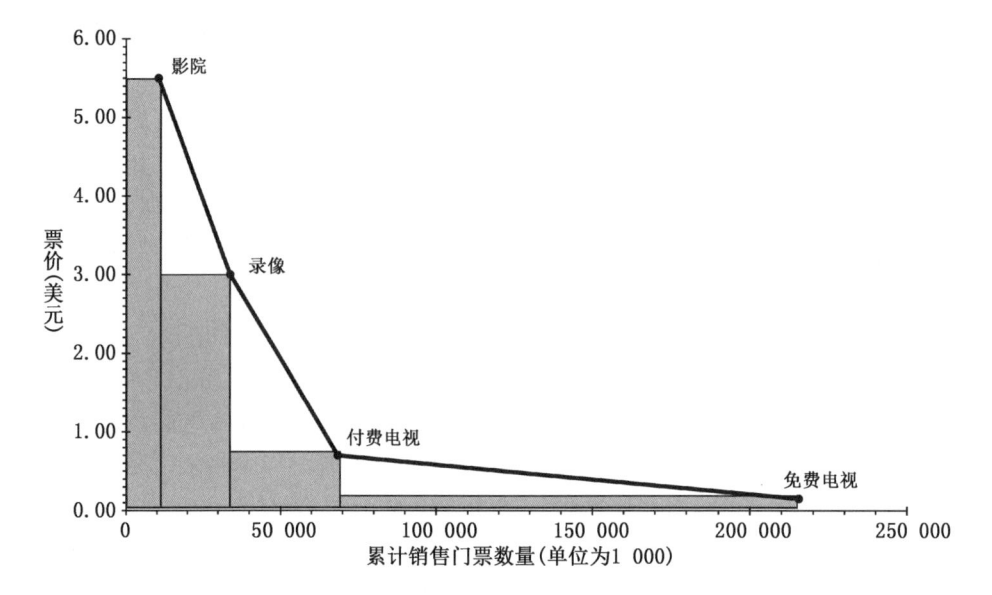

资料来源:根据 Dale(1997)的数据计算。

图19.8 20世纪90年代一部典型的好莱坞影片的票价和累计上座率之间的关系

如果我们假设生产预算为4 000万美元,生产者的收入份额为1/3,那么很明显,没有一种媒介会对价格高于平均成本的生产者实行开放(图19.9),但是当所有媒介加总时,价格歧视效应使得生产者的人均观赏平均收入大大高于平均成本。

如果我们假设零边际成本、线性需求曲线以及所有媒介收取单一垄断价格,在生产者版权垄断的情况下,消费者剩余恰好是收入的一半,这表明,尽管所有消费者愿意支付这部电影共计3亿美元,但实际只需支付2亿美元,所以尽管有价格歧视,消费者仍然享有约1亿美元的消费者剩余。从图19.8中可以凭经验看出,消费者剩余产生

---

① Billboard(7 March 2009);Krueger(2005)。
② 图19.8中介于影院和录像带之间的 DVD 销售不会根本改变收入模式,因为 DVD 一般被多人多次观赏,因而每次观赏价格都低于影院票价。

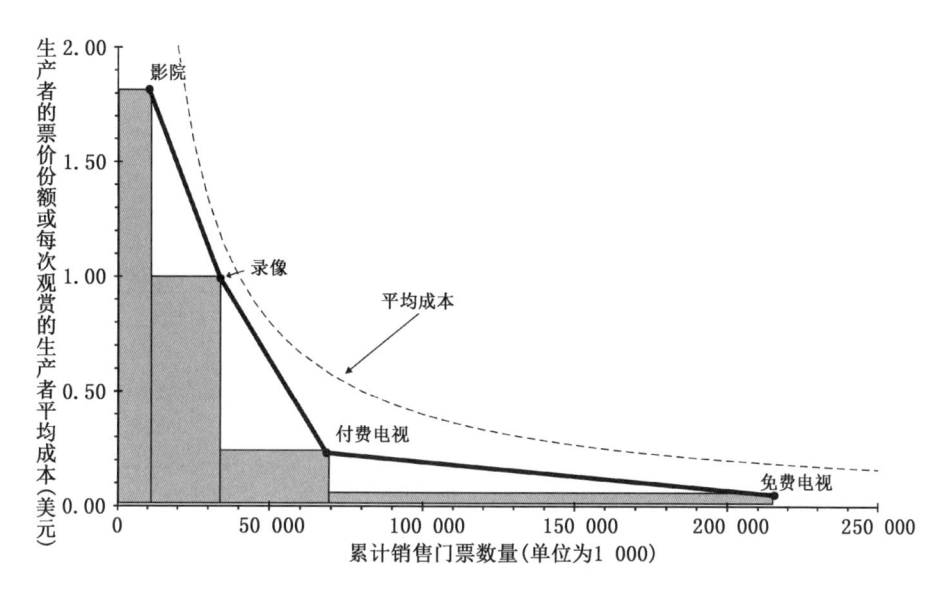

图 19.9　20 世纪 90 年代一部 4 000 万美元预算的好莱坞影片,其票价及平均成本的生产者份额与累计上座率的关系

资料来源:根据 Dale(1997)的数据计算。

了与表 19.6 大致相似的结果。电影只占观众的 5%,占销售额的 29%,占全部消费者剩余的 21%,而免费电视占观众的 68%,仅占销售收入的 11%,占消费者剩余总额的 29%。如果没有电影观众更高的支付意愿,免费电视观众将无法观看这部电影。[①] 没有价格歧视,每次观看的价格会大约 3 美元,而在价格歧视下,价格从低至 15 美分到高至 5.5 美元不等。在这种情况下,价格歧视使销售额增加了 9 100 万美元,消费者剩余增加了 8 600 万美元(表 19.6)。如果没有价格歧视将大约 2/3 的消费者剩余转化为销售收入,那么电影就无法以其现有的质量来制作。这一事实影响了许多其他创意产业的生产,它表明价格歧视可能是创意产业中福利提升的来源。

表 19.6　20 世纪 90 年代一部典型的好莱坞影片在世界市场上的价格、观众、潜在销售额和消费者剩余

	价格	观众		销售额		消费者剩余		总剩余	
	美元	(单位 1 000)	(%)	(单位 1 000)	(%)	(单位 1 000)	(%)	(单位 1 000)	(%)
影院	5.50	10 500	5	57 750	29	28 875	21	86 625	26
录像	3.00	34 000	16	102 000	51	42 500	30	144 500	43
付费电视	0.70	24 000	11	16 800	8	27 600	20	44 400	13
免费电视	0.15	147 000	68	22 050	11	40 425	29	62 475	18
总计	0.92	215 500	100	198 600	100	139 400	100	338 000	100
影院和录像	3.59	44 500	21	159 750	80	71 375	51	231 125	68

---

① 在此案例中,部分观众同属两个组别。

续表

	价格	观众		销售额		消费者剩余		总剩余	
	美元	(单位1 000)	(%)	(单位1 000)	(%)	(单位1 000)	(%)	(单位1 000)	(%)
所有其他	0.23	171 000	79	38 850	20	68 025	49	106 875	32
无价格歧视	2.99	35 833	100	107 051	100	53 526	100	160 577	100
有效价格歧视	015—5.50	179 667		91 549		85 874		177 423	
完全价格歧视	(1.62)	362 500		349 025		0	0	349 025	

注:所显示的消费者剩余基于粗略估计和简化假设,仅供说明用。对于影院而言,消费者剩余已根据假设的垄断定价和线性需求曲线计算得出,使其等于销售收入的一半,对于所有其他类别,消费者剩余是图19.8中的白色三角形面积。

"无价格歧视"基于图19.8显示的需求计划、边际成本为零且适用垄断定价的粗略估计进行推测。表格显示两种不同情况的平均值:一种情况是图19.8中需求曲线的第一段线,另一种情况是需求曲线的第二段线。在没有价格歧视的情况下,平均价格为3.30美元,使销售收入增加与消费者剩余损失相等。

"完全价格歧视"加总了实际销售总额和消费者剩余总额,这两者构成完全价格歧视下的销售额,显示了平均价格。完全歧视下的消费者剩余是现有剩余和最低价0.15美元下的预期剩余之和,后者已经通过推测性假设来粗略估计,在超过免费电视价格点的1.47亿额外观赏者之后,需求曲线与零价格线相交。总剩余,即生产者剩余与消费者剩余加总,是零边际成本假设下的销售收入和消费者剩余之和。显然,制片人将使用生产者剩余来支付固定成本和沉没成本。

资料来源:根据Dale(1997)的数据计算。

驱动娱乐业发展的四大经济趋势

19世纪中叶以来,四大经济趋势决定了娱乐业的发展:内生沉没成本的重要性;边际收益在很大程度上等于边际利润的事实;娱乐的准公共产品性质;及其基于项目的行业性质。我们依次讨论上述特征,弄清其动态作用,评估这些特征在历史上的表现方式。[①]

沉没成本和质量竞争

内生沉没成本的动态含义,就是我们所说的质量竞争,这是一个市场演进阶段,一些公司为了获得更大的市场份额而逐步提高其沉没成本方面的支出。在一般的行业中,随着市场规模的增加,将有更多公司进入市场的"空间",市场集中的限制程度可能降至零。而在某些存在着内生沉没成本的行业,市场集中往往是有限的,即便市场规模增长到无穷大,集中度也不会下降到零(Sutton,1991,1998)。在这样的行业中,市场规模的扩大为任何特定质量水平的企业增加了利润,这一方面为新进入者提供了利润更高的吸引力,另一方面也促使企业提高研发投入,如增加电影制作或电子游戏开发的支出,使产品的质量水平进一步提高;虽然研发支出增加的边际成本保持不变,但

---

① 英国娱乐业四大发展趋势的案例研究,见Bakker(2014)。

其边际收益现在更高了,进而导致更高的固定的沉没成本,这样一来,即便市场趋于无限也会限制企业入市的数量。这两种影响中究竟哪一个占上风,取决于支付意愿的分布以及与质量改进相关的研发成本的形态(Bakker,2005)。①

例如,随着电影市场的增长,可能会出现两种相反的效果:更多的公司进入市场,或者,现有公司增加生产预算。至于哪种效应起主导作用,取决于增加生产支出带来的优质影片受市场欢迎的程度,以及高质量影片夺取低质量影片的市场份额的容易程度。

事实证明,第二种效应在电影行业发挥了主导作用。自19世纪90年代以来,每种新产品类型出现后,如彩色影片、新闻片或者动画片,接踵而来的便是质量竞争,但也会很快结束,因为进一步增加支出不再产生额外的销售。到了20世纪10年代中期,美国掀起了一个无尽无止的升级阶段:制片人不断增加故事片的开支,导致门票销售大增和小成本短片的锐减(图19.10和19.11)。此时的欧洲影业公司置身事外,因为欧洲本土市场正在崩溃,第一次世界大战的战火令任何风险投资都闻风远遁,而所有的资本配置都是面向战争的(Bakker,2000)。

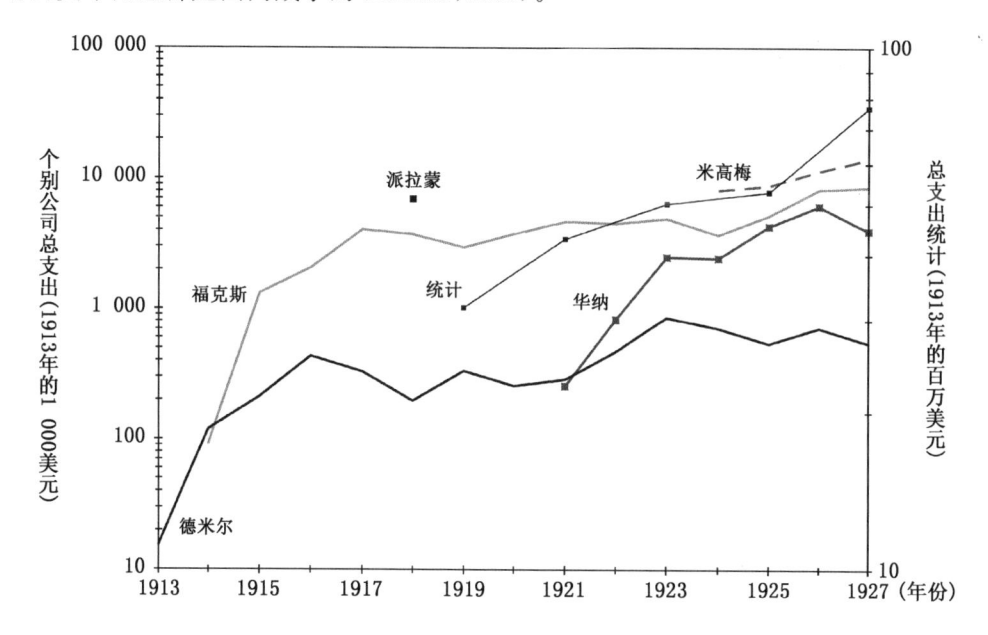

资料来源:见 Bakker(2005:325—326)。

注:除"统计"外,所有制片厂均在左侧轴上显示。德米尔制片厂只涉及一个"派拉蒙"制片厂的支出,与其他制片厂产品的可比性较低,其他制片厂包括全部制片厂或将全行业作为整体对待。

统计=统计记录的行业生产总支出。

图19.10 1913—1927年美国不同影片生产商的年总生产支出,根据1913年美元不变价格:半对数图

---

① "研发"这一术语在这里是指创意产业开发产品的沉没支出,而不是指更通用的术语"创新"之意,因为我们在这里只对特定产品感兴趣,这些产品在开发过程中花费了特定的金额而不是整体创新。有关R&D项目融资的历史概述,参见Bakker(2013)。

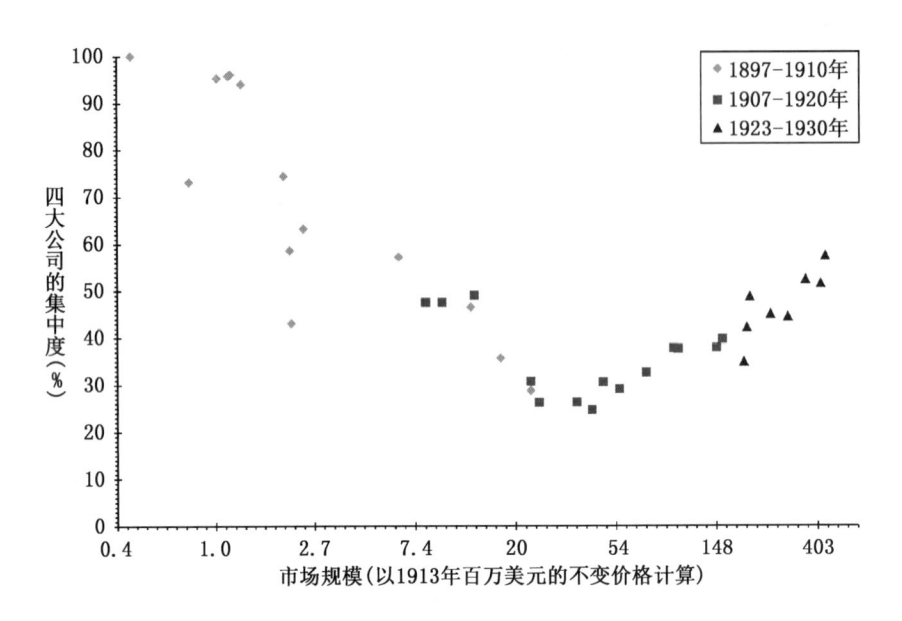

资料来源：见 Bakker(2005:329,附录 1)。
注：四大公司集中度＝特定年份四大公司的市场份额。
这三个系列基于三个不同的来源，因此可能无法完全比较。

图 19.11　1893—1927 年美国电影业的市场规模和市场集中，按 1913 年美元不变价格计算四大公司的集中度：半对数图

通过这个创业过程，电影业偶然发现了一种可以不断加大沉没成本的模式，即制作更高质量的影片可以不成比例地得到高回报。比如，电影院更喜欢高质量的电影，即使质量较低的电影具有优惠价格也无法与之匹敌，因为他们需要赚回影院付出的固定成本，而放映低质量电影的机会成本是巨大的。

例如，拥有 700 个座位的电影院，每周生产能力为 39 200 个观众小时，每周固定成本为 500 美元，每个观众小时的平均入场价为 0.05 美元，需要一部售价至少能有 10 000 观众小时的电影，因为它只收回了固定成本（表 19.7），所以不准备支付那部（边际）影片的费用。因此，影片至少需要拥有能够支付影院固定成本的最低销售能力。于是，制片人/发行人只能降低票价，降到低预算电影的价格，即这些电影超过预期收入等于成本的门槛水平。由于预期的销售能力较低，这些影片不得随意地以任何价格出售（Bakker，2004）。①

---

① 这与 Sutton(2012)讨论的质量门槛、能力和最低质量/成本比率相仿。

表 19.7　　某假设影院关于大片与低成本影片的收入及利润的比较

项 目	单位	门票销售能力 高	门票销售能力 低	比 率 高/低
影片生产预算	高＝100	100	50	2.0
门票销售能力	高＝100	100	50	2.0
观众小时销售	观众小时	39 200	19 600	2.0
门票价格	美元	0.05	0.05	1.0
影院收入	美元	1 960	980	2.0
影片周租金	美元	1 200	600	2.0
影院固定成本	美元	500	500	1.0
影院利润	美元	260	－120	－2.2
最小盈亏平衡点销售量	观众小时	34 000	22 000	1.5
仅有一种种类情况下影院可支付最大租金	美元	1 460	480	3.0
有两种种类情况下影院可支付最大租金	美元	1 460	220	6.6

注：仅有一种种类情况下影院可以支付的最大租金，是指只能在两部电影中选择其一而不会产生损失的情况。

两种种类选择情况下影院可支付的最大租金，是指在两种种类影片可供选择情况下，另一种类影片租金已知，租用某种类影片可支付的最大租金而不产生损失的情况。如果租金允许变化，大片最多可以在 980 美元到 1 460 美元之间租用，这取决于低成本电影的租金率；或者，低成本电影可以在 80 美元到 220 美元之间租用，这取决于大片的租金率。

这是一个假设的例子。如果影院可选用大片，那么低成本电影的销售数量低于 39 000 小时，将无法以任何价格租用。如果低成本电影低于 26 000 小时的销售量，即使影院无法获得大片，也不会租用低成本电影。

机会成本又进一步强化了这一点。如果假设某电影院每周以租金 1 200 美元租借一部大片，售票量达到 39 200 观众小时，电影院就获得了 260 美元的利润(0.05 美元的票价×39 200 观众小时＝1 960 美元的收入；1 960 美元的收入－1 200 美元的电影租金－500 美元的固定成本＝260 美元；表 19.7)。如果一部电影的预算减半，而我们假设售票量的一半，租用价格的一半(600 美元)，影院东主将损失 120 美元(0.05 美元的票价×19 600 观众小时＝980 美元收入；980 美元收入－电影租金 600 美元－固定成本 500 美元＝－120 美元。因此，影院所有者希望为低预算电影支付不超过 220 美元，前提是高预算大片是存在的(0.05 美元×19 600＝980 美元收入；980 美元收入－220 美元电影租金－固定成本 500 美元＝260 美元利润)。[①] 若无电影大片可供，影院最多只想为小成本电影支付 480 美元(980 美元的收入－500 美元的固定成本)以便收支平衡。电影的上座率并不总能完美预测，但随着电影的发行进展以及出口到更多

---

① 假设生产成本和销售能力之间的关系是线性的，适度减少的回报将产生与增加回报相同的效果。就平均而言，增加的回报之后是恒定的回报，最后是花费在高预算的电影上最后一美元投资减少的回报。

国家,将会变得更可预测(Bakker,2004)。

在这个例子中,如果存在竞争,那么成本花费是两倍的影片可以获得超过 6 倍的租金(1 460 美元/220 美元),而没有竞争,则获得 3 倍(1 460 美元/480 美元)(表 19.7,最后两行)。在这两种情况下,高质量的影片都可以获得全部租金,而低质量影片的租金则取决于竞争条件。因此,制片人具有增加成本的强烈动机,这使 20 世纪 10 年代和 20 世纪 20 年代预算的持续膨胀变得可以理解(图 19.10)。

每个新的分销交付系统的固定成本门槛都会降低。电视行业远远低于电影,互联网发行甚至更低,这意味着可以分销更低质量的产品。然而,机会成本并不一定表现出这种下降。

20 世纪前十年中期,故事片的崛起引起的质量竞争给娱乐业带来了各种各样的变化。例如,20 世纪 70 年代,一场新的品质竞赛拉开了序幕,萎缩不振的好莱坞制片厂开始专注于制作高质量的大片,1975 年的"大白鲨"是始作俑者,这些重磅大片在电视上大做宣传和广告。借助于其他因素,制片厂迅速重现了昔日的辉煌。

20 世纪 50 年代以来,音乐行业的艺术家和剧目部门(A&R)的支出急剧上升,大型跨国公司热衷于营销一些大受欢迎的演唱会,同时通过各种不同的品牌和演唱会实现横向的产品差异化(Bakker,2011b)。1955 年至 1970 年间,每张有版权的唱片的实际收入增长了近 4 倍,年均实际增长率高达 9%(图 19.12)。

从 20 世纪 90 年代中期开始,电子游戏行业展开了一场品质大赛,公司开始越来越多地在电子游戏上砸下沉没成本,其结果,少数拥有大型发行机构的大公司脱颖而出(Bakker,2010)。

边际收益即边际利润

第二种经济趋势紧接着第一种趋势。当出售电影票、音乐碟片或电子游戏等娱乐产品时,所有开发成本已经发生,因此边际收入在很大程度上等于边际(毛)利润。例如,对将影片销售给经销商的制片人来说,情况就是如此,每次销售都获得边际利润。对经销商来说,一旦购买了这部电影,就会将其出售给影院业主,而对影院业主来说,他们买下这部电影后,会向顾客出售座位,每出售一个座位都是边际利润。其他娱乐行业(如音乐、图书或电子游戏)也是如此。这些行业的企业家会首先应用固定成本、沉没成本,平均成本以及边际收益等于边际利润等概念。譬如,莱比锡公司 Breitkopf & Hartel 的音乐出版商 Gottfried Hartel 是正式应用这些概念的第一人。1800 年和 1805 年之间,Hartel 根据不同数量的乐谱销售的平均总成本做了一份详细的表格,用来确定他愿意支付的最高固定酬金,即他愿意承担的最大沉没成本,凭借此表与贝多芬(Ludwig van Beethoven)等作曲家进行议价。Hartel 的算计和运用比正式的经济理论前沿分析至少早了 70 年(Scherer,2001)。

低边际成本理应带来非常低的价格,如若生产者—经销商未通过版权法获得垄断权,从而可以运用价格歧视的方式将一些消费者剩余转移成收入,那么,他们将无法承

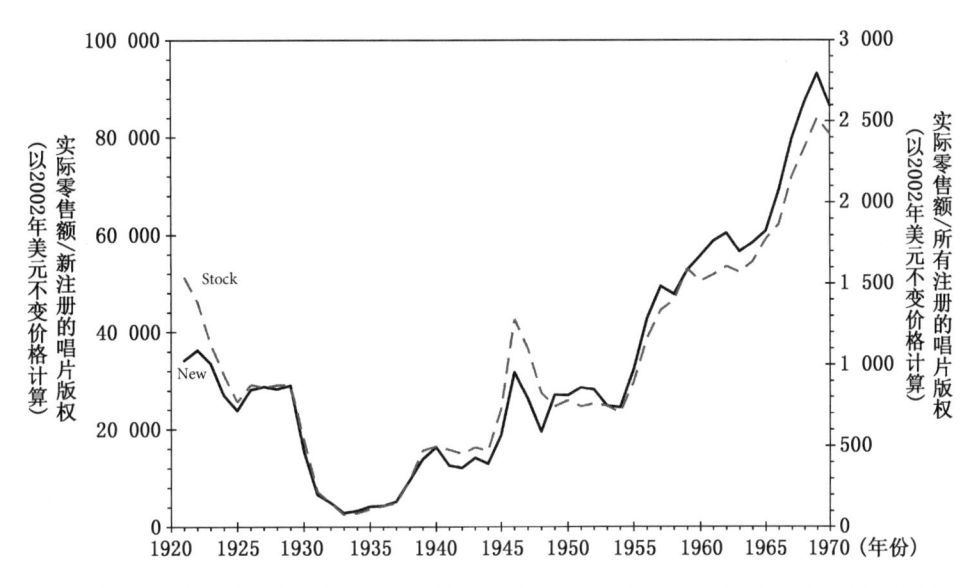

注：总量＝实际零售额/所有注册的唱片版权（从 1870 年起累计的年度注册，因此 1921 年的总量包括 1870 年至 1921 年之间登记的所有版权。新版权＝实际零售额/该年新注册的唱片）。零售额根据 Williamson(2013)的报告使用美国消费者物价指数平减指数缩减了零售额。

资料来源：美国唱片业；Harker(1980, pp. 223－224)；美国商务部(1975)；另见 Bakker (2011b)。

图 19.12　1921—1970 年美国注册版权唱片的平均销售额，新注册版权及所有注册版权

担大量的固定成本和沉没成本。

在直接销售产品、未经整合的价值链中，制片人提高影片质量的积极性并不高，因为她或他不会获得产品为分销商和零售商带来的任何边际收益。解决这个问题的经典方案便是实行垂直一体化或签订收益分享合同。这种结构能使各方参与者在价值链的各个环节上保持利益一致，确保制片人也能收获边际零售收入，这将使制片人有动力在产品质量上更上一层楼，增加额外的销售，从而获得更多的利润，制片人也能分享红利。

例如，在早期电影业中，影片出售给影院，这意味着影院所有者自己保留了边际毛利润，经销商亦然。这对电影制片人的利润激励很小：一部好影片可以更高的价格销售给更多的经销商，从而导致更多的销售额，但经销商和电影院将会获得所有的边际利润(Bakker,2003)。这种情况推动了行业的垂直一体化，制片厂开始整合经销商，经销商有时又整合影院，影片越来越多地采用一定比例的租金分成形式来取代直接销售。经销商也开始为电影制作成本预付款项。在法国，Pathe 已在 20 世纪初开始了这种整合；在美国，电影专利公司和通用电影公司试图整合制片和发行，并垄断电影业务，而美国的独立制片人大约从 1912 年开始推行垂直一体化(Bakker,2008)。整个价值链的一体化和利润共享重塑了众多媒体行业的发展模式。

标准的产业组织理论主张推动垂直一体化的进程。该理论还认为，边际成本不变或下降会导致企业进入市场的数量过多。加上低廉的外生成本（即制作一件完整的产品"原型"所需的最低成本），必然会涌现出形形色色的媒介产品与双重市场结构。例如，在故事片的质量竞争中，内生沉没成本的竞相上升扩大了纵向的产品差异化，为好莱坞高预算大片赢得了高度集中的市场；与此同时，外生沉没成本低与边际成本低导致了过度的企业进入，造就了另一个独立而又破碎的市场，无限多样的电影纷纷问世，每部影片都占有很小的市场份额。[①] 该市场由此呈现出垄断竞争的特征：价格高于完全竞争时的水平，但公司却没有赚到经济利润（Chamberlin,1933;Robinson,1933）。

收费产品特征

第三个经济趋势是大多数创意产业都生产具有强烈的准公共产品性质的产品，也就是说，它们是非竞争性，但是排他性的。一个非竞争性产品，有时也被称为不可减少的产品，即一个人消费该产品时并不会减少另一个人可获得的数量。例如，增加一个"消费"国防的人并不会减少他人的可用数量，而增加一个消费面包的人却会造成别人消费减少的情况。像国防这种纯粹的公共产品，既是非竞争性的，也是非排他性的，而像面包这种纯私人物品既具有竞争性，又具有排他性。在实践中，竞争性和排他性往往是程度的问题，准公共产品可以进一步划分为：竞争性的、排他性的产品，称为公共池资源，如渔场或天然水源；非竞争性的、但排他性的商品，称为收费产品，如私人俱乐部、日托中心或剧院（Ostrom,2010）。

媒体行业的一些技术性投入，如广播波段，就是公共池资源，但大多数媒体产出是收费商品。例如，在电影院满座之前，观看电影的一个人并不妨碍另一个人观看同一电影，同样，一个订阅有线电视频道的人并未减少其他消费者的订阅机会。

一系列连续的技术进步使娱乐产品变得不那么具有竞争性：钢架构造的剧院使受众容量剧增，电影和唱片极大地扩充了表演者的受众数量。广播、电视和互联网更是无远弗届，无处不在，连"老"技术也焕发出青春活力，如喷气式飞机旅游和大型体育场馆。1981年至2003年，排名前1%的现场摇滚乐手将票房总收入的30%至50%收入囊中（Krueger,2005:14）。

纵观娱乐业的发展史，企业家在非竞争性与排除消费者的可能性的结合点上不断开发新的商业模式，寻找那些可将客户排除在外的地方，采取使价格高于边际成本的方法来提取所有租金。主要有以下五种商业模型。

其一，企业家在剧院入口收取门票。他们可以在物理上禁止观众进入，利用这个权利对不同的观众实行价格歧视。与此相仿，早期的广播公司将广告商排除在广播节目之外，以便向他们收取费用。其二，企业家利用版权法对媒体产品的印刷和录制实行垄断。

[①] Mezias(2000)从生物学中借用"资源划分"这一术语来研究与此处讨论的动态的产品差异化和双重市场结构相似的现象。

其三，知名企业家群体本身就是明星，他们可以拒用演员，视其演技将一些人排除在外。随着电影的产业化，明星的演技渐具可交易性，他们的收入能力大为增加。其结果，顶尖演员的收入分配极不平等，尽管没有确切的统计数据来测试是否比电影出现之前的现场表演者的分配更不平等（Bakker，2001；Rosen，1981）。从那时起，极端失衡的收入分配一直是许多媒体行业的特有现象，这使电影制作人（尤其是新进入者）招募大牌明星的成本越来越高。于是，企业家们采用各种商业模式来减轻明星们的要价。好莱坞制片厂推出了不对称的长期（"七年"）合同，以便在演员获得成功时仍能保持对明星的薪酬限制。欧洲公司通常与演员签订收益分享合同，以减少现金成本，因为只有在收到现金时才会支付。到了 20 世纪 40 年代末期，七年合同变得无法执行，现在广泛采用预付款和收益分享相结合的办法。

其四，制作可以高价出售的竞争性强的商品，以便产生收入。

其五，采用共谋手段实行排斥。例如，两次世界大战期间的好莱坞电影公司组成了一个卡特尔，共同垄断资源，阻止任何公司竞购明星，提升其薪酬。[①] 自从 20 世纪 40 年代末的共谋和七年合同结束以来，明星薪酬急剧上升。

音乐产业是娱乐业的公共产品性质发生长期变化的一个例子，由于复制技术的进步，音乐专辑的销售减少，排他性减少，新的商业模式转而用于仍有排他性的现场音乐会，用于 T 恤或豪华 CD 版等竞争性商品，或租借艺术家宣传其他竞争性商品（Krueger，2005）。

娱乐业基于项目的性质

第四个经济趋势是娱乐业的生产基于项目的性质愈加明显。每种娱乐产品（如图书、电影或音乐作品）都是独一无二的。每个产品的制作都是一个单独的项目，都是不可预知的偶发事件，都需要组合不同的创意、技术和商业人才。虽然每个行业都包含以项目为基础的活动，但它在娱乐行业中的比例极高（图 19.13）。

图 19.13 的动态含义就是集聚效应。每个项目都受益于其相邻行业的其他项目，其方式与马歇尔（Alfred Marshall）描述的行业内集聚效益相同：在同一个行业内，地理位置上互相毗邻的公司为专业性投入要素创造了有利的市场，创造了生产的外部规模经济效应（专业公司渗透到更多的买家，从而降低了成本），创造了知识溢出效应（人才的非正式交流，人才在公司之间流通，互相交流最佳的实践经验和想法）。[②]

此外，雅克布（Jane Jacobs，1969）强调了行业间的外部性的重要性。不同娱乐产业同处一地将产生类似的好处。例如，在伦敦，音乐、电影、广播、电视和媒体金融公司可能都会因彼此接近而受益，从而能更好地组织项目。集聚利益可以在不同的层面上扩散（图 19.14），这在娱乐业领域格外重要。

---

① 在 19 世纪，全球新闻机构采取同样的手段来排除非付费者，见 Bakker（2011a）。
② 参见 Krugman 和 Obsfeld 的第六章（2003）。

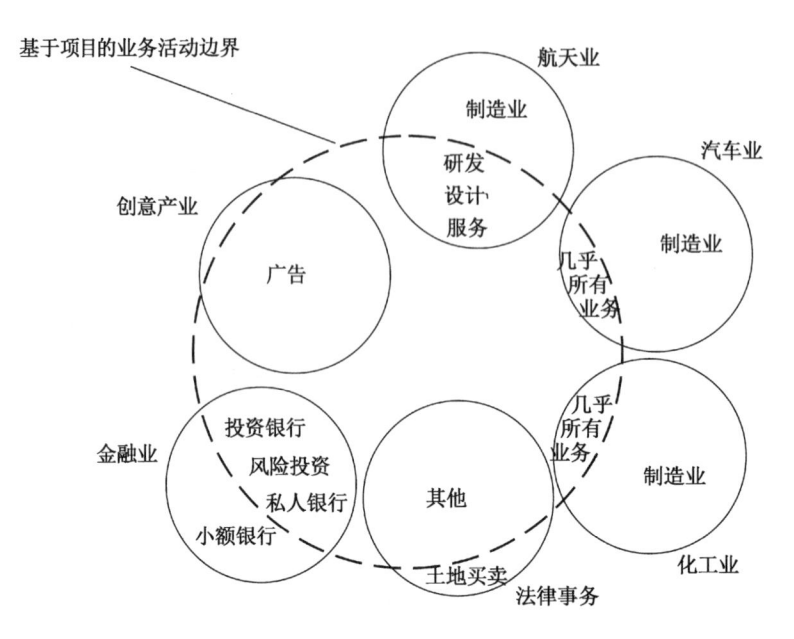

图 19.13　假设的创意产业与其他产业的基于项目的细分部分的边界

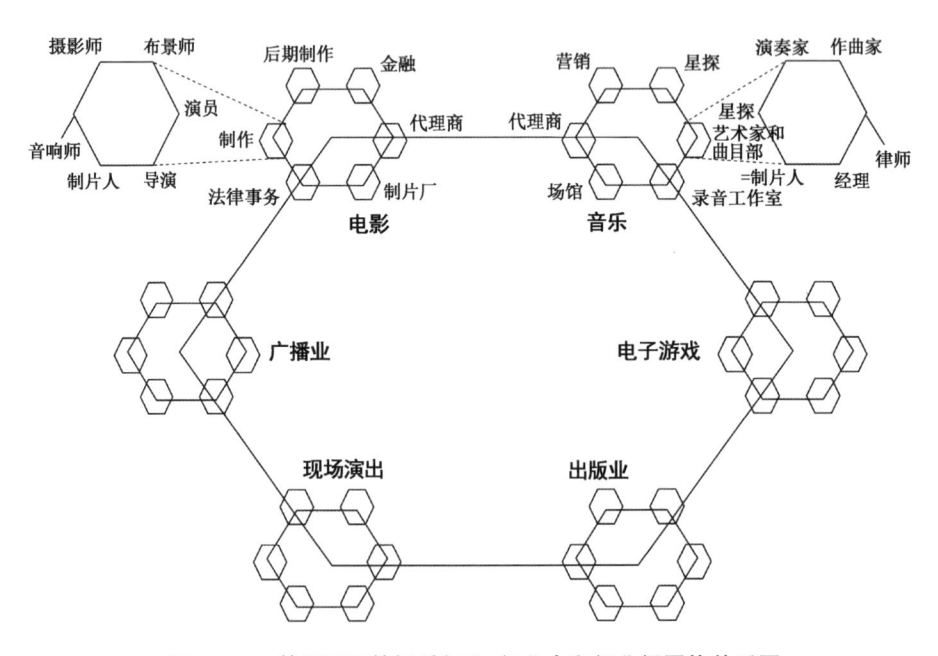

图 19.14　基于项目的娱乐行业:行业内和行业间网络关系图

早期的电影制作堪称一例,它聚集在法国的巴黎和尼斯,英国的伦敦周边,美国最初在新泽西,后来在佛罗里达和加利福尼亚(Bakker,2008:258—261)。行业内和行业间的外部性直到 20 世纪 20 年代中期都很重要,那时的电影制作厂均靠近伦敦、巴黎和纽约的剧院所在地。然而,20 世纪 20 年代的美国电影业开始向好莱坞迁移,这完全是由行业内的外部性驱动的。好莱坞远离公司总部和分销业务所在的纽约。[1] 后来,电视和音乐制作也来到好莱坞,增加了行业间的共址集聚优势。20世纪后期,大规模快速发展的印度电影业也在向孟买高度集中(Lorenzen & Mudambi,2013)。[2]

唱片业的聚集效应并不总是像电影业那样强烈。在欧洲,首都城市是首选之地。对大多数风格鲜明的唱片来说,地理位置是品牌形象的一部分,故音乐产业聚集在更多的地方。然而,对某些特定风格的唱片,一些特定的地点具有行业内的集聚效益,诸如纳什维尔、芝加哥或纽约。

娱乐业鲜明的基于项目的行业特征促成了这种区位的差异化。此外,由于工业区降低了设置成本,因此可能导致"过多"的行业类型扎堆入驻。

结 语

本章侧重探讨娱乐业的长期变化动向。我们讨论了产业化进程、创造性破坏和生产可能性边界的外移,以及如何通过全要素生产率、显性比较优势或多样化来衡量其影响。我们还讨论了沉没成本、多样化、产业化,动态的产品差异化和价格歧视之间的关系,以及多样化、质量、数量和效率之间的替代关系。最后,我们分析了四大经济趋势(表19.8):导致质量竞争的内生沉没成本的重要性,导致垂直一体化的零边际成本,导致商业模式专注于排除点的收费产品特征,导致集聚效应的基于项目的行业特征。

表19.8　　娱乐业发展的四大经济趋向

经济特征	动态涵义	历史表现
沉没成本	质量竞争	故事片:20世纪10年代和20世纪70年代 音乐:20世纪50年代/20世纪60年代 电子游戏:21世纪
边际收益=边际利润	垂直一体化 双重市场结构	故事片:欧洲20世纪;美国20世纪10年代 音乐:20世纪10年代,20世纪60年代 电子游戏:21世纪
收费产品特征 (非竞争性但有排他性)	专注排他性的商业模式 收入不平等(巨星)	所有媒介及娱乐业
基于项目的特征	集聚	故事片:雅克布和马歇尔外部性: 美国20世纪—20世纪20年代;欧洲 仅有马歇尔外部性:美国自20世纪20年代中期

注:雅克布的外部性是指行业间的外部性,源自同一地点的不同行业,马歇尔的外部性是指行业内的外部性,源自同一个工业区域内的同一个行业(见正文)。

资料来源:见正文和Bakker(2010)。

---

[1] 有关创意产业集聚效应的详细分析及其重要性的现代证据,见Bakker(2010);有关好莱坞的历史分析,参见Christopherson和Storper(1987)。

[2] 印度孟买和班加罗尔的电影与软件行业的集聚效应比较,见Lorenzen和Mudambi(2013)。

笔者的主要见解是:需要实行价格歧视、垂直一体化和保留价值链中排除点的商业模式,以便实现更大的沉没支出与集聚利益,达到成本最小化和支出效益最大化之目的。旧媒介可以通过自身的差异化得以生存,且专注于不同的小众市场。

奇妙的是,新旧娱乐形式、大小生产者、同质的纵向差异化市场与多样化的横向差异化市场,竟然会在娱乐业同时并存。低平的边际成本和外生沉没成本,横向和纵向的产品差异化与集聚利益的同时存在,不仅导致了过度的多样化,而且还形成了双重市场结构,一部分市场提供较少的高概念大型产品,另一部分市场提供大量低预算制作的横向差异化产品。

显然,历史事件与经济力量在发生交互作用。例如,20世纪前十年和20世纪70年代的电影质量竞争,20世纪50年代和20世纪60年代的音乐质量竞争,电影业在20世纪20年代后期向好莱坞的集聚,以及音乐行业自1955年以来向不同地点的分散性集聚。

本章给娱乐业的经营管理者带来了启迪:我们应当关注横向或纵向的产品差异化;寻找实行价格歧视和垂直一体化的最佳方法,以增加沉没支出;制定掌控排除点的商业模式;警惕重启质量竞争的蛛丝马迹;入驻产业集聚区来降低成本;注意生产可能性边界的外移;了解双重市场结构,两者择一而非兼顾。时刻注意这些问题萌发冒尖的任何迹象,以往两个世纪娱乐业前行的道路上到处都是那些没有留意它们的公司留下的断壁残垣。[1]

---

[1] 参见 Bakker(2007)。

第二十章 创意产业与更广泛的经济

斯图尔特·埃宁安 杰森·波茨

导 论

本章检视了创意产业贡献于更广泛经济的典型调研报告。创意产业这一概念出现在20世纪90年代后期,当时该产业是作为后工业时代经济发展与城市复兴相结合的典范而勃然兴起的。创意产业发轫之始主要关注自身对就业和经济增值的贡献。这是最基本的考虑,但还很不够,既未诠释创意产业对整个经济体的溢出效应和对其他部门的贡献,也未阐明它对消费模式和创新过程的影响。

本章第二节追溯了创意产业概念的演进——从狭隘的产业定义转向广泛关注自身对就业、创业、市场增长和区域产业集群的影响,包括其对劳动力市场的溢出效应,以及设计作为当代经济的重要投入所发挥的重要作用。

本章第三节探讨了创意产业对区域、部门和国家创新体系的更广泛的溢出效应。对创意产业更广泛影响的考察表明,政策视野应超越那种狭隘地专注于单一产业部门的发展观,这就是我们的结论。

作为部门的创意产业

"创意产业"一词是1994年澳大利亚战略咨询公司——卡特勒公司(Cutler & Company,1994)首先提出来的,但作为政策举措和产业定位,则是1997年由新一届英国工党政府采取的。时任英国文化、传媒和体育部(DCMS)部长的克里斯·史密斯(Chris Smith,1998)大力倡导和推进创意产业。他组建了创意产业工作组,1998年发布了"创意产业路线图",2001年又做了更新和完善。DCMS颁布了创意产业的基本定义,即"以个人的创意、技能和天赋为源泉,形成知识产权并加以利用,为创造就业和财富带来潜力的那些活动"(DCMS,1998:3)。这个标准定义涵盖13个行业部门,即广告、建筑、艺术和古董、电子游戏/休闲软件、工艺品、设计、设计师时装、电影和视频、音乐、表演艺术、出版、软件、电视和广播电台。

这一施政方针极富弹性,同时也颇有争议。最重要的是,这一概念很有用。首先,它很有价值,它将文化、媒体和设计的经济价值一并纳入主流。它将创意视为当代经济的关键投入,赋予商品和服务"文化化"(Lash and Urry,1994;Du Gay & Pryke,2002)、数字化和设计优化的特征。这些说法常遭人诟病(Dyson,2010),被认为过于超前,套用新经济的思想,推广无形资产,会导致经济"失重"(Coyle,1997),仿若"生活在空气中"(Leadbeater,2000),但不可否认,创意产业的产出始终是高增值服务和制成品的混合体。

其次,创意产业汇集了一系列通常并不相关的部门。批评者认为,这种混搭是英国欲在其界定的创意产业领域中称王的需求倾向所驱动的。尽管如此,创意产业仍然是制定施政大计的基础,换言之,创意部门不仅规模扩大,并且增速远高于整个经济体。

最后,创意产业的诸多领域,包括艺术(视觉和表演艺术、舞蹈和戏剧等)、媒体(电影、电视、广播和音乐)、新媒体(软件、电子游戏、电子商务和电子内容),以及建筑和设计等,均已从非商业化转变到高科技和商业化。这种从非商业性的狭窄的文化领域持续地向商业化和全球化的转变,是由创造性而不是文化性的特定内容推动的。

这种持续发生的变迁与艺术、媒体和文化产业的标准定义并不吻合(这些定义曾经统领该领域的思想和政策),但它确实反映了数字化、汇流化和全球化带来的深刻变化。创意产业理念风靡全球的原因之一是,它将当代两大新经济产业集群联系起来:一个是高增长的信息通信技术和研发密集型部门的生产,另一个是文化认同和社会赋权的"体验"经济,即新经济中的消费。

恰如所料,随后的十年或更长时间内,许多研究和辩论聚焦于政策和方案制定,以支持那些属于创意产业的部门。其间,创意产业的定义有所改进,尽管官方统计对新兴创意产业属性的拿捏欠准,但也收集了不少规模和增长率方面的数据。计算机、通信、文化和内容产业的迅疾交融令创意产业的格局大变,这一"大趋势"已成为学术和政策文献的重要主题(Pratt & Taylor,2006;Pratt,2008;Roodhouse,2006;Wyszomirski,2008),如何有效地测定、测算这些变化成了一大挑战。对标准的统计分类来说,这些新出现的交叉混合的职业和产业部门是其"盲区"。对分类标准的修改和更新一晃过了10~15年,许多新部门形成的关键时期几乎没有全面的、标准化的就业或行业数据。测算实物产品的生产和购买已属不易,估算服务交付的数量、规模和价值的难度就更大了。譬如,若要评估创意产业中新兴的数字化服务对其他经济部门的影响,光是测算其流量就颇具挑战性。

信息和通信技术、环境、无偿家务劳动或旅游业都是新兴的或难以界定的创意产业部门,为了解决统计问题,人们创建了附属账户。如果没有针对创意产业的这一举措,一众统计机构都会追随英国文化、传媒和体育部(DCMS)最初发布的"创意产业发展路径研究报告",去努力深化统计方面的理解(DCMS,1998;Higgs et al.,2008)。

迄今为止,不少机构和个人试图澄清与改进创意产业的部门界定及边界理解。英国国家科技和艺术基金会(NESTA,2006:55)汇总各种商业模式,提出了四个彼此重叠的子系统,即原创、内容、服务和体验。文化经济学家大卫·特罗斯比(David Throsby,2001)提出了"同心圆"模式,圆心是创意艺术(文学、音乐、表演艺术和视觉艺术),外围是"文化产业"(电影、博物馆、画廊和图书馆、摄影),再外面环伺着更广泛的文化产业(文化遗产服务、出版和平面媒体、唱片、电视和广播、视频和电子游戏),最外面一圈则是相关行业(广告、建筑、设计和时装)。英国工作基金会(The Work Foundation, 2007)提出了另一套不同的"同心圆"模式,其核心创意领域包括所有形式的原创产品,内圈是试图将这些创意产品商业化的文化产业,外圈是具有内在功能的应用性创意产业(建筑、设计、广告),最外面一圈是那些依靠创意投入来出售"体验"的部门("体验经济"的定义参阅 Pine & Gilmore,1999;Andersson & Andersson,2006)。有关创意产业定义的进一步讨论,参阅 Garnham(2005)和 O'Connor(2007)。近期的一个重要发展是"创意强度"法,用以测量该产业中创意专业人士的就业水平,以便对创意产业进行辨识和分类(Bakhshi et al.,2012)。

创意产业对经济的溢出效应

向其他部门溢出

在进行上述辩论和改进的同时,创意产业与更广泛的经济之间关系的新问题被提了出来。事出有因。由于当初创意产业的界定不够完善,部门分类总是飘忽不定,哪些行业可"归属",哪些行业须"出局",一直存在着争议,创意产业与相邻部门的关系也有待检视,尤其是,英国文化、传媒和体育部(DCMS)最初对创意产业特征进行描述时不分青红皂白地插入了广义的软件(Hesmondhalgh & Pratt,2005:8)。批评者认为,这是沿袭过时的标准行业分类代码(SIC),因为原先的行业部门就是据此分类的,其结果,人为扩大了创意产业的规模。长期以来关于创意产业在多大程度上依赖于信息与通信技术的"声望"并将文化和信息混为一谈的争议(Garnham,2005;Cunningham,2009),可以通过追踪创意产业与高科技制造业和知识密集型商业服务(KIBS)之间相互依存的性质和程度来解答(Chapain et al.,2010)。另一项关于艺术与创意产业关系的研究(Oakley et al.,2008)表明,那些在知名艺术学院 St Martins 深造过的艺术家,即特罗斯比(Throsby)称之为创意核心(传统艺术)的人士,其长期倾向是留在艺术领域或"溢出"到创意产业,而不大愿意到更宽泛的经济中去开拓自己的事业。

在越来越多的证据的基础上,创意产业的"溢出"问题也被提了出来。有详细的统计表明,在创意产业之外就业的创意人士比创意产业内部更多,这使"创意人士就业"纳入了更广泛的劳动力市场,其就业压力明显得到缓解。最新的研究也在关注创意产业的价值链、溢出效应以及实际存在的空间分布,并非所有的地区都可以不顾比较优势和集聚经济的逻辑来创建创意产业,那只是一厢情愿而已。

因此,政策制定者在关注创意产业特殊问题的同时,对发展创意产业的兴趣迅速高涨,国家对创意经济的限制也愈加宽松。在全球金融危机爆发和 2010 年新一届政府财政大审查之前,英国通过辩论、白皮书和产业重组,将创意产业的理念重新纳入了"创意经济计划"(The Creative Economy Programme,www.cep.culture.gov.uk),该计划专注于高增长的文化商务活动,确定创意要素投入宽泛经济中的性质和价值,力图创建更多的"创意职业",更清晰地分辨经济和文化目标的差异。2006年初发布的"考克斯评论"(The Cox Review),建议重新调整一系列政策措施,包括在所有地区设立创意与创新"卓越中心"。"高尔斯评论"(The Gowers Review)全面审视了知识产权法的内容,评估了商界和社会应对数字版权管理和技术保护措施的不同趋势的影响,建议既要保护知识产权免受随意上网访问和滥用数字内容,又要力促更合宜的访问,以增进公共利益价值。

近来研究表明,创意产业的溢出效应可以采取知识、产品和网络溢出的形式(Chapain et al.,2010)。创意产业的知识溢出,包括为高度动态化的竞争环境开发的灵活、协作的工作组织模式,这种模式会影响相关行业,触发"轻推型创新"(Potts & Morrison,2009)。对英国公司的研究表明,在为公司或市场引入新的产品或服务时,双倍于创意产业投入平均值的公司多了25%的机会(Chapain et al.,2010:24)。本章随后的讨论将聚焦于供给侧的溢出效应,具体表现为创意专业人士不断地进入更广泛的经济领域。

还有需求驱动的知识溢出效应。特别是那些处于数字技术应用前沿的创意产业,如高端电子游戏、计算机生成图像(CGI)以及其他特效技术(如网真,telepresence),都亟需新的、快速的技术进步,这就刺激了供应侧的创新。英国的创新研究表明,广告、建筑和创意软件等行业的用户具有很高的创新水平,反过来也会对供应商产生影响(Chapain et al.,2010:25)。

产品溢出效应是创意产业的一大特征,所谓的大众娱乐辅助市场,就是以好莱坞大片为主题的玩具、服装和家居用品,而无处不在的在线音乐,使MP3播放器之类的接入设备成了消费者的必备品。

至于网络溢出效应,采取了影响旅游、房地产价值或特殊零售店(咖啡馆等)的"创意环境"的存在形式,在这种"创意环境"里,存在着大量的创意企业、创意人员和创意活动。

"创意"集群

自从20世纪初马歇尔的"工业区"概念进入经济学词典,集群经济学或外部经济学一直是热门的研究课题。迈克尔·波特(Porter,1996,1998)所做的开创性工作,提出了集群效应的现代证据,伴随着区域发展,产业集群对制定城市规划和产业政策的影响越来越大。

由于近年来对创意产业缺乏政策关注,创意产业集群的诸多基本问题依旧存在,这并不出乎意料。创意产业需要充满活力的城市环境才能蓬勃发展吗?众所周知,创意产业的特征是连续不断的新颖性和体验性,而思想的碰撞冲突在文化极其活跃的大都市中最为激烈(Hall,1998)。然而,好莱坞这一最大的创意集群却创建于橘子树和沙滩,且远离纽约和芝加哥等大都市(Scott,2004)。好莱坞最初复制的是当时占主导地位的福特生产方式,站稳脚跟后又开创了后福特生产模式而得以发展和繁荣,例如,它普遍采用了"项目发包制"(Bordwell et al.,1985)、"准时生产"公司(Hawkins,2001)和复杂的后效契约(Caves,2000)之类的商业模式原型,并反过来对更广泛的经济产生了重大的溢出效应。这种溢出效应持续至今,影响力甚至波及小型商业活动。

创意集群能否通过直接的政策干预而成功建立,抑或是相当长时间内有机生长的结果?一个常与此相关的问题是:创意集群是否仅仅是同类企业的集中,还是彼此间有价值链元素的链接?正如人们所预料的那样,知名度较高的大规模集群往往随着时间的推移而有机增长,并时时显示出同类企业和价值链的聚集效应,享受着并产生出同类产业的溢出效应。目前,中国正在进行政策直接干预的宏大实验,在主要城市和内陆省份新建了数百个创意集群(Keane,2009)。对中国创意集群的研究表明,创意集群有以下几种模式:其一,开辟文化区接纳艺术家,零售其文化产品;其二,从孵化器到大棚生产,如动画制作;其三,以新媒体(如快速宽带)支持城市更新项目或新建基础设施。就本质而言,创意集群或机构偏于一隅并非灵丹妙药,溢出效应乃是社会资本、分享意愿、公司规模、公司性质和市场类型(国内或国际性)综合的结果,所有这一切都将随着时间的推移而发展,换句话说,除政策要求外,溢出效应还受制于其他各种因素(Gwee,2009)。

这表明,隐性知识、信任关系以及"知情人"等因素,可以媲美"技术诀窍"的作用,这些因素使某些创意产业至少比其他行业更具"地理黏性"。1999年,英国 Leadbeater 和 Oakley 创建了新文化公司"独立者"(The Independents),他们很早就领悟到这一点,其运营特色是:突出市场组织者(广播公司代理)对一个由众多小企业组成的部门在该地区可持续发展中的重要性;打造一个非商业与商业充分混合的经济;重视那些要求苛刻的消费者(如大学生群体)的关键作用。

对文化产业集群的投入和溢出效应的这些研究有助于其可持续发展。后来,关于同地协作与创意集群对其他部门的溢出效应的研究(Chapain et al.,2010)表明,创意产业中溢出效应的分布是不均衡的。与其他创意企业相比,广告和软件公司总是与高科技制造和知识密集型服务业(KIBS)共处一地,尽管其他提供内容和文化体验的企业也显示出同地协作的重要特性。这项研究表明,那些身为下游企业为上游企业提供服务的创意部门,乐于与使用其服务的部门共存,从而在提供创意的基础上引发了溢出效应。而那些专注于生产最终消费品和服务的创意部门,往往倾向于根据需求来实现溢出效应:卡迪夫(Cardift)电视和制作公司对技术和数字服务的强劲需求,支持了当地数字产业集群的增长(Chapain et al.,2010:34)。

创意人士在更广泛的劳动力市场上的就业

从聚焦产业转向关注就业,是基于这样一种认识,即仅仅采用行业分类代码无法准确衡量经济体中创意活动的规模和重要性。随着同源统计方法的完善（法国文化部 2005；LDA 分布模型 2009），笔者所在的研究中心现已开发出一种"创意三叉戟"模型，可以更准确地测算创意人士在分部门的、更广泛的劳动力市场中的就业状况。图 20.1 运用了"三叉戟"的比喻，因为它分别指向了职业/行业矩阵（两行两列）组成的就业象限的三个部分。所谓相关就业，是指核心创意产业内所有创意职业（专业人士）的总和，加上其他行业所雇用的创意职业（嵌入人士），再加上创意行业中负责管理、会计和为创意活动提供技术支持的职业（支持人士），如图 20.1 及表 20.1 和表 20.2 所示。

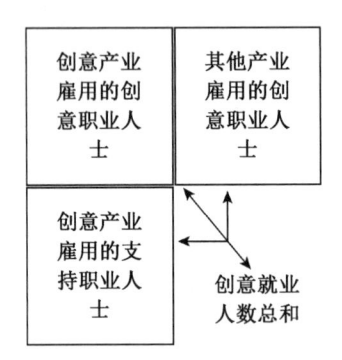

资料来源：Higgs & Cunningham(2008:26)。

图 20.1　创意"三叉戟"示意图

表 20.1　创意"三叉戟"模型

	创意产业就业	其他产业就业	总　计
雇用的创意职业	创意专业人士	嵌入的创意人士	雇用的创意职业人士总数
其他职业人士就业	支持的工作人员		
总计	创意产业就业总数		创意工作者总数

资料来源：根据 CIE(2009:20)改编。

表 20.2　2001 年英国创意就业"三叉戟"模型
（根据 CCI 对 ONS 人口调查数据的分析）

2001 年英国就业	创意产业就业	非创意产业就业	就业总数	嵌入就业比例
创意职业中专业人士就业	552 170	645 067	1 197 237	54%
商务和支持性职业的就业	690 641		690 641	
就业总数	1 242 811	645 067	1 887 878	34%
专业人士比例	44%			

资料来源：Higgs et al.(2008)。

对创意劳动力的这种分类法与理查德·佛罗里达(Florida,2002;Florida & Tinagli,2004)备受争议的研究不无相似之处,但有本质的区别。佛罗里达虽然强调创意职业的重要性,不是只盯着其工作的行业,但他却大包大揽地将所有白领和无领员工纳入了创意阶层。英国文化、传媒和体育部的职业类别分组已对佛罗里达的创意阶层作了收窄,我们则对创意工作者的类别进行更为严格和精准的分类,但比传统的艺术和文化类别又要宽泛,包括广告和营销;建筑、设计和视觉艺术;电影、电视和广播;音乐和表演艺术;出版以及软件和数字内容。

这项研究工作的一大发现是在创意产业之外确实有大量的创意人士"嵌入"了其他产业,并在其内部进行创意工作。关于"创意三叉戟"的一份财务分析报告(Higgs & Cunningham,2008:18ff)追踪研究了创意工作者的个人收入,该报告根据的是人口普查数据或劳工队伍调查,而不是行业内的营收额。报告的结论是,创意工作者的收入高于全国平均水平,某些行业甚至远高于后者,不过,音乐和表演艺术工作者的收入低于全国平均水平。对国家司法管辖区的人口普查分组数据进行的时间序列分析,证实了创意劳动力长期增长的观点。

"创意三叉戟"是创意产业分类法的一大进步,该方法不再一味放宽创意工作者的范畴,而是提供了一种洞察力,能够有效地分解和透析创意人士的就业状况,区分创意产业中专业人士和支持人士的就业,并尽可能地使用人口普查数据而不是抽样调查。

当然,"创意三叉戟"方法并非毫无瑕疵:首先,该方法虽能分享官方的人口普查资料,但仅有普查回应者给定时间的主要收入数据。对创意工作者来说,他们大量通过"第二"职业获取现金报酬[(Higgs et al.,2008:65),打第二份工对创意人士就业数据的影响],有的还兼做义工,有自己的业余爱好活动。人口普查数据显然低估了创意活动的广度问题。其次,该方法仅限于就业统计,缺乏可信的标准来衡量创意职业的产出,"因而无法估计'嵌入式'创意人士对其所在行业产出所做出的贡献"(CIE,2009:20)。这就需要做定性分析,我们将在下面的健康案例研究中看到这一点。而且,它混淆了创意行业和创意职业的概念,致使"估算的就业人数与传统产业不具有可比性,而估算所有行业的'创意三叉戟'将造成严重的重复计算"(CIE,2009:20)。最后,创意产业的标准经济指数必须包括对国家或地区 GDP 的贡献、生产率、毛附加价值和出口数据。CIE 指出,其中每一个指数均要求提供比标准官方统计更精细的数据分析。

然而,"嵌入式"创意人士对其所在行业卓有贡献的实践为进行定性分析提供了丰富素材。一项关于健康产业的案例研究(Pagan et al.,2008,2009)发现,创意人士正在开发并提供一系列医疗保健产品和服务,为医护人员提供初步培训和专业方面的继续教育,保障医院和诊所建筑物的有效运行。创意性的医疗保健服务也由医疗专业人员和患者承担,其主要作用是信息管理和分析的创新与服务的提供,促使复杂的信息更易于理解或更有用,协助交流和沟通,减少社会心理和远程调解的障碍,提高服务的效率和有效性。

案例研究：作为创意投入的设计

创意产业外部的创意工作多于创意产业内部这一点，要看创意专业人士对更广泛的经济的创意投入程度而定。从整个经济的视角来看，"嵌入式"创意工作者，创意产业企业与其他经济部门的企业之间的互动，与创意产业本身的活动和产出一起，共同构成了所谓的"创意经济"。

虽然许多研究者将设计视为整个经济领域中日渐重要的投入，但最近才找到支持这一点的统计证据。在官方的统计数据中，设计活动被大大低估，而设计师受雇于几乎所有的行业部门，他们的贡献显然被掩盖了。"创意三叉戟"分析（Higgs et al.，2005）表明，设计是创意产业中的基础课，它向其他行业渗透的深广度比任何其他行业都高。2008年的一项研究表明，超过75%的设计者在企业内部团队就业，主要集中在房地产和商业服务、制造业、建筑业以及零售业（State of Victoria，2010）。

这与广义的设计概念是完全一致的：设计是"体验"经济中日渐增加的产品和服务的基本投入要素。世界经济论坛发布的"全球竞争力报告"和英国设计委员会都认为，企业活动与产品开发中的设计强度，与企业和国家层面的经济竞争力之间存在着明显的相关性。最近有一份报告指出："设计可以为企业的方方面面增加价值，包括生产流程、品牌和沟通、领导力和公司文化"（State of Victoria，2010：6）。

实际上，设计的"投入价值"已进一步外溢到商业研究的前沿和教育实践中。"设计思维"是设计师思想、习性或技能的组合，是当代商业思维的宝贵投入。这一概念是由 Roberto Verganti（2009）提出的，他将其作为介乎技术推动的激进式创新或市场拉动的渐进式创新之间的第三种方式："设计驱动的创新并非源于市场，而是创造了新市场；也未推动新技术，而是推出了新含义。"George Cox（2005）认为，设计是一个独特的部门，可以定位为艺术与工程科学之间的桥梁；设计也是一种思想或方法，可以看作是创新链中研究与企业之间的纽带。

新西兰的"设计更好"（Better by Design）计划就是在整个经济中体现设计的宽泛价值的一种政策调整，该计划在昆士兰州的设计策略中被改编为"尤利西斯：设计驱动的企业转型"（http://www.ulyssesdesign.com.au/Ulysses_Fact_Sheet.pdf），维多利亚州也推行了这一计划。在尤利西斯，牵头的并不是设计协会，而是领先的制造业研究机构——QMI Solutions，即前昆士兰制造研究所。

设计领域需要实行的关键策略是刺激需求侧的增长，但不是激发最终消费者的需求，而是将企业对企业的投入列为优先事项，刺激供给侧的增长。既然设计在"体验"经济中的应用如此宽广而又适用，那么，提供服务的设计公司或"嵌入式"设计师与任何领域的公司均可进行合作，以确定设计如何满足企业的需求，并寻求实施的路径和做法。

2004年新西兰倡导的"设计更好"计划，旨在协助公司开拓国际市场，增加出口收入，并利用设计策略来改善财务业绩。通过对需求侧（制造业和服务业公司）的一整套干预措施,那些加大设计投入的公司对客户的需求和愿望有了更深切的了解,对设计的战略作用和运营流程有了更多的认识。设计改进了产品和服务,工程企业产品的外观大有改观,给人不一样的感觉。这类改进取得了成效,如综合产品开发增多,品牌推广、设计投资增加,出口营收比例扩大和营收总额增长。

创新轨迹中的创意产业

如前所述,对创意产业与更广泛经济之间关系的研究提出了创新问题。创意产业促进了新思想(创新过程)在社会文化和经济体系中的萌动、采用和驻留。创意产业与更广泛经济的关系不仅体现在集群和就业的溢出效应上,而且作为经济发展动力源对创新过程的不同阶段卓有贡献,并通过促使行为、规范、惯例和期望的改变推进了制度变革(Heilbrun,1991)。演化经济学(evolutionary economics)是最适合阐述创意产业对创新所起作用的理论框架(Potts,2009,2011;Dopfer & Potts,2008)。所谓创新轨迹,就是由新想法的发轫、采纳和保留这三个阶段组成的过程,这个过程将使新想法主导整个种群的思维方式和经济体系性质。创意产业在所有三个阶段都涉及需求侧和供应侧,使创意产业明显地成为部门、区域乃至国家创新体系的一部分(Bakhshi et al.,2008)。

创意产业的动态溢出效应不仅是文化工作者、文化资产乃至国家财富的聚合,而且还涉及创意的"人力资本"、新思想的生成、新的解释和意义以及创意的技能和能力,这将促使人类不断地改变自身,以适应持续变化的生态、社会、技术和经济环境。这种动态价值正是创意产业所做出的主要经济贡献(Bakhshi et al.,2008;Howkins,2009;Potts,2011)。关于"动态价值"的创新溢出理论并不否认创意产业部门对个人或国家的身份认同、社区凝聚力或人文诚信乃至社会正义的积极的、非经济的外部性效应,但从演化经济学的角度来看,这些还算不上创意产业最基本的东西,创意产业对经济发展过程的贡献才是最根本的,包括其对创新过程三阶段中每一个阶段(即发源、采用和保持)的贡献(Potts,2009,2011)。

可以说,创意产业与科学技术同为经济发展的重要力量。科技驱动着新材料的开发和经济机会的创造(Arthur,2009),而创意部门处理的是人类界面,创造存在、思维和互动的新方式,也即经济变革的人性方面(Potts et al.,2008b)。通过这种方式,创意产业的影响主要表现在经济发展的需求侧,而科学和技术的作用主要在供给侧。但是,我们不能将之划分为"硬件"(技术和工程)与"软件"(艺术和游戏),这样的分类是错误的。相反,我们应该认识到,所有的创新过程和运行轨迹都将经济增长和发展视为"创造性破坏"的演化过程,这个过程涉及新思想的原创和采纳,习作新事物,体验新变化,并试图将这些新想法融入新的习惯、惯例和身份(Herrmann-Pillath,2010),这通常是在高度社会化的背景下完成的。

从演化经济的视角来看,创意产业可以与创新轨迹的不同阶段以及促进这一过程的组织、社交网络和机构耦合起来,进而成为创新体系的一个组成部分(Handke,2006;Bakhshi et al.,2008;Potts,2009)。无论创意产业在任何时点有着怎样的文化价值或经济价值,该产业都将通过其在创新体系中的作用为经济的长期增长和发展做出贡献(Potts & Morrison,2009)。经济增长和发展,意味着人们必须改变自身的所作所为。创意产业是这些富有价值的、动态化的经济服务的主要提供者,而这些服务正是创意产业重要的且往往未被重视的经济溢出效应,下面,我们循着创新轨迹的三个阶段来追溯之。

经济发展过程的第一阶段是一种新思想的起源,即创新的开始。通常,创意产业与其他行业合作开发新想法,通过新点子的提供奉献于经济发展,音乐和电子游戏就是很好的例子。更重要的是,创意产业为新想法的萌生和发展提供了服务,Dodgson等人(2005)称之为"创新技术"。例如,一个媒体充分发展的社会不仅有利于民主政治,而且为新想法付诸实践提供了机会,因而有利于原创性想法的发轫。对此,我们不必感到惊讶,蓬勃发展的媒体行业为新思想的引入提供了沃土,使之成为经济持续发展的基础(Hartley,2009;Hartley & Montgomery,2009)。

有趣的是,这意味着创意产业实际上可能是经济发展的先决条件。人们通常将创意产业等同于娱乐或休闲产业,殊不知,人类也是带着新想法从事娱乐和休闲活动的(Currid,2007;Leadbeater,2008)。人们偏好讨论新想法,其产生的外部效应即使带来了娱乐效果,也可能会促进创新和经济发展。

经济发展的第二阶段是采用新思想。新思想的采纳通常被建模为扩散过程,即创造性破坏的创新过程,整个经济体的知识基础通过这一过程发生了变化。创意产业对这一过程至关重要,原因很简单,因为它们具有内在的社会性。在应对不确定性时,我们通常会关注他人,有时会直接了解他们的个人建议或选择,有时会间接考察他们的选择对价格或销售的影响,或者更间接地观察他人对这些影响的反馈(Potts et al.,2008a)。

创意产业的贡献最明显的莫过于广告和营销这类商业领域,它通过传播各种信息和构建选择规则来影响人们获悉信息的能力和选择行为(Earl & Potts,2004),尤其是通过制定新想法的选择规则来影响广泛采用新奇事物的商业模式。创意产业的这一作用可以延伸到电影、电视、广播和其他一切创造和加工社会信息并使人们注意力集中的活动领域(Lanham,2006)。创意产业作为一种社会选择机制,既抵忤老观念,又放大新思想,促进、加速和稳固了新思想在经济秩序中的采用。从古腾堡的文本数字化工程开始,再经由电话、广播、电视和互联网,经济的加速发展充分表明,创意产业为便于新思想的采用提供了与时俱进的服务。

创新轨迹的第三阶段是将新思想保留在经济秩序中,并持续地进行复制。在这一阶段,创意产业对现存范式进行再设计和规范化,进一步发挥了重要的进化作用。显而易见的例子是,通过各种媒体将新范式转化为常规范式,对新颖的想法实行"制度化"。可以说,几乎所有创意产业都具备这一功能,从将技术嵌入人们喜欢的界面的交互式软件,到将以往的激进观点规范化的书籍、电影或电视,再到将这些想法变为物质形式的设计和建构。

创意产业在这三个演化阶段并未分身,既不在此建构,也不在彼设计。它们通常在不同阶段发挥不同的作用,并在不同之处显示其重要性和强度的变化。创意产业是新思想发展机制的一部分,它为个人与社会大众提供了新颖创意发轫、采用和保留的能力。在任何时候,这一切都近乎是纵容、浪费、微不足道或者仅仅是娱乐,但随着时光的流逝,这些过程为促进经济结构变革发挥了重要作用。

一个在媒体、时装、工艺品、设计、表演艺术、广告、建筑、文化遗产、音乐、电影和电视、电子游戏、出版和互动软件诸领域致力于发展的产业部门,何以成为推动经济增长的动能之源? 乍一看,创意产业不像新技术开发、资本深化、运营效率、商业模式创新或制度演变等导致经济增长的标准原因那样赫然醒目,但实际上,创意产业中许多人和企业都密切介入了所有这些事情,他们深入参与了新技术的验证和使用、新内容的开发和应用,以及新商业模式的创建,广泛参与了新技术与新生活方式、新意义和新方式之间的调适,反过来,这一切又为新商机的开拓打下了基础。创意产业虽然不是物质性经济增长的生产性力量,但它们在调适新生事物的个人和社会结构以及重新设定范式方面具有原发性作用,它们在调适新生事物和驱动变革进程方面的大量投入支撑了经济发展的过程。

结 语

如今,创意产业创造净经济价值已是不争的事实。当我们将分析重点从创意产业特定部门的创意产出转向整个创意产业的集群效应,将创意贡献视为对更广泛的经济体的投入,将创意产出作为其他经济部门的中间投入物时,创意产业对整体经济产生的二次溢出效应也同样地越来越不具有争议性。这种创意也是经济"驱动者"的观点,与信息和通信技术是经济增长推动者的看法如出一辙。抱持这一观点会对创新系统有更宽泛、更具包容性的理解,而这个创新系统一向只与基于科学和技术的行业有关。

然而,偏重关注创意产业对整个经济体的创意贡献,可能会削弱对创意产业特定部门(尤其是艺术或文化部门)的特定需求和发展动能的关注。有的批评者(如 Oakley,2009;Oakley et al. ,2008;O'Connor,2009)直言不讳地评论创意产业与创新活动之间的联系,断言不合宜的经济主义会威胁和损害文化的完整性,令人失去对文化价值构成要素的关注。至于艺术、文化和创意活动与创新相联系所产生的收益能否冲抵只关注创意产业特定部门所带来的损失,也是疑窦丛生的。

尽管将创意经济与创新政策联系起来颇有难度,但这样做有助于我们解决这一领域的诸多实际问题:文化创意领域的真正进步(包括美学进步)是什么,如何衡量这些进步,它们能带来哪些更宽泛的社会福祉? 这些正是文化价值的核心问题。CCI与国家科技和艺术基金会(NESTA)等机构一直在寻求解决这些问题的研究方法和政策框架(Potts & Cunningham,2008;Bakhshi et al.,2008;Miles & Green,2008;Potts & Morrison,2009)。我们看到,"软"创新(即不断改进服务、流程和响应能力,以及潜在影响每个社会成员的功能性和体验式设计)的重要性愈加突出(Stoneman,2007,2010)。揭示广告、独立广播、电子游戏和产品设计中蕴含的创新,使之脱颖而出,"在技术创新和更广泛的创新方面成为优异的创新企业"(Miles & Green 2008)。

英国发表的白皮书《创意英国:新经济的新人才》(DCMS,2008)和《创新国家》(DIUS,2008),分析了创意产业与创新活动链接的影响。白皮书指出,为了创造未来的工作,创意产业必须"从边缘走向经济和政策思想的主流"。该书的主题就是开发创意性的人力资本,扩展大规模的学徒计划,以便将更多更好的人力资本投入变幻不定、生存不易的创意经济之中。为此,白皮书还提出了创意企业发展路径的方略,包括促使供求之间更好协调的补助计划,树立以研发来支撑创意经济主流化的共识等。

推动创意产业向创意经济转变的逻辑是,创意产业仅在生产特定产品和服务方面不太重要,但它们能够为新想法的开源和采用提供协调性服务,并将新技术、新商品或新创意保留在经济体系之中。Nicholas Garnham(2005)对创意产业所处的发展"阶段"不无忧虑,因为目前推进创新的模式唯有技术创新,似乎只有企业家和技术专家才是"创意"驱动者。所幸情况已有所变化,他所担忧的创新模式正让位于更具包容性的模式。

第二十一章 创意产业中的经纪、调解和社会网络

佩西·C.福斯特　理查德·E.奥西奥

许多学科的学者对文化产品的生产和消费越来越感兴趣,这些学科包括音乐(Crossley,2009;Grazian,2003;Lingo & O'Mahony,2010)、视觉艺术(Khaire & Wadhwani,2010)、电影(Hsu,2006;Bechky,2006)、电视(Starkey,Barnatt & Tempest,2000)、时装(Crane,1999;Currid,2007)和食品(Ferguson,1998,2004;Johnston & Baumann,2007,2010)。在这些行业中,经纪人和社会网络的重要作用已被学术界认识多年(Becker,1982;Bystryn,1989;Crane,1987;Peterson & Berger,1971;Ridgeway,1989),但最近才开始受到系统的关注(Crossley,2009;Foster,Borgatti & Jones,2011;Lingo & O'Mahony,2010)。也许是因为文化视角主导了以往的研究(Ryan,2000),而布迪厄的"文化中介"概念又不时遭受曲解(Negus 2002),因此,关于文化产业经纪人的定义及其运作方式的文献几无共识,对经纪人在创意产品和服务的生产和消费中的不同地位、功能和动机语焉不详。

本章回顾、梳理了分析创意产业中经纪人角色的方法论,提出了区分搜索、选择、联合生产、品味创造以及多重结构性角色和动机的视角。我们首先考察创意产业(Caves,2000;Hirsch,1972,2000;Peterson & Berger,1975;Ryan,2000)和艺术界对经纪人的定义(Becker,1982),"守门人"一词常被用来描述经纪人在生产链若干环节中的作用,但这个称呼恐有混淆理论分析与实践经验之虞。我们将运用社会网络理论来阐明"守门人"的作用,以确定以往文献中尚未充分阐明的经纪人功能和动机。需要特别指出的是,文化经纪人既是"渔翁得利者"(tertius gaudens,即受益于另外两方之间冲突的第三方,参见 Simmel,1902;Burt,1992,2004),又是"牵线搭桥者"(tertius iungens,即协助另外两方之间建立联系的第三方,参见 Obstfeld,2005),除此之外,还是"第三方翻译者"(tertius transferens,即促使另外两方沟通交流的第三方),此即文化经纪人从事品味创造和促销活动的第三个动机。

本章后半部分将通过音乐行业经纪人的实例,展示一些具有文化意义的新型服务性职业(Khaire & Wadhwani,2010),进而揭示当代创意产业的经纪人的一些问题。我们认为,数字化技术和职场新发展已经形成新的"隐形"经纪人,其中一部分人就职于饮料和食品等非传统的文化产业。虽然这些发展通常被视为"去中介化"和缩小产销差距的民主化进程,但若仔细研究各行各业经纪人之间的关系以及同一行业内不同经纪人之间的关系,就不难发现,在后工业化时代的创意经济领域已经重新出现了有

利于资本排他性集中的条件。尽管音乐等行业的经纪人角色已被数字音乐发行引发的"去中介化"而有所改变，但在新的服务性职业中，个性化的、高接触感的文化经纪业务仍在不断增长。我们将考察非传统型文化产业（如饮料和食品）中若干"第三方翻译者"的经纪人实例。我们的结论是：未来的有益的研究工作应将布迪厄(1984)的"文化中介"概念与关于社会再生产的社会网络理论结合起来，后者将经纪人的活动视为一种引致结构性变化的社会过程(Borgatti & Obstfeld,2008)。

文化经纪人：澄清创意产业的中介角色

我们从经纪人的结构观入手，将经纪人视为任何三元开放性关系中的一个玩家。在社会网络理论中，Simmel(1902)是这一分析方法的创始人，他提出的"渔翁得利者"（亦称"欣喜的第三方"）概念引发了很多研究成果，经纪人通过连接其他两个互不相干的变通者带来了诸多好处(Burt,1992,2004)。社会网络理论的一大价值是它根据三元结构中参与者的地位来界定经纪人的角色，不同的经纪人可抱持不同的动机(Burt,1992;Obstfeld,2005)。多种角色和不同动机这两个特征，对于夯实和扩展创意产业的中介角色理论至关重要。

Gould 和 Fernandez(1989)认为，经纪人可以扮演五种不同的角色，即统筹、代表、守门、联络和顾问，这些角色由开放型三元关系中的参与者的组织成员资格来定位。图 21.1 展示了这一模型，白点为经纪人（代表人），黑点为参与者（行为变通者），围绕它们的线条表示组织成员资格。根据这个分析框架，如果两个参与者与经纪人在同一组织中，那么，将他俩连接起来的经纪人担任的是统筹管理的角色；如果经纪人将组织外的参与者与组织内的参与者连接起来，那么，他担任的是守门人把关的角色。在下一节中，我们将使用这两个界定来澄清以往文献中笼统使用"守门人"描述的经纪人实际扮演的不同角色和功能。

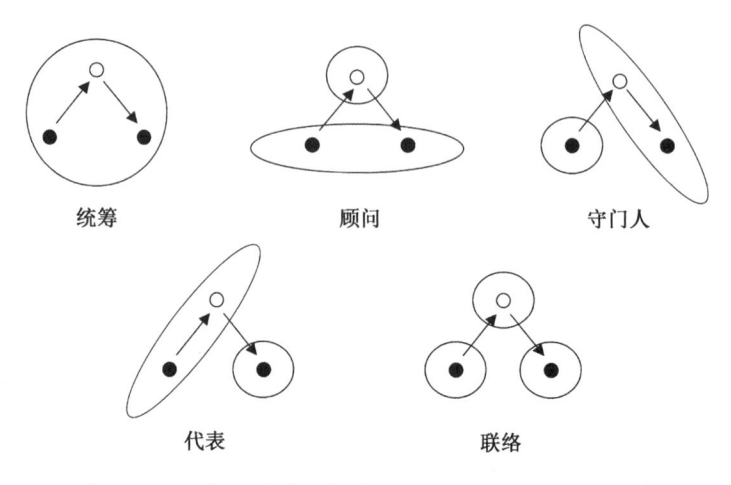

图 21.1　经纪人扮演的角色(Gould & Fernandez,1989)

除了识别多种经纪人角色,社会网络理论也在辨识经纪人的不同动机。早期研究遵循 Simmel(1902)关于经纪人系"渔翁得利者"(第三方受益人)的思路。Burt(1992)就讲过,经纪人本质上是一个自私分子,他利用自己占据的中间人位置和另外两个参与者的互不相干来谋取私利。但近来的研究(Obstfeld,2005)表明,经纪人提供的服务也可以有更多的利他性(或不那么直接的自私性),"牵线搭桥者"(具有连接功能的第三方)概念的提出,便是那些努力连接他人的经纪人亲社会(或利社会)动机的写照。

除此之外,我们认为创意产业的经纪人还有第三种动机,无关乎"渔翁得利者"(Burt,1992)或"牵线搭桥者"(Obstfeld,2005)的取向。当文化经纪(如促销者、鉴定人或评论家)试图影响或打造特定文化产品的体验时,他们本质上从事的是意义创造和翻译活动。最近对创意产业出现的新类别的研究(如 Jones et al.,2011;Khaire,2010)发现,经纪人和艺术家自身的意义创造活动在决定现代印度艺术和现代建筑等新类别的合法性和价值方面起着关键作用。接下来,我们将引入"第三方翻译者"(tertius transferens)的概念,用以理解文化经纪人所发挥的翻译和意义创造的作用。

下一节我们将检视以往的创意产业文献如何诠释经纪人的作用问题,借助制定文化研究计划常用的组织集合体理论,说明经纪人在文化产品通过生产、选择和促销子系统走向受众的过程中如何转换自己的角色。在本章的后半部分,我们列举了因音乐行业数字化而萌生的去中介化案例,介绍了传统服务行业中新出现的品味创造角色,以便将布迪厄的文化中介理论(1984)与关于文化经纪人的社会网络理论更好地结合起来。

文化产业和艺术界:选择、合作生产和品味创造功能

Hirsch(1972:648)关于时尚和时装的文章中,讲述了选择功能在创意产业中的重要性。

从企业组织的角度来看,有两个与创新有关的问题,它们在逻辑上是先于其市场体验的:(1)选择什么标准来资助开发可用的替代产品?(2)组织的资助商的某些特征,如声望或广告预算的大小,是否能解释新产品或新想法的最终成功或失败?

也许是因为近年来形成的文化视角主导了这一研究领域(Ryan,2000),更多的文献集中论述文化产品的制作方式,而不是文化产品的选择和呈现给观众的方法。"实际上,Griswold(2004)大名鼎鼎的'菱形钻石模型'(制片人、接收者、文化物品和社会世界)中,唯独就缺了经纪人角色"(Foster,Borgatti & Jones,2011:248)。

研究艺术界和创意产业的学者,将若干不同的经纪人角色皆归入"守门人"一词之下。其实,回眸一瞥该术语在文献中的常见用法,便知"守门人"一词涉及好几个不同的角色和功能。Caves(2000:67)用这个术语指代匹配功能,"……大多数创意产业需要解决工作匹配的问题,例如,在剧院之间分配杂耍表演,在各个舞厅调配大型乐队,在系列音乐会中分派古典钢琴家,在不同电影项目间配对演员"。同样地,在探讨音乐产业中的企业家角色时,Peterson 和 Berger(1971:99)将唱片制作人形容为一个守门人,他"……大部分时间都在发掘新歌手。他聆听有抱负的乐队发来的演示录音带,到表演现场寻觅优秀的乐队"。Gould 和 Fernandez(1989)使用该术语的含意也与上述用法相同,他认为,守门人犹如企业组织边界的扳手,他的工作是监控艺术生产子系统,以确保向观众呈现理想的艺术产品(如歌曲)。我们认为,这些都是"守门人"这一术语的正确用法,至于经纪人的其他角色则应赋予不同的名称,以澄清理论和实证经验的误区。

Peterson 和 Berger(1971)明确指出,音乐行业的唱片制作人扮演着非同寻常的角色,一旦选定了歌曲,制作人对唱片内容的充实将发挥重要的作用:

> 接下来,制作人与艺术家将共同负责选择拟录制的曲调,确定曲子的情绪或风格。这个阶段甚为关键,因为要成功录制流行音乐,歌曲必须足够新潮才能抓住听众的耳鼓,又要足够独特,非同凡响,这正是这首歌的新奇之处。

Lingo 和 O'Mahoney(2010)将经纪人的活动称为"纽带式工作",它类似于编辑与作者合作,为其打磨文稿,或相当于制片人与导演合作,为电影或电视节目充实内容。Gould 和 Fernandez(1989)的分类将这个角色界定为统筹或管理,因为艺术家和经纪人现在是一家人,分享着项目成员资格。在这个阶段,经纪人的工作是作为联合制作人进入创作过程,协助打造最终产品。

"守门人"一词的第三种常见用法,始见于 Hirsh(1972)的早期研究和关注大众媒体"守门人"的文献(Clayman & Reisner,1998)。Hirsch(1972:642)将创意产业视为组织集合体,其中"艺术家和广大受众通过一系列事件有序地联系起来:一件艺术品在引发受众反应之前,必须首先在企业组织的选择和推广过程中脱颖而出,战胜其他的竞争对手,继而以书评、广播电台播放和影评等形式接受大众媒体的报道"。Hirsch 虽然认识到选择功能在这一系列事件中首当其冲,但他仍使用"守门人"术语来描述这个系列事件最后一环的经纪人(例如,作为评估创意产业的产出并协助向受众推广特定文化产品的评论家)。这也是该术语在出版行业大众媒体守门人后续工作中的用法。就像经纪人曾经从选择转向联合制作那样,此刻,经纪人转而关注促销和推广,而不是搜索、选择或联合生产。

在 Gould 和 Fernandez(1989)的语境中,此时此刻的经纪人角色被称为"代表",他们将面对消费者或分销渠道下一个环节的守门人,参与促销、品味创造和其他能影响公众对特定创意产品的反应的活动。虽然"渔翁得利者"(Burt,1992)和"牵线搭桥者"的动机中也有信息的分享和调控(Obstfeld,2005),但这两种动机并未反映出经纪人在文化生产最后阶段最首要的翻译和符号工作。况且,翻译动机也不需要这两种动机隐含的结构性特征。虽然"渔翁得利者"得益于对互不相干的参与者的利用,"牵线搭桥者"也可以通过连接这些参与者而获益,但翻译动机并不谋求这两种好处。翻译动机不是要分离或阻隔参与者,而是仅仅要求与其分享相似的观点或理解。源自拉丁语动词的 transfero 意为转化、传递、翻译或延续,据此,我们提出了"第三方翻译"(tertius transferens)的概念,用以捕捉文化经纪人特有的创造意义的动机。

总之,创意产业中的经纪人至少可以有三种不同的功能,并在产品生产过程的不同阶段发挥不同的作用。在艺术生产前期,守门把关的经纪人主要从事搜索和选择方面的活动,以识别有潜力的新人才,知晓萌发中的新趋势。开展搜索活动时通常依靠社会网络,经纪人不仅会彼此沟通交谈,而且也会与创意产业的其他成员就新人才和当前趋势进行对话(Foster,Borgatti & Jones,2011),促进社会网络的构建。正如Peterson和Berger(1971)所述,这些任务有助于组织缓冲艺术市场的动荡,通常与核心的组织活动是分开的。

一旦选择了产品或艺术家,参与生产过程的经纪人将转换角色,转向统筹管理,与艺术家携手打造最终创意产品。不过,这里有一个未经检验的重要假设:经纪人在该阶段的目标是在最终产品的新颖性和熟悉度之间取得适当的平衡,以优化市场接受度。当产品进入市场时,经纪人将充当"代表"角色,参与品味创造、促销和营销活动,向潜在消费者展示差异化的产品和艺术家。

我们的研究方法是在连结创作者的作品与受众的艺术生产系统中,经纪人具有选择、合作制作和促销这三种主要的功能,且可在每个阶段担任由组织或项目成员资格所界定的角色(如 Gould & Fernandez,1989)。然而,这些功能在每个阶段并不是固定不变的,与 Gould 和 Fernandez(1989)所界定的角色和组织中的地位也不尽吻合。实际上,一个经纪人会在不同的时点为某一艺术产品扮演不同的角色。譬如,在一首歌曲的产品生命周期之初,制作人首先要锁定一个有发展前途的乐队,此刻她主要发挥搜索和选择的功能,与此同时,她也可能与业内其他成员一起参与有助于制作过程的品味创造活动。请注意,这里需要转换的不仅有活动的形式(搜索、选择抑或品味创造),还有经纪人和参与者的组织成员资格所界定的经纪人角色(如 Gould & Fernandez,1989)。

当乐队进入录音棚录制时,制作人的角色将转向统筹管理(Gould & Fernandez,1989),帮助乐队打磨歌曲,以符合当前流行的口味,同时继续从事品味创造活动,吸引媒体记者、公关人员和促销机构来关注乐队。歌曲或专辑制作完成后,制作人仍会从事品味创造活动,帮助乐队向媒体评论家和公众推广唱片,并对乐队形象和艺术风格问题提出建议,继续发挥其合作生产的功能。因此,文化经纪的地位不仅取决于结构位置所规定的价值链或网络(Gould & Fernandez,1989),而且与结构位置一样,本身就是一个社会形成过程。由此可见,经纪人可以在同一结构位置以多种方式或在不同位置以相同方式来扮演自己的角色。今后,文化经纪研究应全方位考察经纪人的结构性角色(守门、统筹和代表)、动机(谋利、连接和翻译)与活动(搜索、选择、合作生产和品味创造),因为他们总是在不断地调解艺术家、创意产品和服务以及受众之间的关系。

音乐产业的"去中介化"与服务业的文化经纪

本章前半部分构建了理论基础,这一节将侧重介评当代创意产业和服务行业的两大进展,这些进展不仅扩充了我们对文化经纪的理解,而且提出了理论创新和实证研究的要求。首先,探讨数字革命驱动的"去中介化"如何根本改变了连接音乐行业生产者和消费者的组织网络,并在此过程中改变了传统的经纪业务。当代文化经纪研究者应考虑"去中介化"的数字革命对经纪人角色的影响,以批判的眼光来看待这一变革对民主化的影响。其次,辨识传统服务行业(如厨师、理发师、调酒师和屠宰师)中的利基职业,这些员工是重要的文化经纪人,他们不仅担任服务或制作的角色,而是越来越多地充当其所在行业内公司的"品牌大使",他们以"代表"角色自居,其业务运作带有"第三方翻译"的动机。我们将运用音乐行业的数字音乐发行和传统服务行业的新型文化中介这两个案例,来识别当代创意产业领域文化经纪人业务运作中的悖论和尚未解答的问题。

"去中介化":数字化时代音乐发行的现实与神话

近十年来购买音乐产品的人都会感受到数字化技术和数字音乐发行给音乐行业带来的巨大变化。直到最近,大多数人仍在物理位置(如商店)购买物理介质的音乐(如光盘)。据 2011 年 Nielsen 和 Billboard 报告,该年数字音乐销售首次超过 CD 等实体音乐产品。虽然全面阐述数字化对音乐产业的影响超出了本章的范围,而且其他文献也有详细记载(Knopper,2010),但只需简要回顾一下最近的行业统计数据,变化之大便可一目了然。

在过去十年中,美国唱片销售额从 1999 年的 146 亿美元暴跌至 2009 年的 63 亿美元(Goldman,2010)。自 1999 年纳普斯特(Napster)横空出世,全球音乐产业便一直在瘦身裁员,直至 HMV 和 Tower Records 这样的音乐巨头实体公司宣告破产。许多因素促成剧变:点对点文件共享网络的增长和非法音乐下载;潘多拉(Pandora)等音乐博客和流媒体服务的勃兴;YouTube 这架全球点唱机无处不在,供人免费使用;还有来自其他新媒体形式(如电子游戏和有线电视)的竞争。在此过程中,传统"守门人"和品牌制作商(如唱片公司和广播电台)的权力根基屡遭摇撼。

2011 年 5 月,"音乐反思会"(Rethink Music)在美国马萨诸塞州波士顿举行,行业代表、思想领袖和学者们汇聚一堂,共同探讨音乐商务的未来。会议中心议题之一便是数字音乐发行允许乐队与粉丝直接联系,传统经纪人的作用急剧衰减。"艺术家们可以自行制作数字发行工具,绕开中间人,直接向他们的粉丝发布音乐。在光盘鼎盛时期,他们获得的版税高于传统的录音和发行交易之所得。有些艺术家甚至直接向粉丝筹资,用以支持新音乐的制作"(Berkman Center,2011:7)。在实体音乐产业的残骸上,新的商业模式和中间商已经悄然出现。其中有一些趋势显然代表了新模式,足以对已有的经纪概念构成挑战。但在其他情况下,中介的角色和地位只是稍作改变,间或采用强化或模糊权力和资本来源的方式运作。

"粉丝筹资"成为一种快速增长的商业模式。在这种模式中,乐队直接与粉丝团体接触,后者作为投资者帮助乐队筹措资金,用于唱片录制或巡回演出。2000 年,前卫摇滚乐队 Marillion 直接从粉丝那里筹集了 10 多万美元,用以录制第 12 张音乐专辑"Anoraknophobia"。这笔资金使他们能够拒绝唱片公司,将音乐版权攥在自己手中(Marillion,2000)。其他艺术家也仿效粉丝筹资或类似的商业模式,甚至出现了专门吸引粉丝直接投资的网站。"粉丝筹资"模式将大量忠实的粉丝变成微观投资者,粉丝群不时通过在线评论和建议影响艺术制作过程,使经纪人传统的"守门人"角色和"联合制作"角色变得复杂起来。

另一个令人瞩目的新发展是音乐博客和其他形式的病毒式营销日益增加。例如,2005 年 6 月,一个名为 Clap Your Hands Say Yeah 的鲜为人知的乐队开始受到音乐博客和 pitchfork.com 等音乐网站的关注。到那年夏末,乐队已在互联网上获得了足够的免费曝光,他们重新制作了以前自行发行的 CD,受邀为名人嘉宾演出,进而推动病毒式营销,开启了富有成效的唱片录制和巡演生涯。

在说唱音乐领域,"酱爆弟弟"(Soldja Boy)闻名遐迩,他的故事说明了病毒式营销的威力,以及数字化制作和发行技术所创造的低进入壁垒的能力。2007 年 3 月,他自制的歌曲"Crank Dat"的视频首次出现在 YouTube 上。到 2007 年 8 月,这首歌已跻身于 HBO 系列节目"明星伙伴",到 2007 年 9 月 1 日,已在 Billboard Hot 100 排行榜上高居榜首达七周之久。坊间风传"Crank Dat"这首歌录入了"水果"(Fruity Loops)音乐制作软件的免费试用版。低市场进入壁垒和病毒式网络营销的结合,使"酱爆弟弟"这样的未签约青少年艺术家竟然可以管理从创意到制作、营销和发行的整个音乐生产链。以往涵盖多种经纪人角色和职能且分布于多个企业部门(如发掘乐队的艺人经纪部、录音工程师和制作人,负责推广的分销和营销部门)的工作流程,现在可以由非签约艺术家个人以极低的成本一手完成。

大量的例子表明,数字音乐生产和发行的融合正迎来一个"去中介化"的时代,生产者和消费者之间经由中介的联系越来越少。但是,我们不能全盘接受这种看似有利于艺术家的"去中介化"观点,而必须同时考虑"去中介化"过程中的民主化和保守性倾向。例如,粉丝筹资和其他形式的直接融资和营销看似是增进了民主化,但事实上,用于收集和直接发布这些信息的平台本身就是商业企业所拥有的。虽然像 CD Baby 这样的独立在线发行商竭力为艺术家提供最大的回报,但这种模式并没有利他性的安排。此外,即使是 Soundcloud 和 Imeem 这样的以艺术家为中心的数字音乐发行机制,也不可避免地会受到法律和金融环境变化的影响。Imeem 创建了大量发布和共享原创音乐和 DJ 混音的艺术家用户群,形成了一个由超链接用户生成内容为主的大型网络,但 Imeem 本身连同所有超链接用户生成的内容很快便烟消云散了。Soundcloud 是另一个促进音乐家进行创意交流(独特的 MP3 标签/评论)而迅速发展的音乐网站,最近,美国唱片行业协会强制该网站向用户发送了删除 DJ 混音、混音中所有未经许可内容的通知。随着"去中介化"的加速推进,我们应当认识到:既要使内容的交付和让渡更加民主化,又要推动那些运作不透明的公司实体同步整合新形式的社会资本和文化资本。

新的文化中介：理发师、调酒师、屠宰师和厨师

在新数字技术兴起的"去中介化"浪潮中，出现了另一个挑战现有的"文化中介"概念的实例：某些服务业和制造业的工作职位正在转变为"代表"角色，新角色更具细微的文化差别，而且带有"第三方翻译"动机。调酒师、屠宰师、理发师、厨师和酿酒师一向属于低工薪阶层，这些手工劳作的专业人士通常与"文化中介"过程无关。一般而言，他们的工作无关乎其所在行业的选择、合作制作或促销，其所在的行业传统上也不属于艺术世界（Becker，1982）或创意产业（Hirsch，1972，2000；Caves，2000）。然而，如今传统服务行业中的一部分员工确实扮演了"品味创造"的角色，变成了重要的文化生产者（Ferguson，1998，2004；Johnston & Bauman，2007，2010）。服务行业的大公司业已认识到，服务工作者在其工作场所向消费者推销特定的产品和口味，他们本质上从事的是文化翻译工作。公司之所以雇用这些服务工作者，就是要他们运用自己的专门知识来推广公司的产品，这正是这些员工有别于职场中其他人之处。

要在特定的利基领域成为专业人士，需要有领先的技能，经历正规和非正规的学徒训练，接受专业知识的培训和继续教育。新入行的鸡尾酒调酒师经常在普通的酒吧开始其调酒生涯，但这类酒吧看重供酒速度和数量，而不太关注质量。若要为专注于产品质量和工艺创新的鸡尾酒吧工作，他们就得学习特定的饮品制作技术、诀窍和富有经验的调酒师调制的酒品系列，加上自己的钻研和实践。鸡尾酒社区甚至还有正式的资质认证系统，这些系统受控于利基职业的领导者，用于评估调酒师的知识和技能水准。

作为专业人士的鸡尾酒调酒师通常受聘于各类酒业公司，如大型公司 Diageo 和 Pernod Ricard，小型公司 Maker's Mark 和 Chartreuse 等，充当其顾问和"品牌大使"。这些公司雇用鸡尾酒调酒师，看重的是他们拥有的酒精饮料专业知识，对消费者的熟悉度，能为提升公司产品的适销性发挥其所长。作为顾问，调酒师经常运用公司的某种产品来开发新的鸡尾酒配方，起到品牌推广的作用。作为"品牌形象大使"，调酒师的工作范围更广，兼任多种经纪人角色。首先，调酒师充当了"守门人"角色，为公司产品寻找新市场，如新的酒吧、城市与食品和饮料服务行业的分支机构（如针对特定产品寻找旅馆酒店）。其次，调酒师通过与食品和饮料行业的其他专业人士合作，为其产品开创新用途，从而成为"共同生产者"。当"品牌大使"与其他鸡尾酒调酒师一起工作并培训如何使用特定产品时，或者当他们与厨师合作将酒品与餐馆食谱搭配时，便会发生此类活动。最后，鸡尾酒专业人士通过文化翻译和意义创造活动为其所代表的品牌增加价值，从而成为"品味创造者"。他们通过强调产品的历史、成分或生产方法的独特性来实现这一目的。例如，Templeton Rye 的"品牌形象大使"强调这是艾尔·卡彭（Al Capone）最喜欢喝的酒，而 LiV 伏特加的"品牌形象大使"则宣传它是用长岛种植的土豆制成的。鸡尾酒调酒师在酒类行业中扮演的角色，类似于微型酒商和微型酿酒师，他们不仅生产物质产品，还通过推广原创酒品的独特性为其增加价值。

然而，与灰雁伏特加(Grey Goose Vodka)和百威(Budweiser)等大型酒业公司相比，这些小众品牌企业的规模太小，因此，必须使用大众媒体营销以外的策略来推广产品。这些小型公司明白，知识渊博的"品牌大使"是产品重要的营销资源，"品牌大使"亲自引荐让消费者对产品犹如亲身体验一般。从这个意义上说，制造商和促销者(或生产者和文化中介)之间的界限已变得非常模糊，因为微型酒商和其他小生产者在鸡尾酒调酒师的指导和帮助下，成了自己产品的创造者和经纪人。Svejenova等(2015)在分析高级烹饪厨师的商业模式时也发现了类似的动向，他们专门分析了厨师能在多大程度上成为开创性企业家，以及将艺术和符号创意活动转化成可行的商业模式所带来的挑战。

对经纪人角色的新诠释和实证研究

本章主要分析创意产业中"文化中介"和"守门人"角色的多样性，对现有的研究文献进行了一番梳理和澄清。我们首先在社会网络的背景下讨论并设置经纪人角色，指出创意经济文献中使用的"守门人"一词过于笼统。通过澄清"守门人"术语和增加Gould和Fernandez(1989)所界定的"统筹"和"代表"角色，我们为体验性产品和服务市场中的经纪理论提供了更坚实的基础。我们还确定了经纪人的第三种动机，即"第三方翻译"，这种动机对文化生产和消费具有重要作用，但以往的研究文献对此大都语焉不详。我们建议，未来的研究工作应该根据结构性地位、职能和/或动机来界定经纪人角色，而不是像"守门人"或"文化中介"那样大而化之，泛泛而论。正如我们已指出的那样，"守门人"术语过于狭窄，"文化中介"概念又过于笼统，虽然"守门人"只是众多经纪职能中的一种，但文化市场中的所有经纪人在某种意义上都是中介或中间人。

我们认为，创意产业中的经纪业务是一个复杂的过程，涉及搜索、选择、联合制作和品味创造等职能，经纪人以守门、统筹和代表等多种角色来履职，其动机可能是谋利、连接和/或翻译。在连接艺术家和受众的生产链中，经纪人扮演的各种角色与其所处的阶段有关，但我们仅仅将其在每个生产阶段上特征最鲜明的角色当作原型。经纪人的角色和动机固然与他在组织中的职位和扮演的正式角色密切相关，但文化经纪人的具体职能和动机应根据当时当地特定的艺术家、经纪人、组织、市场、创意产品、服务以及制度环境之间的互动来理解。为此，我们引入了最新的学术研究成果，即经纪最好被视为一个过程和一系列社会实践，而不仅仅是一个结构性职位(Borgatti & Obstfeld，2008)。

前面的讨论还提出了第三方翻译动机、品味创造活动和布迪厄"文化中介"概念用法之间的关系问题。布迪厄第一次创造"文化中介"一词时，他试图描述那种在文化、物质生产以及商品和服务的消费之间进行调解的职业。文化中介本质上从事的是意义创造的活动，他们为产品创造符号价值，并对消费者的品味产生影响。在讨论第三方翻译动机、去中介化与新的服务业和制造业实例时，我们已尝试将文化中介的这些职能考虑在内。这番重新检视表明，文化经纪的社会网络理论超越了布迪厄关于"文化中介"的一些最重要的观点，将他的理论融入当代创意产业的学术研究是有必要的（Townley & Gulledge,2015）。

自布迪厄提出"文化中介"概念以来，学者们利用这一概念分析了服务行业和文化产业的各种职业（McFall,2002；Negus,1995；Nixon,2003；Pettinger,2004；Smith Maguire,2008；Wright,2004）。然而，有的学者（Negus,2002）指出，这项工作还不足以将文化中介概念与布迪厄关于社会结构和阶层关系的重建机制的宏大构想联结起来。特别是，在文化生产的现有研究文献中，布迪厄关注的文化中介的两大议题（如何挑战或重建主流社会阶层；如何使用传统的维权策略）在很大程度上被忽略了。因此，我们对文化中介在为消费者提升产品价值的活动中所产生的紧张关系知之甚少。

在布迪厄（1993）的"限定的生产场域"（即为其他生产者生产产品的生产者）中从事产品交易的文化中介，情形便是如此。上面举出的例子表明，在当代创意产业（小型文化社区和家族团体在创意商品链中举足轻重），这是一个特别重要的动向。文化中介既要维持其利基生产者的专业身份，同时又要提供服务来满足大众市场的需求，他们正越来越多地面临这两者之间的紧张关系。比如，通过本土化和手工制作跻身名人之列的厨师，为了声名远播而努力地克服各种困难、后果和矛盾（Heying,2010；Svejenova,Plannellas & Vives,2010）。Svejenova等（2015）检验了西班牙烹饪大师费兰·阿德里亚（Ferran Adria）的商业模式以及创意企业家围绕其艺术创意人才和产品创办企业所面临的挑战。未来的研究当可解释这些动态变化如何进一步扩大了布迪厄所说的"限定的生产场域"与"大规模生产场域"中的中介差别。

Negus（2002）探讨了另外两个文化中介实际运作中存在的问题，这些问题与我们当前的研究课题有关，也有助于拓展未来的研究。首先，Negus质疑这样一个基本假设，即文化中介总是试图将消费者与产品联系起来，中介工作抱持的宗旨便是弥合生产与消费之间的差距。他认为，文化中介所隐瞒的知识可能与其披露的知识一般多，他们经常蒙骗和操控消费者，扭曲和散布虚假信息，"掩饰公司知识与公众无知之间的紧张关系"（Negus,2002:508）。实际上，争夺行业内的竞争优势以及开展商品和服务的精准营销（展示和讲解）无不诉诸此法，刻意隐藏成分和配方的食品公司便是一例。从这个意义上说，文化中介是在保持而非弥合生产者知识与消费者需要的信息之间的缺口。最近关于创意产业的类别研究表明，经纪人群体通过意义创造过程在确定文化产品的合法性和价值方面拥有很大的权力（Jones et al.,2011；Khaire & Wadhwani,2010）。我们认为，文化经纪人的意义创造活动是当代创意产业研究的一个特别重要的动向，这是因为，信息在创意产业中更容易获得，而且，数字分销系统基于的数字平台是由少数实体企业管理的，因而更易于对信息进行集中管控。

Negus（2002）还指出，现有文献大都将文化中介视为一个易于进入和包容的职业群体。他主张更深入地探讨个人如何进入文化中介职业，提示人们不要以为这些职业体现了服务业的民主化变迁。尽管公司的大部分文化知识都是以"自下而上"而不是

"自上而下"的方式产生的(Johnston & Baumann,2007,2009),但这些文化资本和社会资本的体系仍须依存于一种基于传统的经济资本资源和社会阶级的其他决定因素的社会结构之中。实际上,如 Townley 和 Gulledge(2015)所述,特定的资本转换机制在各行各业之间是不断变化的。我们认为,经纪人在决定特定环境下的资本转换方式方面发挥着重要的作用。

特别是,我们认为,许多创意职业人士除了展示和提供其产品、服务和履职资质外,还会在其拥有自主性和排他性的场域继续从事"限定的生产"(Bourdieu,1993)。这些群体力图在行业中形成更大的文化利基,而并未显示任何形式的包容性;他们围绕着产品构建内涵意义,但不包含那些缺乏必需的资本来生产的产品;其产品不一定高端,但保持着根据社区成员之间的品味约束来对客户进行分流和拒止的能力。而这一切,将会再次引发当代创意产业的经纪人是否以及在何种条件下发挥民主化作用的重要问题。

笔者认为,面对创意产业经纪业务和服务业转型(被赋予新的文化意义和角色)的重大变迁,明晰地界定文化中介并加以理论化显得尤为必要。音乐产业中的去中介化和服务业内文化利基的崛起,只是当代后工业经济的特征发生动态变化的两个例子而已。虽然本章对这些实践经验做了提炼和概括,但我们对经纪人角色本质上的细微差别,对文化经纪人作为新产品和服务的意义创造者以及排他性的再现者的理解,还需要进行更详细的定量和定性分析。

第二十二章　时尚数字化：创意产业"去中介化"与全球本地化市场

保罗·M.赫希　丹尼尔·A.格鲁伯

在西方之外，有着形形色色的当地音乐传统和风格。然而，唯有得到全球性音乐行业的支持，听命于跨国唱片公司营销部门所谓"世界音乐"的指挥棒，这些艺术家的音乐方能在家乡之外被人听到。而这种"世界音乐"目前只占西方市场极小的一部分。

（Held et al.，1999：353）

笔记本电脑一代创建了一个崭新的草根音乐产业，开创者当属粉丝和乐队，而不是主导唱片行业的大公司……互联网将一众粉丝变成了"守门人"。网络还给乐队带来了前所未有的独立性：能以他们的前辈们无法想象的方式直接与自己的粉丝沟通。

（Kot，2009：3）

导论

数十年来，各国各地创意产品生产者的原创活动、发展机遇和独特性受到的威胁日益增长，现已成为世人关注的焦点（Pieterse，2009）。随着地方和国家与全球利益和企业之间的博弈和较量，大型跨国公司对艺术家新人和流行文化类型的创作和成功的影响力和控制力越来越强。他们越来越多地选择和推广少数艺术家和形式，让其吸引世界的眼球，主宰当下的发展，从而减少了各国当地人才被世人更好地了解和鉴赏的机会。如 Held 等人（1999：347）所述："一群真正的全球性的媒体 — 娱乐 — 信息公司业已形成。他们并没有完全取代国内竞争对手，也没有在本国消灭外国公司。但毫无疑问，在众多的地方和民族文化产业之上，大约 20～30 个巨型跨国公司在全球娱乐、新闻和电视市场上占据着主导地位，他们几乎在每个大陆都显示了非常重要的文化和经济存在"。

Held 等人同时还指出，同样是这些媒体巨头，随着"信息（包括音乐、视觉形象和文本）的数字化"的兴起，他们的霸权逐渐受到削弱。随之而来的是，创意人士找到了文化产品制作和发行的替代路径，他们采用媒体巨头使用的相同技术，创建并提供可供出售的内容。借助于 YouTube 和互联网站，其产品可以更直接地与消费者相遇，而不必经过中介和"守门人"。经济学家认为，这是更为有效的市场过程，因而对"去中介化"这个概念奉为圭臬。尽管传统的媒体巨头公司仍能左右局面（Rossman，2012），但削减"中介"的逆袭严重削弱了他们的控制力,对创意人士社区选择和投靠签约公司的决策产生了连锁反应。如今艺术家将作品交付发行时,传统媒体巨头已经丧失了大部分早期安享的发行控制权,像 iTunes 和亚马逊这样的新媒体势力后来居上,接管了广大受众对艺术家作品的访问权。有趣的是,技术最初曾是媒体巨头的控制手段,他们先是诉诸专利,继而仰仗昂贵的设备,却不料随着设备成本的下降和艺术生产的"去中介化",他们对许多文化产品发行的控制经历了"再中介化",竟然被掌控着消费者访问权的技术平台公司夺去了控制权。

这些变迁为世界各地的文化创意工作者另辟蹊径,他们得以曝光并渐为人知,而无须接受大公司的赞助。以音乐行业为例:社交媒体与传统媒体共同发现了流行音乐乐队 Journey 的歌手 Arnel Pineda,他们在 YouTube 上观看了这位菲律宾歌手的演唱视频后,邀请他担任了新主唱(Liu,2008)。肖恩·帕克(Sean Parker)是纳普斯特(Napster)音乐网站的联合创始人,他将"脸书"(Facebook)当作自己学习的新资料库,从中发掘、赞助和推广新乐队(O'Dell,2011)。而像 Bandcamp 这样的特色网站,专为非大牌的艺术家提供平台,向潜在的买家和赞助商展示他们的演示唱片和视频样本。这种技术创新和全球采购活动催生了内容的发现、创作和发行的新方法(O'Dell,2011)。传统媒体公司"艺人与制作部"(A&R)或艺术家和曲目管理者对新发现的人才进行投资、开发和推广的那套做法并未完全消失,但新兴的电视选秀节目,如"美国偶像"(American Idol)和"声音"(Voice),将参赛者带到了评委和数百万观众面前,选出获奖者后对其进行宣传、录制和赞助,并举办巡回演唱。以这种电视选秀方式胜出的新艺术家,极大地缩短了在广大受众面前展示技艺所需的时间。不过,绝大多数表演创意作品的新艺术家欲获取如此之大的声誉和成功仍是一个相当缓慢的过程,他们还得依靠社交媒体和公共网站使自己变得更为人所知并被"发现"。

本章分析了全球权力平衡格局和技术变迁对大型媒体公司的影响,并将通过音乐、图书和电影的例子来说明创意产业中的这种权力转移。我们的分析框架借鉴了"文化生产"观、组织理论和经济学中的市场机制学说和"去中介化"概念。对 Hirsch 关于媒体应对时尚的初始模型(1972)及其后来的更新(2000),做了进一步修订,纳入了数字革命,因为当代消费者大都以电子方式对图书、音乐和电影进行传输和下载,而无须通过零售商店购买物理性产品。

媒体巨头的去机构化

20 世纪 90 年代末,全球化的媒体行业寻求跨国扩展。《财富》杂志指出,许多美国领先的媒体公司在世界范围内收购各种媒体"资产",争夺全球媒体领域的主导地位。那个时代给人的感觉是媒体公司越全球化,似乎就越成功。然而,媒体公司终于发现本地市场比他们预期的更为强韧。该杂志撰文(Rose,1999)总结道:"美国流行文化正在征服世界,但现在本土内容俨然成为王者。"文章称:"在有线和卫星通信技的支持下，音乐和出版界开始谋求全球利益，制片厂演变为全球性娱乐集团，但他们开始发现一些出乎预料的趋势：美国流行文化的吸引力受到限制，而国际市场变得越来越重要。"该文预示了全球媒体巨头近年来一直努力应对的一些挑战，因为技术驱使世界变得扁平化，并将彻底改变文化产品市场。

互联网和其他技术的兴起，使音乐、视频和图书得以创作、传播和复制（或以低得多的成本销售），以多种方式削弱了大公司，尽管这些巨头多年来控制了新产品的发行，狂掷千金来推广它们。大公司依旧过度嵌入不再那么有效的运作程序和承诺担当，并与新技术及其合作方式不断角逐，但新的艺术家和团体自我举荐和推广的能力却成倍增加。文化创意人士开始立足本国本地建立粉丝群，逐渐割据一方，声名鹊起。艺术家们引入新内容比以前更容易，他们现在与粉丝紧密联系在一起，其粉丝群比较小，且通过"脸书"、YonTube 和其他网站互联互通。

这一时期，许多文化产品的生产和发行看似是一种专业，而不像一个行业。如果全球媒体的代理人（如美国唱片行业协会、报纸出版商）更愿意放弃其嵌入式关系和作茧自缚的担当，他们原本可以与共享音乐、iPods 和谷歌新闻进行良性合作并受益，而不用与之费劲拼杀。如果唱片行业早就与新媒体开展合作的话，那么，在 iPhone 和其他数字应用软件获益多于光盘销售收入的今天，他们打造或推广国内外"超级明星"的花费也会少得多。其他的大众媒体也都如此，只是受到的影响较小而已。正如 Knee 等人（2009）指出的那样，"全球化福音"正遭到大多数"商业性媒体更多地实行本土化"的挑战。他们还强调，全球性公司的成功有赖于其提供的产品组合，这个组合应是"多地域性"的，由世界各国当地市场的独特产品组成，而不是千篇一律、毫无变化的产品。

由此产生的一个结果是：创作者和消费者的间距更小，彼此更易于接近。鉴于主要媒体的做法陈旧，积重难返，消费者纷纷使用替代技术，增加网上寻访。旅行社也面临相似的窘境，他们因游客直接从运输公司购票而被"去中介化"。同样地，艺术家及其受众对传统的或授权的"守门人"的依赖大为减少。报纸和电视网络无奈地发现，一向忠诚的用户现在可以在任何时间或地点方便地获取同样的信息。

随着媒体巨头操控文化产品的权力日渐减少，他们投入巨资构建新的全球明星和产品的意愿和能力也随之下降。从业务端来看，利润和赢利潜力的下降必然会导致促销减缓、投资收缩和回报减少。在电影行业，低预算的独立电影的制作大幅增加，且更容易进入。在图书出版行业，读者越来越多地选择下载电子书而不是购买纸质书。在音乐行业，其面貌已被数字技术全然改观。这也引出了一个相关的实际问题：消费者如何利用只允许通过电子方式访问的媒体内容库。少数公司仍会为其产品目录增添新内容，但这类公司究竟有多少还需要进行重点调研。《连线》杂志编辑 Chris Anderson 和哈佛商学院市场营销学教授 Anita Elberse 一直在讨论高预算制作的电影大片是否已经过时，取而代之的利基影片是否已经出现，对消费者而言，他们在这类"长尾"中可以有更多、更好的选择（Anderson，2006；Elberse，2010）。

音乐界的权力转移:数字发行商仰望云端

> 音乐家们别指望在城里晃悠一圈,就会被唱片公司的艺人与曲目经理一眼相中,爱上你的节目,你只有在网上建立草根粉丝群,制作和销售自己的商品,不管有没有唱片公司销售部前来帮助,自行寻找推广音乐的方法……发行并不是唯一必须被打掉的路障……因为有了 Spotify 这样的平台,你可以消费音乐,分享音乐,建立一个音乐系列,甚至不必掏钱购买音乐……你可以无限量地浏览和挑选,任何额外拷贝都不需要成本。
>
> (对 Napster 和 Spotify 的联合创始人 Sean Parker 的采访,O'Dell,2011)

> 我的乐队以音乐视频而知名。我们自己或在朋友的帮助下指导摄影师,以小预算进行拍摄,就像我们的歌曲、专辑和音乐会一样,我们将音乐视频视为创意作品,而不是我们唱片公司的营销工具。
>
> (Damian Kulash,主唱,《纽约时报》对 OK Go 乐队的采访,2010)

Damian Kulash 对 OK Go 乐队音乐视频的所有权声明,总结了过去十年间顶级唱片公司和众多创意艺术家发生脱节的问题。他对音乐接收端深感沮丧,因为百代唱片公司(EMI)拒绝让 OK Go 乐队的视频放到该公司网站之外,否则,他们的粉丝就可以利用网络技术在其他网站看到和分享,以口碑相传的方式传播他们的音乐。鉴于 EMI 重视音乐视频的所有权与发行权远胜于让更多人聆听乐队音乐和观赏其表演的可能性,OK Go 毅然脱离 EMI,投奔 Sean Parker 麾下。Kulash 断言,唱片公司若不改变商业模式便会趋于衰亡。EMI 多年前将甲壳虫乐队引入美国,产品目录含有不少经典的音乐唱片,但走到 2011 年却濒临破产。它的衰落反映了文化产品行业中某些传统强者的情形已经变得多么可怕。

美国唱片行业协会的报告佐证了 Kulash 和 Parker 对音乐行业的评估:2005—2008 年 CD 销售额下降了近 50%(从 105 亿美元降至 55 亿美元)。截至 2010 年 2 月,苹果 iTunes 销量几近 100 亿首歌曲,超越沃尔玛成为全球最大的音乐零售商。弗雷斯特调研公司(Forrester Research)预测,数字音频下载的销售额将从 2007 年的 17 亿美元增加到 2012 年的 48 亿美元(McQuivey,2008)。唱片行业减少的营收份额只是许可费收入,却使供应商可以将其精挑细选的 CD 提供给广大消费者。

"女神卡卡"(Lady Gaga)是一个成功绕过唱片业来推广和发行音乐的乐队,其《天生如此》(Born This Way)专辑运用独特的营销和发行策略,第一周便销出 100 多万美元(Caullicld,2011),创造了 CD 营销史上最亮丽的首发周之一。他们运用多种发行渠道:其一,亚马逊以每张专辑 99 美分的价格促销两天,推广其云计算服务(销售仅持续了一天,因需求过旺导致其服务器崩溃,故需再延长一天)。苹果、亚马逊和谷歌推行的云计算技术允许用户通过数字发布随时随地寻访音乐,被行业专家视为未来销售方式的一种选择(Sisario,2011)。其二,非传统的零售商,如星巴克(与艺术家建立营销合作伙伴关系)、沃尔格林(Walgreens)和全食超市(Whole Foods),在长周末销售"女神卡卡"CD。其三,"女神卡卡"在许多主流媒体(如《滚石》杂志、纽约时报和《周六夜现场》综艺节目)中都有专门介绍或专场表演,素有"守门人"之称。《公告牌》(Billboard)杂志的编辑宣称,这是一个"超级明星专辑营销和发布的分水岭"(Werde,2011)。

"女神卡卡"乐队经理们采用非传统的发行机制,预示着综合发行模式可能会持续下去,直到互联网和云计算技术全盘接管并使出售物理性CD专辑的想法过时。正如Jones(2006)所述,"技术和内容"对于创意产业的成功运作仍然至关重要。尽管大型唱片公司数十年来一直抵制和否定新技术的跨界竞争,但到了2011年终于表示愿意接受其他的商业运作模式。百代唱片公司副总裁Mark Piibe告诉国际唱片行业联合会(IFPI),"唱片行业现在对新模式的开放程度比以往任何时候都要高"(IFPI,2011)。他的声明也许有点"太晚",但毕竟表达了变革的意愿,因为该行业早就不得不采用其他形式的媒体/技术来维系生存和发展了。

上述例子凸显出唱片巨头公司面临的挑战,这些挑战主要来自单曲的销售,而非零售发行的专辑/CD。音乐的网上行销无远弗届,尤其是iTunes的崛起,严重冲击了旧的商业模式,迫使人们寻求新的路径。虽然旧模式长期占据主导地位,但它在音乐数字化的大趋势中终将被取代。Elberse(2010)认为,数字音乐对唱片公司构成了"重大风险",这将表现为"收入进一步被侵蚀"。根据他的研究,消费者可以期待会出现更多成熟的"女神卡卡"之类的艺术家群体和初出茅庐的创意单曲制作人。正如新音乐公司创始人Tom Silverman所说的那样,音乐商务史上的"专辑中心主义诳称太阳围绕地球旋转。我们现在不听专辑,我们就听典藏精品"(Carr,2010)。

图书出版行业的权力转移

> 目前出版过程中唯一真正必要的人是作家和读者。
> （亚马逊高管Russell Grandinetti,引自Streitfeld,2011）

> 简单的事实是,对于大多数消费者而言,如果你不在线存在,那就相当于根本不存在。
> （Oren Teicher,美国书商协会首席执行官,引自Osnos,2011）

图书出版行业也经历着数字革命。上面引用的亚马逊高管的讲话支持了笔者关于整个文化产业的创作和发行贯穿着"去中介化"的论点。"电子阅读器"是图书数字化取得极大成功的一个缩影,电子书的好处包括即时访问,书价便宜,也没有携带图书的物理重量。

随着数字革命的兴起,图书出版产业链中涌入了亚马逊、谷歌和索尼等一批新进入者,这支新军从昔日的合作伙伴变为现在的竞争对手,宣告了行业巨头的消亡。例如,零售书商 Borders 已于 2011 年 9 月 18 日正式关门。一位文学代理人告诉《纽约时报》:"如果你是一家书店,亚马逊已经与你竞争了一段时间。如果你是出版商,有一天早上醒来发现亚马逊也在与你竞争。如果你是代理人,亚马逊可能会偷走你的午餐,一旦它为作者提供直接发布的机会,你就得出局。"(Streitfeld,2011)亚马逊成立于 20 世纪 90 年代中期,开始只搞在线零售,包括卖书,在网站上拥有 Kindle 电子阅读器。15 年后,该公司抓住战略机遇进军图书出版业,陆续与潘妮·马歇尔(Penny Marshall)和自我激励大师蒂莫西·费里斯(Timothy Ferriss)等畅销书作家签约,又聘用知名的传统媒体人拉里·基尔施鲍姆(Larry Kirschbaum)担任出版主管,成功变身为图书出版商。这次转型先声夺人,仅 2011 年秋季就有 120 本新书面市(Streitfeld,2011)。

图书出版商正在制定新战略,在多变的文化市场上发掘人才。据亚马逊称,其出售的数字图书已经超过传统的印刷书籍(Miller,2010)。美国出版和销售的印刷书籍也在继续增长,2010 年售出 25.7 亿本书,比前三年增长了 4%(BookStats,2011)。纸质书和电子书可以并行不悖,但亚马逊的成功将会扩大图书销量,他们已重新对公司网站和购书格式进行了调整。

阿曼达·霍金(Amanda Hocking)的新生代青春文学系列取得的巨大成功,说明本土人才有可能在世界任何地方通过自助出版覆盖全球读者。26 岁的霍金展示了数字创作和发行模式的魅力,她最初的爱情小说在亚马逊 Kindle 电子书店以 0.99~2.99 美元出售,销量高达数百万册。有趣的是,霍金随后又与传统的圣马丁出版社签约,出版了四部小说(Haq,2011)。

德国作家奥利弗·珀奇(Oliver Potzsch)成功抛出《刽子手的女儿》系列,是当地文化产品与全球读者无缝对接的又一佐证。这套历史小说由亚马逊翻译出版,在其数字平台售出 25 万多套(Streitfeld,2011)。也许,这类成功未必是未来本地/全球组合的标准模式,但技术上允许普遍实施此类实验,因为发行的固定成本将随着销量增加而下降。Hirsch(1972)曾指出,促销对于向消费者提供图书至关重要,销售人员有助于实现这一目标。然而,当代图书行业越来越多的实例表明,数字平台现在扮演的信息发布角色足可与之匹敌,社交网络对新书宣传的重要作用也不可小觑。

电影行业的权力转移:
独立电影和非传统投资者与日俱增

……网络流媒体和客厅视频点播系统的增长降低了发行的门槛,蓦然间,各种独立电影(不仅仅是情节动人的故事片)纷纷呈现在广大观众面前。但问题在于,由于数字产品不断增长,这些营销预算很少甚或为零的电影很难脱颖而出。

(Barnes,2011)

技术进步持续驱使电影制作的发展。数码摄像机的成本下降,计算机的易编辑性,使各个频道得以创作和发行更多的影片。全球观众有了更多的选择,包括观赏更多的本地制作的电影。美国《综艺周刊》(*Variety*)写道:

> 现在的好莱坞电影很难一统天下,因为外国影片正潮水般地涌现,并分割他们的馅饼,这些当地人显得更精明,更机灵……数十年来,好莱坞制片厂信心爆满地在全球发行电影,毫不担心他们抛出的大片能否抓住海外影迷的眼球。但近年来,这些套路老旧的好莱坞电影逐渐被当地影片创造的票房收入所淹没。

(McNary,2008)

这一动向也出现在美国的独立电影市场。圣丹斯电影节(亦称"日舞影展")是独立电影展映的首选之地,2011 年的入场人数已超过 1 万人,而五年前只有 7 500 人(Kaufman,2011)。饶有兴味的是,这一年的电影节跨上了一个全新台阶:两家最大的运营商——圣丹斯学院(Sundance Institute)和翠贝卡公司(Tribeca Enterprises)策划直接向国内外观众发行电影(Barnes,2011)。这一转变标志着独立电影市场的"去中介化"越演越烈,直接发售影片的独立电影节与以往为电影发行商提供渠道的模式渐行渐远。

故事片也不能幸免"去中介化"。来自更多国家的电影越来越多地出现在票房排名前 20 部的电影中(Trumpbour,2008)。从电影制作的角度来看,更多的投资决策是在好莱坞制片厂办公室之外做出的。Lampel 和 Shamsie(2003)对主要电影制片厂分拆后的组织形式演变和好莱坞电影业重组的深度分析表明,电影制作已成为一种商品生产活动。电影的商品化在 2010 年的好莱坞有增无减,在那里投资电影制作"突然间变得有利可图……一大批股票投资者以及热衷于房地产市场抄底或石油钻探的商人蜂拥而至"(Cielpy,2010)。这种直接投资于电影项目而非控制制片厂的转变意味深长,因为它表明,电影行业的权力已经从一些全球性媒体集团手中更多地转移出来。Elberse(2007)在研究明星演员对制片厂财务价值的贡献时也注意到了这种转变。尤其是,她发现,虽然明星动辄要求数百万美元的高片酬,但未必就会"推高电影制片厂或其所属媒体集团的估值"。

跨国媒体集团不仅在音乐和图书出版行业面临着新媒体的威胁,在电影行业也遇到了严峻他们的挑战。Netflix、亚马逊 Prime 和 YouTube 等数字电影发行商与之争夺影片的发行渠道,在电视和有线电视领域竞相开展收购。Schatz(2008)指出,当传统机制仍能产生大量收入时,媒体集团不肯加大新媒体的传播力度,担心这样做会产生自噬效应。他预计,电影制片厂面对这种进退两难的困境,终将被迫更加专注于电影制作。电影界采用这种权宜之计并不新鲜,但凸显了平衡"复制和创新"策略的重要性。Shamsie、Martin 和 Miller(2009)研究了 1936—1965 年的好莱坞电影史,他们发现,如果一家公司过度使用其中任何一种策略,都会妨碍自身"纠正这种不平衡"。这项研究成果可供当今电影业界借鉴,因为媒体公司正再次寻求平衡生产和发行的资源配置。

电影行业中的"守门人"角色在过去的十年中出现了某些有趣的细微差别,其功能也在不断发展。特别需要指出的是,Elliott 和 Simmons(2008)发现新闻界和行业出版物的影评会影响影片的收入,因为影评既构成广告的关键要素,又在影迷中引发口碑相传效应。近年来,Facebook 和其他社交媒体的出现使影评效应持续发酵,许多影片更是将其网站直接链接到 Facebook,以便客户分享观看。可见,"守门人"吸引顾客看电影固然重要,但其形式和功能也需要不断扩充。

全球创意产品权力平衡格局的变化:对"文化产业回顾"的重新审视

1972 年,Hirsch 曾对文化产业做过一番回顾,到了 2000 年,他又重新梳理和归纳了该产业发生的巨大变化。在表 22.1 中,他展示了 20 世纪 40 年代、1950—1970 年和 1980—2000 年文化产业的代际差异。至于本文谈到的重大的新变化,我们都放在新列的 2000—2010 年。

表 22.1　　　　　　　　　　　　文化产业:历史的回顾

	20 世纪 40 年代	1950—1970 年	1980—2000 年	2000—2010 年
行业概貌	"产业"稳定性、可控性(垂直整合)	"有序"过渡	新淘金热	"新"、"老"媒体整合(大型媒体集团失去垄断权)
结构和背景	"大众文化";"电影工厂";"黄金时代"。3 家无线广播电台,4 家唱片公司,5 家电影制片厂。	多样性和细分开始:减少集中度→恢复稳定。新唱片公司;调频广播电台分区报纸诞生;有线电视诞生,媒体控制界面出现。	"大规模定制":后现代感;无处不在且共同拥有(MIV 和 Nick、CNN 和华纳兄弟)新进入者和企业家;影片拷盘网络。	社交媒体,用户生成内容(维基百科、Flickr、YouTube、脸书)、病毒视频和网络爆红。
控制的重点	"吞吐量",生产(中介)控制。	自由职业的创意人士("投入")出现。新制片公司进入。新时尚玩家崛起。	一切均可谈判;大兼并→多媒体融合;更专注于国际化。	消费者:个性化定制和更低的价格,新发行商入场(如谷歌、苹果和亚马逊),本地化媒体和信息传播。
技术和法律特征	软件>硬件,技术稳定性,与大众媒体结盟。	电视诞生并流行,广播电台→新艺术类型的通道。	计算机化和媒体报道范围;互联网和网站出现;新电信法案限制领域;硬件问题争议。	移动通信设备成为访问和共享媒体的工具,隐私和所有权问题出现,法律努力跟上快速变化的技术和公司,谷歌和亚马逊扩大内容的可得性。

续表

	20世纪40年代	1950—1970年	1980—2000年	2000—2010年
理论分析框架与生产方式	产业组织经济学。法兰克福学派的批判理论。只能通过网络和制片厂制作内容。	唱片行业研究;高雅文化和流行文化仍在交战。需要依靠各大公司的技术基础设施和资源来制作内容。	拓宽文化的定义;超级竞争概念;改变公司策略;政治影响减少。用户运用数字技术制作内容,且有成本效益,但大多数内容仍由网络和制片厂制作。	乔布斯:无限的应用软件和内容。普及"长尾"理论。Gladwell的"引爆点"和"异类"。"粉丝"、"朋友圈"和"追随者"简单易行。消除进入壁垒。需要消除混乱现象。传统媒体运用新技术发行节目。新媒体为新式发行平台创作节目。

过去十年中,创意产业的亮点包括:"新""旧"媒体融合汇流;"社交媒体"和互联网让消费者操控自如,随时随地可在移动设备上创建和搜寻文化产品;一些大型媒体的合并出现了问题(如美国在线时代华纳),跨界而来的科技新玩家(如谷歌、YouTube和脸书)却在创意产业扎下营盘,叱咤风云。理论分析框架强调的是Surowiecki(2004)的"群众智慧",表现为谷歌以及YouTube和脸书等社交媒体中的"喜欢"/"朋友圈"的搜索结果。创建文化产品比以往任何时候更容易,因为世界各地的人们都可以在自己的智能手机和电脑上制作音频、视频和文本。

除了当今文化产业的主要公司和玩家类型有所更新外,我们还发现Hirsch在2000年提到的若干趋势走到了拐点。第一个趋势就是"音乐团体和创作者、制作人越来越多地利用互联网来发布新作品,而不是仰仗唱片公司和出版商的传统发行路线"(Hirsch,2000:347)。前面提到的OK Go乐队只是音乐家将其作品直接交付给消费者的一个例子而已。在图书出版领域,一些作者(如Stephen King)允许读者直接登录其网站浏览电子书。由于电子书的销售额可能会超过传统的纸质书,图书出版商正在变化多端的文化市场上搜寻新的人才和制定新的发行策略。

第二个趋势是文化产品的生产成本相对于发行成本趋于下降。早在2000年,Hirsch(357—358)就指出:"许多图书、唱片和电影的制作成本远低于其发行和零售成本。"互联网的直接流媒体和下载促成了这一变化,但确保消费者能看到或下载产品所需的推广和宣传费用仍十分昂贵。随着发行和零售成本的持续下降,一些文化产品已经迈向商品化,低成本的许可费用也弥补了这些行业早期由于无牌盗版造成的损失。一位专家对苹果公司的新云端倡议评论道:"……这是以版权为基石的行业朝着后盗版现实主义迈出的一大步;也是迈向产业和谐的关键一步,这种产业基于理性而又互利的经济交易,而不是憎恨、责备和恐惧。"(Wittkower,2011)

关于Hirsch(2000)提出的国家媒体文化问题,也需要重新进行审视,即每个国家究竟在多大程度上仍拥有自己单一的主导性流行文化。Hirsch认为,电视观众最初因有线电视频道迅疾增长而加快分流,互联网站的增长以及消费者对Pandora、Netflix 和视频点播等网站上"长尾"内容的频繁接触,使电视观众分流加剧。若无美国占主流的流行文化,单一的文化、风格和形象很难向世界输出。现在,世界各国和受众能够更自主地挑选自己最感兴趣的美国电影、音乐、图书和电视节目,而不会被迫接受其推出的大量文化产品。此外,随着本地创作者更容易制作和发行自己的文化产品,他们也有能力更直接、更有效地接触广大受众。

长期控制流行文化的生产和发行的全球性媒体集团,其权力集中度已遭到明显的削弱,此乃不争的事实。McAnany 和 Wilkinson(1992:741)曾认为,传统的好莱坞模式相当"安全""尽管全球竞争不断加剧,但好莱坞持续主导电影和视频制作的地位可保无虞"。然而,过去 20 年的技术进步及其对文化产品创作和发行的影响,通过将权力转移给消费者的实践来挑战这种预测,如今的消费者不仅可以决定他们想要看或听的内容,而且可以更多地运用筹资和购买的方式来支持他们想要获得的歌曲或电影。

我们相信,这种转变还将持续一段时间,各种不同来源将会涌现更多的新的文化产品。大型媒体集团对文化产品的创作依旧大权在握,但对文化产品发行的大部分控制权已转移到新近入行的互联网巨头手中,消费者也纷纷转向这些跨界而来的新进入者购买或下载文化产品。新产品爆红的不确定性导致了宣传和推广新人才的投入锐减。总体而言,"美国的流行文化仍将继续赚钱,但 21 世纪将带来错综复杂的影响,并没有明确的世界文化领导者"(Cowen,2007)。尽管好莱坞的金字招牌仍在加利福尼亚的上空闪耀,纽约也还是最大的出版商云集之地,但在过去十年中,新的创意人士和文化生产者不断地在全球露头冒尖,并未显示出任何减弱的迹象。

致 谢

作者衷心感谢 Ashley Martin 对本文写作的帮助,感谢参加英国布莱顿召开的作者研讨会的本书编辑和参与者,感谢美国西北大学 Kellogg 管理学院、Medill 新闻、媒体与综合营销传播学院对这项研究的支持。

第六篇

政策与发展

第二十三章 版权、创意产业与公共领域

菲奥纳·麦克米兰

导 论

近来有关版权的话题都离不开所谓的创意产业。这方面的讨论专注于版权法的一个重要方面,即刺激创意作品发行方面的投资。显然,这个关注点与版权法的基本主张——支持和鼓励创造艺术与文化的多样性是不同的。无论支持创意还是投资支持发行,这些目标均有内在的冲突,现行的国际版权法[①]似乎已经产生了个人创意边缘化的影响:文化产业不仅四处蔓延生长,而且也在剽窃他人的创意。

版权与创意

国际版权体制对创意与文化多样性这样的价值观构成了威胁[②],这是其涉足文化产出的商品化和工具化过程的结果。版权法具有五个相互依存的因素或特征,对这一过程至关重要。[③]

其一,版权利益的可转让性,这是文化产出实行商品化的首要工具,也是最基本的工具。版权法的施行立足于版权作品的作者与这些作品的所有者之间的区别。虽然作者在版权法中保留了一些象征性意义[④],但拥有者享有版权所赋予的权利,有时候作者的身份和所有权是一致的。文学、戏剧、音乐和艺术作品的作者通常是其作品的第一个版权所有者,电影导演则拥有版权所获利益的某些份额。[⑤] 但在英美体系中,这些利益均可通过合同自由转让。因此,经常出现的情况是,版权作品的作者受到压力,要将其版权转让给那些在作品发行上投资的人,如出版商、音乐和电影制作公司。换句话说,创意产业的做法是利用版权利益的可转让性来"聚集"尽可能多的版权利益。版权利益一般经由合同转让,出版商或音乐和电影制作公司实现这一目标的成功

[①] 由世贸组织《与贸易有关的知识产权协定》和 1886 年《伯尔尼保护文学和艺术作品公约》组成。
[②] 如 2005 年联合国教科文组织《保护和促进文化多样性公约》所载。关于《联合国教科文组织公约》所涉及的文化概念与版权法主题之间的重叠,见 Macmillan(2008b:163—192)。
[③] 有关这一论点的更完整版本,请见 Macmillan(1998,2002a,2002b)。
[④] 例如,文学、戏剧、音乐和艺术作品的版权期限是根据作者的寿命计算的;参见《1988 年英国版权、外观设计和专利法》第 12 条和欧盟版权期限指令 93/98/EEC。
[⑤] 参见《1988 年英国版权、外观设计和专利法》第 11 条。

程度主要取决于相对的议价能力和市场权力。然而,在"聚集"获得成功的过程中,却有同一只手将创意作品的初始版权利益与投资于同一作品发行而享有的版权利益合二为一,尽收囊中。①

其二,版权的有效期限,版权保护的长期性可以增加每项版权利益的资产价值,使其成为贸易和投资的重要工具(Towse,1999)。

其三,版权的横向扩展,这意味着它正在扼杀越来越多的文化生产类型。

其四,强大的商业发行权②,特别是那些版权所有者可以控制进口权和出租权的商品,使他们在全球范围内占据特别强大的市场地位。

其五,版权所有者对所有希望使用版权资料的人行使的权力一直很稳固,而一些最重要的与版权作品相关的用户权利(尤其是公平处理/合理使用和公共利益方面的权利)屡遭削弱。

倘若单从文化产业这些特征的市场条件来看,版权不仅在文化产出的商品化厥功甚伟,而且顺应了创作者获取报酬、激励创意的需要③,尤其是传播文化作品、获得社会效益的需要。④ 但从市场内涵来看,情况则有所不同。版权法促成、增加或创造了一系列市场特征,这些特征(尤其是上述五大特征)导致全球文化产品和服务的知识产权的高度集中。⑤ 第一个市场特征关系到国际范围内知识产权的一致性。⑥ 这与第二个市场特征极为吻合,知识产权的一致性是企业参与者跨国运作的结果,同时,他们可利用国家法律管辖的边界来划分和控制市场。第三个市场特征是,这些公司具有很高程度的水平一体化和垂直一体化,前者使其能依仗版权法赋予的强大发行权,控制各种不同类型的文化产品,后者则使其更有能力控制发行。⑦ 第四个市场特征,表现为对创意内容的所有权权利与对承载创意内容的技术的所有权权利这两者的逐步整合。第五个市场特征,表现为20世纪70年代以来全球文化产品和服务市场上的收购和兼并浪潮(Bettig,1996:37ff;Smiers,2002)。除了公司和个人受到资本积累欲望的驱动(Bettig,1996:37ff)外,最后一个市场特征也是由水平一体化和垂直一体化运动形成的,包括创意内容与承载内容的技术的所有权权利的一体化。

版权导致私人权力在全球文化产品和服务上居高不下的集中度,这样的后果对创意和文化的多样性来说并不是一桩好事。通过控制文化产品市场,多媒体公司可以变

---

① 即录音或电影的版权、出版图书版本版式的版权、广播的版权。
② 特别见 WTO《与贸易有关的知识产权协定》第11条和第14条第4款,其中规定了计算机程序、电影和录音制品的租赁;知识产权组织《1996年版权条约》第7条;知识产权组织《1996表演和录音制品条约》第9条和第13条。
③ 参见 Towse(2001),特别是第6章和第8章,其中认为版权给大多数有创造力的艺术家带来的收入很少。然而,Towse 认为,由于地位和对其作品的控制,版权对有创造力的艺术家来说是有价值的。
④ 关于版权在保护作品传播中的重要性的争论,见 van Caenegem(1995)和 Netanel(1996)。
⑤ 有关更全面的讨论,请参见 Macmillan(2006)。
⑥ 例如,通过1886年《保护文学和艺术作品伯尔尼公约》、《与贸易有关的知识产权协定》第9—14条、《世界知识产权组织版权条约》和《世界知识产权组织表演和录音制品条约》。
⑦ 关于电影娱乐产业如何符合这些特征的讨论,见 Macmillan(2002b)。

成文化过滤器,在某种程度上控制人们能看见、听到和阅读的内容①,而大众得到的大都是同质化的文化产品和服务(Bettig,1996)。这种趋势及其产生的后果之一就是,大部分零售音乐唱片有着"麦当劳菜单那么多的文化多样性"(Capling,1996)。在全球化的世界中,沿袭赚钱靠谱的路线去培养人们的品味,文化产品和服务市场的经营之道可谓如出一辙(Levitt,1983;Gray,1998:57—58)。② 当然,文化产品和服务市场广阔,产量巨大,但其数量之多与文化多样性岂可混为一谈?

公司对文化产品和服务的强力控制,对知识共享领域的活力和创意潜力产生了限制作用。③ 正如Waldron指出的那样:"对文化公共领域的私人占有"限制和控制了大多数人在该领域的自由行动。"(Waldron,1993:885)对知识共享领域的负面影响正以各种方式表现出来(Macmillan,2002b,2006,2005b)。例如,私人控制的各种文化产品和服务对言论自由产生了不利影响。这一点更令人担忧,因为私营公司对言论的控制不受西方民主国家的法律限制,这种法律就是要确保政府或公共机构对言论的控制最小化(Macmillan Patfield,1996;Macmillan,2005b)。控制言论的能力本身就令人反感④,这有利于私企主导文化的形式,比如,它可以对我们构建社会和自我形象的方式进行微妙的控制。⑤ 文化产业公然对绝大多数人在知识共享及公共领域运用的资料进行竭力控制,使得私企的精妙控制得以强化。具有讽刺意味的是,人们并不知道这些资料可供我们大家共享,这是因为,版权所有者迫使我们接受大众传媒所传播的大众文化,版权所有者越强大,他们塑造的文化形象越占主导地位,版权所有者也就越有可能通过版权执法来保护这种形象的文化权力。其结果,不仅个体不能使用、开发或反映主流文化形象,人们也无法挑战和颠覆它们。⑥ Coombe将大公司控制的知识共享视为一种单向的、摧毁个人与社会之间联系的对话关系(Coombe,1998:86)。不过,版权法主张的公平处理/合理使用权利应该在这种对话关系中保留下来。毕竟,版权法保留这些权利还可作为抵御和批判的手段(Gaines,1991:10)。然而,公平处理抗辩的作用已经相当羸弱,而且越来越弱化(Macmillan,2006)。

保护公共领域

公共领域的萎缩,是版权制度给创意带来的一个突出问题,因此,必须考虑公共领

---

① 进一步内容参见 Macmillan (2006);关于电影工业,见 Macmillan (2002b:488—489),另见 Capling (March 1996:21—24);Abel (1994b:52;1994a:380)。
② 然而,Gray的观点似乎是多样性刺激全球化,这必须与全球化可能刺激多样性的观点区分开来。
③ 不出所料,这一概念已成为知识产权学术界关注的核心问题:参见 Waelde 和 MacQueen(2007)。
④ 例如,参见 Barendt(2005)年对言论自由原则的论证。
⑤ 进一步看,例如 Coombe (1998:100—129)证明了即使是基于阶级、性、性别和种族的另类身份的创造,也会受到名人或明星系统的限制和同质化。
⑥ 参见,例如,迪士尼公司 诉 Air Pirates(一家地下漫画公司)案中,581 F 2d 751 (9th Cir, 1978),上诉驳回,439 US 1132(1979)。关于这个案例,见 Waldron(1993)和 Macmillan(2006)。也见 Chon(1993)、Koenig(1994)和 Macmillan (1996)。

域与版权法的产权领域的关系。这两个领域的共存表明,知识空间是由简单的二元对立(即私有知识产权和公共部分)构成的(Hemmungs Wirten,2005:165)。从物理的角度来讲,这是两个互相接壤的领域。更重要的是,如果这两者占据了整个知识空间,那么,私有知识产权的扩大必然会挤占公共领域。从这个意义上讲,后者就会被动地成为前者侵蚀的受害者。因此,只要私有知识产权进行扩张,两者之间的边界便会发生变化。

知识空间中的公共领域这一概念源自管理物理空间的罗马法,其有关物理空间的一些概念性问题也同样会出现在现代的知识空间概念中。同时,现代知识空间的无形存在似乎缺乏其蕴藏在物理空间中的某些复杂性。罗马法原则上承认各种各样的非独占性,但它们并不一定是公共财产(Rose,2003)。迄今为止,关于知识产权/公共领域的辩论中最常见的两个术语是"公共之物"(res communes)和"公共财产"(res publicae),前者是指无法独立拥有的东西,后者是指通过管理向公众有限开放的东西。在现代关于知识空间中的财产的辩论中,这两个术语分别转化为"共享之物"和"公共领域"的概念。考虑到罗马人对"公共之物"和"公共财产"的区分不甚严谨(Rose,2003,引自Borkowski,1994:144),这些术语经常被互换使用也就不那么令人惊讶了,它反映了当下"将'公共性'的规范论证与某些资源不可能占有的自然主义论点混为一谈"的趋向(Rose,2003:96)。"共享之物"与"公共领域"、"公共之物"和"公共财产"之间的这种混淆,并没有简化知识产权与知识共享区域之间的二分法的认识论基础。① 不仅如此,这样做还隐瞒了一个事实:即使追根溯源,罗马法提出的这些概念也都不能为当今世界充满活力的公共或非专属知识空间提供坚实的思想基石。

就"公共之物"而言,人们大都以为,由于知识空间中的事物具有非竞争性和不可浪费性,它们无法独立拥有或具有可占用的性质。② 众所周知,管理物理空间的法律,特别是环境法,倾向于排除或规范对公共之物的使用。在某些情况下,这至少是对知名的"公地悲剧"的一种善意回应(Hardin,1968:1243,1244),因为共同持有的资源通常会招致掠夺、退化并最终耗尽。③ 知识空间中事物的非竞争性和不可浪费性并不是取消共享知识区域的理由,但知识产权法无论如何都已经做到了,或者,至少它已经尝试过这样做。不过,有些事物甚至连知识产权法都无法将其转化为任何意义上能拥有独占所有权的财产。譬如,数字式复制作品的简单易行,加上未经授权的复印件很难识别和处理,这部分知识空间显然不能同样享有其他类型的无形作品的独占所有权。但另一方面,在技术和法律的综合作用下,这部分知识空间也可能被私自占用。

当然,知识产权法并未试图排除所有的知识共享。著名的版权法拒绝了思想的所

---

① 参见 Hemmungs wirtén(2005),他认为现在是时候进行"一些好的老式认识论的自我反省"了。
② 除非它们一直保密(Rose,2003:95)。
③ 进一步参见,例如,Hardin(1968),Ostrom(1990),特别是第1章,其中将公地悲剧与其他公地模式进行了对比。

有权,承认无保护的思想和受保护的表达之间存在着细微的区别[①],尽管后一个概念不太好用[②]且屡受侵蚀。[③] 一般来说,创意行为不属于版权法管辖,不应照搬套用[④],但版权(以及与之相关的知识产权)正力图将其适用范围扩大到知识空间中越来越多的创意或创新行为。[⑤] 在某种程度上,知识产权法仍将知识空间的某些部分继续排除在私有财产领域之外,目前尚不清楚排除的缘由:可能是因为这部分知识的法律性质而无法被拥有,因而成为共享之物的一部分;也可能是因为它们不应进入知识产权的私人领域,而应继续保留在公共领域里。

大凡物理空间中的事物均有可能被占有,而知识空间中的事物虽无法占有,但均可借助法律以另一种方式占用,因此,"共享之物"或"公共之物"的概念很难用于知识空间。至少,我们对知识空间中任何所有权概念的承认有些勉为其难,除非是指我们仅仅描述过的"共享之物",而且是指那些事实上并未被归入知识产权系统的东西。"公共财产"概念的应用前景似乎更为广阔,Rose 关于"'公共性'的规范论证"(Rose,2003:96)也在这一范畴之内。与"公共之物"的概念不同,物理空间中的"公共财产"并不反对私有财产的概念。根据 Rose 的说法,"公共财产"始终对所有权的可能性持开放态度,"遵从合理的公众进入的要求"(Rose,2003:99;"公共财产"属性的论述见Rose,2003:96—100)。

在物理空间中,需要对"公共财产"作出规范证明,以确保公众能作生产性的协同互动,否则会因拒绝公众进入而变成无用之物(Rose,2003:96—98)。然而,将这一概念应用于知识空间却不无讽刺之处,恰恰是因为知识空间中的事物具有非竞争性和不可浪费性,因而没有多少理由说明为什么不会发生生产性的协同互动作用(Rose,2003:102—103)。换言之,除知识产权法本身外,原因其实并不多。知识产权法将知识空间中的事物视为可占用之物而不是"公共之物",这就形成了一种阻碍协同互动作用的系统。然后,为了应对这些障碍,它又创建了一套自己的机制来保护"公共财产"。这听起来比实际上更荒谬。那种认为不受约束的知识空间中不会发生生产性协同互动的理由之一是,如果没有奖励,人们就不会进行适当的投资和努力。接受这一论点

---

① 参见,例如,Donoghue 诉 Allied Newspapers [1938] ch106;弗雷泽(Fraser)诉泰晤士电视台(Thames Television)[1983]2 All ER 101;Green 诉新西兰广播公司(Corporation of New Zealand)[1989]RPC 469 and 700。

② 例如,英国《1988 年版权设计和专利法》第 17(3)条中关于艺术作品的二维/三维侵权规则可以说违反了思想/表达规则;另见 Macmillan(2005a,2008a)。另见英国《1988 年版权、外观设计和专利法》第 3(1)(c)条中关于保护计算机程序预备设计材料的规定。

③ 例如,参见 Krisarts 诉 Briarfine [1977] FSR 577;Ravenscroft 诉 Herbert [1980] RPC 193;Designer Guild Ltd 诉 Russell Williams(纺织品)有限公司[2000] UKHL 58。

④ 例如,见 Merchandising 诉 Harpbond [1983] FSR 32;Komesaroff 诉 Mickle 案[1988] RPC 204;Creation Records Ltd 诉 News Group Newspapers Ltd [1997] EMLR 445;Norowzian 诉 Arks Ltd (No 2) [2000] FSR 363 (CA)。

⑤ 例如,将计算机程序及其准备设计工作纳入受保护的"文学作品"的定义(例如,参见关于法律的第 91/250/EEC 号指令)。保护计算机程序和英国《1988 年版权、外观设计和专利法》第 3(1)条)以及根据关于数据库法律保护的 96/9/EC 号指令确立的数据库权利。

并接受最合适的"奖励"形式便是知识产权的创造①,说白了就是,为了实行生产性协同互动,需要在知识空间的产权和保留"公共财产"的权利之间仔细地保持平衡。在版权法中,这种平衡关系通常经由两种机制来实现:行使专有权的期限限制和例外。对于前者,法律的规定会自动保护"公共财产",而对于后者,寻求使用例外的人必须提出相应的理由。尽管存在这些机制,也不能轻易相信产权与保护知识空间中"公共财产"的权利之间的平衡关系会得到仔细的校准。纵观知识产权法(尤其是版权法)的历史,知识产权总是在逐步延伸其有效期限,而例外和抗辩却在不断收紧。

版权期限最初允许有 14 年的最长期限②,如今在某些司法管辖区已扩展到作者去世后 90 年。公平处理例外有助于生产性协同互动的准入,但其活力已经被限制性司法解释③、技术创新及其配套的新法律手段④的综合作用所削弱。互联网为知识空间免费开放海量信息的同时,又运用其他形式的数字技术来限制网民获取热门信息。⑤ 另一个凸显版权制度调节失衡的问题是,例外的适用对诸多法律争议是开放性的,这意味着大公司的权利持有人可以凭借钱袋子来与那些手段欠缺的人周旋缠斗。

目前,"公共之物"和"公共财产"在阐述知识空间中知识产权的"公共领域"概念方面占据着主导地位,这一点应与低估和思维的枯竭有关。虽然缺乏想象力本身并无特别之处,特别是在法律概念方面,但它的缺位多少有些令人惊讶。事实上,还有两个罗马法的概念可用来支持知识空间的公共领域。其中之一就是"属于神圣权利之物"(res divini juris),指的是由于其神圣或宗教的性质而不能拥有的事物(Rose,2003:108—110)。在物理领域,对寺庙和神像拥有所有权是对众神的冒犯。人们只能推测,冒犯众神是一般的冒昧放肆行为,或者,欲利用这种财产的所有权来抗衡竞争对手的权力。乍一看,这种情形好像不太适合目前的讨论。我们今天对圣物的那份情感已不太敏感,但我们仍可辨识神像的文化权力(无论是否具有传统的宗教意义)。出于略微不同的原因,我们对类似于罗马众神这样的权力可以独霸知识空间的观念应该感到担忧。

在某种程度上,版权法已经避开了神像这类标志的专有权。例如,Rose 认为,在知识空间中,这一类别可能包括"圣典、经典、古代作品,它们的长寿使之变得稀有而又非凡"(Rose,2003:109)。幸运的是,版权期限还没有变得太长,以至于我们不得不担心这类东西会不会也纳入可拥有所有权的知识空间。然而,Rose 接着争辩道:

---

① 一个没有得到普遍接受的观点:例如,见 Smiers(2002:120),van Schijndel and Smiers(2005), J. Smiers and van Schijndel(2010)。

② 《安妮规约》(1709)(英国)。

③ 参见 Rogers 诉 Koons,751 F Supp 474 (SDNY 1990), aff'd, 960 F 2d 301 (2d Cir),上诉驳回, 113 SCt 365(1992),其中认为合理使用权仅适用于侵权作品以评论该作品为目的而使用版权作品的情况,而不是以评论一般社会为目的。关于这个案例的重要性,请进一步参见 Macmillan(2002a, 2006)。

④ 所讨论的特殊手段是反规避权。关于说明这一权利的危险性的案例,请参见 Universal City Studios, Inc 诉 Corley, 273 F 3d 429 (US Ct of Apps (2d Cir), 2001)。参见 Macmillan(2006)。

⑤ 一个典型的例子就是电子期刊的使用权之争。

为了不忘记所有神一般的事物都可能伴随着较小的神（甚至是虚假的神）及其表现形式，我们不妨将现代商业文化的肖像漫画也囊括进来，如米奇老鼠、米妮老鼠和红女巫……不过，这一点是有争议的，"属于神圣权利之物"可以很好地接纳这种肖像，起码可在某种程度上将其示于众人，一如版权法对滑稽模仿的例外（Rose，2003：109）。

版权法当然可以做到这一点，但目前几乎没有证据表明它会这样做。事实上，米老鼠足可依仗知识产权法来保护自己的文化免于滑稽模仿。[1] 滑稽模仿的例外并没有明确的定义[2]，如果例外必须仰赖公平处理抗辩的话，则会因其功能退化而受到损害。

罗马法的最后一类非独占财产是"公法人之物"（res universitatis），这是该法对知识产权打入知识空间的一种回应。[3] 在现代语境里，"公法人之物"是指一个以财产权为界的权力，但却在其边界内创建了一种有限的公共领域（或共享之物）。[4] 在物理空间中，这个概念使生产性协同互动的优势与避免"公地悲剧"的需要结合在了一起。而在知识空间里，如前所述，不需要避免"公地悲剧"，因此，"公法人之物"或有限的"共享之物"的功用就在于保持生产性的协同作用，同时通过对外人行使权利来维持产生这种协同作用的动力。顾名思义，这种以财产权为界的社区通常反映在学者和学术团体的活动中（Rose，2003：107—108；Merges，1996）。"公法人之物"这个概念还可以用来描述传统和土著社区成员产生创新、知识和种种创意表达的方式。正如这个例子提醒我们的那样，知识产权法在识别这类创意或创新社区方面存在一些困难[5]，主要是因为知识产权总是急于确定相关权利的所有者，这就可能忽视相关社区的诸多贡献，以及混淆原创性、所有权和使用的概念（Chon，1996）。版权法对运用共同作者机制的能力非常有限，它很难识别这些概念或以财产权为边界的创意或创新社区，并将共同作者机制转变为共同所有权，也很少能对创意或创新社区的动态关系做出正确的判断（Chon，1996：270—272；Rose，1998，158ff）。无论如何，共同作者机制能否成功滋养充满活力的创意或创新社区，取决于社区成员的亲善程度，如果不那么亲善，则取决于社区的部分成员或相关社区。[6]

公共领域真的如此重要吗？

公共领域的各个纲维类似于"公共之物"、"公共财产"、"属于神圣权利之物"和"公

---

[1] 参见 Walt Disney Prods 诉 Air Pirates，581 F 2d 751（US Ct of Apps（9th Cir），1978），上诉驳回，439 US 1132(1979)。

[2] 例如，见 Joy Music 诉 Sunday Pictorial Newspapers [1960] 2 WLR 615；Williamson Music 诉 Pearson Partnership [1987]FSR 97。

[3] 关于 res universitatis 的描述，见 Rose(2003：105—108)。

[4] 关于这一概念在物理空间中的应用，请参见 Ostrom(1990)。

[5] 关于传统和土著社区，见 Blakeney(1995，2000)。

[6] 参见 Rose(2003：107)，她观察到大学内的创造性或创新社区："这里也有机会主义者、骗子和狂热者——在某种程度上还有商业用户——他们可以破坏这一进程。"

法人之物",其重要性取决于它们能在多大程度上展现公共领域在当今世界上需要发挥的作用。公共领域在知识空间及其悄然而至的产权化中如此重要的原因,不仅在于其直观的与产权化领域保持平衡关系的吸引人想法,更是因为在知识空间中实际占有大量获利性财产的少数人所拥有的权力可能带来的危险后果。如果知识空间不再划分为公共领域和产权化区域,那里也还会有形形色色的作者,原创人各自拥有对知识片段的专有权,也仍旧是知识产权的所有者,但可以肯定的是,知识产权的可商品化性质意味着大量的、主要的知识空间将被创意产业的大玩家——强大的跨国公司买走。[1] 知识空间的这种局面与同样被跨国公司把持的物理空间惊人地相似,权力高度集中掌握在垄断公司手中意味着他们能操控文化和技术领域的发展方向(Macmillan,2006;Vaidhyanathan,2001;Lessig,2004)。而更严重的是,企业参与者获得的权力虽然并不完全取决于知识产权,但这意味着他们能对知识产权法自身的形塑施加越来越多的调控。[2]

公共领域是知识空间中唯一可以挑战和抵制企业巨头集权的地方。大公司的权力超越知识产权法的一个原因是知识产权与公共领域的共生关系。也就是说,它侵蚀了公共领域,摇身变成了它的后代,而不是跟它的二元对立。这正是现代公共领域在知识空间中发生的悲剧。如果知识产权法的形成受到知识空间中产权部分主导者的权势影响,那么,这部分产权还有可能进一步扩大,而公共领域则将被迫收缩。正如我们试图证明的那样,这恰恰就是已经发生的事情。"公共之物"与知识产权法认为的那些(暂时)无法占用的公共领域部分有些相似。然而,知识产权法显示出越来越多的人倾向于认同"公共之物"可以被私人占用的想法。知识空间中的"公共财产"概念已被生产性协同互动的重要性所证明,而保护它的却是不断变化的版权期限规则以及日渐缩减的抗辩和例外范围。

与知识空间中公共领域各维纲的收缩同样令人担忧的是,较之罗马法中公共领域的多层次概念,知识产权法创建的公共领域概念显得相当单薄羸弱。尽管许可机制可用来创造看似是有限的创意或创新社区,但"公法人之物"构想的有限的创意或创新社区却很少得到知识产权的关顾。这样的社区未必具有直接攻击大公司权力根基的能力,但可通过开发替代性的创意和创新社区间接地制衡企业巨头的权力。更有能力发起这种直接攻击的当属"属于神圣权利之物"这一法律概念,因为某些符号的神力会给寻求占用的人赋予较多的权力。不过,这个想法在知识产权法的公共领域构建中并未产生太大的影响,尽管它确实有那么一些可用于实现此目标的退化了的工具。

仅此而已?

知识空间和物理空间的公共领域若要有活力,关键是要对其进行保护和滋养。上

---

[1] 关于这一过程的描述,参见 Bettig(1996)、Macmillan(2006)、Bolly(2005)。
[2] 这方面的典型例子是世贸组织《与贸易有关的知识产权协定》的谈判和结论:见 Sell(2003)。

面已经论证过,在知识空间,知识产权法(包括版权法)不足以为公共领域提供抗辩手段。尽管存在知识产权的二元世界,但还有其他的法律工具可用于知识空间的监管及维持其运行秩序,如报刊审查制度、反淫秽法、反亵渎法、反诽谤法、国家安全法和人权保护法(含言论自由权),这些法律中至少有一部分具有改变公共领域和产权区域之间的边界的作用。例如,有的法院就拒绝对被视为淫秽色情的资料[1]或有悖于国家安全的资料[2]强制执行版权法。在这种情况下,可以说人工制品在知识空间中被排除在了产权区域之外而进入了公共领域,它们将在那里受到其他形式的监管,这些监管措施旨在确保公共领域处于有序和有效运行的状态。当然,可能有人认为,版权法试图将公共政策的考量因素加以内化[3],其结果,它将违反某些规范的资料推向公共领域,在那里受到更适合目标的法律领域的监管。然而,什么样的资料可以被知识产权法推出去,什么样的资料可以被其他的法律领域拉进来,这两者的区别是相当模糊的。至于知识产权法推向公共领域的资料与其他法律领域纳入的资料在多大程度上相一致,也不一定弄得清楚。

人权法和知识产权法之间的关系,是产权化的知识空间与公共领域在边界上争持不下的一个明显例子。人权法,或至少是由这一法律领域制定的规范,似乎能撬开知识空间中产权区域的大门,要求在有限的时间和特定的目的下释放某些资料。版权法环境中发生的人权问题主要涉及言论自由问题。[4] 归根结底,此乃版权所有者对版权作品的控制与该作品为特定目的归于公共领域的观点互相拉锯的紧张关系。

版权法构建了对言论进行私人控制的庞大系统的基础,但它对言论自由的问题几乎没有关注。版权法对言论自由的制衡作用比较疏忽的原因有三:第一,版权在激励表达多样性方面的作用通常被认为超过或消除了对言论自由的任何负面影响(Netanel,1996)。人们普遍认为,维护言论自由需要一定程度的版权保护,因为它鼓励自由的、多样性的表达,至少会鼓励这种表达方式的广泛传播。反过来,这构成了维护民主政治和社会环境所需要的强有力的公共领域的先决条件,这是言论自由原则最主要的功利主义的关注点(Barendt,2005,ch. 1;Netanel,1996;Macmillan,2005:35)。然而,这并不意味着我们应该对版权法在某些条件下会在公共领域引发严重妨碍言论自由的活动的可能性视而不见。

第二,人们普遍认为,如果出现言论自由问题的话,版权法也有处理这些问题的内部机制,特别是思想/表达的二分法与公平处理抗辩。毫无疑问,思想/表达二分法在这里颇有意义,因为它可以防止信息和思想的垄断,使其能以受到版权保护的资料表达方式来进行不同的表达。然而,二分法对非文学类的版权资料的效用是可疑的。[5]

---

[1] 例如,Glyn 诉 Weston Feature Fims [1916]1 ch 261。
[2] 例如,AG 诉 The Guardian Newspapers (No. 2) [1988] 3 All ER 542,参见 Patfield(1989)。
[3] 参见英国《1988 年版权、外观设计和专利法》第 171(3)条。
[4] 关于版权和言论自由之间关系的全面概述,见 Griffiths 和 Suthersanen(2005)。
[5] 进一步参见 Nimmer(1984,2:05[C]:2—73),关于美莱大屠杀的照片;Waldron(1993:858n),关于两名洛杉矶白人警察殴打黑人驾车者 Rodney King 的录像;Macmillan Patfield(1996)。

如果思想/表达二分法无能为力，公平处理抗辩或可以提供部分支持，但也只有局部作用。公平处理抗辩对批评和审查不无用处，但抗辩措施无法充分考量那些确保言论自由的最关键因素。

第三，版权对言论进行的私人而非政府的控制给言论自由带来了潜在风险和负面影响。在充满活力的公共领域保障言论自由的关键因素，不在于资料受产权保护的程度，更在于权利持有人的性质，特别是知识空间中权利持有人普遍握有权力的程度。显然，这一点被忽视或低估了。在一个充满活力的公共领域里，私人手中高度集中的版权所有权对文化产品产生的威胁，其实跟这种所有权集中在国家手中是一样的。甚至可以说，私人手中集中握有这种所有权更加危险，因为至少国家通过选举程序和行政法工具对其掌权方式负责。当然，私营部门也会通过市场机制来负责。但对媒体和娱乐公司来说，这些机制的有效性可能有些问题。这些公司在知识空间拥有大量昂贵的产权，从而在文化产品市场中占有压倒性权势。由于这些公司拥有通过选择性释放和其他的文化过滤机制来塑造品味和需求的能力，以及拥有压制针对品味塑造过程的批判性言论的能力（Macmillan，2002a，2002b，2006），人们自然会得出市场机制并非白璧无瑕的结论。

结语：重勘边界

正如前文试图证明的那样，虽有一些其他法律可用于规范知识空间，但只有知识产权才与公共领域有共生关系。质言之，知识产权赋予的权利与公共领域的扩大和缩小是呈反向变化的。此外，知识产权法在很大程度上负责划定产权的期限、方式以及产权不存在的界限，知识空间受压缩的部分被知识产权法忽视或摒弃了。实际上，在罗马法的术语中，它们暂且属于"公共之物"，在法律上是不能占用的。毫无疑问，目前还有大量的知识空间在性质上类似于罗马法所讲的"无主物"（res nullius），这些知识空间不属于任何人，因为法律并未认可任何的占用。然而，大部分知识空间均已被知识产权所占据。在这个空间内，知识产权法自身宣称某些事物尚属公共领域，无非是出于某些有限的目的，或是因为期限已至。从这些有限的目的来看，大多数公共领域的事物在性质上类似于"公共财产"，而目前对公共领域这方面的限制使它失却了许多活力。物理空间中公共领域的其他罗马法概念，如"属于神圣权利之物"和"公法人之物"，似乎对知识产权法在知识空间中创造公共领域的方式几乎没有影响力。

如果知识产权法不仅在知识空间中与公共领域具有共生关系，而且在很大程度上负责划定它与专有产权行使之间的界限，那么，一种使公共领域更具活力的方式便是修订知识产权法中那些最能对公共领域形态产生显著影响的条款，这将有力扭转目前知识空间被产权区域越来越多蚕食的趋势。对版权法而言，这将限制（如果不是逆转）其横向扩展以涵盖知识空间中新的活动形式的倾向，同时，重新勘定思想和表达之间的界限，并将思想置于知识的"公共之物"范畴之内。"公共之物"的概念能否在知识空间中有真实意义地存在,此乃知识空间中关于"公共财产"之争的真正焦点。如果这两个概念在知识空间中有那么一条界线,也不是容易划分的。但有一点很清楚,在知识空间中保护"公共财产"需要的不仅仅是重新评估知识产权法的横向范围。

为了保护涉及版权的知识空间中"公共财产"的活力,需要重新对期限规则进行评估。[1] 英国当初制定版权法时,主张延长版权期限的理由大都出于作者的浪漫观念和作者控制作品权利的企图。[2] 鉴于商品化过程已使作者与其作品分离(Gaines,1991:10),作者在版权法中变成了一个有点边缘化的人物,因此,基于作者身份的版权利益的扩大化讲不出什么道理。缺乏正当的理由必将削弱对版权侵权的抗辩力度,特别是公平处理抗辩,这是版权法的另一个重要维度,若要加强"公共财产"保护,我们就要加以考虑。[3] 由于对作者变成边缘化人物的关注,在版权发展史上早就转变了公平处理抗辩的应用方式,从重点关注被告增加的内容转向被告采取的行动。[4] 近年来,抗辩权一直在大幅收缩。乐观主义者可能会争辩说,大西洋两岸在歌手 Campbell 对 Acuff-Rose 音乐公司[5]、美国时代华纳娱乐公司对英国第四台电视公司[6]等判例中,已经修复或减轻了 Rogers 与 Koons[7] 一案对保护知识共享的武器——公平处理/合理使用抗辩的作用造成的损害。然而,案例法的这种混合更有可能带来的结果是导致抗辩范围的混淆。

如前所述,公共领域与"属于神圣权利之物"和"公法人之物"类似的部分,很难对当前知识空间构成的任何认可进行评价。虽然"公法人之物"概念设想的封闭式的创意或创新社区具有发挥生产性协同作用的潜能,但在目前企业主导的环境下,与之对立的利益集团早就夺取了太多的有价值的知识空间。现代版的"属于神圣权利之物"概念很可能与重整旗鼓的"公共财产"概念一起取而代之,以确保知识空间内所有权集中所产生的权力至少不会导致某些不可接受的滥用或限制他人权利的行为。然而,即使公共领域所有这些不同的概念都用于当前知识产权运行机制的扩展版本,这些机制依旧存在着适用性的问题,我们还需要将资料分离出来纳入知识空间中公共领域的其他方式。目前,最明显可用的法律工具在人权法领域。这一法律领域尚未适应这一目的,但其适用性仍然是一个可行的选择。不过,需要进一步探讨的问题是,在任何未来

---

[1] 关于改革期限规则,进一步见 Netanel(1996:366—371)。

[2] 见 Bently(1994:973,979,979n),其中提到华兹华斯(Wordworth)支持塔尔福德中士(Sergeant Talfourd)延长版权期限的著名运动。另见 Vaidhyanathan(2001,ch. 2)。

[3] 关于公平交易抗辩的改革,另见 Netanel(1996:376—382)。

[4] Bently(1994:979n)引用了 Cary 诉 Longman(1801)1 East 358,359n,102 ER 138,139n 中的 Sayre 诉 Moore(1785)一案;West 诉 Francis 5 B and Ald 737,106 ER 1361;以及 Bramwell 诉 Halcomb(1836)2 My and Cr 737,40 ER 1110,作为这种转变的例子。

[5] 114《联邦最高法院判例汇编》1164(1994)。

[6] [1994]EMLR 1。

[7] 参见 Rogers 诉 Koons,751 F Supp 474 (SDNY 1990),aff'd,960 F 2d 301 (2d Cir),上述驳回,113 SCt 365(1992),其中认为合理使用权仅适用于侵权作品以评论该作品为目的而使用版权作品的情况,而不是以评论一般社会为目的。关于这个案例的重要性,请进一步参见 Macmillan(2002a,2006)。

的发展中,人权法的某些相关维度是否应该包含在知识产权中。这种包容的结果必然是人权对财产范式本质的征服,这样一来,人权将成为旨在维护公共领域的知识产权法的所有其他例外。相反地,为了有效地把控知识空间中产权区域和公共领域的边界,人权法需要保持其自身的完整性,作为一个法律领域来应对知识产权法潜在的规范性冲突。

第二十四章　版权及其缺憾

马丁·克雷奇默

导 论

知识产权法已经从保护创新者反对竞争者(即保护出版商反对盗版者,保护发明者反对模仿者,保护商业性品牌反对误导性使用)而创造的有限权利,变成了一套雄心勃勃的规范体系,进而成为管理信息社会的一种基础设施。

具体而言,版权法规定了作者身份、所有权和内容访问权限。在创意产业中,版权法以复杂的方式构建了文化的生产、发行和消费。[①]

创作者认为,版权对作者身份的法律认可,是其本人身份、社会认可和财务奖励的核心(Towse,2006)。

数字领域的消费者行为越来越多地受到版权法、技术和合同的约束(Elkin-Karen,1997)。

在整个价值链中,版权已经成为创意产业参与者进行交易的货币(Frith & Marshall,2004)。

因此,将创意产业概念化为版权产业是很有吸引力的(世界知识产权组织,2003,2012)。

然而,创意产业并不就是版权产业,这两者画等号是有问题的。创意产业中有许多商品可以诉诸版权保护,但使用版权法只是偶尔为之。新闻的制作和发布便是一例。从商业模式来讲,绝大多数新闻内容总是第一时间进入市场的(Bently,2004)。反之亦然。创意产业中的商品虽然不受版权保护,但仍像受保护那样进行交易。电视节目形式就是一例,如真人选秀(偶像、X音素)、益智游戏(百万富翁)或写实节目(我是名人、大设计),它们都不受版权法保护,竞争对手可以任意模仿这些节目的基本特征,而无需征得原创者的许可。但仍有电视节目在全球范围内实行许可,俨然受到了版权保护一样(Singh & Kretschmer,2012)。

[①] 另有一些与创意产业相关的其他形式的专有权法规,如专利(特别是影响数字平台的架构)、设计权和商标。此外,在"产权区域"之外还有一些监管形式,例如,反诽谤、淫秽和亵渎法,管辖国家安全的法律,以及与言论有关的基本法律(见 Fiona Macmillan,第23章)。本章讨论的重点是版权法,该法被视为文化市场中进行监管干预的范式。

在这两种情况下，似乎看不到版权法的影响。我们不知道在没有版权法的情况下会生产什么商品，也不晓得其他的商业模式、体制机制或规范（如果有的话）可以补充或替代独家合法权利。为了能在数字环境中进行决策，面对挑战并取得进展，本章将在以下三节进行分析：

首先，我们将通过历史考察来评估是否存在这样的因果关系，即版权法产生或反映了文化生产的美学和经济学？

其次，在创意产业中，现代版权法的国际组织不能与时俱进，其陈旧性反映在国际公约中根深蒂固的法律规范里。

最后，数字环境（颠覆性技术、用户行为不轨）迫使法律、美学和经济规范分离。面对人们的诸多不满，版权相关规范应作何调适？

文化生产与浪漫主义作者

20世纪70年代美国社会学家对文化与文学的研究（Hirsch, 1972; Peterson, 1976)表明，文化的符号元素是由其生产系统构建的，该系统包括了技术、组织结构和法律规制。

例如，Griswold(1981)认为，19世纪的美国版权制度虽然允许翻印外国作品，但以保护本国作家为主，以防英国免版税进口小说冲击"本土风格"的小说，因此，美国小说才会有颇具本土特色的"人与自然冲突"主题。这个诠释与传统研究恰成对比，后者认为符号生产的差异是文化差异造成的，而美国新小说反映了美国新特征。Griswold还声称，1909年版权法案扩大了外国作者的版权，随后美国与欧洲风格的差异再次消失，因为美国作家逐渐放弃了特有的美国主题。[①]

另一个关于版权因果关系的新例子关系到改编作品的专有权利（该权利由国家版权法根据《保护文学和艺术作品伯尔尼公约》第12条提供，《伯尔尼公约》与世界贸易组织1994年《与贸易有关的知识产权协定》一并纳入了全球自由贸易体系，详见下一节）。对作品改编专有权的控制必将影响艺术合作以及正在制作的衍生品，当你重新使用早期的创作素材时，你仍需寻求许可，而许可或许被拒，并且，创作稿不得不在早期阶段就正式敲定。"人民公敌"乐队的Hank Shocklee和Chuck D在说唱专辑"It Takes a Nation of Millions"(1988)中将此比喻为构筑了一道数字样本的"音墙"(McLeod, 2001, 2002)。一旦版权纳入判例法（即法官在法庭判决中的判决）并开始将其他录音制品样本视为侵权，"人民公敌"乐队就不得不改变自己的风格。版权法机构在这里就像是正在从事某种特定文化的生产。

在版权历史学家看来，版权因果关系完全是颠倒的：18世纪末作者权利的兴起发

---

① "国际版权法"(Chace Act 1891)消除了对外国作者的明显歧视，但仍存在重大的障碍，使外国作者和出版商难以在1909年之前在美国获得有效的保护（例如，要求图书必须在美国注册和印制）。

韧于天才人物的新审美观（Woodmansee，1984；Woodmansee & Jaszi，1994；Boyle，1996）。

所谓的"浪漫主义作者的假设"，可援引为证的资料主要有：Edward Young 在"原创构成的猜想"（1759）一文中呼吁其共同作者抛开既有模式，另辟创作蹊径（§43："原创如同一棵幼苗，从天才的活力之根自发萌生；它生长着，不是被造出来的"）；Le Chapelier 关于"尊重节目的行为"的报告介绍了 1791 年法国大革命颁发的保护戏剧作品法令："最神圣、最合规、最无懈可击……最具个人特色的作品，是作家想象力之果"[①]；Johann Gottlieb Fichte 1793 年发表的论文"翻印的非法性证明"，从特征不可分割的形式这一概念推导出了专有的著作权（Kawohl & Kretschmer，2009）。现代版权法基于"浪漫主义作者的假设"，沿用了这项著作权的发明。于是，美学变成了作者权利的首要因素：一个人独自表达的具有浪漫色彩的思想意识，可以被视为类似于"不动产"的作者权利，放弃了早期关于"临时性、有限性和实利性国家补助"的版权概念（Boyle，1996：56）。

在音乐界，Lydia Goehr 依据 18 世纪末形成的理想主义本体论，阐述了一个抽象的"音乐作品概念"。她认为，对经典的音乐作品和表演性的演绎应严格加以区分，并以此开始规范音乐的实践，从而将西方古典音乐置于通往"虚拟的音乐作品博物馆"（她于 1992 年发表的著作的书名）的道路上。在不同的音乐作品中重复使用同一主题和段落，即使系同一位作曲家所为，也不过是衍生的、无价值的作品。改变演奏中的音符，或超越乐谱即兴演奏，均有悖于艺术作品的永恒性。

Goehr 将这种本体论简单地运用到版权法，把所有权享有的权利视为"一个自由人的劳动的产物"，而不是可以公开表演的专有权，也不是可以随意改编的专有权。[②] 在我们看来，这对正本清源不无启迪作用。Goehr 认为，首先是作品概念，然后才有法律表述。

Anne Barron 在一篇重要的修订文稿中质疑了音乐作品的法律概念与音乐学范畴相同的主张。她认为，从"物理主义"到"形式主义"的转变，主要是从"内在之物"转向法律学说。Barron 写道，文化艺术作品"提出的归因和认同的复杂问题"（2006：42），无法用物理的有形的物品这样的类比来解决。最初在 18 世纪的英国"文学财产辩论"中发展起来的形式主义解决方案，将界定那些在市场交易中形成的财产权，并且必然会延伸到"书页记载的表面之外"（2006：43）。由此可见，法律逻辑在美学话语中发生理想化的浪漫主义转变之前，就已经产生了自己的抽象的作品概念。

社会学家 Lee Marshall 在论述盗版问题的著作中（2005：24）更进一步说："版权

[①] "最神圣、最合规、最无懈可击……最具个人特色的作品，是作家想象力之果。"然后，该报告表明，一旦作品发表，该作品的性质就会发生变化，朝着"公共财产"这一平淡无奇的概念发展（Ginsburg 1990）。

[②] "当作曲家开始将自己的创作作品本身作为目的时，他们开始赋予其相应的个性化。当作曲家开始在个性化作品中表达和体现自己的活动时，他们很快被说服他们正在产生这些作品的所有权。因为音乐是一个自由人的劳动的产物，所以，有必要改变所有权所享有的权利"（Goehr，1992：218）。

法……作为现代专有著作权的设计师,将作者身份排除在版权之外是错误的。"我们再也无法从版权法构成的生产、发行和消费的市场关系中抽象出作者身份。

只要版权法构建了它试图规范的对象,这就不难被理解为因果关系。"文化生产"和"浪漫主义作者"的解释都存在问题。版权法可能会对其试图规范的艺术实践做出回应,但同时它也在为特定类型的交易强行开辟空间。

伯尔尼解决方案的刚性和脆弱性

虽然因果关系仍未确定,但现代版权法概念的核心并没有因为创立的伯尔尼解决方案而发生变化。《伯尔尼公约》最初于1886年签署,并于1994年纳入全球贸易体系①,该公约基于所有的使用方式均须依赖的独立原创作品的抽象概念。最初,"文学、科学和艺术领域的每一部作品"的全部价值通过抽象的作品概念授予作者,其后,大部分价值转移到了所有权的继承者即大公司的手里,因此,翻译、复制、公演和改编均在所有者的独家操控之下。该公约规定的版权保护期限为作者有生之年及其死后50年(美国和欧盟将保护期限延至70年,这使版权保护期限很容易达到120年)。②专有权只有"在某些特殊情况下"允许例外,其前提是"这种复制不会与正常使用作品相冲突,并且不会无理地损害作者的合法权益",这就是众所周知的三步检验法。③

在《伯尔尼公约》中,用户的利益或自由没有单独的概念化规定,也不承认任何创意活动都会吸收其他文化生产的精粹。该公约界定的作品都是独立的和原创的,不属于公共文化领域。

继《伯尔尼公约》之后,技术进步推动了版权法的发展。由于版权的全部价值无疑应归于作者/所有者,因此,随着留声机、广播、电视、录音带、录像带、照片复印、卫星与有线电视以及计算机与互联网技术的出现,需要对版权提出一系列的修正案,以便将保护范围扩大到这些始料未及的技术活动领域。只有在专属权保护无法执行的情况下,如音乐表演和广播、图书馆复印、有线电视转播或私人复印,才采用许多国家都使

---

① 《伯尔尼公约》的最新版本是1971年修订的"巴黎文本",并于1979年再次修正。美国仅在1989年才加入《伯尔尼公约》。1994年,《伯尔尼公约》被纳入世界贸易组织(WTO)制定的《与贸易有关的知识产权协议》(TRIPS),该组织的所有160个成员国(截至2014年6月26日)皆受其约束。协议第六条之二是例外,在好莱坞的游说压力下,美国谈判者要求将著作人格权(droit moral)排除在外。著作人格权是指,即使在所有专属版权转让后,作者仍有表明其作者身份的权利(姓名表示权),同时,不允许对作品做出任何有损于作者荣誉或声誉的改动(禁止不当修改权)。该权利限制了公司在无须求助于作者的情况下利用其作品的自由。参见F. Macmillan(第23章)关于版权利益的可转让性。

② 欧洲版权法的保护期限与1993年欧共体理事会指令(93/98/EEC)规定的"作者有生之年加70年"是一致的。美国Sonny Bono版权期限延长法案(1998)将保护期限延至"作者去世后加20年,再加上70年",公司的"委托作品"(包括雇佣关系产生的作品和特定种类的委托作品)的保护期限为95年。在欧洲,录音、广播和表演受相邻或"相关权利"的保护。根据2011年欧盟指令(2011/77/EU),保护期限从50年延至70年。

③ 1967年斯德哥尔摩修订会议引入了协议第9条(2)。需要注意的是,在《伯尔尼公约》的框架下,三步检验法不适用于复制权。然而,世界贸易组织《与贸易有关的知识产权协议》(TRIPS 1994)第13条和世界知识产权组织"互联网条约"(1996)第10条使该测试法适用于所有版权限制和例外。

用的收费协会许可机制。（团体许可的原则仍是"付费游戏"，但费率不可单独谈判。实际上，它用报酬权取代了所有者的独家经营权。）

从这个视角来看，在版权作品大量存在的行业里，内容所有者对全球网络时代的到来感到沮丧毫不奇怪。如果数字资料可以转变成不可追溯的新形式，如果每个当地拷贝都能瞬间传遍全球，那么，立法者就应该采取行动来维护伯尔尼解决方案的基石——抽象的、原创的、创作的作品概念，这一点难道不是无可争辩的吗？1994年，网景浏览器（Netscape's Navigator）问世，它几乎在一夜之间将互联网转变为大众传播和电子商务媒体。针对这种情况，世界知识产权组织（WIPO）于1996年制定了"互联网条约"[1]，综合采用了三项法律措施来进行治理：扩展专有权（而不是报酬权）、特许技术锁定（保护这些权利）以及锚定版权用户（而不是商业竞争对手）。

正如20世纪90年代致力于游说活动的一家跨国唱片公司总裁告诉我的那样（Kretschmer et al.,1999），数字版权议程的立法提案侧重于"行业在网络环境中的拒绝权利"。这本访谈集表明，在数字版权议程期间，权利持有人基本上处于守势。

> 如果在老市场上受到威胁，那就别想开辟新市场。（典型引述："不，不会给你访问权限，你休想拿走我们的保留节目，我们将把这个婴儿扼杀在襁褓中。"）

> 如果你用技术和法律控制了内容，那么，发行形式是无关紧要的。（典型引述："搬家公司想买家具店，这太荒谬了。"）

权利持有人的目标是创建一个封闭环路，客户想得到其中的内容必须经过许可，通过严厉执法打击侵权者，驱使用户进入闭路系统。如果对唯一合法的可用内容进行复制受到保护，那么，用户终将为其付费。违规者将为自己的侵权犯罪行为而感到后悔。[2] 这就是对法律在文化生产和消费中的因果关系的一种迷信。

改革前景展望

法律是因，行为是果，这类因果关系观在有组织的行业集团中仍占主导地位。自数字版权议程为规范网络环境勾画蓝图以来，15年间其执法重点已从用户转移到中介，但基本假设始终未变，即所有者对其享有专有权控制的作品有权说"不"。

同样，这也是遵循知识产权传统的法律作家所持有的主流观点，他们忘记了形式

---

[1] 世界知识产权组织的"互联网条约"：世界知识产权组织版权条约（1996）、世界知识产权组织表演和录音制品条约（1996）；1998年美国通过数字千年版权法案并付诸施行（DMCA：Pub. L. No. 105－304, 112 Stat. 2860，编号为17 U.S.C. Sec. 1201－1204）；2001年欧盟通过"协调信息社会的版权和相关权利有关方面的指令"（2001/29/EC）并付诸施行。

[2] 为了遏制数字犯罪趋势，1998年美国数字版权法§1204规定：凡故意规避复制保护措施或复制者，第一次犯罪将处以不超过50万美元的罚款或不超过5年的监禁，第二次犯罪将处以不超过100万美元的罚款或不超过10年的监禁。

主义的老传统,常常以为文学艺术作品在受版权法管辖之前就已作为对象而存在。然而,法律不仅仅可用于治理,它自己也可能构成管辖的对象。对新技术而言,就需要重新界定,将其纳入既有的监管制度。例如,使用电报技术的数据传输被概念化为字母,并置于邮政局长管理之下(1869年英国电报法案)。更有甚者,若无管理制度,监管对象可能并不存在:正是在"互联网名称与数字地址分配机构"(ICANN)的管理系统下,无数分派出去的唯一标识符构成了庞大的互联网。由此可见,监管工作应当同步发展,否则,它也有与监管对象——技术和文化符号发生冲突的时候。如果我们按照自己的逻辑,认真对待版权法作为半自治系统的概念,同时作为创作者、生产者和消费者这三者关系中的一个不可分割的参与者(旨在构建可供买卖的文学艺术作品),那么,版权改革会有怎样的前景呢?①

也许可以说,在模拟到数字的演化过程中,数字版权议程的执法重点只能使权利持有人变得蒙昧无知。他们意识不到,文化生产和消费的重构有多么激进。就构建可供买卖的文学艺术作品而言,版权法的作用可能将被完全排除在外,因为传统的内容行业失去了在数字平台上成为关键中介的角色,这种数字平台是通过服务而不是扩散的商品来与用户互动的。

数字世界仍在不断发生动态变化,富有成效的版权改革必须重新启动法律、文化生产和消费之间的递归因果关系,否则,便会成为时代的落伍者。

---

① 关于版权法的文献可谓汗牛充栋,包括:马克思主义关于资本主义生产条件的法律概念表述(Edelman,1977[1973]);版权法被视为合作和竞争网络中的社会过程的一部分(Toynbee,2001);正统的经济解释是对资源配置进行有效监管的反应(Landes & Posner,2003);关于规制俘虏(regulatory capture)的政治经济学解释(Kay,1993;Lessig,2004;May,2000);以天才人物的美学观来诠释版权法的"浪漫主义作者假设"(Woodmansee,1984;Woodmansee & Jaszi,1994;Boyle,1996);在法律中构建无形事物的形式主义方法(Sherman & Bently,1999;Barron,2006a)。凡此种种,不一而足。对本章提到的各种研究方法论的评论,请参阅 Kretschmer 和 Pratt 的著述(2009)。

第二十五章 创意产业的公共政策

哈桑·巴克什 斯图亚特·坎宁安 加·马特奥斯-加西亚

导 论

我们为什么要对艺术、文化与创意产业制定公共政策呢？原则上，艺术、文化与创意产品、服务和经验的产生可以通过市场自行组织，就像经济中的大多数其他部门一样。然而，环顾四周，人们就会看到政府对艺术、文化的生产和消费进行的高度干预：艺术家和文化机构获得公共补助金；电影制片人享有税收优惠；广播受到严格监管；知识产权制度赋予权利持有人利用其创意作品赢利的暂时垄断权。

本章将从市场失灵、战略性产业政策和创意经济这三个方面，阐明文化创意产业政策理论的经济基础。接着，概述英国文化创意产业政策在过去30年中的演变过程，以说明政府干预理论的相对重要性所发生的变化。我们将简要描述政策制定者对文化创意产业的定义和分类的重大修改，决策者对创意产业在经济发展中的作用的认知，及其为支持该产业发展所采取的政策措施。有兴趣的读者可参阅Flew(2011)和Cunningham(2014)论述英国创意产业政策发展史的著述。最后，笔者提出关于政策研究规划的建议。

笔者将运用经济学的语言和概念来分析问题，因为我们关注的是如何在替代性目标之间配置稀缺的公共资源的政策问题（艺术、文化和创意活动只是目标之一）[①]，运用经济学的分析框架来研究政府对商业性创意产业的干预行为会更加得心应手。我们并不否认，凡是需要对艺术和文化活动进行补贴的地方，公共干预必然有经济之外的重要动机——艺术和文化生活"代表了个人的价值观、审美观和哲学思想，以及综合理解一个人的身份的全部方式"(Deroin, 2011)。这无疑是对艺术进行公共投资的独特理由。不过，我们下面讲述的政策干预的经济理论基本上涵盖了所有这些理由。

艺术、文化与创意产业中的市场失灵

现代经济运行的基本法则认为，市场通常是对稀缺资源进行配置的最有效机制，

[①] 应该指出，本文对经济学概念和分析框架的使用是不拘一格的。也许有人会认为，我们扩展经济学术语以接纳"创意经济"的创新研究传统时过于宽松了。

该机制能满足人们对替代性、竞争性的商品和服务的需求。解释该法则的经济理论有好几种,而且在相当程度上具有互补性。

也许,最著名的法则当数亚当·斯密的"看不见的手"定理。根据该定理,追逐自利的个体行为通过无形之手的导引最终会聚合成社会期望的结果,并支持有利于提高生产效率(因而创造财富)的复杂的劳动分工(A. Smith,1991 [1776])。奥地利学派强调,市场能比其他替代方案(尤其是中央计划)更有效地促进试验、学习解决经济问题,更高效地利用整个经济和社会分布着的各种知识库(Hayek,1945)。

然而,在某些场合,任凭市场机制独自发挥作用,它也无法产生具有社会效益的结果,在这种情况下,政府对经济进行干预是合理的,只要这种干预的收益超过成本。本节将逐一分析艺术、文化与创意产品、服务和体验可能会引起市场失灵的特征,为公共干预提供经济理由。

作为公共产品的艺术和文化

当企业、机构和家庭能够从经济活动中获取所有收益并完全承担成本时,市场就能有效运作。这就要求所生产的商品和服务既有"竞争性",即一个人的消费会排除另一个人的消费,又有"排他性",即这个人会排除其他同类商品或服务的消费。那些不满足这两个条件的商品和服务则具有"公共产品"的特征,其价格不反映与生产和消费"公共产品"相关的收益和成本,即所谓的正面"外部性"或负面"外部性"(或曰"外溢效应")。在没有政府干预的情况下,具有正面外部性的商品或服务的生产水平低于社会期望的水平。这些外溢效应通常发生在地区层面。例如,对城市居民而言,本地丰富多彩的文化景点能带来旅游收入(Long & Sellars,1995),或者吸引知识密集型企业愿意雇用的高学历移民(Florida,2002)。这就需要当地政府对艺术和文化给予支持。文化遗产所在地和公共建筑亦然,其存在和维护会为景点附近的居民带来非排他性和非竞争性的利益。在英国,地方当局的投入占全部艺术资金的比例不到 8%(M. Smith,2010)[①],在支持当地项目和组织机构方面却发挥了重要作用(Arts Development,2011)。

此外,一些文化创意产品和服务具有"信息商品"的特征,"信息商品"会产生"知识的外溢效应","无形的"思想、概念和主题可以激发人们的灵感,被他人用于开发、建树或模仿而无需补偿原创者。比如,影响力强的艺术作品或新颖的艺术类型会激励企业家在市场上开发后续项目。

有人认为,"知识的外溢效应"在地区层面表现得最为强烈(Chapain et al.,2010),甚至可能展现出更高的企业生产力和工资水平。最近的研究表明,在英国某些文化活动密集的城市里,工资确实有明显的提高,但一旦地区的文化教育水平有所提

[①] 请注意,很难找到英国地方当局独立资金来源的可靠数据(许多地方当局本身需要由艺术委员会和其他公共资金来源资助)。

升,工资溢价就会消失。[①]

艺术和文化还会产生其他更难界定的外部性,也可佐证公共资金投入的合理性。例如,一件文化产品或服务沟通了人们的情感,或帮助我们认清了所处社会的本质,那它就具有社会价值(Throsby,2000),这有助于形成人们的认同感和区域意识。又如,许多人认为,通过向社区灌输审美感和尊重他人的价值观,艺术创造了一个"更美好的社会"(Bakhshi,2010)。英国对文化价值的经济研究少之又少,但有一个罕见的例外:2003年英国图书馆征询公众意见的报告结论是,该图书馆的全部价值中,这类"非使用"价值占据了绝大多数(Pung,Clarke & Patten,2004)。

作为"有益品"的艺术和文化

当艺术和文化具有"公共产品"特征时,主要的挑战在于如何协调自利的个体之间的集体行动,以确保它们获得资助。但是,这种公共资助艺术和文化的观点却有家长式训导之嫌,因为消费者实际上并未意识到这些"公共产品"的好处,也就是说,艺术和文化成了对消费者有益但因其无知而消费不足的"有益品"(merit goods)。另一个考量因素是,许多艺术和文化活动往往是体验性产品(experience goods),消费者对这类产品的享受将随着体验的增多而增加(Vau der Ploeg,2002)。

一些国家政府曾用"有益品"观点来证明幼年干预会促进文化消费。例如,荷兰向学龄儿童发放文化代金券,领取代金券的儿童成年后参观博物馆的比例高于他人(Vander Ploeg,2002)。英国向儿童发放免费的剧院门票,但这个做法也引来了不小的争议(英国文化、传媒和体育部/艺术基金会,2012)。

规模报酬递增、盗版和垄断

艺术、文化与创意产品和服务的"信息产品"性质的另一个后果是,虽然"主人"最初生产时需要大量投资,但随后的复制品制作相对便宜。换句话说,追加生产单位的"边际成本"相对较低。譬如,与电视内容的原创、制作和播放所需的初始投资相比,重复播映的成本要低得多。目前拍摄电影或开发新的电子游戏的成本非常高(后者高达5 000万美元,且不含营销),而复制成本还不到1美元,仅需一张空碟的费用而已,若是在线下载或流媒体传输内容,费用还要低。这种独特的低边际成本结构为文化机构和创意企业带来了机遇和挑战。一方面,生产能以低边际成本快速扩大规模,支撑市场拓展,并产生可观的利润。另一方面,销售被盗版"蚕食"的可能性更大,在消费者眼中合法的和非法的复制品在质量上差异很小,而且复制成本很低(Oberholzer-Gee & Strumpf,2009)。

显然,这一切会对政策制定产生影响,对内容产业的公共投资快速带来高回报的

[①] 事实恰恰相反,工人愿意接受较低工资,以便在文化设施较为发达的地区生活(Bakhshi,Lee & Mateos-Garcia,2013)。关于美国的类似证据参见 Rauch(1993)。

前景,使产业政策制定者将之列为成熟的目标(下一节将详细讨论),同时,政策制定者也须正视盗版问题带来的挑战,虽然还未就解决方案达成一致意见。除了加强知识产权执法,其他备选方案和措施包括:数字版权管理解决方案(Liebowitz,2002);对制作非法复制品的技术征税来补偿权利持有人,但也有很好的经济理由避免这样做(Oxera,2012);采取措施降低版权许可的交易成本,以便开发新的商业模式(Hargreaves,2011)。

文化和创意内容制作的高固定成本也会形成市场进入壁垒,阻遏新进入者的竞争,使现有企业能以更高的价格或更低的质量从消费者那里抽取租金。这将导致另一类市场失灵——"垄断"。对此,政策制定者通过竞争政策寻求预防和/或监管,或者,在极端情况下直接通过国家所有权的形式充当垄断供应商(通常在公共广播中发生)。决策者还试图通过媒体多元化,以经济手段(至少含蓄地)保护一些带有"公共产品"特征的公正性新闻和信息渠道(Seabright & Von Hagen, 2006; Pratt & Stromberg, 2010)。

虽然创意内容的数字化发行降低了创意市场的进入门槛,但这些新技术也强化了规模收益递增趋势,这是"网络效应"特有的生产特征,即个体加入网络的价值随着网络中现有成员数量的增加而增加。这样一来,有可能在软件或社交媒体等数字行业以及发行创意内容的重要数字平台形成"赢者通吃"的局面,从而导致垄断(Liebowitz & Margolis,1998:671)。在这些复杂而又快速发展的互联网领域,政策制定者面临的挑战是,在富有效率的规模经济和创新的愿望与保护消费者和竞争对手免遭最终取得支配地位的公司滥用权力之间取得适当的平衡。

信息不对称和不确定性

市场有效运作的另一个重要条件是完整的、"对称"的信息,这些信息涉及市场交易参与者的投入和产出的质量、生产和意图。当这些信息无法取得或者参与者之间持有的信息不对称时,市场交易成本就会提升,因为参与者需要投入宝贵的资源来评估其交易对手的质量、合同和绩效监控。其结果,一些互惠互利的交易项目可能会被迫放弃。

艺术家和文化创意企业确实是在极不确定和极不稳定的环境中运作(Caves,2000),通常表现为极其不准的当前需求预测,还不仅仅是因为受众追求新颖的体验元素。正如好莱坞编剧William Goldman所说的那样,"这事儿根本没人知道"。这为文化创意产品的生产设置了很高的融投资障碍,从另一侧面证明公共干预填补"资金缺口"的必要性(Fraser & IFF Research,2011)。它还会加剧创意人士追求艺术目标的内在冲动(Caves,2000)与金融家收回投资的强烈动机之间的失衡,反过来进一步加大融投资障碍。

网络与系统失灵

创意产业政策理论探讨的这些特定类型的市场失灵很少被人提及,但它们确实背离了经济学家通常认为市场会产生有效结果的那些条件。问题的根源在于,创意产业中的生产活动是作为代理人系统或网络的一部分而发生的。业内人士提供各种想法和投入(如人才、资金或发行的基础设施),将其组合凝结成文化创意产品和服务,再与消费者或公共部门采购者进行联系,将其提供到市场上来(Barber & Georgioui, 2008)。然而,创意市场中的需求呈现出无限的多样性,难以事前进行准确预测,为了满足需求,创意产业改换了实际生产模式,转型为网络化生产,以便产生新颖性创意,应对不确定性(Caves, 2000; Storper & Christopherson, 1987)。所谓的"系统"失灵,主要源自系统或网络中存在的间隙或漏洞,它们或许是外部性带来的后果(那些充当创意网络"粘合剂"的代理商未能从其经纪活动中获取所有的价值),或许是某种不确定性造成的结果(创意企业很难衡量与不太信任的合作伙伴冒着风险建立联系的好处,比如,与其他行业、机构类型或其他创意学科的专家的合作,因此,这样做的可能性低于理想水平),这些漏洞的存在使市场交易成本增加,效率低下,创意和创新水平降低(Uzzi & Spiro, 2005)。这种"系统失灵"的观点支持了"国家创新系统"分析框架,创新研究领域的学者们运用该方法来检验各国之间的创新系统差异,这些差异导致其创新绩效和经济增长的变化(Lundvall, 2007)。还有一种"创意创新系统"概念(Bakhshi, Hargreaves & Mateos-Garcia, 2013)也开始应用于创意产业。对"系统失灵"的认识和感悟融入了政策和规划的制定,政策考量更加注重发挥中介机构的作用,以强化创意产业中创意公司、金融家和大学之间的联系(Sapsed, Grantham & DeFillippi, 2007; Mateos-Garcia & Sapsed, 2011)。

战略性创意产业政策

鉴于上述种种缘由,对文化创意产业采取旨在纠正市场失灵的政府干预措施是合乎情理的。但在实践中,政府经常采用"战略性产业政策"理论来扶持个别的创意产业,决策者并不在乎"市场失灵"的程度[①],而是聚焦该产业在增值以及出口、增长和创造就业方面的潜力。

一个产业部门的出口潜力是政策考量的重要因素之一。"出口基地"可以支撑经济发展(Thirlwall, 2002),这是工业部门促进增长和就业的主要方式。虽然传统的产业政策一直以制造业为核心,但近年来文化创意产业也被世界各国纷纷确定为"战略性产业"(Moons, Ranaivoson & De Vinck, 2013),部分原因就在于其贸易量增长尤为迅速(联合国贸发会议/开发计划署, 2010)。人们普遍认为,随着国民财富的积累,他们对创意产业的文化、媒体和娱乐产品的需求也在增加(Andari et al., 2007),这意味着具有这些行业竞争优势的国家从全球经济发展中获利甚多。

[①] 例如,对加拿大和法国的国内电子游戏开发商提供税收减免和补贴。但在有些国家,这类做法实属旨在"平衡竞争环境"的山寨措施,就像英国电子游戏开发的税收减免一样。

高生产率（即创新）产业也是战略性产业政策的常见目标，尤其是创新产业会产生有益的外部性，如前所述，这些良性的外溢效应通常发生在产业"集群"之中。尽管有益外部性的实证数据还远远不足，但越来越多的研究表明，创意产业确实相对具有创新性（Bakhshi & McVittie, 2009; Muller, Rammer & Truby, 2009; Falk et al., 2011）。

产业政策制定者瞄准创意产业的第三个原因是它们处于价值链的"上游"地带，这些创意活动更难于模仿，也不会外包到成本更低的新兴市场，因为那里的竞争对手一向以传统制造业为主（Miles & Green, 2008）。

出于上述种种原因，补贴和税收之类的政策措施经常被用来支持个别创意部门，力图提高本国生产者的国际竞争力或吸引外来直接投资。此外，一些国家的政府在文化因素（如保护国家身份和语言）而不是经济因素的驱动下推行进口配额、关税和银幕配额。一连串的贸易协定引入了所谓的"文化例外"条款（Van Grasstek, 2006），联合国教科文组织颁发了"保护和促进文化表现形式多样性公约"（联合国教科文组织，2005），都是这方面最明显的表现形式。

不过，产业政策（包括文化创意产业政策）也备受诟病，其批评意见如下：

首先，这是一种扭曲行为，因为它干扰了经济主体的投资决策（偏向某些部门而引致失衡），扭曲了市场运行机制（潜在地"支撑"竞争乏力的行业）。其次，人们担心政府无法准确辨识未来的增长部门或公司（有时被斥之为"挑选优胜者"），担忧行业寻租和"规制俘虏"的风险，忧虑各国"以邻为壑"竞相吸引外资政策的可持续性。最后，对政策支持措施的长效性存有疑虑，例如，旨在促进本国电影或电子游戏产业发展的税收减免举措。

"创意经济"

"创意经济"理论近几年才出现，虽不如"市场失灵"理论和"战略性产业政策"理论那么成熟，但已成为创意产业干预政策的又一理论基石。该理论发轫于澳大利亚（昆士兰科技大学创意产业研究与应用中心，Cutler & Company, 2003）、英国（文化、传媒和体育部，2008）与欧洲其他地区（欧盟委员会，2010b, 2010a），它的出现与新的经济增长理论、制度经济学和演化经济学（Polls, 2011）的并行发展有关，这些理论都很强调"无形"投资（特别是知识，见 Corrado, Hullen & Sichel, 2009）与创新（始于创意，见 Cox, 2005）作为生产力增长和长期竞争力来源的重要性。

"创意经济"理论认为，一国只有投资于新思想的产生，才能实现长期经济增长的目标（Nesta, 2009）。这些新想法在某种程度上是我们之前描述过的非竞争性和非排他性的，但模仿它们并不是毫无价值的。这是因为，"国家"（Edquist, 1997）或"区域"（Braczyk, Cooke & Heidenreich, 1998）的创新体系中诞生了新想法，采取独特方式联网的创新体系拥有隐性知识（如管理专业知识）和互补能力（如获得融资），能帮助开发者比竞争对手抢先一步利用新想法的价值。

"创意经济"理论将文化创意产业作为这种创新体系的核心。在这些体系中,创意人士能够产生新颖的想法与思考和观察世界的方式,创造新的技能和组织模式供其他行业学习或模仿,提高其他行业的创新能力。譬如,某些文化创意产业(如广告和设计)直接将创新要素投入其他部门企业的生产流程,在创新体系中发挥特殊作用(Potts & Morrison,2009)。

这种当代思想流派旨在彻底消融文化与经济之间的边界,他们提出的"文化经济"观点是对经济"文化化"概念的补充。

Lash 和 Urry(1994)是经济"文化化"概念的始作俑者,第一个区分了最早的反乌托邦的"文化产业化"(Adorno & Horkheimer,1979)版本和后来的"产业文化化"版本。在他们看来,"普通制造业正在变得越来越像文化的生产"(Lash & Urry,1994:123)。

Lash 和 Urry 的经济"文化化"不仅将普通的文化产品和服务视为整个经济的一部分(此即创意产业整体观的起点),还对手机、服装、教育(基于游戏的学习)和零售区(商场的娱乐场所)等非文化的产品和服务采取了文化的理念、流程和处置方式。[①] 这与创意工作者在更广泛的劳动力市场上寻求就业机会的倡导相一致,因为非文化领域也需要受过创意培训的人才,为经济文化化的进程提供信息。

Hawkins(2001)通过对创意管理或"想象力经济学"的思考,进一步拓宽了经济"文化化"视角。他探讨了创意工作者的人格特质、创意性创业(解锁人力资本资源)、"离职后工作"(职业生涯重组)、及时公司、临时公司和网络办公室。

内容产业是数字基础设施所需的互补产品的提供商,可以增加数字基础设施服务的吸收率,从而促进经济增长。Stephen Carter 的《数字英国》有这样的评论:内容产业是推动数字"管道"建设投资的"诗神"(Carter,2009),是满足复杂需求的先进技术的领先用户(Chapain et al.,2010),是将技能辐射到其他经济部门的高人力资本的新锐力量(Williams,Hillage,Pinto & Garrett,2012)。

创意经济采用的"网络化"生态学研究方法,打破了创意产业与其他技术密集型产业之间长期存在的界限,一直受到创新(科技)政策惠顾的行业包括"高科技"的制造业、信息通信业、制药业和生命科学产业。

特别值得关注的是,在文化创意产业之外的许多经济部门中,创意专业人士现已成为一个强势存在。"创意三叉戟"模型的研究团队在澳大利亚、英国、法国和欧洲其他地区进行了人口普查和劳力调查,巡查安置了创意职业的行业,结果发现,在创意产业之外工作的创意专业人士(即"嵌入式"就业)比创意产业内部更多(Higgs & Cun-

---

① 另见 Stoneman(2010)论述非传统创意产业(如制药业和金融服务业)中所谓的审美或"软"创新的重要性日益增加的问题。

ningham,2008;Higgs,Cunningham & Bakhshi,2008;Growth Analysis,2009)。[1]

Pagan等人(2009)以健康产业为例,说明了创意人士对医疗保健产品和服务的开发和提供所做的贡献。他们为医护人员提供初步培训和专业方面的继续教育,保障医院和诊所建筑物的有效运行。创意性的医疗保健服务则由医疗专业人员和患者承担。创意活动的主要作用是信息管理和分析的创新与服务的提供,使复杂的信息更易于理解或更有用,协助交流和沟通,减少社会心理和远程调解的障碍,提高服务的效率和有效性。

这种以创意劳动者为研究对象的方法与理查德·佛罗里达(Richard Florida)曝光度很高的研究有相似之处,也有很大的不同,后者的创意阶层囊括了白领和"无领"工人(Florida,2002;Boschma & Fritsch,2009;Clifton,2008)。佛罗里达的创意阶层扩大化备受诟病(Markusen,2006;Pratt,2009;Nathan,2007),但这两种方法均突出了创意职业人士研究的重要性,而不是狭隘地只盯着他们置身其中工作的行业。

政策制定者可以针对公共部门(主要是基础科学)和私营部门(科学和工程的应用性和实验性开发)分别制定创新政策,与此相仿,一些创意经济理论的倡导者也特别重视创意经济和创新体系内部的非营利性艺术和文化活动的重要性。[2]

从概念上讲,绘画、写作和表演艺术等创意活动通常被视为创意产业的核心领域,属于纯粹的内容创作行为(Throsby,2008;KEA,2006)。向英国政府提交的《保持领先》报告(Andari et al.,2007)认为,这些创意活动创造了"核心表达价值",试图将这些活动按英国官方的定义与版权机构联系起来。[3]

根据这种观点,发行和出版等创意产业的活动可以直接对那些具有高度表达价值的创意产出进行大规模开发,设计和软件等部门则通过对表达价值更广泛的商业利用而间接受益。这意味着,商业利益将从核心艺术活动领域溢出到更广泛的创意产业,而市场价格并没有反映出这一点,这种市场失灵为公共支持创意产业的核心领域提供了进一步的理由。

毋庸置疑,英国的艺术和文化部门与商业性的创意产业之间存在着非常密切的联系。即使粗略浏览一下英国商业上最成功的创意人才的职场传记,你也会发现许多人在补贴性部门有过形塑养成时段。Albert等(2013)报告称,商业性剧院近三分之一的艺术人才曾在补贴性剧院"待过",或在两者之间流动。这项研究揭示了补贴与商业之间关系的复杂性,许多在补贴性剧院从事艺术工作的人认为,其商业性剧院的经历是职业发展的关键时刻。

---

[1] P. Higgs & S. Cunningham:"创意产业路线图:我们从何而来及去往何处?"《创意产业杂志》,1(1)(2008):7—30;P. Higgs,S. Cunningham & H. Bakhshi:"超越创意产业:英国创意经济路线图"(伦敦:Nesta 2008);Growth Analysis:"瑞典统计中的文化产业:关于未来路线图定界的建议",打印稿(2009);Deroin(2011)回顾了欧洲大陆文化部门(含法国文化传播部)所做的类似工作。

[2] 例如,KEA欧洲事务公司(2009)认为,"基于文化的创意"为欧洲的创新作出了巨大贡献。

[3] 英国文化、传媒和体育部将创意产业定义为"以个人的创意、技能和天赋为源泉,形成知识产权并加以利用,为创造就业和财富带来潜力的那些活动",见英国文化协会(2010)。

也许,"外溢效应"论可用于补贴性部门中的文化机构,他们肩负了广义创意产业所不愿承担的风险,而冒这种风险确实具有社会价值。从某种意义上讲,这些接受补贴的艺术工作无异于创意产业的"研发实验室"。

Dempster(2006)曾经描述过戏剧创新的极高风险。除了常见的需求不确定(Caves,2000)外,协作开发过程本身也有高度的不确定性,它取决于许多个体工作的质量与彼此之间通过时间磨合产生的协调。Dempster对Jerry Springer歌剧的案例研究表明,"分阶段投资"虽能促进风险投资的发展,但用于艺术领域未必具有商业可行性。伦敦巴特西艺术中心、爱丁堡边缘艺术节和皇家国家剧院得到的补贴性投入,在开发阶段都发挥了关键作用,这才使创作走向西区及其他地区,取得了巨大的商业成功。

英国政策:创意产业的来龙去脉

在阐明政府制定艺术、文化和创意产业政策的主要经济理由的基础上,现在来看看各国(尤其是英国)政府如何在实践中制定和实施这些政策。

我们考察的每项政策框架包括文化创意产业的子产业,笔者将阐明政策作用于社会和经济的愿景,界定和证明那些有碍于政策作用实现的市场失灵(市场失灵一直是英国制定政策的主要依据,见Ridge et al.,2007),以及采用何种政策干预措施来解决这些问题。

需要指出的是,在技术、社会、经济和思想变革的驱动下,政策框架之间的转变并不是颠覆性的,而是渐进式的,当然,也不是一帆风顺的。

创意产业

直到20世纪90年代,英国文化政策主要指向视觉艺术、音乐和表演艺术(含戏剧、芭蕾舞和歌剧)、图书馆、博物馆和文化遗产。负责文化政策的主要机构是国家文化遗产部(成立于1992年,承担以前由内政部、枢密院和教育与环境部负责的职责)和英国艺术委员会(1946年由J. M. Keynes正式组建的独立机构,负责将政府资金引入文化机构)。

上述文化领域的产出是"公共产品"和"有益产品",带来了广泛的社会效益(如社会凝聚力,开明而又知情的公民,有助于形成国家认同),因此,给予政策支持是正当合理的。倘若公共补贴缺失,它们绝不会应社会之期许而生,更遑论那些需要大量固定投资的文化活动(如歌剧)。公共资金的投入冲抵了可能影响艺术产出质量的商业收益,因应了阿多诺对艺术和文化商品化的批判(Adorno & Horkheimer,1979)。

尽管阿多诺的批评并未从市场失灵的角度来表达,但解释它并不困难:问题不在于文化生产是否通过市场来组织(因为它显然可以),而是文化生产的"独特性""真实性"特征被资本积累的逻辑所破坏。

20世纪70年代,文化产业界修正了阿多诺(以及法兰克福学派)的反商业化倾向，拓宽了传统的文化政策范畴(Garnham,1987)。文化产业的界定涵盖了广播、电影和音乐等领域，强调这些产业的实力和企业正在满足消费者的文化需求。虽然大众媒体市场得到了应有的回报，但市场失灵的现象仍有增无减，这为国家干预提供了理由。在此背景下，英国当局授权英国广播公司 BBC(以及 20 世纪 80 年代的第 4 频道电视台)发挥主体作用，在当今极为丰富的电子媒体时代履行国家和城市托付的职能。事实上，BBC 在通信领域扮演的主角是如此成功，以至于近几十年来媒体政策一直要关注公平竞争的问题以及 BBC 挤出私营企业的潜在效应(Cave,Collins & Crowther,2004)。

国家干预的另一大原因并非遵循严格的经济逻辑，而是基于国家认同与文化维系。好莱坞是按照阿多诺的文化商品化逻辑和资本主义宣传方式运作的典型的文化产业企业，它曾担忧和抱怨自己在英国的文化霸权受到了挑战。因为英国政府率先制定了支持本土电影发展的文化政策，使电影行业成为当时唯一受到政府资助的商业性文化产业(Magar & Schlesinger,2009)。这段历史掌故说明，主流文化媒介所从事的本土文化生产是一种国家认同的表达方式，理所应当得到政策的保护。为了应对海外竞争者，保护措施首推配额，继而则是补贴。

创意产业的到来

到了 20 世纪 90 年代，文化政策制定的主导方式开始受到冲击，特别是"纯粹化的高雅艺术"和"商业化的大众艺术"两大思潮的尖锐对立(Garnham,1987)。

从知识供给方面来看，20 世纪 70 年代以来，英国文化研究更加关注受众积极重构文化的方式(而不是被动吸收之)，力图打破"高雅"文化和"低俗"文化之间的传统屏障，凸显资本主导的文化产业的可预测收入与受众对新颖性的需求之间的矛盾。在此过程中，学术界重新定义了创意专业人士和艺术家，将他们从资本盘剥的受害者变成了文化企业家(Leadbeater & Oakley,1999)。

从政策需求方面来看，20 世纪 70 年代以来，面对"去工业化"浪潮和制定新增长战略的需要，英国在 20 世纪 80 年代抓紧了地方发展战略的制定(如大伦敦议会)，除了将文化创意活动视为文化价值来源外，新增长战略更多地关注就业机会和城市复兴(Hesmondhalgh & Pratt,2005;Mulgan & Worpole,1986)。

总的来说，人们认为英国文化创意产业的供给与广大受众的需求(不再任由艺术精英来解释)并不匹配，这就为创意产业政策的问世奠定了基础。政策制定者希望，创意产业涌现出一大批新的受市场和商业化驱动的文化创意产品提供者，尤其是文化创意服务提供者。

与此同时，全球化以及全球对文化娱乐产品日益增长的需求因无远弗届的数字技术而得以强化。对政府来说，干预艺术和文化领域的理由与其说是"市场失灵"，还不如改为"市场机遇"，也就是说，政府可以在创意产业推行更积极进取的产业政策(国际清算银行(BIS),2010;Cunningham,2006)。

英国文化、传媒和体育部于 1998 年和 2001 年发布的"创意产业路线图文件"(英国文化协会，2010)，试图将个人创意和才能转化为知识产权(特别是版权)加以商业开发，让创意产业成为经济增长的引擎。很重要的一点是，该文件将创意产业的范围扩大到广告和设计等创意服务提供商，以及颇有争议的软件供应商。其关键在于，英国在这些领域比其他国家更具竞争优势，一旦消除阻碍企业家精神和经济增长的壁垒，这些领域可望对英国经济作出更大的贡献。

创意产业路线图为政策干预提供了抓手，包括通过教育系统培养人才和加强版权制度，笔者稍后将在政府有关报告(如 2008 年制定的"创意英国"战略)中详加阐述。创意产业发展需要攻关的还有：缺乏经营技能(创意产业中绝大多数是小规模经营的公司；艺术与商业之间存在着紧张关系)以及融投资障碍(Nesta，2006)。

创意产业的一大特点是创新水平很高(Bakhshi & McVittie，2009)，该产业总有新产品和新服务推向市场，不断寻求接触受众的新方法。这一特征将在制定创意经济政策的尝试中深入探讨，包括外溢效应向其他经济部门扩展的可能性。

创意经济

第一代产业政策试图搞清重新界定的创意产业对就业和经济增加值有何贡献，探索哪些政策举措可以更好地支持增长。这是决策者当初考虑问题的底线，他们还无暇考虑外溢效应对更广泛的经济体其他部门的贡献，或对整体经济中消费模式和创新进程的影响。

然而，我们有理由思考和厘清这些关系。首先，英国文化、传媒和体育部对创意产业的最早定义存在着模糊的边界，孰"是"孰"非"仍有争议，与相关部门的关系也未确定(Pratt，2000)。

特别是，文化、传媒和体育部的创意产业定义"掺杂"了广义的软件行业(Hesmondhalgh & Pratt，2005)，被斥之为人为膨胀创意产业的规模。但也有人认为这是高度综合的标准行业分类(SIC)代码的一个功能，可利用该代码对行业部门进行分类。

实际上，"内容行业"与"数字行业"之间的确存在着明显的交叉重叠：文化部门与信息部门实行了深度融合(Garnham，2005)；创意职业人士在创意产业之外强势存在(包括"数字"行业，见 Bakhshi，Freeman & Higgs，2013)；创意活动对其他高科技行业有着良性溢出效应(Chapain et al.，2010)。

这一切打开了政策制定者的视野，随着创意经济范畴的拓宽(Cox，2005)，传统部门中的利益集团愈加感到紧张，最明显的是"数字英国"(Digital Britain)和 Hargreaves 对知识产权的评论(Carter，2009；Hargreaves，2011)。一些行业性技术协会(如"创意技能协会""创意和文化技能协会"和"英国电子技能协会")密切关注创意投入对整个经济体的价值，他们深得政策眷顾，在官方"创意产业委员会"中也很有话语权。对"下一代技能倡议"的评论(Nesta，2011)最初只是对电子游戏和视觉效果这两个创意部门所需技能的审查，不料却在校园中迅速刮起了一股技术教育大潮，波及创意产业和非创意产业。更早作评论的Cox建议，采取一系列措施来刺激各经济部门应用设计解决方案(Cox, 2005)。

平心而论，英国支持广义创意经济的具体政策并不多见，这给地方政策制定者留下了空间，特别是英格兰。英格兰地方当局现已解散区域发展机构，他们从Cox的评论中获得灵感，创办了由设计委员会领导的小型项目——"设计需求"，派遣设计技能导师到中小企业去指导业务(Design Council, 2008)。Nesta在曼彻斯特与西北开发署合作开展"创新信用证"等创新优惠券计划，将创意服务业务渗透到中小企业中去(Bakhshi, Edwards, Roper et al., 2013)。相比之下，国家层面的政策制定与2008年"创新国家白皮书"(DIUS, 2008)[①]等政府文件中的创意创新宣示相去甚远。无疑，创意经济的实证数据严重不足有助于解释这一点。由于创意产业缺乏明确的定义和公认的指标，人们对其在经济体中的地位认识不足，因此，决策者需要付出更艰辛的努力来制定支持政策也就不足为奇了。

令人迷惑的是，虽然创意产业概念成功列入英国的政策范畴，却对该产业夺取成功助力甚微。有一种观点认为，在其他国家(如美国)，政策制定者更多地关注创意性的知识工作者，如工程师、科学家、建筑师、艺术家和作家(佛罗里达所谓的创意阶层)，创意产业并不能"垄断"所有的创意(欧盟委员会，2010a; Dyson, 2010)。

创意经济研究规划

我们将草拟创意经济研究规划的优先次序，简要地总结这项述评，为弥补制定支持政策与实证数据不足的差距提供思路。笔者认为，需要特别关注以下四个领域：路线图、外溢效应、知识交流和政策评估。

路线图

应根据创意活动在经济中真正发生的地方来界定创意经济。如前所述，创意人才分布状况显示，英国、澳大利亚、法国和瑞典等国的大量创意人才是在创意产业之外的行业部门中工作的。但欧洲的政策研究大多盯着创意产业的定义，并不注意分析创意职业。最近的研究表明，英国文化、传媒和体育部多年来当作"创意"部门的一些行业类别，其总劳动力中仅雇用了少量的创意工作者，而另一些密集雇用创意专业人士的行业却被排除在外(Bakhshi, Freeman & Higgs, 2013)。根据他们最初的创意产业定义，有必要研究一下行业总劳动力中的创意人士密度与该行业产出的创意性质之间的关联度。

[①] 欧洲委员会一直在为强化创意经济而加快探索政策干预措施的步伐。另见新加坡的"生产力和创新信贷"等干预措施，以及2012年的GPrix评论。

外溢效应

越来越多的研究关注创意产业对其他经济部门产生良性外溢效应的运行机制,诸如通过企业间协作传递的知识外部性,人力资本流动体现的溢出效应,供应链运作发挥的外溢效应。但这些机制能否具有真正的溢出效应,是否构成需要启动政策干预的市场失灵,则取决于它们与更广泛的经济之间的联系,这种联系不一定会通过市场价格反映出来,现有的研究尚未完全弄清这一点。

知识交流

大学的研究成果对创新产生影响的传统过程,是一个将知识产出加以整理,包装成知识产权,再向商业市场许可使用的过程(Lambert,2003)。

Crossick(2006)对这个模式提出了警告,认为创意经济的研究价值有可能在此过程中遭受损害。因为人们在创意学科中"很难辨识新知识,更遑论包装、保护和传播新知识了。新知识是通过艺术家目前和未来所从事的创意工作来表达的。"

倘若情况属实,对任何知识外溢效应的性质分析以及利用它们的政策设计具有重要意义。我们需要对创意经济中的知识交流进行更精细的定量研究。在笔者看来,创意经济中的知识活动会形成一系列不同的"知识模式",这些模式或多或少具有"科学性"(可预测、可普及)和"人文主义"(解释性、直观性)(Bakhshi,Schneider & Walker,2009),需要研究这些不同模式下促进知识交流的最佳方法。

政策评估

在制定创意产业政策时,由于以往的实证数据的支持程度很低,因此,政策制定者设计一些可以精准评估政策效果的干预措施就显得格外重要了(Bakhshi,Freeman & Potts,2011)。新政策的制定应有清晰的、可衡量的目标,应规范数据收集方法,用以评估目标实现的绩效,应以研究为导向,尽可能运用随机分派的方法来评估新政策带来的影响(Bakhshi,Edwards,Roper et al.,2013)。

第二十六章 创意产业的全球生产网络

尼尔·M. 科

导论

近年来,学术界对创意产业和全球生产链/网络都有研究,但将两者结合起来的文献甚少,令人不由得心生好奇。Mossig(2008)曾用全球商品链分析电影发行,Pratt(2008)也探讨过文化生产链,但这类研究仍处于起步阶段。全球生产链/网络研究偏重于分析农业和制造业(如园艺、电子和汽车制造),对于创意产业,侧重研究子产业集群和扶持创意园区的政策处方。本章缘起于这两类研究的对话所蕴含的巨大潜力。具体地说,笔者将提出一种全球生产系统或全球生产网络(GPN)的分析方法,采两类研究之所长,以探索创意产业发展的动能。

全球生产网络的分析方法试图诠释全球经济多层级的地理分布动态(Coe,2009,2012)。它强调构成生产系统的企业内、企业间和企业外网络的复杂性,探讨这些网络的组织和地理结构。广义地讲,全球生产网络是企业和非企业机构构建的一种全球性联系,通过产品和服务的生产、分销和消费而结成的互联功能和运营网络(Henderson el al.,2002)。全球生产网络的运行机制取决于三个关联变量:一是价值创造、增值和捕获的过程;二是网络内不同形式权力的分布和运作;三是网络嵌入性,即网络如何由东道国的经济、社会和政治因素而建构与重构。

本章分为两节。首先,我将透过全球生产网络的视角来探索创意产业发展的动能,读者也要换个角度,考察构成创意产业的所有多层级、跨业务活动的联系。其次,我将运用电影和电视行业的案例来进一步阐明自己的观点。笔者认为,采用全球生产网络的分析方法大有裨益,有助于了解和把握整个创意产业的动态变化。

创意产业的全球生产网络

众所周知,创意产业的主要特征(Turok,2003)有:消费者反应的高度不确定性及相关的金融风险水平,高水平的技能和人才,依赖高流动性人才组成的临时联盟,生产商品的异质性和非标性。许多创意产业研究者关注创意产业商品生产活动密集的中心城市(如Currid & Williams,2010;Florida & Jackson,2010),分析其中存在的各种交易和非交易的相互依赖关系，以及不同地方生产创意商品的独特地理特征。对支持创意产业集群的"创意"城市政策(Markusen & Gadwa,2010)以及地方间的政策转换和模仿机制(Evans,2009)，也有重要的分析。然而，Flew(2010)提出的"集群脚本"并非没有局限性，集群概念本身就常常将城市经济中的简单集群与本地经济特有的专业化形式混为一谈。从根本上来讲，这种脚本带有"明显的局限性，因为它以优先改造城市基础设施为导向，是一种供给驱动型的城市发展构想，未能将城市置于更广泛的全球文化和经济生产环境中来定位"(Flew,2010:85)。总而言之，关于创意产业和相关政策处方的文献虽然不少，但这些研究过分关注创意商品的实际生产和当地支撑这种生产的内部关系。只有采取全球生产网络的视角，才能广开思路，从功能和地理两方面深入理解创意产业。

从功能角度来看，全球生产网络分析法在考察特定商品或服务交付时，看到的是整个的经济活动范围，包括金融、营销、分销和消费诸领域，对创意产业的生产动力来讲，这些领域即便不是更加重要，至少也是同等重要的。许多创意产业都试图将艺术驱动的生产流程与企业驱动的分销和营销网络结合起来。实际上，能否确保进入金融和营销/分销领域是一场严峻的挑战，这些领域相互关联，又相互制约，理应列入创意产业主要特征一览表之中。弄清生产系统中所有参与者之间的联系网络，有助于揭示权力和价值这两大动能的极端重要性。在全球生产网络的框架中，权力是一种关系，它不像金钱或土地那样可以积累，但会根据网络的参与者、网络结构和信息资源(即租金)而发生变化，并可随意使用与调用。价值则是网络内通过市场与非市场交易可以实现的各种经济租金(Kaplinsky,2005)。租金是在公司有门路获得稀缺资源的条件下创造出来的，公司可以利用这种资源在市场上给竞争对手设置进入壁垒而免于竞争。公司在全球生产网络中可通过多种方式创造租金，例如，不对称地获取关键产品和工艺技术(技术租金)，员工队伍中拥有特殊人才(人力资源租金)，或者在主要市场上创建著名品牌(品牌租金)。每个公司无法创造所有不同形式的租金，只能专注于构建某种程度的公司间和公司外的网络关系。

运用权力和价值这两个概念，我们可以看到创意商品内在的符号价值如何变成了其他形式的经济租金(如品牌和市场准入)，又如何与之结合，让全球生产网络内的强势玩家捕获由此创造出来的、高得不成比例的利润份额。坦率地说，最初在创意产业中创造价值的参与者与最终产生的盈余的猎取者往往是不同的两个人。通过这种方式，全球生产网络分析还能将政治经济学导入那些中性看待创意产业动能的研究领域(Garnham,1987;Christophers,2009)。毋庸置疑，许多创意产业都是由强大的企业利益集团一手打造的竞争舞台，并在经济和地理空间形成了明显的"赢家"和"输家"模式。

从地理角度来看，全球生产网络分析法试图反向解开生产系统内各个参与者之间的关系所形成的本地和非本地联系的复杂组合。换句话说，它紧紧盯住创意产业不同类型的业务活动集群之间的联系，以及它们在不同的空间尺度(如国家、区域和全球)

的组织方式。"超越本地"的联系有很多用途,包括临时或长期聘用创意人才,组建生产合作伙伴关系,确保融资和投资,以及进入非本地市场。如 Mossig(2008:43)所述:"集群及其市场并不存在于真空中:创意内容、资本和创意人才也要在全球网络中进行交易和联系,跨越这些创意集群之间的物理鸿沟。"事实上,对最顶层的创意产业城市(洛杉矶、纽约和伦敦等)之外的生产中心来说,这种联系至关重要。正如 Swords 和Wray(2010:307)所描述的那样,"对于那些缺乏'群聚效应'或本地专长的城市而言,超越城市和地区的外部网络和联系就成了企业和个人试图进入国家和国际创意生产网络的重要工具"。如上所述,这都将不可避免地涉及权力与控制的关系。全球生产网络分析法固有的地理视角也有助于解释不同地方在创意产业的城市梯级系统中占据的不同位置,如何立足本地而不必赴生产地点获得重要的经济价值。

全球生产网络的视角还带来两个好处。首先,强调嵌入性有助于将创意产业置于多层级制度的监管之下。全球生产网络框架采用三种相互关联的嵌入形式:社会嵌入性意味着经济参与者的文化、制度和历史渊源对其经济行为的重要性;网络嵌入性体现其在全球生产网络中的功能和社会联系程度以及涉外关系的稳定性;地方嵌入性则表示企业网络在不同地方的"锚定"方式。全球生产网络不仅仅是落户特定地方的问题,它们既会影响投资之处的制度和监管环境,反过来又会受制度和监管环境的影响。第三种嵌入性在创意产业中尤为重要。有充分证据表明,创意产业越来越被视为本土经济发展的重要工具,各国政府纷纷采取各种金融激励措施,力图刺激和维持创意产业的增长。然而,各种参与保护或刺激创意产业的国家机构不仅仅构成环境的一部分,而且是全球生产网络的价值动能不可或缺的组成部分。实际上,各种公共补贴制度对创意产业生产格局的形成越来越重要。这不仅仅是规划本地集群发展的问题,在某些创意领域,它已演变成一场政府出面干预的、围绕就业和投资进行的国际竞争,这场竞争在不同的空间尺度(如国家、地区和本地)展开。从更广的视角来看,这种分析超越了"集群脚本",它提醒着人们时刻关注国家的文化政策。

其次,生产"网络"(而不是生产"链")有助于释放创意经济不同组成部分之间跨行业联系的潜力。正如 Weller(2008:106)所说,"当生产结构被设想为分层级的线性形式时……生产和消费被定位为纤长的生产序列的对立面……创造和再现消费者对最终产品的期盼的过程通常都是不充分的"。Weller 对澳大利亚时装周进行过一次引人入胜的调研,她详细介绍了时装周如何通过媒体产品、土地和财产、服装和奢侈品消费等价值流交汇的节点来构筑网络,创造空间。反过来,这突出了进一步探索品牌、广告、营销和分销技术的必要性,因为这些技术有助于培养消费者的认同感和持有感。创意经济的多平台特征愈发突出,在"哈利波特"经济(*Economist*,2009)中,创意商品品牌同时渗透多个细分市场,并试图透过全球性大众媒体建立"媒体连锁"来拓展品牌认知度。

影视行业的全球生产网络

电影和电视行业是创意产业最大、最全球化和集中度最高的领域之一,该行业为精细探索全球生产网络分析方法的潜力提供了绝佳的视角。如今的影视行业,已经从20世纪初简单的国际化进程(好莱坞电影输出)发展到更复杂更精致的全球化进程,全球领先的大型媒体集团建立了功能一体化的影视商品制作与传播系统(Kaiser & Liecke,2007)。

正如Lorenzen(2007)所说,影视行业的全球化已是不争的事实,剖析其各个棱面是有益的。首先,制作电影和电视的国家在不断增加。洛杉矶发生了所谓的"生产外移"(从1996年拍摄71部电影降至2008年的21部),而印度、菲律宾和尼日利亚等国的本土生产中心却在蓬勃发展。其次,全球影视商品的大众市场持续扩大,大公司使用了新格式和分销技术来开拓国际利基市场。《经济学人》杂志(2011:65)一言以蔽之:"好莱坞一直在搞跨国经营,于今尤烈。"第三,支持影视生产的金融格局发生变动,各种形式的国际联合制作有增无减,竞争性金融激励机制的出现开始改变影视制作的内容和地点。在接下来的三小节中,我将利用全球生产网络的视角和分析工具,详细考察生产、营销/分销和金融这三个相互关联的领域。

生产全球化

许多文献详细研究了生产过程的垂直分解促使影视制作成本节约型的分散化,或曰洛杉矶影视老基地上演的"生产外移"(Elmer & Gasher,2005)。与此同时,传统的电影制片厂已经成为羽翼丰满的媒体集团,他们不仅生产电影故事片和电视连续剧,还踏足音乐、出版、主题公园、零售店和广告领域。大型媒体集团一直积极地重新配置生产区位,构建"生产网络,包括地域生产综合体,同时保持对生产和分销的集中控制"(Christopherson,2005:37)。他们由此获得了"多支、自组织和网络化的熟练技工队伍"(Christopherson,2006:742),以及低成本地点拍摄影片的经济效益。跨国媒体公司创造了全新的媒体劳动力的国际分工,通过"虚拟整合"而非垂直整合来实施控制。总之,如Goldsmith等人(2010:2)所述:"好莱坞……现在已经完全融入了遍布全球的影视制作新系统。"

Goldsmith等人(2010)认为,各类"本土好莱坞"(影视制作综合体)都是顺势而起、应运而生的。目前,许多地方为潜在投资者提供了"广泛而完整的设施、服务、自然和建筑环境"(Goldsmith & O'Regan,2005:6):一些"新"的文创产业中心在以往20~30年相继崛起,如温哥华、威尔明顿、澳大利亚黄金海岸和开普敦;成功进入大型媒体集团的全球生产网络的中心城市有多伦多、悉尼、布达佩斯和约翰内斯堡;寻求重振影视行业的传统区域中心有柏林、布拉格、香港和东京;以突出本地特色的方式重塑经典电影制作基地有伦敦的松林制片厂和罗马的仙尼斯塔(Cinecitta)等。这些彼此竞争的城市被不同程度地"功能性整合"到全球生产网络中。在温哥华,好莱坞制片厂的所谓"服务性"生产占其全部业务的80%到90%(Coe,2001),多伦多等地的国内和国外影视制作各占半壁江山,而慕尼黑对全球生产网络的渗透几乎铩羽而归,其影视产业集群只好专攻国内竞争较少的利基市场,如家庭和艺术类电影(Kaiser & Liecke,2007;Zademach,2009)。然而,这些不同节点的命运仍时刻系于偌大的创意经济全球网络(Kriitke,2003)。如Kriitke和Taylor(2004:461)所述:"当代文化经济的一大特点是企业组织的全球化和巨型媒体集团的形成,他们不仅在各国文化经济中地位显赫,而且建立了一个日益全球化的分支机构和子公司网络。这个全球性的公司网络……在众多媒体城市组成的世界网络的中心地带均有自己的锚点。"

　　Goldsmith等人(2010年)提示我们:这些全球生产网络和当地生产综合体不仅是"全球化的好莱坞"在全球范围内部署生产所形成的,而且,也是各国参与城市以特殊制度和方式应对这些趋势的结果。"虽然我们可以追踪国际生产市场的竞相扩张,但必须承认,它在某种程度上与特定城市、地区和国家的本土生产生态有关"(Goldsmith & O'Regan,2005:58)。为了吸引好莱坞制片厂前来拍摄,许多地方纷纷提供电影服务项目,如提供工作室、专业人员和支持性服务、用户友好型拍摄地点和金融激励措施,以此作为政策制定和行业支持的四大支柱(Goldsmith & O'Regan,2005b)。对这些做法有很多负面的批评意见,涉及被吸引而来的影视生产的范围、特征和短暂性,与新自由主义的、投机性的城市再生模式的联系。例如,在电视制作领域,Scott(2004a)指出存在着低产值的"低端"制作再配置的倾向。Gasher(2002:142)认为,温哥华电影业"主要执行好莱坞构思、融资和后加工的电影项目,随后,这些电影引入温哥华所在的BC省供商业消费。该省提供了自然资源和人力资源……让好莱坞电影脱颖而出,而电影故事和角色等重要的创意元素仍留存于洛杉矶"。

　　另一方面,温哥华案例(Barnes & Coe,2011)生动地说明,新的生产中心也能形成正反馈循环,依靠自我建设的能力吸引更多的外来投资,由此,外部投资模型至少在中期是可行的。另一个更有争议的问题是,生产中心究竟能在多大程度上利用服务性生产活动以及相关的设施和基础设施来撬动本地的影视业务。加拿大的温哥华和多伦多是迄今为止好莱坞"生产外移"的最大目的地,但以此方式能否成功转型仍存在着重大的挑战(Barnes & Coe,2011;Davis & Kaye,2010;Vang & Chaminade,2007)。Scott(2004:201)的判断是,好莱坞的"生产外移"还会持续下去,它"与一系列遥远的卫星生产点存在着共生关系",但好莱坞将始终保持自己的创新和控制能力。

　　从全球生产网络的角度来理解影视制作,需要超越当地生产集群内数不清的联系,着眼于其不得不依赖的多元化的外部联系(Coe & Johns,2004)。当然,全球媒体集团是主角,因为它们"通过建立许多城市媒体集群与其栖身之处的创意环境之间的组织联系来创造城市之间的互联互通"(Kratke & Taylor,2004:462)。然而,依赖外部联系也不能光靠好莱坞投资中心,Lim(2006)对香港电影业的分析表明,当地影业的发展与调动了东亚和东南亚地区的网络力量是分不开的。总之,采用全球生产网络的广角镜能使我们超越当地集群和地域嵌入赋予的动能,揭示出更广泛的网络嵌入模式,得知"这股重塑行业的力量是如何超越当地参与者的控制和影响的,大型媒体公司操控着这一切,地方性或区域性生产行业只能努力适应这种不利的环境条件"(Robins & Cornford,1994:235)。欲了解这些外部控制的关系,我们还需要将视线投射到生产本身之外,延伸至分销和融投资领域。

全球营销与分销网络

Aksoy 和 Robins 对过分强调电影制作过程而忽视分销动能重要性的批评,转瞬间已过去 20 年了。20 世纪 50 年代好莱坞重组时,他们曾描述过大公司如何"抓住国内和国际分销网络的权力,大秀金融肌肉来主导电影行业,挤压或利用独立的制作公司。独立制作被用来滋养大公司建立的全球分销网络"(1992:9)。实际上,这些话并未过时,至今仍是影视界的真实写照。建立全球外包型生产网络的必然结果,便是跨国媒体集团对视听商品全球分销的持续掌控力。从各方面来看,大型媒体集团最好被视为当地生产中心制作的影视节目的营销和分销网络(Brito Henriques & Thiel,2000)。

好莱坞早就大量投资建设营销和分销的基础设施,让大型制片厂建立并保持对其他主要电影制作市场(如印度、中国、法国和英国)的优势(Lorenzen,2007)。随着全球影视节目大众市场的发展,这些分销系统陆续加强,成为市场拓展过程中不可或缺的一部分。例如,2001—2010 年,北美票房收入约增长 1/3,而在发展中国家电影热的推动下,世界其他地方的票房收入增长了一倍。制片厂制作的电影吸引了全球,反过来,全球营销又推动了制片厂的发展。比如,俄罗斯的电影业迅疾扩张,而好莱坞 2010 年拍摄的影片竟是俄国当地影片的 5 倍,而且市场份额也在增长。这些趋势预示着,分销在全球生产网络中将发挥越来越重要的作用:"随着外国票房销售日趋重要,管理国际分销的人变得更有影响力,他们为拍哪一部电影开'绿灯'时往往是一言九鼎"(Economist,2011a:66)。

大型媒体集团可观的内部规模经济效应主要体现在他们的分销活动上,这是迄今为止其生产系统中集中度最高的部分(Scott,2004b)。他们通过自己的海外设施或与其他国家的经销商达成的各种协议,在全球范围内推销大预算制作的影片,这种高度集中的分销使其能与众多不同的电影院线保持持续而又广泛的接触(如协商同时放映)。媒体集团在北美各个城市设有分支机构,并在海外进行广泛的分销和营销业务。他们也积极利用下辖的子公司(如迪士尼的米拉麦克斯、华纳的新线和福克斯的探照灯)来发行中等预算影片,只留下一小块市场(通常是小电影)给独立分销商。如果独立分销商做得好,很快就会成为大型制片厂或其子公司的收购目标。金融实力坚强的媒体巨头纷纷转向投资营销,这是创造特定商品的国际需求的必要条件。以 1995 年至 2005 年为例,一部好莱坞大片的平均营销成本从 1 800 万美元增加到 3 600 万美元,占其基本生产成本的 49%~60%(Drake,2008)。正如 Mossig(2008:56)总结的那样:"洛杉矶/好莱坞的电影业,尤其是七大制片厂,拥有庞大的国际分销网络……他们对全球和海外当地分销商及其子公司实行垂直整合,协调和控制全球商品链的各个节点,通过与全球各地电影发行部门签订的合作协议,确保他们的寡头垄断。"

从全球生产网络的视角来考察影视行业的发展动能,不难看到,媒体集团正在积极利用全球生产系统来创造灵活性,降低价值创造领域的成本,同时保持对价值提升领域(营销和品牌活动)和价值捕获(分销合同)的控制。"大型电影公司的权力并不在于他们制作优秀影片的能力……而在于他们能够从电影中榨取每一滴收入。凭借其全球营销的超级机器和预测外国人品味的能力,他们越来越拥有市场的主导权"(*Economist*,2011:66)。从获得影视商品的终端市场来讲,将生产综合体与全球生产网络联系起来的外部网络也是一种控制和依赖的关系。

值得注意的是,这种市场主导地位并非一成不变,甚至还有逆反趋势。20世纪90年代末出现并蓬勃发展的电视节目格式交易便是一例(Christophers,2009;Moran,2009a,2009b)。虽然节目"成品"在不同地区使用不同的语言,但这种交易在全球视听产品的"贸易"中日益增多。此类交易包含四大要素:节目定义和内容;物理性生产的辅助手段,如艺术品、布景设计等;日程、评级等活动安排的"备忘录";咨询建议和某些制作/合作制作方面的服务。这个市场以游戏类节目和真人秀节目为主,并通过许可收费系统来运转经营。有趣的是,电视节目的出口商主要是欧洲(特别是英国和荷兰)的广播公司和制作公司,如BBC和Endemol,这两家电视台在节目销售上营收颇丰。简言之,电视节目的国际交易不失为一种从电视市场全球化中猎取价值的新奇方式(Moran,2009b)。

联合制作和金融网络变迁

媒体集团的权力部分源于影视项目融资与分销挂钩,因为大部分资金通常来自最终产品的预售分销权。然而,电影制作和营销成本持续增长,迫使媒体集团拓宽筹资途径和分散风险,全球金融格局随之发生巨变。一方面,吸引外国金融机构为好莱坞制作提供资金。据Phillips(2004),一种做法是向纳税人和保险单持有人输出风险。这种投机性投资造成了跌宕起伏的筹资周期,例如,2006—2007年投资十分强劲,但2008—2009年经济衰退期间却又大幅下跌,电影融资活跃的银行从25～30家骤降至12家左右。另一方面,近几十年来国际联合制作的电影大幅增加,并寻求从多个司法管辖区的激励政策措施中获益(Morawetz,2008)。各国刺激投资的政策采取不同的形式,包括工资信贷、销售退税和资本所得税减免,吸引私人前来投资电影和电视制作。对此,Morawetz等(2007)很不以为然,他们认为这些做法颠覆了标准模式,其结果,让电影制作围着金融可得性打转,与引资初衷迥然而异。

具体来说,Morawetz等(2007)区分了三种不同的国际联合制作模式,后两种模式共同促使20世纪90年代以来联合制作的不断兴起。一是创意驱动型联合制作,根据影片故事情节的需要,不同的国家携手跨境拍摄或投入创意元素(如中、低预算的欧洲电影);二是金融驱动型联合制作,电影生产需要寻求和筹集数国资金,并相应调整创意构成元素(如单部的中、低预算影片);三是国际资本驱动型联合制作,这种模式最为有趣,多为主流影片(如中、高预算电影)或影片片段,以利用各国的金融激励措施。高成本的电视剧制作亦然。新近的一例是英国广播公司根据劳伦斯(D. H. Lawrence)长篇小说《恋爱中的女人》改编的电视剧,该剧于 2011 年 3 月在英国播出。这部以 20 世纪 10 年代英格兰为背景的两集电视剧是在南非拍摄的(Barnard & Tuomi 2008)。编剧比利·伊沃里(Billy Ivory)说,除了节省劳动力成本之外,"南非政府还提供了非常优惠的条件,让我们去南非帮助他们发展经济……我们获得了补贴,在那里有效地开展工作"。随后,摄制组运用计算机技术对影片的外景部分进行加工修饰,使之看起来更像是战前的英国。总之,这种合作融资模式能够为以往不可行的项目提供资金,在全球推行的结果是欧洲资本对美国影业的净流入。此外,"在各国竞相提供税收优惠的背景下,一国已无法调控资本动向,电影生产日益成为脱缰之马。随着国籍不明的金融资本的到来,联合拍片的文化认同感逐渐淡化而又模糊"(Morawetz et al., 2007:440)。

特别是,在欧洲金融激励措施增多的背后,国家文化政策正在从"保护民族文化"转向"建设本地产业"。Christopherson 和 Rightor(2010:337)指出,"欧洲国家的政策措施使电影产业的性质发生变化,从保护文化独特性的表达转变为吸引全球市场的联合制作……国家补贴曾是保护文化独质作品与占据国内或国际利基市场的利器,如今却被用来资助多国制片人合作拍摄的迎合广大受众的电影。"颇具讽刺意味的是,原先防范好莱坞入侵的资金现用于补贴同一个行业。而这种激励政策并非欧洲独有,其他地方(如加拿大几个省份、美国某些州以及澳大利亚和南非)也都竞相吸引好莱坞的"外移生产"。从这个意义上说,新自由主义刺激经济发展的地区间竞争策略与文化政策变迁交织在了一起。某些城市、地方和国家政府提供一连串激励措施,以此作为电影生产综合体增强吸引力的重要"支柱"。"毫无疑问,一个城市能否为影视制作提供资金是重要而又被低估的国际生产驱动因素。实际上,必须综合考量公司的经营逻辑、提供税收优惠的'电影友善'型地点、其他州和联邦政府的金融激励措施,才能最终做出国际生产的区位选择"(Ward & O'Regan,2007:182)。

其实,这种貌似非理性的"静悄悄的战争"隐含着一个前提,即假定外来投资新投入和创造就业机会的好处将大于付出。但有证据表明,激励措施的效益至少不太分明。对激励措施的正面看法是:"不用建工厂,经济效益立竿见影。洛杉矶经济开发公司的 Jack Kyser 估计,电影制作的平均预算为 3 200 万美元,能创造 141 个直接工作岗位,厨师、化妆师等 425 个间接工作岗位,还将产生 410 万美元的销售税和所得税。"(Economist,2010:47)不过,Christopherson 和 Rightor(2010)对北美城市所做的大量调查发现,有净经济效益的证据并不太多,某些州的证据恰恰相反。他们也指出,调查缺乏对结果的严格评估,对实际获益的人和地点存有偏见,也未涉及其他非补贴经济部门受到的影响(Coles,2010)。最尖锐的是,他们认为:"选择生产地点的决策过程是负责媒体产品营销和分销的大型媒体集团推动的。因此,各州制定的补贴计划并未补贴给电影或电影制片人,而是补贴了新闻集团或通用电气这样的大型跨国公司。无论是密歇根州还是康涅狄格州,他们的底线就是拿公共资金搞补贴。"有趣的是,到了2011年中,美国有几个州开始质疑这些税收制度的效用,以至于《经济学人》杂志(2011b)怀疑这是不是"单边裁军"进程的开端。

从全球生产网络的角度来看,上述分析揭示了公共激励计划如何成为大型媒体集团价值捕获策略的中心环节。当代影视节目制作网络的组织形态和区位选择越来越受到地方特殊补贴可得性的影响,因此,特定生产地点的地方嵌入性不能光看有无制片厂、服务、技工及可用之地。从全球生产网络的高度来看,彰显本地优势并提供补贴的州府和准国家机构(如电影委员会)应被视为创意产业全球生产网络中价值生成和捕获过程的关键角色,而不是身处外围或边缘的旁观者。

恢复国家监管的重要性

坦率地说,多层级分析法对创意产业网络还有一大好处,创意产业可以保有国家层面上的地位,不至于在地方与全球的两极化倾向中失落(例如,只看到本地生产集群和全球市场两端)。在许多创意产业中,国家监管和市场环境仍然是行业动能引擎的重要铸造者,影视行业也不例外。换言之,社会嵌入性在创意产业的各方面依旧烙印深深。

兹举数例以证之。首先,影视生产集群(尤其是电视制作)的命运在相当程度上取决于它们在全国城市媒体格局中的地位,以及它们在好莱坞全球生产网络中的作用。在英国,伦敦广电行业的主导地位不可撼动,约占该国电影与视频制作及发行工作岗位的70%,电视工作岗位的55%。Johns(2010)详述了曼彻斯特影视行业的命运在很大程度上取决于英国广播公司(BBC)和格拉纳达(Granada)等大公司的委托业务决策和伦敦之外地区的制作目标。对格拉斯哥等城市来说,当地制片人因无法掌控发行和播映而备受掣肘,他们制作的电影和电视要达到"群聚效应"的临界点可谓是举步维艰。在这种情况下,生产集群的外部链接变得异常重要,伦敦而不是洛杉矶才是其盯住的关键目标(Turok,2003)。

其次,当地生产集群与全球生产网络的链接方式仍受制于国家的监管制度。Christopherson(2005)提示我们,金融激励计划是一国监管制度发生深刻变迁的征兆。在北美案例中,它们体现着新自由主义的城际竞争制度,也反映出变化了的国家监管制度,后者驱使企业的权力向大型媒体集团集中,揭示出"国家政策在构建全球生产和分销版图中的持续作用"。在某些情况下,国家文化政策也在继续发挥作用。例如,Tinic(2005)论述了国家文化政策和政治架构对加拿大电视业的性质和地理方面的影响。温哥华与多伦多和蒙特利尔相距甚远,与该国的主要影视制作中心有所隔离,导致温哥华的影视制作集群更倾向于为美国影业公司提供服务。这再次说明将生产中心置于整个国家背景下的重要性。

再次,电视节目的国际贸易从一个侧面反映了媒体全球化的动向,也为输出本地/国内节目打开了另一扇窗口。Moran(2009a:151)认为,节目格式最好被看作"……一个灵活的模板,或一个等待与异国口味和口音的电视对接的空模具。"这些节目经常需要在产品价值、美学或文化敏感性等方面作出调整,以满足不同国家市场的需求。"电视节目格式作为核心元素出现在新的电视版图上,这并不表示国家的影响较之全球和地方而销声匿迹,反而是其持久影响力的体现甚或再现"(Moran 2009a:157)。此外,还有一些其他的例子,比如,在创意产业中发展本国的美学和设计文化(Reimer & Leslie,2008)。由此可见,各国生产中心在纳入更广泛的全球生产网络时,我们绝不能忽视社会嵌入性对其进行强力构建的方式。

结 语

本章的中心论点是采用全球生产网络的分析方法来研究创意产业仍有相当大的机会和潜力。虽然采用产业集群的研究方法也能有效解析区域内密集连接的网络,夯实创意产业商品实际生产的基础,但全球生产网络的视角能够揭示出更广泛的国家和全球层面上的金融、营销、分销和消费网络,并将几乎所有这类集群都嵌入其中。全球生产网络并不是产业集群研究的附属物,实乃创意产业内价值增强和捕获过程的核心。透过多层级、多角色的视角,我们还可以揭示更广泛的权力和控制的关系,辨识哪些参与者和哪些地方能从更广泛的全球生产网络中受益。对政策制定者和经济开发负责人来说,与潜在的金融投资者和分销合作者建立"超越本地"的联系,跟推动本地生产网络的建设具有同等重要的意义。

第二十七章 创意产业与发展:发展中的文化,抑或发展的文化?

安迪·C.普拉特

本章主要探讨创意产业、文化和发展之间的关系。笔者侧重研究与创意产业有关的发展问题的辩论[1],各种流派的思想基础,包括文化的思想。乍一看,文化与发展似乎是一种合理的、进取的双赢组合。然而,正如本章副标题所暗示的那样,文化—发展关系有两种彼此竞争的方式。一是发展中的文化(culture in development),含有工具主义和理想主义的动机。二是发展的文化(cultures of development),关注各种文化生产和消费方式。笔者比较赞成后一种方式,理由是:第一,文化生产,包括创意产品的生产,其规模和组织均有变化,政策应有所反应;第二,从绝对意义上说,创意产业在民族国家的社会和经济生活中已从边缘走向中心,正在发挥更重要的作用。本章最后呼吁,在那些社会、文化和经济亟待发展的地方深入调研当地文化的嵌入性,以及全球文化价值链和生产网络背景下的本土能力建设。

导论

近年来最大的惊喜之一当数创意产业的成长(贸发会议,2008,2010)。这样的增长有些年头了,但官方未作统计,因而很少得到政策制定者与政治领袖的关注。如何准确地界定创意产业(联合国教科文组织,统计研究所,2009),收集各种相关的创意产业数据,这些问题引起了相当大的争议。创意产业的发展令人刮目相看,因为传统上文化充其量不过是"实体经济"的附属品,至多也是富裕阶层休闲享受的额外选项。这场辩论的一大转折点是,创意产业竟然在经济衰退期间持续增长,"全球南方"(即发展中世界)的增长势头尤为强劲。这表明,文化即使在经济下滑时期也不容小觑,而且,它也不是"全球北方"(即发达国家)独享的奢侈品。事实证明,创意产业是一个超出人们想象的有趣而又复杂的辩题,这场辩论让我们认识到文化生产系统中的组织不对称性,尤其是权力的不对称性。

---

[1] "创意产业"一词在这里涵盖了近年来文化经济使用的多种标签,如欧洲使用的"文化创意产业"术语。本文使用"创意产业"这一术语,表明这是国家支持的商业性活动,也是比"版权产业"与贸发会议(UNCTAD,2010)的"创意经济"更广泛的领域,后两者侧重于营利性的贸易活动。本文对"创意产业"这一术语的使用更具人类学意义,包括营利性和非营利性活动,正式和非正式活动,这些活动共同构成了文化生产和消费的生态系统。有关术语的进一步讨论,请参阅 Pratt(2005,2009a)。

不妨回溯一下创意产业的近期发展状况。第一阶段,"全球北方"的一些城市和国家试图准确评估创意产业对本地、本国的贡献。第二阶段,加工整理创意产业的相关数据,勾勒一幅国际创意产业的版图。人们发现,即使在"全球南方",创意产业在地区和国家经济中也比预期的更为重要。而且,无论"全球北方"还是"全球南方",创意产业增长率均高于整体经济的平均水平,经济衰退的影响对创意产业的影响明显小于其他经济部门。

实证研究结果提出了两个问题:第一个问题是最新数据表明,创意产业并不是长期依赖于经济主导部分,就此还引发了一场创意产业与"其他"经济部分相互关系的有趣辩论。第二个问题是创意产业在发展中的作用,亦即本章探讨的重点。

从多方面来看,文化与发展的纽带联系恰似一张政治的"梦幻门票"。它类似于创意城市之辩,好象没有哪座城市不想在"全球最有创意城市"的角逐中折桂。从政治上讲,发展经济与提升城市文化相结合是一种易行且流行的组合。从全球层面上讲,关于"发展"的辩论也有价值,所谓"艰难困苦,玉汝于成"是也。然而,本土文化资源参与国际分工和贸易能使一地乃至一国脱贫的理念听起来是那么轻佻或乌托邦,宛如一场文化多样性、经济增长和自力更生的嘉年华。当然,文化与发展的联系并不新鲜,"发展中的文化"运动(即使用文化工具进行发展)已有悠久的历史。关于创意产业的辩论都有一个假设:创意产业也能像其他工业部门一样驱动发展。然而,创意产业研究的一个重要发现是,它并不适合工业的"通用模型",它在运转和组织方面特立独行,自成一体。

由此可见,文化和发展的问题既复杂又特殊,加上它们的形式和操作都不那么规范化,这给理论的误读和误用带来了大量的机会。笔者将借鉴这本文萃其他作者提出的主题,侧重分析创意产业对"全球南方"发展的含义。本章共分三节:第一节将梳理文化与发展的理论框架,及其对创意产业在发展中的规范性期望。第二节分析规模不等的创意产业中权力和资源的不对称性所带来的挑战。第三节探讨缓解此类问题的应对之策。

发展中的文化

如前所述,文化与发展的关系看似简单,对大众也有政治吸引力。但仔细研究一下,便会发现存在着多重挑战。发展问题的研究文献汗马充栋,大都讨论谁在发展、为谁发展或代表谁来发展。此外,还有各种设想的发展"目标"的争论,特别是那些暗示或希望采取与"全球北方"路径趋同的目标,亦即所谓的现代化理论讨论和抨击的目标。为了厘清这些观点,我们将文化纳入发展的方式分为以下三种,一一评述。最重要的是,我们将文化视为发展的主体(subject),而不是发展的目标(object)。

理想主义

"全球北方"素有扶持文化的强大传统。第一种关于文化与发展关系的观点是理想主义的，文化的内在价值被理想化为人类成就和存在的一个重要方面，优秀的文化更被视为一种集体人性的特征。关于识别优秀文化的方式或可能性，已有不少争论。在"全球北方"，人们普遍认为市场低估了文化价值，因此，国家应将文化作为公共产品予以扶持，维持和发展特定艺术感受的教育与培训系统。但这里面隐含的问题是：文化价值是不是相对的，需不需要由精英来排序？在文化表达上，表现为高雅文化与低俗文化之争。

阿多诺和霍克海默（Adorno & Horkheimer, 1986 [1944]）担忧法西斯主义和"大众文化"的威胁，在他们眼里，所谓的"文化产业"乃是"文化"的敌人。他们对原创作品"光环"价值的正面评价及个人鉴赏力，以及采用工艺或机器的生产方式来重新界定高雅文化和低俗文化，加深了这两者的界限。本雅明（Benjamin, 2008 [1936]）对这种简单的划分方法和完全否定大规模生产的说法提出了挑战。电影和爵士乐曾被法兰克福学派的先驱们贬为"大众文化"，但后来评论家分析了这类文化生产的历史和技术背景，将其归于高级文化。

Benedict Anderson（1991）从国家层面来探讨文化问题，对文化的历史作用以及维持和构成民族国家的物质产品、艺术实践和节庆活动做了深刻分析。一方面，"全球北方"的某些国家利用文化来支撑国家建设，同时在与"全球南方"的互动中汲取后者的文化价值，殖民当局甚或内化了这类价值判断。而另一方面，后殖民地国家试图透过文化来维护自己的价值体系和国家建设愿景。

在此背景下，保护世界文化遗产或遗址的问题在策展、所有权和控制以及身份辨识方面变得异常复杂，更遑论管理资源的可得性。且不谈谁来决定什么是"世界遗产"，"全球北方"博物馆是否应归还文物就是一个两难问题。一方坚称迁移文物更有利于保存文物；另一方则声称这些文物是当地历史和身份认同的一部分，惟置于当地背景下才能取其意义。文化、国家和发展的关系由此而呈紧绷，并常以国家、地区和地方这类身份认同的言语表达出来。

工具主义

第二种关于文化和发展的观点以工具主义为特征。功利主义者认为，文化是如此重要且与日常生活共鸣，实为社会和经济运作的完美工具。开明的发展理论应提倡利用文化工具来实现其目的，调适和利用文化传统的解决方案是切实有效的，可用来动员当地居民参与集体行动，如修建水井或接受健康教育。这种复杂的人类学方法成为"全球南方"发展机构的实践活动的理论基础。凡是提及"文化与发展"话题，最常见的便是这种用法（Sen, 2000）。

不仅是"全球南方"，"全球北方"的公共机构近年来也将文化看作经济复兴、社会更新和社会包容的工具（Bianchini & Parkinson, 1993）。文化被用于实现许多不同的目标，评估证明它们像在"全球南方"一样的有效和高效。但问题的核心在于这些计划的目标是什么，难道文化只是为了实现某种形式的社会包容，或使其他社会和经济活动能够发生,或作为社会或经济信息的载体?而唯独不在乎的是发展当地文化(虽然这可能是目标分解或意外后果)。

Nye(2004)关于"软实力"的论文评述了最近关于文化外交功能的学术讨论,他认为,文化可用作实现政治目标的工具。在国家预算分配体系中,与项目相关的"文化"或许还能收割一些文化利益,但实际情况并不乐观。至于那些真正发展文化的计划,却被这些项目挤掉了。

创意产业

创意产业增长见诸报端后,"全球北方"和"全球南方"的政府纷纷重新评估政策和计划,其着眼点在于创意产业的盈利和商业方面。首先,他们将创意产业视为知识经济的一部分,即"下一个大事件"。创意产业提供了一种跨越式发展的路径,从农业经济一步踏入知识经济;其次,创意产业是高附加值、高技能活动,因而是"提升"整体经济的途径。

旅游业是这一过程的最早迭代模式,"全球南方"利用其独特环境的比较优势赚取外汇。但是,旅游业投资的沉没成本(尤其是房地产和运输物流设施)很高,于是,一些人转向"文化旅游",试图捕捉旅游市场中价值最高的细分市场,由此造成了保护历史文化遗址与大众或精英旅游之间的紧张关系。

因此,创意产业被许多国家和城市视为增长的潜在动能也就不足为奇了。这里真正的挑战是如何与生产组织(特别是国际生产和分销体系)链接契合,这不仅能使产品进入市场,还能为新产品建立市场,并确保利润返还给生产者。下一节我们就来探讨这个问题,文化将成为发展的对象或主体。

发展的文化

关于发展过程的争论,无不涉及组织和治理模式,无论是自上而下,抑或自下而上。至于文化,我们可视其为经济、社会或政治的表现形式及其组合,我们会看到文化被移植或建构,被利用或反对,也会目睹人类学实践中的文化,或被转让和商品化的文化,以及介于两者之间的文化。20世纪80年代以来,"文化产业"一词改成"复数"形式,被用来批判法兰克福学派的"单数"的"文化产业"模式(Garnham,1987,2005)。在此过程中,辩论双方从强调美学还是消费主义转向了文化生产的多样性还是特殊性。

生产不仅仅是简单地设计和制作产品,将产品推向市场并形成需求至关重要,两者须与物流和相关市场发育同步。我们从"全球北方"成熟的创意产业市场(如电影)可以知道,如果没有正确的市场营销,未在合适的时间和地点发布,好产品也会失败。对"全球南方"的创意产品生产商来说,寻求进入"全球北方"市场和更广泛的"全球南方"市场,可谓任重而道远。

也许对任何产品都可以这么讲,但文化产品有其特殊性,这一点是功败垂成的关键,这一节就来检视这些问题。笔者采取媒体和传播的研究传统、文化经济学和政策界的规范立场,聚焦于对垄断的监管。首先考察"恶性"垄断,即造成市场扭曲的垄断,再与"良性"垄断进行比对。

所有权与控制

经济学、媒体和传播研究都有浓厚的学术传统,即注重分析权力集中和媒体运作控制,以及由此产生的垄断倾向和后果(Bagdikian,2004;Herman & McChesney,1997)。利用自由贸易来反垄断并不是一个新故事,但由于独特的生产组织和规模经济,文化生产特别容易受到垄断(参见本文萃收录的文章,即 Bakker:"沉没成本与创意产业的动态发展";Hirsch 和 Gruber:"时尚数字化:创意产业'去中介化'与全球本地化市场")。此外,还有少数人掌控编辑大权造成有悖于民主社会的政治或社会/文化后果的问题,在讨论新闻媒体的所有权时,理应引起人们的注意(Curran & Seaton,2009)。同样地,就电影业而言,派拉蒙案[①]是美国政府在该行业解体和重组中采取行动打击过度垄断控制的清晰案例(Christopherson & Van Jaarsveld,2005)。尽管对垄断行为采取了立法和法律行动,但技术发展的趋同性使人们愈发关注集中和控制的问题以及排斥竞争的新现象(Jenkins,2008)。

一个引人注目的例子是音乐领域,目前只有三家企业集团在全球市场占据主导地位。对垄断和外国控制时有针砭,市场和文化扭曲的证据也接踵而来。特别是美国,权力和控制赋予其音乐媒体高度集中的特征,实质上是经济权力支撑着文化霸权(Miller,Nitin,McMurria,Maxwell & Wang,2004;Negus,1999)。

贸易与监管

反垄断一向是新古典经济学家的信条,也是其支持自由贸易和谋求市场供需均衡的信念。一方面,全球贸易的不对称性可以解释为市场逻辑的失败,或归之于市场控制的不足。另一方面,贸易不对称也是各国监管制度性质不同的结果。在新自由主义者看来,这个世界显然不是"平坦的"。在贸易结构不对称和制度模式高度差异化的世界中:一种通用的治理方法是注定要失败的(Pratt,2009b)。

因此,如何解决地方和全球的结构不对称或历史造成的不平等的问题,就成了贸易监管和治理的中心议题。[②] 例如,人们开始注意媒体组织的游说团体与国家和国际政策制定者的密切关系,注意知识产权法和版权法如何向美国或发达国家的法律规范、经营规则和商业环境靠拢。因此,有人认为,国际通行的知识产权(IP)公约实为发达国家营造市场环境的一种手段,适合其业已成熟的法规和制度(Lessig,2004)。正是这些制度和法规使发展中国家难以获得资源和执法人员。因此,也有人认为,知识

[①] 派拉蒙案(1948)是一项反托拉斯裁决,导致好莱坞制片厂的垂直整合系统解体,以前曾允许其独自拥有制片厂和电影院。

[②] 例如:投资、基础设施及其所有权,技能、贸易模式和市场等问题。

产权违规可能是发展中国家的市场力量、贸易地位或文化保护的意外后果,使其难以厕身其间或与之对立。

在对贸易和监管的正式解释中,配额制度或保护弱势贸易伙伴是为具有特殊地方意义或重要性的产品贸易提供的护盾。文化生产的另一个分歧很大的问题是,能否对具有当地文化意义的特定产品进行补贴。这个问题涉及国际贸易领域中的"文化例外",法国和加拿大针对来自美国的文化商品采取了专门的防范措施(Acheson & Maule,2006;Miller et al.,2004),而那些政经实力较弱的民族国家尚无力改变这种远非均衡或平等的文化"美国化"局面。

接下来,我们将分析创意产业在地理空间集中而不是企业组织集中的影响。当然,这两者存在着因果关系。然而,与组织集中度相反,空间集中度通常被视为需要促进并渴求实现的目标。

全球性枢纽与集群

在少数几个全球性的大都市,其创意产业领域的产业集中度有着明显的不同(Picard & Karlsson,2011;Scott,2000,2004)。在一国之内,首都和其他城市的创意产业集中度也存在巨大的失衡(Power & Nielsen,2010)。这种模式并非适合所有的创意行业和创意工作者,但创意产业云集于城市(特别是全球性大都市)则是确凿无疑的(Pratt,2006)。

有人认为,全球性大都市的战略地位取决于其对世界经济节点的控制,近年来主要表现为对全球资金流动的操控。但主流观点认为,创意产业是先进、高端服务的提供者,为节点城市及其他地区的经济发展起到了支撑作用(Kratke,2006)。工业区和本地化的研究者提出了一个略微不同的观点,强调创意产业集群是一个嵌入地方的复杂生态系统。在传统的工业区理论研究中,交易成本最小化是集群的成因(Scott,2000)。然而,与传统制造业相比,创意产品交易涉及知识和技术诀窍。Grabher(2002)指出,这种情况发生在相当独特的组织环境中,基于项目的创意产业公司受到时间和任务的限制,这种特殊性产生了分层控制关系(参见本书收录的文章,即DeFillippi:"基于项目的创意产业组织管理",Vinodrai和Keddy:"创意产业的项目与项目生态学")。此外,创意产业集群还提供了公司间或项目间的"跳槽"机会,这些机会是以劳动力市场为基础的(Blair,2003)。在这种自发形成的环境里,消费者和生产者之间有着直接的、细密的和及时的知识互动。

因此,全球性的大都市枢纽被视为"良性垄断"的一种形式(尽管该城市以外的地方会对此提出疑问)。"良性垄断"的另一个例子是城市和国家在争取外国直接投资的竞争中启用品牌战略的动员能力。

地方营销活动

长期以来,有一种工具主义的主张,认为基于旅游和文化消费的城市/地方应互相竞争,大力吸引旅游者,促使游客留宿及购物支出最大化。因此,城市一直关注当地特色的营销或品牌推广(Anholt,2007)。那些缺乏文化遗址或寻求扩大市场的城市开辟了主题公园和现代艺术画廊这样的新目的地。目前的变体则是推广城市的"体验经济"(Pine II & Gilmore,1999),即类似于所谓的"创意旅游"(Richards,2007)。不过,这种一味打造基础设施新项目("硬件品牌")而不重视文化内涵的做法备受诟病(Evans,2003)。

在竞相引进外国直接投资的过程中,工具主义的利用文化策略比比皆是。回溯20世纪的一连串地方营销活动,不难看到各地为吸引投资和创造就业而大招迭出:最初是搞地价优惠,后来又将生活质量指标与地方营销相联系(Rogerso,1999)。最新的策略则是利用文化为地方增添"附加价值"或打造特色城市,实行城市差异化。佛罗里达对创意阶层和城市的分析(参见本书收录的文章,即 Florida, Mellander & Adler:"创意城市")成了此类讨论和探索的利器(Pratt,2011)。显然,这种投资在民族国家内部会产生自我强化效应,促使发展集中于城市。另一个例子是全球化大都市热衷于举办"超大型活动",如足球世界杯或奥运会(Roch,2000)。由此可见,城市将文化作为一种打造特色城市的手段,一种撬动消费者可支配支出的策略。

人们对垄断问题的关注是可以理解的,但正如我们所看到的,垄断在创意产业中的作用是复杂的。一般而言,现有的创意产业组织可能会削弱对自由贸易或选择的简单支持。而最糟糕的是,对"公平竞争"的支持只能加剧现有的不平等,使得发展极不可能。

讨 论

本章批判性地研究了文化与发展的关系,特别是创意产业的情况。在探讨过程中,我们分别了考察了"发展中的文化"和"发展的文化",而未讨论体现这种关系的竞争逻辑。我们得出的结论是:若要促进实现与创意产业直接相关的目标而不是将其视为次要的发展主体,那么,现阶段参照"发展的文化"这个框架来分析更为合适。但笔者认为,垄断及其监管或促成地理空间的垄断只是文化生产的细节问题,并不能确保成功地从事文化生产。

必须承认,将文化视为仅受现有贸易法规约束的另一个行业的观点并不奏效,贸易规则需要单列"文化例外"条款便是一例。即便如此,这些例外是否有效也存在争议。文化自称产业看似是"认真对待",而对"文化例外"的强调却将我们拉回到了理想主义和工具主义的巢窟。

世界音乐的例子佐证了挑战与机遇同在。塞内加尔音乐制作的案例表明,当地能力养成与嵌入国际价值链可以并行不悖(Pratt,2007)。显而易见,价值增值活动以及关键的知识产权均发生在法国。尽管塞内加尔人艺术成就颇丰,但其收入回报却寥寥无几。此外,当地基础设施(录音棚、录音师、管理和法律咨询)的匮乏迫使音乐家不得不出国录制。最近,对培训、当地录音设施及分销的投资增加,更多的资源留在了当地及其民众身上。若是单纯搞"自由"贸易,原本不会发生问题。但事实上,由于塞内加尔的知识产权制度极不完善,贸易吸引舶来品涌入,本土音乐家得不到有效的版权保护,以至于出现了荒谬的一幕:有人剽窃了本土音乐家的歌曲,跑到英国注册成自己的录音,然后回头起诉塞内加尔的原创歌手和作曲家。

这个简短的例子说明,必须了解贸易结构及其组织的特殊性所产生的不同观点。目前,绝大部分贸易都是不对称的:如上所述,人们一直在争论这是历史传承而来的,还是与文化生产的内在本质(导致垄断)有关。研究文献无不强调所有贸易中存在着严重的结构性不对称问题,尤以文化产品为甚。它已经在国家层面上显现出来,且在立法上处于边缘地带。而在全球层面上,此类风险更大,不平等程度更高,立法可能性似乎更弱(Van den Bossche,2007)。更一般地说,这场辩论涉及多个断层问题:正式活动与非正式活动、民族国家与全球、意义、身份与全球、经济与文化。对世界贸易政策而言,它在文化贸易领域实行的是与物质产品贸易相同的政策,而贸易补救措施旨在消除对物质产品跨国流动的限制。然而,正如我们已经指出的那样,这类常规做法在文化领域必将强化现有的或历史造成的不平等,而且还会产生新的不平等:无所作为显然不是解决方案,充其量只能维持不完善和有问题的现状。

最有用的分析方法可以在全球价值链研究中找到(Pratt,2008)。这项研究工作引人注目,它从简单的价值链效率(商业研究的重点)转向关注治理和疏通"挤压点",借此调节对国际生产链(Raikes,Jensen & Ponte,2000)和生产网络(参见本书收录的文章,即 Coe:"创意产业的全球生产网络")的战略控制。很少有人专门研究创意产业和全球价值链的实际链接机制,研究者到目前为止一直侧重于构建价值链,指明价值增值点。根据最近的全球价值链分析,我们需要重视"升级"问题,转向价值链中价值更高的环节,在实践中,这意味着通过谈判进入市场和分销系统。而需要进一步采取的行动是,在当地生产系统中建立本土的生产能力。这使我们又回到了非常传统的技能、培训和制度发展的领域。但遗憾的是,这种分析方法很少考虑创意产业的情况。正是这些领域,过去的不对称发展和本土资源的匮乏使之疲弱不堪。

文化和发展是两个互有交叉且容易混淆的概念。如果要考虑政策含义,那就必须从工具主义剥离出文化特征及其利用方式,而将文化自身纳入进来,并从经济、社会或文化方面加以综合考虑,这样做是至关重要的。如笔者所述,一味继承原来的规范只会重蹈工具主义和理想主义之覆辙。我们认为,需要关注文化生产及其多种形式,以各种方式促进发展。如果概念更新得到承认,那么,它就会对政策思考和行动产生连锁反应。本章还指出,应当从创建自由市场形式转向文化市场的组建和治理,首要的便是当地创意产业的本土能力建设。①

---

① 联合国教科文组织(UNESCO,2013)。虽然联合国教科文组织的报告还未付印,但该报告已提出了这一建议,作者起草了该报告的第 5 章。

各章参考文献

微信扫描二维码参阅各章参考文献

译后记

本书第 10、11 和 16 章由赵咏翻译,第 19 章由袁永平翻译,其余各章由夏申翻译。